本书为国家社会科学基金2017年度重大项目“中国经济走势的马克思主义政治经济学研究”的中期研究成果，项目批准号：17ZDA036

中国特色社会主义政治经济学重大疑难问题研究

简新华◎著

北京师范大学出版集团
BEIJING NORMAL UNIVERSITY PUBLISHING GROUP
安徽大学出版社

图书在版编目(CIP)数据

中国特色社会主义政治经济学重大疑难问题研究/简新华著. —合肥:安徽大学出版社,2018.11

ISBN 978-7-5664-1741-1

Ⅰ. ①中… Ⅱ. ①简… Ⅲ. 中国特色社会主义-社会主义政治经济学-研究 Ⅳ. ①F120.2

中国版本图书馆 CIP 数据核字(2018)第 259237 号

中国特色社会主义政治经济学重大疑难问题研究

Zhongguotese Shehuizhuyi Zhengzhijingjixue Zhongda Yinan Wentiyanjiu　　**简新华　著**

出版发行: 北京师范大学出版集团
安 徽 大 学 出 版 社
(安徽省合肥市肥西路 3 号 邮编 230039)
www.bnupg.com.cn
www.ahupress.com.cn

印　　刷: 合肥远东印务有限责任公司
经　　销: 全国新华书店
开　　本: 170mm×240mm
印　　张: 28.5
字　　数: 396 千字
版　　次: 2018 年 11 月第 1 版
印　　次: 2018 年 11 月第 1 次印刷
定　　价: 88.00 元
ISBN 978-7-5664-1741-1

策划编辑: 陈　来　　**装帧设计:** 李　军
责任编辑: 李　君　　**美术编辑:** 李　军
责任印制: 陈　如

自　序

（本书写作缘起）

中国特色社会主义政治经济学是习近平同志和党中央近几年新提出的经济学名称，并且一再强调要学习、研究、创新、发展和运用。中国特色社会主义政治经济学是当代中国的马克思主义政治经济学，中国经济的改革开放和发展主要是在中国特色社会主义政治经济学的指导下取得了举世瞩目的巨大成就。中国特色社会主义政治经济学在改革开放的过程中逐步形成和发展，应该说现在已经基本形成，但是如同中国的社会主义还处于初级阶段，社会主义市场经济体制还不够健全完善，社会主义现代化还没有实现，中国特色社会主义也进入了新时代、经济发展呈现新常态，出现了许多新情况、新现象、新特点、新问题，需要继续全面深化改革、健全完善社会主义市场经济体制、切实转变经济发展方式、调整优化经济结构一样，中国特色社会主义政治经济学也不够成熟和完善，不仅原来存在的不少重大疑难问题还没有获得突破性进展，而且面临许多新的重大疑难问题需要探索解决，甚至在一定程度上存在理论落后于实践的情况，并且对这些重大疑难问题还存在重大分歧、激烈争论、完全对立的观点、模糊错误的认识、怀疑否定的看法，特别是近几年先后提出经济发展新常态、供给侧结构性改革、建设现代化经济体系等新判断、新任务、新举措后，又出现了各种不同的解读，在有些方面至今还没有达成一致的共识。

比如：当今世界是否只有唯一的“现代经济学”，按照所谓“现代经济学”的观点是否根本就不可能存在中国特色社会主义政治经济学？马克思主义政治经济学是否已经过时，中国改革开放应该和实际上是以什么经济学理论为指导取得巨大成就的？现在需要构建什么样的中国经济学和如何构建中国经济学，中国经济学理论现在应该怎样发展与创新？中国改革开放是否就是发展资本主义经济，应该怎样正确看待中国现在公有制经济的比重已经低于50%的现象，私有制是否必然高效永恒，公有制是否必然低效短命，国有企业是否不可能搞好，公有制经济如何才能真正做强做优做大？应该如何正确认识和应对中国现在亿万富豪世界排名第一并且增长最快的现象，合理有效处理私有制和市场机制优胜劣汰可能导致贫富两极分化与社会主义最终要消除贫富两极分化和走向共同富裕的矛盾？市场经济是否万能万岁，计划经济是否永远空想无效，市场经济是否与社会主义不相容，市场经济是否只能建立在私有制基础上，搞市场经济是否必须实行"私有化"，社会主义与市场经济怎样才能合理有效结合？"三农"的根本出路是否是农地私有化和市场化，如何才能真正实现农业现代化和农民共同富裕？应该怎样正确分析认识中国经济走势(供求和结构变动趋势)，如何合理有效应对中国由严重的"短缺经济"转变为"相对过剩"经济？什么是现代化经济体系、应该如何构建？扩大深化对外开放特别是金融开放有什么利弊得失和潜在风险、应该怎样合理有效应对贸易保护主义和孤立主义、单边主义？共产主义是否是永远不可能实现的空想，中国共产党改革开放以来果断摒弃了消灭私有制和市场的"经典共产主义思想的核心目标"吗？等等。这些中国特色社会主义政治经济学面临的理论和实践的重大疑难问题，其中不少是敏感、尖锐、关键、要害问题，恰恰也是人们现在非常关注、存在疑惑、经常提出的问题，也是当前"左"、右两方面的极端观点还有市场和影响的重要原因，不能视而不见、避而不谈，迫切需要深入研究、科学解决、澄清模糊认识、辩驳怀疑否定看法、批评错误观点，以形成正确共识，创新和发展中国特色社会主义政治经济学，更好地指导新时代中国的改革开放和发展。

本书虽然是近两年才写作完成的，实际上是作者50年学习、思考、研究社会主义经济理论的结晶。作者从 20 世纪 60 年代后期在农村做知识青年种地、进工厂做工时,就开始关注、思考社会主义经济实践和理论问题,学习、研究社会主义经济理论,阅读了《资本论》《共产党宣言》《共产主义原理》《社会主义从空想到科学的发展》《哥达纲领批判》《国家与革命》《帝国主义是资本主义的最高阶段》《工会在新经济政策条件下的作用和任务》《苏联社会主义经济问题》《斯大林论工业化》《关于农业合作化问题》《论十大关系》等与社会主义经济有关的马克思主义政治经济学的经典著作和几部中国和苏联出版的政治经济学教科书。1977 年恢复高考进入武汉大学经济学系以后,笔者又阅读了大量西方经济学的论著,一直坚持在马克思主义政治经济学与西方经济学的比较中深入观察、思考、调查研究社会主义经济问题,始终没有间断。

本书论述的大部分问题都是笔者多年来重点关注并跟踪研究的问题,但是下决心写作成文、公开发表、结集出版,是受习近平同志以下论述的启发和激励的结果。这些论述,是本书写作遵循的指导原则:

“有的认为马克思主义已经过时,中国现在搞的不是马克思主义;有的说马克思主义只是一种意识形态说教,没有学术上的学理性和系统性。实际工作中,在有的领域中马克思主义被边缘化、空泛化、标签化,在一些学科中‘失语’、教材中‘失踪’、论坛上‘失声’。这种状况必须引起我们高度重视。”“有人说,马克思主义政治经济学过时了,《资本论》过时了。这个说法是武断的。”——习近平在哲学社会科学工作座谈会上的讲话,《人民日报》2016 年 5 月 17 日。

“有的人奉西方理论、西方话语为金科玉律,不知不觉成了西方资本主义意识形态的吹鼓手。”“用西方资本主义价值体系来剪裁我们的实践,用西方资本主义评价体系来衡量我国发展,符合西方标准就行,不符合西方标准就是落后的陈旧的,就要批判、攻击,那后果不堪设想!”“敢于发声亮剑,善于解疑释惑”“马克思主义就是我们共产党人的‘真经’‘真经’没念好,总想着‘西天取经’,就要贻误大事!”——习近平在全国党校工作会议上的讲话,《求是》2016 年第 5 期。

“坚持和发展中国特色社会主义，是理论和实践的双重探索。希望中国社会科学院的同志们和广大哲学社会科学工作者，紧紧围绕坚持和发展中国特色社会主义，坚持马克思主义指导地位，贯彻‘百花齐放、百家争鸣’方针，坚持为人民做学问理念，以研究我国改革发展稳定重大理论和实践问题为主攻方向，立时代潮头，通古今变化，发思想先声，繁荣中国学术，发展中国理论，传播中国思想，努力为发展21世纪马克思主义、当代中国马克思主义，构建中国特色哲学社会科学学科体系、学术体系、话语体系，增强我国哲学社会科学国际影响力作出新的更大的贡献！”——习近平2017年5月17日致中国社会科学院建院40周年的贺信，《人民日报》2017年5月18日。

“坚持和发展中国特色社会主义政治经济学，要以马克思主义政治经济学为指导，总结和提炼我国改革开放和社会主义现代化建设的伟大实践经验，同时借鉴西方经济学的有益成分。中国特色社会主义政治经济学只能在实践中丰富和发展，又要经受实践的检验，进而指导实践。要加强研究和探索，加强对规律性认识的总结，不断完善中国特色社会主义政治经济学理论体系，推进充分体现中国特色、中国风格、中国气派的经济学学科建设。”——习近平2016年7月8日主持召开经济形势专家座谈会的讲话，《人民日报》2016年7月9日。

“在建立和发展社会主义市场经济的实践中，一方面存在着传统的计划经济意识根深蒂固，一些人对市场经济自觉或不自觉地持抵触态度的问题；另一方面，也存在着一些人完全照搬照抄西方经济理论，用西方资本主义私有制的市场经济理论来指导崭新的社会主义市场经济实践的问题。在至今所有的关于社会主义市场经济的论著中，看到的几乎全是西方市场经济理论的重述，谁也没有说清楚社会主义市场经济的内涵、特征、运行机制以及社会主义与市场经济是怎样结合在一起的，因而也更无法对社会主义市场经济与资本主义市场经济进行理论上的比较和论证。”——习近平在《东南学术》2001年第4期发表的文章《对发展社会主义市场经济的再认识》。

“理论上不彻底，就难以服人。”——习近平在庆祝中国共产党成立95周年大会上的讲话，《人民日报》2016年7月2日。

本书本着实事求是、求真务实的学术探讨精神，力图迎难而上，注重针对性，直面不同观点，不回避怀疑反对意见，重点深入探讨并明确回答与中国特色社会主义的所有制、国有企业、分配方式、贫富差距、市场经济、计划经济、改革开放、经济走势、结构优化、“三农”问题、共产主义及正确认识马克思主义政治经济学、西方经济学和中国特色社会主义政治经济学的性质、作用和相互关系有关的20个重大疑难问题，努力澄清模糊认识、辩驳怀疑否定意见、批评错误观点，提出自认为正确的看法，就教于经济学界的同仁们。本书写作的一个特点是，以问题为导向、从客观实际出发，大众化、口语化，力求通俗易懂。本书的目的是提出一家之言，抛砖引玉，争取突破难关，以求得科学正确的认识，为创新和发展中国特色社会主义政治经济学尽绵薄之力。本书的部分内容是与余江副教授合作研究的成果。

由于作者学术功底、能力、水平和研究有限，并且不可避免地受中国特色社会主义实践和发展阶段的局限，提出的只能是个人的初步看法，失误和缺陷在所难免，恳请读者批评指正。尤其是，由于这些重大疑难问题都是经济学界激烈争论的问题，存在不同的认识和看法，甚至完全相反的意见、对立的观点，本书要提出自己的一家之言，必然要涉及与本书作者认识不同的学者(包括国内外的不少著名经济学家)的论著和观点，不能不明确提出商榷甚至辩驳批评意见，希望不要因此而伤害相关学者、妨碍与经济学界的同仁们建立心平气和、互相切磋、以求共识的和谐的学者关系，为了追求真理而不是名利得失，更加真诚迫切地希望这些学者不吝赐教、批评指正。

本书作者有幸作为主要成员之一参加了中共中央宣传部组织的供党政干部学习使用的《中国特色社会主义政治经济学读本》(以下简称《读本》)和“马克思主义理论研究和建设工程”重点教材《马克思主义政治经济学概论》修订版(以下简称《概论》)的编写，本书所要研究、解决、论述的内容都是在《读本》和《概论》的编写过程中遇到的重大疑难问题，也是受《读本》和《概论》的性质、要求和篇幅决定难以深入、明确、有针对性地全面展开论述的内容。《读本》和《概论》必须写基本达成共识和定论的内容，不能只讲个人观点、一家之言。本书在介绍评价各种不同观点的基础上主要阐述自己的看法，可作为学习《读本》《概论》和研究中国特色社会主义政治经济学的参考书。

类似于诺贝尔经济学奖获得者、印度著名经济学家阿马蒂亚·森的《再论不平等》的做法，本书所列的参考文献较多，而且涉及不同甚至对立的理论和观点，其原因决不是为了凑数、显示自己看的书多，主要是因为这些文献的确给了作者正确分析认识这些重大疑难问题很多的启示和帮助，不实事求是地标注出来不合理，而且也想说明在经济研究中，要想对面临的经济问题特别是重大疑难问题提出自己独到的新见解，首先必须进行大量的文献研究，在这个基础上还可能需要开展广泛深入的社会实际情况的调查研究。经济研究必须创新，理论创新就好比是要站在前人的肩膀上再往上跨一步，怎样才能做到呢？首先需要找到前人肩膀在哪里。要知道前人的肩膀在哪里，就必须大量阅读前人的相关论著、在文献研究上苦下功夫，这样才能进入研究的前沿、弄清现有研究的不足，也才有可能提出与以往不同的新见解。舍此，别无他途。

改革开放以来，经济学界出现了心浮气躁、急功近利、自以为是、盲目自信、浅尝辄止、新的迷信盲从、注重名利又不愿下苦功夫、回避事实和疑难敏感问题、害怕面对否定和反对观点、在名词上搞花样翻新、在概念上做游戏、空泛化、标签化、忽悠吓唬人、哗众取宠、投机取巧、不实事求是、不扎实、不严谨的不良学风。比如，有的否定马克思主义政治经济学的人，不说没有看过《资本论》，甚至连一本马克思和恩格斯的经济学著作都没有读过；又如，也有的信奉新自由主义经济学的人，从斯密、米塞斯、哈耶克到弗里德曼的自由主义经济学的代表人物的经典著作也没有读过几本，更不是通过对马克思主义政治经济学与新自由主义经济学的理论和方法的实事求是的科学比较来判断两者的对错。特别是当前在党和国家强调要坚持、学习、创新、发展和运用马克思主义政治经济学的背景下，不能只是抽象空洞地肯定马克思主义政治经济学，而在关键要害问题上具体否定马克思主义政治经济学。这些不良倾向，在中国特色社会主义政治经济学的探索中现在特别需要纠正和防止，真正树立实事求是、严谨踏实、求真务实的优良学风。

这里还要特别感谢安徽大学出版社的领导和本书的责任编辑的大力支持、勇于担当和辛勤劳动，因为本文涉及的问题不少是存在重大分歧甚至意见完全对立的、至今还没有定论的敏感尖锐的重大理论和实践问题，大部分论述是与不少著名经济学家的观点商榷、反驳他们不同看法的文章，虽然我相信他们都是求真务实的学者，不会因此而“怪罪”，但是写作和出版这样的著作还是可能有风险的，出版社也会承担相当的压力，特在此表示衷心的感谢！

2017 年 8 月 22 日 70 周岁生日于武汉大学珞珈山有感而发

2018 年 8 月修改

目　录

澄清、批驳否定经济学的阶级性、地域性或者国别性进而否定马克思主义经济学的科学性、时代性、有用性的所谓"现代经济学"的误解;提出现在克服"现代经济学"观点的误导,必须纠正两种偏差,即片面强调国际化的偏差和轻思想、重技术甚至玩方法、技巧、模型的偏差。

澄清、批驳"马克思主义政治经济学过时论",分析包括凯恩斯主义经济学和里根经济学在内的西方经济学的局限性,弄清应该运用什么经济学理论和方法分析和指导中国经济发展和改革，论证中国改革开放不是以西方经济学而是以中国特色社会主义政治经济学为指导。

与“很少有中国经济学家创立的被国际经济学界所熟悉并承认的关于中国经济的原创性经济理论”的根本原因是“研究范式与研究方法未能与国际充分接轨”的观点商榷；澄清“现代经济学”“中国特色政治经济学”等经济学名称的模糊说法；纠正马克思主义政治经济学与西方经济学的主要区别在于前者“侧重于人与人之间的生产关系”，后者“侧重于研究人与自然之间的关系”的误解；指出市场经济理论不等同于市场经济一般原理，存在两种性质不同的市场经济理论；说明中国现在需要构建的是中国特色社会主义政治经济学，不是要“在研究范式上回归亚当·斯密《国富论》的经典理论框架”；反驳“研究范式与研究方法只是工具，本身并不带有任何阶级或者制度属性，没有意识形态色彩”的看法。

反驳改革开放以来中国在经济学理论上“基本上还没有做出贡献”的观点；纠正对中国经济学理论创新的实践、理论、方法来源的认识的偏差；澄清“作为经济基础的生产力和生产关系”“国家作为经济基础决定生产力水平的产业和技术的决定因素”等说法的常识性错误；与“马克思历史唯物主义与现代经济学研究范式的有机结合”的主张、“经济学在中国的发展也可能会有两种路径”的看法商榷。

澄清在中国特色社会主义政治经济学内涵和外延的认识上的混乱、阶级斗争“是推动历史前进的原动力”的误解；反驳劳动价值

保障和救助、完成和稳固精准扶贫和脱贫、持之以恒地反腐败等多管齐下，强调中国现在应该重点做好分好“蛋糕”、不能“均贫富”，但是需要“节制资本”，说明社会主义市场经济中私有制和市场机制优胜劣汰必然导致贫富差距扩大与社会主义最终要消灭剥削和走向共同富裕的矛盾及其合理有效解决。

反驳市场经济只能以私有制为基础、社会主义特别是公有制与市场经济不相容、搞市场经济必须实行“私有化”的观点，澄清对社会主义市场经济的怀疑，说明公有制与市场经济相结合的必要性、可能性，提出社会主义与市场经济相结合、发展社会主义市场经济合理有效的途径。

分析把传统计划经济体制改革为社会主义市场经济体制的原因，反驳计划经济是已经失败的空想的观点，论证市场经济不是万能万岁、计划经济也不永远是无效空想，澄清社会主义市场经济理论包括邓小平关于计划与市场的论述违背马克思主义政治经济学的计划经济原理的看法，说明社会主义市场经济理论包括邓小平关于计划与市场的论述与马克思主义政治经济学的相容内洽性、不是完全否定而是发展充实了社会主义计划经济原理。

说明社会主义市场经济与资本主义市场经济的异同和联系，指出资本主义市场经济运行的典型状态是生产过剩经济危机周期性地发生、传统社会主义计划经济的常态是供给不足，提出社会主义市场经济运行的基本状态，既不能是过剩经济，也不能是短缺经济，而应该是供求协调平衡经济，探讨避免供给不足特别是生产过剩的途径。

说明市场的决定性作用和政府的重要作用的必要性、内容以及两者发挥作用的方式，深入分析市场失灵和政府失灵的内容、原因、机理和应对措施，探讨市场与政府合理有效结合的途径。

回顾发展观从GDP发展观到可持续发展观、再到科学发展观的演进过程，论述发展新理念对发展观的充实和完善；指出强调“以人民为中心”、把创新放在首位、明确提出开放和共享，弥补了原有发展观的不足，丰富和发展了科学发展观，更符合当前世界和中国的实际，具有更大的国际意义和现实指导意义；说明发展新理念充实和完善了马克思主义政治经济学的经济发展思想。

面对中国经济增长连续六年下行，评述中国现阶段经济发展的思路之争，说明对中国经济下行的正确评价、造成的原因和合理应对的措施，指出经济下行的主要的直接原因是无效供给过多、有效供给不足、有效需求特别是消费需求不足，间接的深层次原因是相关制度缺陷，主张通过全面深化结构性改革、创新完善制度、调整优化经济结构、改善供给和扩大有效需求等措施应对。

针对对中国经济发展新常态的不同解读，指出中国经济发展的新常态与外国的新常态不是一回事；说明新常态不只是中高速增长，更不是去GDP；论述新常态是动态不是静态、不能自然形成，需要经过艰苦努力才能形成；明确新常态不是只由创新和消费驱动、不要投资和出口；强调新常态专指经济发展，不宜泛化。

针对“供给侧结构性改革”的不同解读,说明“供给侧结构性改革”的准确内涵,指出供求两侧都存在总量、结构、长短期的问题,不仅是供给侧需要进行结构性改革,需求侧也存在结构性改革的问题,纠正混淆经济结构调整与经济结构改革的偏差,提出合理有效应对经济下行、切实做到“三去一降一补”的困难和对策。

比较分析关于现代化经济体系的几种不同的代表性观点,指出其中不准确、不全面的偏差,提出对现代化经济体系的主要内容和特征的新看法,说明新时代中国建设现代化经济体系的必要性,论述中国现在的经济体系存在的问题及其原因,根据中共十九大的总体安排,归纳说明建设现代化经济体系的主要路径,强调根本途径是全面深化改革、完善相关制度。

全面归纳主张中国应该实行农地私有化的理由:实现农民“耕者有其田”的愿望,保护农民的根本利益,优化土地资源配置,使得农民富裕,从根本上解决“三农”问题,促进工业化和城镇化,消除土地管理和征地拆迁上的腐败、暴利和矛盾冲突,维护社会稳定,适应市场经济的要求,再造中国经济政治制度的产权基础;批驳农地私有化谬误,指出历史事实证明土地私有制并非万能、土地私有化可能严重损害农民利益、不能保证“耕者有其田”、不可能使得大部分农民通过卖地致富、会使中国农民丧失最后一条保障线、不一定能消除土地抛荒和有利于规模经营和基础设施建设、不能完全消除与土地有关的腐败现象、可能提高工业化和城镇化的成本、导致城市贫民窟化、有害于土地配置效率提高、不能从根本上解决“三农”问题、不利于保障中国的粮食安全、不利于维持社会稳定和坚持社会主义方向。

导论 中国特色社会主义政治经济学概述

中国特色社会主义政治经济学是习近平同志和党中央在2015年12月中央经济工作会议中首次公开明确提出的新经济学，并多次强调要坚持、学习、运用、创新和发展中国特色社会主义政治经济学，但是对什么是中国特色社会主义政治经济学，其研究对象、起点范畴、逻辑主线、框架结构、理论体系是什么，包括哪些基本内容和主要方法等基本问题，目前还存在多种不同的认识和理解，需要进行深入探讨和正确说明。所以在论述重大疑难问题之前，首先简略说明笔者对这些基本问题的看法。

一、中国特色社会主义政治经济学的研究对象和名词释义

（一）中国特色社会主义政治经济学研究对象和内涵的多种界定

什么是中国特色社会主义政治经济学？这是首先必须明确的问题，但是现在却出现了多种界定。之所以会如此，是因为研究对象决定学科的内容、体系、结构、边界，由于对中国特色社会主义政治经济学研究对象的认识不同，对中国特色社会主义政治经济学的界定就不同。

归纳起来看，目前学界存在六种代表性观点：

1. 认为研究对象是生产方式和与之相适应的生产、交换关系以及政

治、国家关系，所以把中国特色社会主义政治经济学界定为“研究中国特色社会主义生产方式和与之相适应的生产、交换关系以及政治、国家关系的科学”，这是一种涵盖范围最广、内容最多的理解。

2.认为研究对象是中国特色社会主义经济，所以把中国特色社会主义政治经济学界定为“研究中国特色社会主义经济的科学”，这是一种最抽象的理解。

3.认为研究对象是经济活动和经济关系及其规律，所以把中国特色社会主义政治经济学界定为“研究中国特色社会主义经济活动和经济关系及其规律的科学”，这种理解比前一种稍微具体一点，把“经济”界定为“经济活动和经济关系”，并且指出研究对象包括经济规律。

4.认为研究对象是生产方式及其发展规律，所以把中国特色社会主义政治经济学界定为“研究中国特色社会主义生产方式及其发展规律的科学”，这是把研究对象仅限于生产方式的范围和内容的一种比较狭小的理解。

5.认为研究对象是生产力和生产关系及其发展规律，所以把中国特色社会主义政治经济学界定为“研究中国特色社会主义生产力和生产关系及其发展规律的科学”，这种界定实际上是上一种观点的另一种说法，两者的内涵是一样的，只不过这一种界定明确了生产方式的两大方面。

6.认为研究对象是生产关系(经济关系)及其发展规律，所以把中国特色社会主义政治经济学界定为“研究中国特色社会主义生产关系及其发展规律的科学”，这是一种涵盖范围最小、内容最少的理解。

(二)中国特色社会主义政治经济学研究对象的多层次分析

究竟什么是中国特色社会主义政治经济学的研究对象，应该怎样正确评价上述六种不同的理解和界定呢？笔者认为，经济学包括中国特色社会主义政治经济学的研究对象可以从抽象到具体、从简单到复杂，进行多层次、多角度、多环节的具体分析和把握，上述六种不同的理解和界定是从不同层次、角度和简繁程度作出的界定，都有一定程度的正确性。

研究对象的第一层次是经济，这是最抽象笼统的界定。

第二层次是经济活动（即国民经济运行和发展，包括生产、交换、分配、消费四大环节，供求两大方面，经济结构、资源配置方式、运行机制、发展方式、资源节约、环境保护等）和经济关系（经济基础、经济制度），这是对什么是经济的比较具体的界定。

第三个层次是对经济最具体、最全面的界定，本身又包括四个层面的内容，即生产→生产方式→生产力（生产的物质、资源、环境、劳动力、技术本身，人与物的关系），生产关系（人与人在生产、交换、分配、消费中的关系）→生产力与生产关系的相互关系和结合方式（人与物的关系与人与人的关系及其结合，包括劳动力与生产资料的结合方式、生产的组织方式、分工协作专业化、机械化、自动化、智能化、网络化、数字化、绿色化、规模化、标准化、批量化、个性化、定制化、柔性化等，生产力的解放、保护和发展等）。

第四层次的界定则超出了经济的范围，因为经济基础决定上层建筑、上层建筑反作用于经济基础，所以经济学研究不仅要结合生产力、研究生产关系特别是生产力与生产关系的相互关系，而且必须结合上层建筑研究生产关系、研究经济基础与上层建筑[包括政治、国家（政府）、意识形态、文化、管理等]的关系，这是政治经济学之所以加上“政治”二字的重要原因。

经典马克思主义政治经济学的主要任务是科学分析和揭示资本主义经济的矛盾运动及其发展规律，在此基础上提出社会主义和共产主义的必然趋势，客观上发挥了为无产阶级革命、改变资本主义经济制度、建立社会主义新制度提供理论依据的作用，但是不能由此说马克思主义政治经济学只是“革命的经济学”，因为马克思主义政治经济学首先是科学的经济学，其作用或者功能不仅能够指导无产阶级革命，也能够指导社会主义建设的大方向，说马克思主义政治经济学只是“革命的经济学”，容易造成一种误解，好像中国革命已经成功，现在主要任务是搞建设，马克思主义政治经济学指导不了了、已经过时了，这往往成为有些人否定和反对马克思主义政治经济学的托词、借口。

经典马克思主义政治经济学侧重于研究资本主义生产方式的矛盾运动和生产关系的演进趋势，不是研究如何巩固完善资本主义制度、实现资本主义经济持续有效发展。资本主义制度怎样巩固完善、资本主义经济如何持续有效发展是西方经济学的主要任务。有所不同的是，中国特色社会主义政治经济学作为当代中国马克思主义政治经济学的主要任务，是为建立并完善社会主义经济制度、发展社会主义经济、最终实现共产主义提供理论依据和指导，应该侧重于研究社会主义经济如何持续有效发展，可以说是社会主义“建设经济学”（包括社会主义发展经济学、管理经济学），但是也不能说只是“建设经济学”，同时也应该是“改革经济学”，甚至也是“革命经济学”，因为，革命就是社会变革，可以采取武装斗争的方式，也可以采用改革的方式，要真正持续有效发展社会主义经济或者说建设社会主义，必须不断通过社会主义改革完善社会主义经济制度和政治制度，而社会主义改革也可以说是第二次社会主义革命。第一次社会主义革命是建立社会主义制度，第二次社会主义革命是完善社会主义制度。

经济学到底应不应该研究生产力？这是一个一直有争议的问题。现在大多数学者认为，中国特色社会主义政治经济学不能只研究生产关系，还必须研究生产力，因为社会主义的本质要求和根本任务是发展生产力，这是非常正确的，但是必须明确的是，经济学研究的生产力不是生产力的物质属性及其变化规律，这是自然科学和工程技术科学的研究对象和任务，经济学研究的生产力是从人与物的关系的角度研究生产力，研究生产力与生产关系的相互关系和结合方式，研究怎样解放生产力、保护生产力、发展生产力，研究生产力的开发、配置、利用、组织、经营、管理。经济学不能离开生产关系和上层建筑孤立地研究生产力，必须结合生产关系和上层建筑研究生产力，而且应该侧重于生产关系的研究。因为，生产关系（经济基础）和上层建筑对生产力具有巨大的反作用，既能够促进生产力的发展，也可能妨碍和限制生产力的发展，而且生产力的开发、配置、利用、组织、经营、管理、解放、保护、发展，既是人与物的关系，更是人与人的关系。比如：分工协作专业化既涉及生产中人与物的关系，更涉及人与人的关系，涉及人与人之间的分工协作，而非人与物之间的分工协作。生产力的配置即“资源配置”的方式，主要是市场机制和计划机制，市场机制是生产关系范畴，计划机制甚至还涉及政治机构设置和制度安排。所谓“解放生产力”就是要消除阻碍生产力发展的经济政治制度障碍、形成有利于生产力发展的经济政治制度，促进生产力发展。发展生产力必须调动人的生产经营积极性，如何才能调动人生产经营的积极性，关键在于形成激励机制，而激励机制主要涉及生产关系、经济制度和相关的政治制度。

(三)中国特色社会主义政治经济学的名词释义

现在中国经济学界使用着好几个与中国特色社会主义政治经济学有关的经济学名词，对这些名词的内涵和外延、区别和联系的理解，有些似乎还没有形成明确的共识。什么是中国特色社会主义政治经济学？与经济学、政治经济学、马克思主义经济学、马克思主义政治经济学、当代中国马克思主义政治经济学、中国特色马克思主义政治经济学是什么关系？有什么区别和联系？这是学习、研究、创新、发展和运用中国特色社会主义政治经济学必须正确认识的问题。

经济理论古已有之，但只是进入资本主义社会以后经济学才成为独立学科。笔者认为，经济学是所有研究人类社会经济活动(行为)和经济关系及其规律和应用的学科的总称，包括理论经济学和应用经济学两大类；政治经济学主要是研究生产方式特别是生产关系及其变化规律的最重要的理论经济学，是所有其他经济学分支学科的理论基础。经济学分类主要以研究对象及其特征为标准，按照研究的科学性、阶级性、历史时代、社会形态和国别地域的不同，政治经济学又可以进行多种不同的分类：

按照科学性分类，有科学政治经济学、庸俗政治经济学(即非科学政治经济学);按照阶级性分类,有资产阶级政治经济学、无产阶级政治经济学、小资产阶级政治经济学;按照历史时代分类,有古典政治经济学(或称古代政治经济学)、现代政治经济学;按照研究对象的社会形态分类,有资本主义政治经济学、社会主义政治经济学;按照研究对象的社会形态范围分类,有广义政治经济学(所有社会)、狭义政治经济学(某个特定社会);按照研究对象的国别地域分类,有英国政治经济学、美国政治经济学、苏联政治经济学、中国政治经济学等。

而且,这些不同的分类标准又可以交叉配合起来对政治经济学进行新的分类。比如,把政治经济学的阶级性和时代性、国别性结合起来分类,就有英国古典资产阶级政治经济学。马克思主义政治经济学则是马克思和恩格斯创立的科学的无产阶级政治经济学,马克思主义经济学则是马克思主义政治经济学的简称;马恩创立的是经典马克思主义政治经济学,当代继承和发展的是现代马克思主义政治经济学;由于研究对象主要包括资本主义经济和社会主义经济,所以又分为马克思主义政治经济学资本主义部分(也有简称为资本主义政治经济学,主要研究资本主义经济)和马克思主义政治经济学社会主义部分(也有简称为社会主义政治经济学,主要研究社会主义经济)。

当代中国马克思主义政治经济学则是中国运用马克思主义政治经济学的立场、观点、方法研究当代经济(包括当代中国经济、世界经济、西方发达国家经济、发展中国家经济等)而形成的当代马克思主义政治经济学,又由于中国现阶段的社会主义经济是处于社会主义初级阶段的具有中国特色的社会主义经济,所以研究中国特色社会主义经济的马克思主义政治经济学又被称为中国特色社会主义政治经济学。

二、中国特色社会主义政治经济学形成和发展的历程

中国特色社会主义政治经济学是以马克思主义政治经济学为指导、运用马克思主义政治经济学的立场、观点和方法研究中国特色社会主义

经济的政治经济学，是马克思主义基本原理和中国特色社会主义实践相结合的产物，是发展中国特色社会主义经济的实践经验的理论总结，是当代中国马克思主义政治经济学的重要组成部分和最新研究成果。虽然从新中国成立时就开始探索中国社会主义政治经济学，但是中国特色社会主义政治经济学是中国从改革开放开始特别是提出中国特色社会主义以后才逐步形成和发展的。中国改革开放的过程，也就是中国特色社会主义探索和建设的过程，同时也是中国特色社会主义政治经济学形成和发展的过程。经过 40 年的改革开放和经济发展的实践以及相关的理论探讨研究，中国特色社会主义政治经济学应该说已经基本形成。回顾、总结改革开放以来中国特色社会主义政治经济学的形成和发展，对于坚持、学习、运用和进一步创新、发展中国特色社会主义政治经济学具有重要意义。

本书主要按照中国特色社会主义政治经济学的形成和发展历程、主要成果、存在的不足和未来发展的任务等几个方面来简要论述相关研究情况。由于西方经济学家并不研究他们不认可的中国特色社会主义政治经济学，即使国外有不少学者也研究中国的改革开放和经济发展，但是他们并不是作为中国特色社会主义政治经济学的内容来进行研究的，所以我们主要论述中国学者的相关研究。

迄今为止，中国特色社会主义政治经济学形成和发展的过程大致可以划分为以下几个阶段：一是 1978 年至 1986 年初步提出阶段，二是 1987 年至 1996 年基本形成阶段，三是 1997 年至 2011 年有所发展阶段，四是 2012 年党的十八大开始的定型成熟阶段。

（一）1978－1986 年初步提出阶段的研究

1978 年，中国开始改革开放，应该说对中国特色社会主义政治经济学的探索也就同时开始了，最主要的标志性成果是：1981 年中共十一届六中全会通过的《关于建国以来党的若干历史问题的决议》，第一次明确地提出“我国的社会主义制度还处于初级阶段”；1982 年 9 月 1 日邓小平在《中国共产党第十二次全国代表大会开幕词》中首次明确提出“把马克思主义的普遍真理同我国的具体实际结合起来，走自己的道路，建设有中国特色的社会主义，这就是我们总结长期历史经验得出的基本结论”；[①]1982 年中共十二大提出要“发展多种经济形式”；1984 年中共十二届三中全会首次提出“在公有制基础上有计划的商品经济”。这个阶段的研究成果集中体现在中国改革开放的第一个纲领性文件之中。1984 年邓小平指出，《中共中央关于经济体制改革的决定》“是写出了一个政治经济学的初稿，是马克思主义基本原理和中国社会主义实践相结合的政治经济学”，[②]这标志着中国特色社会主义政治经济学的初步提出。以邓小平为主要代表的党和国家领导人为中国特色社会主义政治经济学的提出和后来的基本形成发挥了决定性的作用；以孙冶方、薛暮桥、于光远、许涤新、胡乔木等为代表的老一辈经济学家为中国特色社会主义政治经济学的初步提出和后来的基本形成做出了重要贡献。

这个阶段的探索和研究有一个突出特点是，派出相关领导和经济学家赴东欧考察东欧社会主义国家的经济体制及其改革情况，非常注重学习参考借鉴奥斯卡·兰格、弗·布鲁斯、亚诺什·科尔内、奥塔·锡克等东欧经济学家关于社会主义经济的理论。

(二)1987—1996 年基本形成阶段的研究

这个阶段可以说是中国特色社会主义政治经济学基本形成的阶段，因为，1987 年中共十三大比较完整系统地阐明了社会主义初级阶段理论，1992 年中共十四大首次明确提出了社会主义市场经济理论，尤其是 1993 年制定的中国改革开放的第二个纲领性文件《中共中央关于建立社会主义市场经济体制若干问题的决定》提出了比较全面的社会主义市场经济理论、中国特色社会主义的所有制理论、收入分配理论等，标志着中国特色社会主义政治经济学主要内容的基本形成。

① 邓小平：《邓小平文选》第三卷，北京：人民出版社，1993 年，第 3 页。
② 邓小平：《邓小平文选》第三卷，北京：人民出版社，1993 年，第 83 页。

社会主义市场经济理论是中国在改革开放过程中创立的崭新的经济理论，是当代马克思主义政治经济学与时俱进的最大创新，是中国特色社会主义政治经济学最重要的内容，是指导改革开放以来中国经济改革和发展取得举世瞩目的惊人成就的基本理论。

这个阶段探索和研究的突出特点是，开始大量引进、介绍、吸收、借鉴西方经济学特别是关于现代市场经济的理论和方法，充实到中国特色社会主义政治经济学中，对于形成和发展中国特色社会主义政治经济学特别是社会主义市场经济理论发挥了重要作用，但是在一定程度上也出现了认为马克思主义政治经济学已经过时、甚至全盘否定马克思主义政治经济学、大力宣扬推崇西方经济学特别是现代西方经济学的错误倾向。

（三）1997—2011 年有所发展阶段的研究

这个阶段在理论上突破不多，而且受到西方新自由主义经济学相当大的冲击，但是仍在探索中发展，所以称之为有所发展阶段。这个阶段的主要成果是，2002 年中共十六大提出中国新型工业化道路，2003 年中共十六届三中全会提出以人为本，全面、协调、可持续的科学发展观，2007 年中共十七大提出中国特色新型工业化道路、中国特色城镇化道路、中国特色农业现代化道路、中国特色自主创新道路和建设资源节约、环境友好的"两型社会"等，主要是在经济发展理论方面有了较大进展。

在此阶段，社会主义市场经济理论虽然提出来了，但是还很不成熟和完善。习近平同志在《东南学术》2001 年第 4 期发表的文章《对发展社会主义市场经济的再认识》中指出"在建立和发展社会主义市场经济的实践中，一方面存在着传统的计划经济意识根深蒂固，一些人对市场经济自觉或不自觉地持抵触态度的问题；另一方面，也存在着一些人完全照搬照抄西方经济理论，用西方资本主义私有制的市场经济理论来指导崭新的社会主义市场经济实践的问题。在至今所有的关于社会主义市场经济的论著中，看到的几乎全是西方市场经济理论的重述，谁也没有说清楚社会主义市场经济的内涵、特征、运行机制以及社会主义与市场经济是怎样结合在一起的，因而也更无法对社会主义市场经济与资本主义市场经济进行理论上的比较和论证。”[1]

这个阶段探索和研究的突出特点是，中国特色社会主义政治经济学受到西方经济学相当大的冲击，甚至出现了马克思主义政治经济学被“边缘化”的偏差，面对新自由主义经济学的冲击，以刘国光、宋涛、卫兴华、蒋学模、吴树青、谷书堂、吴宣恭、吴易风、周新城等为代表的老一辈经济学家和部分中青年经济学家结合中国改革和发展的实际，坚持马克思主义政治经济学的研究，为中国特色社会主义政治经济学的发展做出了贡献。

(四)2012 年中共十八大开始的定型成熟阶段的研究

从 2012 年中共十八大开始，中国经济发展进入新常态，出现了许多新情况、新特点、新问题、新任务，特别需要创新、发展和运用中国特色社会主义政治经济学、遵循中国特色社会主义政治经济学的基本原则。尽管经过前面三个阶段的探索和研究，中国特色社会主义政治经济学基本形成，但是“中国特色社会主义政治经济学”这个名称还没有正式明确提出，其主要内容和大致框架也没有被明确概括和确认，而且在前两个阶段出现的偏差还没有被有效纠正。正是在这样的背景下，习近平同志近几年来不断发表重要讲话，正式明确使用“中国特色社会主义政治经济学”的名称，强调现在特别需要坚持、发展、学好用好中国特色社会主义政治经济学。

2014 年 7 月 8 日习近平同志在主持召开经济形势专家座谈会时指出：“各级党委和政府要学好用好政治经济学，自觉认识和更好遵循经济发展规律，不断提高推进改革开放、领导经济社会发展、提高经济社会发展质量和效益的能力和水平。”

① 习近平：《对发展社会主义市场经济的再认识》，载《东南学术》，2001 年第 4 期。

2015年11月23日在中共中央政治局第二十八次集体学习时习近平同志强调，要立足我国国情和我国发展实践，学习、研究、运用马克思主义政治经济学，发展当代中国马克思主义政治经济学，特别指出这是坚持和发展马克思主义的必修课，并且明确概括说明了党的十一届三中全会以来当代中国马克思主义政治经济学的许多重要理论成果。

2015年12月21日结束的中央经济工作会议中，习近平同志明确提出"要坚持中国特色社会主义政治经济学的重大原则"，首次公开使用"中国特色社会主义政治经济学"这个名词。

2016年4月公开发表的习近平同志在党校工作会议上的讲话明确指出，全面建成小康社会的决胜阶段，"形势环境变化之快、改革发展稳定任务之重、矛盾风险挑战之多、对我们党治国理政考验之大都是前所未有的"。他鲜明尖锐地强调："有的人奉西方理论、西方话语为金科玉律，不知不觉成了西方资本主义意识形态的吹鼓手。""如果我们用西方资本主义价值体系来剪裁我们的实践，用西方资本主义评价体系来衡量我国发展，符合西方标准就行，不符合西方标准就是落后的陈旧的，就要批判、攻击，那后果不堪设想！""敢于发声亮剑，善于解疑释惑""马克思主义就是我们共产党人的'真经'，'真经'没念好，总想着'西天取经'，就要贻误大事！"①

2016年5月17日习近平同志在《在哲学社会科学工作座谈会上的讲话》中尖锐地指出："有的认为马克思主义已经过时，中国现在搞的不是马克思主义；有的说马克思主义只是一种意识形态说教，没有学术上的学理性和系统性。实际工作中，在有的领域中马克思主义被边缘化、空泛化、标签化，在一些学科中'失语'、教材中'失踪'、论坛上'失声'。这种状况必须引起我们高度重视。"他还指出："有人说，马克思主义政治经济学过时了，《资本论》过时了。这个说法是武断的。"②

---

① 习近平：《在全国党校工作会议上的讲话》，载《求是》，2016年第5期。

② 习近平：《在哲学社会科学工作座谈会上的讲话》，载《人民日报》，2016年5月17日。

2016年7月8日习近平同志在主持召开经济形势专家座谈会时指出："坚持和发展中国特色社会主义政治经济学，要以马克思主义政治经济学为指导，总结和提炼我国改革开放和社会主义现代化建设的伟大实践经验，同时借鉴西方经济学的有益成分。中国特色社会主义政治经济学只能在实践中丰富和发展，又要经受实践的检验，进而指导实践。要加强研究和探索，加强对规律性认识的总结，不断完善中国特色社会主义政治经济学理论体系，推进充分体现中国特色、中国风格、中国气派的经济学科建设。"①这个讲话说明了中国特色社会主义政治经济学与马克思主义政治经济学和西方经济学的相互关系，指明了创新、发展中国特色社会主义政治经济学的基本任务和途径，具有重要的指导意义。

在这些讲话精神的鼓舞下，中国开始出现学习、研究、创新、发展和运用中国特色社会主义政治经济学的热潮，一些重要报刊纷纷开始接连刊发相关研究论文，标志着中国特色社会主义政治经济学排除干扰、纠正偏差、全面深入研究、走向定型成熟阶段的开始，进入了中国特色社会主义政治经济学研究的大好时期。甚至有学者说：马克思主义政治经济学研究的春天来到了！

三、中国特色社会主义政治经济学的主要内容和体系结构

在中国特色社会主义经济改革和发展过程中，经过40年的探索、研究、创新，中国特色社会主义政治经济学取得了丰硕的成果，从主要内容到大致框架结构，应该说已经基本形成。但是，中国特色社会主义政治经济学现在有哪些主要成果即主要内容、应该采用什么样的框架结构来构成现在的理论体系？中国学术理论界的看法并不完全一致，尤其是基本内容，有的概括为六个方面，也有的概括为七个方面，还有的概括为十

① 新华社：《习近平主持召开经济形势专家座谈会》，载《人民日报》，2016年7月9日。

个或者更多的方面，而且有的概括存在重复交叉、层次不协调统一的问题。[1]

比如，有的把社会主义经济发展新理论作为主要内容，同时又把科学发展观、以人民为中心的发展思想、创新协调绿色开放共享的发展新理念、中国特色新型工业化、城镇化、农业现代化、信息化、自主创新道路等也作为并列的主要内容，这就使得概括层次不清、交叉重复，而后面这些恰恰是新发展理论的主要组成部分或者具体内容，是应该包含在新发展理论之中的。

又比如，有的把基本经济制度理论、所有制理论并列作为中国特色社会主义政治经济学的基本内容，同样存在层次不清、重复交叉的问题，因为基本经济制度主要就是指所有制。

关于中国特色社会主义政治经济学的主要内容和理论体系，本书的初步看法是，改革开放以来中国特色社会主义政治经济学的主要成果是提出了八个部分的主要内容，其体系结构如下：

首先回答什么是社会主义？即社会主义经济的本质理论。

再说明中国现在处于社会主义的什么阶段？即社会主义初级阶段理论。

接着研究论述中国特色社会主义的基本经济制度和分配制度，即所有制理论以及紧密相关的分配制度理论。

在弄清基本经济制度和分配制度的基础上，分析中国特色社会主义经济的运行特征和方式，即社会主义市场经济理论。

再落脚到中国特色社会主义经济的发展，完成中国特色社会主义经济本身的研究和说明，即社会主义经济发展理论。

中国特色社会主义经济是依靠改革形成和发展的，所以需要进一步研究说明改革，即社会主义经济改革理论。

中国特色社会主义经济还是依靠对外开放形成和发展的、离不开国

---

① 简新华、余江：《发展和运用中国特色社会主义政治经济学的若干问题》，载《中国高校社会科学》，2016 年第 6 期。

际经济联系，按照从国内到国际的逻辑，接着研究论述对外开放，即社会主义对外开放理论。

最后结合新时代的新情况，重申说清中国特色社会主义发展的大方向——实现共产主义，即共产主义理论。

按照这种逻辑联系、层次结构、体系框架来概括中国特色社会主义政治经济学的主要内容和框架结构，或许更为清晰、准确、严谨。按照这种逻辑和方法的概括，中国特色社会主义政治经济学的主要内容包括八个基本方面：

一是解放和发展生产力，消灭剥削，消除两极分化，最终达到共同富裕的社会主义本质理论。

二是中国在生产力落后、商品经济或者市场经济不发达、社会主义制度不成熟不完善的条件下，要实现社会主义现代化必然要经历特定历史阶段的社会主义初级阶段理论。

三是以公有制为主体、多种所有制共同发展，国有企业实行现代企业制度，发展混合经济的社会主义所有制理论。

四是以按劳分配为主体、多种分配方式并存，兼顾效率和公平，让部分人先富起来，最终走向共同富裕的社会主义分配理论。

五是市场经济能够与社会主义包括公有制相结合，市场在资源配置中发挥决定性作用和更好地发挥政府作用的社会主义市场经济理论。

六是包括以人民为中心的发展思想，以人为本，全面、协调、可持续的科学发展观，创新、协调、绿色、开放、共享五大发展理念，走中国特色新型工业化、城镇化、信息化、农业现代化和自主创新道路，转变经济发展方式，调整优化经济结构，由高速增长转向高质量增长，建设现代化经济体系，新常态、新动能、新经济等在内的社会主义经济发展新理论。

七是在共产党领导下的社会主义经济制度的自我完善和发展，渐进式（摸着石头过河与顶层设计相结合、先试验后推广），改革发展稳定的协调统一的社会主义经济体制改革理论。

八是在全球化条件下坚持独立自主、自力更生，实行全方位、宽领域、多层次、高水平的对外开放，充分利用国际国内两个市场、两种资源，参与、推进、引领经济全球化，构建人类命运共同体，真正实现开放包容、平等合作、互利共赢、和平发展的社会主义对外开放理论。

作为总结论，最后分析中国特色社会主义经济演进的大趋势，结合时代新特点重申和论证共产主义是最终能够实现的远大理想，不是永远不能实现的空想。

这些主要内容都在党和国家关于改革开放和经济发展的重要文献、决定以及主要领导人讲话之中得到体现，学者们也为此作出了重要贡献。

四、发展和运用中国特色社会主义政治经济学的必要性和紧迫性

新加坡著名学者郑永年在 2016 年 1 月 26 日《联合早报》上发表的《中国的知识短缺时代》一文中尖锐地指出，“中国有效知识的供给不足。在过去的 30 多年里，中国的改革取得了巨大的成就，具有了丰富的实践经验。但是，无论是理论界还是政策研究界，都没有能力解释中国经验。长期以来，中国所具有的只是从西方进口的经济学，马克思主义经济学又没有通过结合中国实际情况而得到发展。在不存在中国经济学的情况下，何能解释中国的经济实践呢？各种从西方进口的经济学更解释不了中国经济所面临的问题，拿它们来解决中国问题往往导致问题的恶化”。笔者认为，郑永年对中国经济学现状的这种判断不完全符合实际，可以说是对错参半。之所以说错，是因为改革开放以来的中国经济学并不是一无是处，而是逐步形成和发展了中国特色社会主义政治经济学，创立了许多西方经济学中没有的新理论，为中国的经济改革和发展作出了独特的重大贡献。如前所述，中国提出要以公有制为主体的多种所有制与市场经济相结合的崭新的社会主义市场经济理论，中国人民在改革实践过程中通过不断试错和总结经验教训而创立了以往没有的社会主

义经济体制改革的新理论，指导中国改革开放和经济发展取得了惊人成就。之所以说对，是由于中国的经济学现在的确是理论落后于实践，社会主义市场经济的基本理论研究比较薄弱，国有企业制度、农村土地制度和农业经营制度、财产和收入分配制度等究竟应该改革成什么样还不是十分清楚，面对许多棘手的实际问题也拿不出有效的应对之策，的确存在盲目崇拜、照抄照搬西方经济学和经济管理的偏差，最近的例子就是股市熔断机制的盲目引进和少数人简单照搬里根经济学供给学派的倾向。

郑永年在文章中也说道，“中国也有知识供应充分的时代，那就是1980年代和1990年代初，从原来的计划经济到商品经济，再到社会主义市场经济转型的那段时间。当时，尽管没有多少人有博士学位，但他们都是真正了解中国、负有国家建设责任心的一代人”。正是这一代人研究、形成和发展了中国特色社会主义政治经济学，并且用以指导中国改革和发展取得了巨大的成功。改革和发展要想继续取得成功，最重要的也是要深入研究、继续发展和运用中国特色社会主义政治经济学。[①]

中国经济发展现在已经进入新常态，又一次处于大转折、大改革、大调整、大转型的时期，经济发展的各个重要方面都出现了新特征。经济发展目标由解决温饱问题转向全面建成小康社会，再转向实现社会主义现代化；经济运行状态由短缺经济转变为相对过剩经济，现在需要进一步再转变为供求基本协调平衡经济；经济增长速度由高速度连续6年下降到中高速度，需要继续保持在中高速；产业结构由重工业太重、轻工业太轻、服务业太少、农业落后转向一般制造业过剩、高端制造业不足、服务业发展、农业仍然落后，再转向高新产业、高端制造业、服务业特别是现代服务业为主导，农业实现现代化；城乡结构由城镇化严重滞后转向

① 值得我们深省的是，郑永年还指出：“现在尽管研究者都有博士学位了，但很多是只有书本知识而没有实践经验。因为他们是典型的读教科书成长起来的，西方的概念有时候比西方人还玩得熟练，但对中国的实际则是外行。知识短缺的情况不改变，中国的改革就很难从顶层设计转化成为有效的实践，或者在转化过程中错误百出。近来的金融市场就已经充分说明了这一趋势。”

快速推进、工农城乡差别扩大，城镇化率超过50%，需要再转向积极稳妥推进高质量的健康的新型城镇化，城镇化率超过60%，工农城乡差别缩小，城乡一体化；地区结构由差距不很大转向扩大，再转向缩小；增长动力由主要依靠投资、外需、传统产业驱动转向主要依靠创新、消费、内需、现代产业驱动；发展方式由以外延、粗放、数量扩张、资源消耗、环境污染、不平衡、不协调、不可持续转向内涵、集约、质量优先、资源节约、环境友好、平衡、协调、可持续；所有制结构由片面追求单一公有制转向多种所有制并存、公有制经济比重大幅度下降、私有制经济超过50%，再转向在继续毫不动摇地发展私有制经济的同时做强做优做大公有制经济，真正做到以公有制为主体的多种所有制经济共同发展；财产和收入分配由更重视公平、平均主义倾向严重转向更重视效率、差距扩大，再转向公平效率兼顾、差距缩小、发展成果共享，逐步走向共同富裕；经济体制由传统计划经济体制转向社会主义市场经济体制，再转向成熟完善的社会主义市场经济体制。

中国经济新常态，面临许多新情况、新特征、新问题，需要完成许多更加困难艰巨的新任务。在新常态下，中国面临一些两难的重大理论和实践问题：既要发挥市场配置资源的有效性和优越性，又要克服自发性和盲目性带来的市场失灵；既要更好地发挥政府在克服市场失灵中的作用，又要防止信息局限性和利益局限性造成的政府失灵；既要发挥公有制经济的主体作用，又要克服公有制经济现在还存在的问题和缺陷，切实做强做优做大公有制经济，真正实现公有制与市场经济的对接（即结合、兼容）；既要继续发展私有制经济、发挥其积极作用，又要尽可能减少其消极作用；既要适当拉开财产和收入差距、追求效率，又要注意公平、合理缩小贫富差距，真正做到兼顾公平和效率，最终走向共同富裕；既要消除“短缺经济”，又要避免“过剩经济”，力求做到供求基本协调平衡。[①]这些都是包括现代西方经济学在内的现有经济学所没有解决的、找不到

① 简新华：《发展和运用中国特色社会主义政治经济学引领经济新常态》，载《经济研究》，2016年第3期。

答案的世界性难题，凯恩斯主义、里根经济学都解决不了这些难题，只能以马克思主义政治经济学为指导，深入实践探索、进行理论创新、寻找正确答案。

这种情况说明中国现在必须进一步发展、运用中国特色社会主义政治经济学，而且迫在眉睫、刻不容缓。这应该是现在党中央和习近平同志多次强调要学习、研究、运用马克思主义政治经济学、发展当代中国马克思主义政治经济学特别是中国特色社会主义政治经济学的重要原因之一。

现在特别应该进一步提高对中国特色社会主义政治经济学重要性的认识，改变被边缘化的现象，真正形成中国主流经济学的地位，大力培养年轻的马克思主义政治经济学家，壮大研究队伍，提高研究能力，特别是必须以中国改革和发展的重大问题为导向，不能只是讲空洞抽象的大道理，重点是紧跟中国改革开放和发展的实践，组织攻关探索中国改革发展的重大问题和世界性难题，科学总结中国经验，把实践经验上升为系统化的经济学说，为中国新阶段的改革和发展献计献策，提出更具有针对性和可操作性、更为正确合理的对策建议。

五、中国特色社会主义政治经济学研究存在的不足和未来发展的任务

中国特色社会主义政治经济学经过 40 年的形成和发展，虽然基本内容和大致框架结构已经具备，但还只是基本形成，与《资本论》那样完整、科学的逻辑体系相比而言，还存在明显的差距和不足，如起始范畴和贯穿始终的主线还不明确，或者看法难以统一，特别是主要构成部分中还存在不少理论和实践的疑难问题仍未最终解决，中国特色社会主义政治经济学在国内外经济学界至今尚未取得应有的话语权。

尚待解决或者科学回答的疑难问题主要包括以下方面：

1. 面对公有制经济比重大幅度下降的现状，既要真正保持和发挥公有制经济的主体作用，又要克服公有制经济现在还存在的问题和缺陷，

切实做强做优做大公有制经济(包括国企的改革和发展、农村集体经济的切实发展),以及防止“私有化”的问题。

2. 面对私有制经济比重已经超过60%、问题日益凸显的现状,既要继续毫不动摇地发展私有制经济、发挥其积极作用,又要尽可能地减少其消极作用,特别是由私有制经济可能引起的劳资矛盾和贫富两极分化。

3. 面对收入和贫富差距过大的状况,既要克服平均主义倾向、适当拉开财产和收入分配差距、追求效率,又要注意公平、合理缩小贫富差距,真正做到兼顾公平和效率、共享发展成果,最终走向共同富裕的问题。

4. 马克思主义政治经济学的阶级斗争原理与中国建立社会主义和谐社会实践的协调性,如何真正做到邓小平指出的中国改革开放不能“导致两极分化”“产生新的资产阶级”的问题。

5. 社会主义市场经济理论是关于中国特色社会主义经济运行的体制机制和基本特征的理论,是中国特色社会主义政治经济学最重要的理论创新,而社会主义市场经济面临的最大理论和实践难题则是,社会主义与市场经济(主要是公有制与市场经济)相结合的必要性、可能性、正确性和有效途径。

6. 面对种种“市场失灵”的现象,既要发挥市场配置资源的有效性和优越性,又要克服自发性、盲目性和事后性带来的“市场失灵”的问题。

7. 面对政府有的不该管的还在管、该管的还没有管或者没有管好的情况,既要更好地发挥政府在宏观调控、克服“市场失灵”中的作用,又要防止信息局限性和利益局限性造成的“政府失灵”的问题。

8. 面对经济连续下行、有效供给不足、无效供给过剩、有效需求不足、稳增长任务艰巨的局面,怎样才能消除传统计划经济的“短缺经济”、避免资本主义市场经济的“过剩经济”、把社会主义市场经济发展成“供求协调平衡经济"及其与供给侧结构性改革的关系的问题。[①]

9. 面对"三农"问题突出的实际情况，怎样进行中国农村土地制度和农业经营方式的改革和创新、什么时候和如何实现邓小平提出的中国社会主义农业改革和发展的"第二个飞跃"、从根本上解决"三农"问题的问题。

10. 中国经济发展现在面临的新阶段、新常态、新理念、新动力、新经济、新产业、新业态、新商业模式、新道路的问题。

除了上述疑难问题之外，还有中国特色社会主义政治经济学的起始范畴和贯穿始终的主线究竟应该是什么？中国特色社会主义社会的基本矛盾和生产目的是什么、社会主义生产目的与市场经济收益最大化的追求如何协调统一？按要素分配可能存在剥削和收入差距扩大与社会主义本质要求消灭剥削和贫富两极分化的矛盾如何协调解决？社会主义市场经济中是否存在资本、与资本主义市场经济中的资本有何异同？社会主义市场经济中劳动力是不是商品、为什么、应该怎样正确认识和对待？中国社会主义初级阶段是否具有以公有制为基础的社会主义市场经济和以私有制为基础的资本主义市场经济的双重经济特征和运行规律？中国特色社会主义经济与马克思恩格斯设想的科学社会主义社会经济为什么不完全相同、应该如何正确认识？等等。

造成中国特色社会主义政治经济学还不成熟和完善的原因，一方面是实践的局限性，成熟的理论必须与成熟的实践相适应，由于中国特色社会主义还在建设之中，社会主义现代化还没有实现，还有许多实践问题没有解决或者没有完全解决，需要继续在实践中不断探索，所以现在还不可能形成完善、成熟的中国特色社会主义政治经济学，可能要到中国社会主义现代化实现之时，中国特色社会主义政治经济学才能成熟、完善；另一方面则是现有研究的不足，就是对中国特色社会主义政治经济学的研究还不全面、不深入，甚至还存在理论落后于实践的情况，而且

① 简新华：《发展和运用中国特色社会主义政治经济学引领经济新常态》，载《经济研究》，2016 年第 3 期。

中国特色社会主义经济改革和发展中存在不少疑难问题，还会出现一些新问题，其中有的在理论上既不能科学回答和说明，在实践中也提不出合理有效、具有可操作性的解决办法。

理论既是实践的总结，也是实践的指导。没有理论指导的实践是盲目的，因此，中国特色社会主义政治经济学未来发展的主要任务，就是全面深入调查研究、科学回答和有效解决存在的各种问题特别是重大疑难问题，总结、发现规律，充实、完善内容，构建完整、系统的科学理论体系，形成话语权，以期更好地指导中国特色社会主义经济的持续高效高质量发展、逐步走向共同富裕。

疑难问题 1

当今世界是否只有唯一的“现代经济学”？

澄清、批驳否定经济学的阶级性、地域性或者国别性进而否定马克思主义经济学的科学性、时代性、有用性的所谓“现代经济学”的误解；提出现在克服“现代经济学”观点的误导，必须纠正两种偏差，即片面强调国际化的偏差和轻思想、重技术甚至玩方法、技巧、模型的偏差。

中国特色社会主义政治经济学面临的第一个疑难问题就是：存不存在中国特色社会主义政治经济学？因为按照有的学者对“现代经济学”的解释，世界上只有唯一的“现代经济学”，根本就不存在什么“美国经济学”“中国经济学”，自然也就不可能存在中国特色社会主义政治经济学。果真如此吗？其实不然。

一、所谓“现代经济学”对经济学及其类型的看法

改革开放以来，“现代经济学”的说法在中国广泛流行起来，清华大学经济管理学院的钱颖一教授曾经在《经济社会体制比较》2002年第2期发表了一篇影响相当大的文章《理解现代经济学》，提出“我们把最近的半个世纪以来发展起来的、在当今世界上被认可为主流的经济学称为现代经济学。经济学是一门研究人类经济行为和现象的社会科学。现代经济学以研究市场经济中的行为和现象为核心内容，而市场经济已被证明是目前唯一可持续的经济体制。越来越多的经济学家认识到，经济学的基本原理和分析方法是无地域和国别区分的。‘某国经济学’并不是一门独立学科，也不存在‘西方经济学’与‘东方经济学’或‘美国经济学’与‘中国经济学’的概念”，强调“我们的经济学学科要适应经济发展的需要，与现代经济学接轨”。①

田国强教授在《经济研究》2005年第2期发表的文章《现代经济学的基本分析框架与研究方法》中，则从经济学研究的方法论上进一步指出，“现代经济学的基本分析框架和研究方法是无地域和国家界限的，并不存在独立于他国的经济分析框架和研究方法”，并且认为“一个规范经济理论的分析框架基本上由以下五个部分或步骤组成：(1)界定经济环境；(2)设定行为假设；(3)给出制度安排；(4)选择均衡结果；及(5)进行评估比较”。甚至强调“任何一篇逻辑清楚、层次分明、论证合理的经济学论

① 钱颖一：《理解现代经济学》，载《经济社会比较》，2002年第2期。

文，无论结论如何或是否作者意识到，都基本上由这五部分组成，特别是前四部分。可以说，写经济学方面的论文，就是对这些部分进行具有内在逻辑结构的填空式写作”。

2015年在中国一再强调学好用好政治经济学特别是中国特色社会主义政治经济学的情况下，我国老一辈著名经济学家吴敬琏研究员却再次强调学习和运用现代经济学的重要性，建议并且在他主持的《比较》刊物上重发上述钱颖一教授这篇文章，可见他依然坚持认为中国现在需要学好用好的还是他们所谓的“现代经济学”。

到底什么是“现代经济学”？是否只有当今世界上的西方的“主流经济学”才是“现代经济学”、当代马克思主义经济学是不是现代经济学、存不存在中国特色社会主义政治经济学？“与现代经济学接轨”是什么意思、中国是否应该形成和发展具有中国特色的经济学？中国现在究竟需要的是学好用好“现代经济学”，还是中国特色社会主义政治经济学？除了科学性、时代性、普遍性之外，经济学究竟是否还具有阶级性、特殊性、地区性或国别性？这是我们现在学习、创新、发展和运用中国特色社会主义政治经济学不能回避、必须弄清的首要问题，如果连中国特色社会主义政治经济学是否存在、是否具有科学性、正确性都有疑问、都是否定的，那就从根本上否定了学习、创新、发展和运用中国特色社会主义政治经济学的必要性，本书的写作也就是多此一举了。

二、“现代经济学”概念的误区

从钱颖一和田国强教授的相关论述可见，他们所说的“现代经济学”实际上就是现代西方经济学，而且认为是当今世界唯一的经济学，主张中国的经济学学科要适应经济发展的需要，与现代经济学接轨。笔者觉得这种观点是不符合实际的、存在严重失误、需要商榷，尤其是在当前强调要坚持、学习、研究、创新、发展和运用马克思主义政治经济学特别是中国特色社会主义政治经济学的情况下必须予以澄清和反驳。

第一，这种观点否定经济学的阶级性，是不符合实际的。从阶级属性来看，现实中的确至少存在资产阶级经济学与无产阶级经济学、西方经济学与马克思主义经济学、东西方经济学这样两大类本质不同的经济学，不是只有唯一的“现代经济学”。否定有不同阶级属性的不同经济学的客观存在，又认为现代经济学就是现代西方经济学而且是唯一的，会从根本上否定马克思主义经济学的存在及其科学性、合理性。

第二，这种观点否定经济学的国别性，也是不符合实际的。各个国家的经济情况都既有普遍性，也有特殊性，都会各具特色，以各个国家经济为研究对象而产生的经济学必然各具特色、不完全相同。现实中的确也存在以各个国家经济为研究对象的反映各国经济特征的国别经济学。恩格斯在著名的《反杜林论》一书中早就指出：“人们在生产和交换时所处的条件，各个国家各不相同，而在每一个国家里，各个世代又各不相同。因此，政治经济学不可能对一切国家和一切历史时代都是一样的。……政治经济学本质上是一门历史的科学。”[①]

第三，这种观点认为西方主流经济学是唯一的“现代经济学”，既是错误的，又是不符合实际的。现代经济学还有现代马克思主义经济学、反映各个国家现代经济特点的各个国家的现代经济学，即使是现代西方经济学也不是只有新自由主义经济学，还有新凯恩斯主义经济学、新古典综合学派、供给学派、新制度经济学、新政治经济学等。

第四，这种观点认为“现代经济学”是唯一科学的经济学，更是不符合实际。的确，科学的经济学只可能有一个，其他的要么是不科学的或者是不完全科学的，但是从资本主义生产方式产生以来的经济学发展史来看，实践证明科学的经济学不是所谓抽象的“现代经济学”，更不是现代西方经济学，而是马克思主义政治经济学包括现代马克思主义政治经济学。2008 年的危机再次证明现代西方经济学特别是新自由主义经济学是失败的，现在全世界都在批评新自由主义经济学（这里不展开说明，

① 《马克思恩格斯文集》第 9 卷，北京：人民出版社，2009 年，第 153 页。

本书疑难问题 2 将深入论述)。

第五,这种观点认为市场经济是唯一可持续的经济体制,是市场经济万岁永恒论,得不到证明,而且违背了马克思主义政治经济学分析资本主义生产方式矛盾运动得出的人类社会最终要走向共产主义计划经济的科学结论(这一点本书疑难问题 10、20 还将展开论述)。

第六,这种观点提出和主张的“现代经济学”的基本分析框架与研究方法造成误导。的确,经济研究的方法多种多样,特别是在基本的世界观和方法论上,科学的方法只有一个,但不是田国强教授所说的现代经济学的规范方法,更不是唯心主义、形而上学和机械唯物论,而是辩证唯物论和历史唯物论。实际上田国强教授所说的所谓的规范经济理论的分析框架和方法,只是现代西方经济学流行的一种格式化或者说公式化的经济论著的写作方法,并不是“普世”的通行的科学的经济研究和写作方法。特别是田国强教授“写经济学方面的论文,就是对这些部分(分析框架的五部分)进行具有内在逻辑结构的填空式写作”的主张,更是对青年学者的误导,形成了经济研究和写作中千篇一律的有害的“填空式写作”的“新八股”“洋八股”。

无论是亚当·斯密的《国民财富的性质和原因的研究》,还是马歇尔的《经济学原理》,甚至是凯恩斯的《就业、利息和货币通论》,这些经济学说史上著名的经济学家的名著,都不是像田国强教授提倡的那样分析和写作的,马克思的《资本论》就更不是那样了。马克思是在确定了资本主义生产方式这个研究对象之后,运用辩证唯物主义和历史唯物主义的世界观和方法论,保持历史与逻辑的一致性,首先进行大量的深入细致的相关文献研究和社会调查研究[①],从资本主义经济的实际出发,以资本主义社会的经济细胞——商品作为起点范畴,以资本主义社会的生产目的——追求剩余价值为主线或者核心,按照资本的生产过程、资本的流通过程、资本主义生产的总过程(也是剩余价值生产、剩余价值流通、剩

① 马克思为了写作《资本论》,阅读和做札记的书籍就有 1500 种以上,写下了字数以百万计的读书笔记。

余价值分配)的框架结构体系和逻辑顺序来分析和写作《资本论》的。

第七，这种观点强调中国应该与现代经济学接轨，而且在中国刚刚明确提出中国特色社会主义政治经济学的时候重新刊发这种观点的文章，实际上是仍然坚持主张中国经济学全面现代西方经济学化、否定和抛弃包括中国特色社会主义政治经济学在内的马克思主义政治经济学。

第八，按照这种对经济学特别是“现代经济学”的理解，也就不存在习近平同志和党中央现在提出的中国特色社会主义政治经济学，也就谈不上坚持、学习、创新、发展、运用中国特色社会主义政治经济学了。

三、克服“现代经济学”观点的误导必须纠正两种偏差①

改革开放以来“现代经济学”的观点影响非常大，特别是对青年学者造成了严重的误导。现在要克服“现代经济学”观点的误导，必须纠正两种偏差：一是在经济学的中国化与国际化的关系上，存在片面强调国际化的偏差；二是在经济学的思想性与技术性的关系上，存在轻思想重技术甚至玩方法、技巧、模型的偏差。那么，应该如何正确认识和处理经济学的国际化与中国化、思想性与技术性的关系呢？

1. 中国化与国际化的关系

正确认识和处理经济学的中国化与国际化的关系，首先必须明确中国化和国际化的内涵和外延。

什么是学问、思想、理论（包括经济学）的中国化（本土化）？笔者认为，中国化就是符合中国实际、有中国特色、能有效解决中国问题、更有利于中国发展。

什么是学问、思想、理论（包括经济学）的国际化？笔者认为，国际化包括两重含义：一是学习、引进、吸收国外先进、发达的学问、思想、理论，

① 简新华：《马克思主义经济学创新和发展的若干问题》，载《马克思主义研究》，2014年第2期。

同国外先进、发达的学问、思想、理论接轨，向国外先进、发达的学问、思想、理论看齐；二是使自己的学问、思想、理论得到国际承认，成为具有国际性的学问、思想、理论，向国外宣传，为人类文明做贡献。

中国化与国际化是什么关系？应该是相辅相成、互相促进的关系。“两化”都重要，两者不可偏废。既不能重中国化、轻国际化，也不能重国际化、轻中国化，两者应该并重。因为，若只有中国化，就不能吸收国外的先进文明成果、跟上世界先进文明发展的潮流、更好地完善和发展本国的文明，也不能使本国先进的文明向世界普及、为人类文明做贡献；若只有国际化，则可能丢掉本国文明的特点和优势，还可能水土不服、损害本国文明，也不能真正实现国际化；只有两者协调并重，才能既保持和发展本国文明的特色和优势，又能学习和吸收国外的先进文明成果、跟上世界先进文明发展的潮流、更好地完善和发展本国的文明，也能使本国先进的文明向国际普及、为人类文明做贡献。

在人文社会科学（包括经济学）方面，现在存在的不良倾向是：忽视文科与理工科的区别，偏重国际化，过分强调与国际接轨、向国外看齐，更加看重在SCI、SSCI上发表文章、得到外国承认、获得国际奖励。许多高校和研究机构对在SCI上发表的文章，不分质量优劣、创新与否，一律给予重奖，一篇文章最高奖金高达数万元。

实际上，在国际化方面，文科与理工科是存在重大差别的。一般来说，理工科的理论和方法本身没有阶级性、意识形态性、政治性，而且西方发达国家的科学技术大多数都比中国先进。在这方面，中国越是向西方发达国家学习，越是与西方发达国家接轨、看齐，越是得到国际承认，越是国际化，与西方发达国家的差距就越小，对中国就越有利，中国的理工科也就越先进、发达。因此，在理工科特别强调国际化，有利无害。当然，也不能完全丢掉中国化。

人文社会科学（包括经济学）是不是也应该像理工科一样特别强调国际化呢？笔者认为不能。如果人文社会科学也像理工科一样特别强调国际化，不仅不是“有利无害”，甚至可能是“有害无利”！因为，人文社会科学是有阶级性、利益立场、意识形态、政治差别的。比如,同一种经济社会现象,穷人和富人的看法可能完全相反、结论根本不同。资本与劳动是什么关系?马克思主义经济学认为资本家剥削雇佣工人、是工人养活了资本家,两者是剥削与被剥削的关系;西方经济学认为资本家没有剥削雇佣工人、是资本家投资养活了工人,两者是平等交易的关系。虽然不同经济基础、政治制度条件下的意识形态,人文社会科学会存在一些共同的东西,即所谓"共同价值"或"普世价值"(这里所说的"普世价值",不是像有些人所认为的那种内涵,不是专指西方经济、政治理念和制度模式),但是不能因此而否定中国与西方世界在人文社会科学方面的本质差别,即使是属于"共同价值"或"普世价值"的东西,对其具体的内涵、表现形式的认识或理解也存在很大的差别,比如说民主、人权、自由、平等、博爱、善良、公平、正义、和平,等等,中国与美国对其具体内涵的理解和实际要求就不完全相同,甚至差别很大。

如果中国人文社会科学(包括经济学)也要强调基本理论和研究成果必须与国际接轨、向国外看齐、得到外国承认、获得国际奖励,那就难以坚持马克思主义的指导和社会主义的方向。因为,现在在国际人文社会科学(包括经济学)中,处于主导地位的是西方人文社会科学(包括经济学),而西方人文社会科学(包括经济学)是否定甚至反对马克思主义和社会主义的,中国以马克思主义为指导、坚持社会主义方向的人文社会科学(包括经济学)的基本理论及其研究成果是不可能得到他们的认可、肯定、表彰的,如果硬要与西方接轨、看齐,中国就必须抛弃马克思主义的指导和社会主义的方向。

党的十八大以来特别强调必须坚持马克思主义的指导和社会主义的方向,提出中国特色社会主义的四大自信:道路自信、理论自信、制度自信、文化自信。中国要坚持马克思主义理论、社会主义方向和共产党的领导,国际上普遍赞同吗?西方国家认可吗?实际上,西方国家可能不仅不认同,甚至可能是否定、反对。中国要创建中国特色、风格、气派的人文社会科学,如果片面强调国际化,把国际化理解为与西方接轨、看齐，能做到吗？能够得到西方主导的国际人文社会科学界的认同吗？很难！

学术论文的引用率、转载率的确是衡量其学术水平和价值的重要指标，但是如果主要以被收入世界三大引文索引的数量来判断中国人文社会科学学术论文的质量和水平，是不全面、不准确的。因为，中国人文社会科学学术论文主要是以中文发表的，世界上能看中文学术论文的外国人很少，而且坚持中国特色、坚持社会主义、坚持马克思主义的学术论文也很难得到西方国家的认同，所以中国人文社会科学学术论文在除了中国以外的世界上的引用率、转载率、收录率与西方发达国家相比，不可能高。

在人文社会科学领域（包括经济学）的国际化，应该是中学为本、西学为用，即中国化为本、国际化为用，积极借鉴人类文明创造的有益成果，洋为中用，或者说国际化为中国化服务。主要不是与西方国家接轨、向西方国家看齐，主要应该是学习、引进、吸收国外先进、发达、有利的学问、思想、理论，在形成、发展、完善中国特色、风格、气派的人文社会科学的同时，向世界介绍中国特色、风格、气派的人文社会科学，扩大国际影响，尽可能使自己的学问、思想、理论得到国际认同，成为具有国际性的学问、思想、理论。

特别值得指出的是经济学的国际化不能等同于数学化、模型化，更不能是“全盘西化”，否则就会失去更为重要的中国化，使中国经济学走入歧途。

2.思想性与技术性的关系

前人早就指出“工欲善其事，必先利其器”。工、器与事的关系也就是思想与方法的关系。“工”是做学问、写文章，“事”是成果、文章，“器”是工具、方法、技巧，“善”是合理、高效出好成果，“利”是掌握、利用工具、方法。“工”“事”“器”“善”“利”之间到底是什么关系呢？“工”的目的是“事”，首先要有“器”，但“器”是为“事”服务的。

经济学的思想性与技术性，也可以说是学术性与方法性，做学问、写文章，两者都重要、都不可缺少，应该努力实现两者科学的统一。所谓“思想性”是指经济学的研究、文章、著作及其他成果，必须有思想、理论，而且思想、理论要符合实际、正确、先进、科学；所谓“技术性”是指经济学研究的方法、技巧，而且方法、技巧也要科学、先进、有效。思想性与技术性之间，也应该是相辅相成、互相促进的关系。要出好成果、写出好文章，首先要改进工具、方法，掌握、利用先进有效的工具、方法，但是思想更根本、定性更重要。因为成果、文章的实质或者核心是思想，是对事物本质、特征和规律性的认识。出成果、出文章，主要就是出思想、出理论。方法为思想服务，使之更准确、更严密、更科学、更好把握、更具操作性。

中国经济学现在存在轻经济理论、重数学方法的倾向，或者说轻思想、重方法，轻学术、重技术，轻定性、重定量，轻规范、重实证，更重视方法、技巧以及数量化、模型化、定量分析的倾向，甚至把统计计量方法公式化（格式化），玩计量、玩模型，成为“新八股”“洋八股”。现在做经济学研究、写经济研究论文，有一种流行的做法：先提出假设，然后照搬国外现成的模型公式，再套上中国数据资料，最后得出简单的结论（要么是大家都知道的结论，要么是与国外一致的结论，如果不同，就强调中国的特殊性），不管是否有新的经济思想、提出了新的见解、发现了新的规律、说明了或者证明了什么还没有被说明或者证明的经济道理、解决了什么经济问题。据说，此类在中国留学生中比较常用的做法和文章已经很难在西方主流刊物上发表，但是现在在国内却成了时髦、潮流的方法，成了高水平、现代化的标志，且这种现象正在流行泛滥，笔者担心这可能会把青年经济学者引入歧途！

需要强调的是，数学方法很重要，决不能轻视和否定。马克思曾经说过，一门学问如果不运用数学，就不成其为科学。马克思在写作《资本论》的过程中，感觉疲劳时，把做微积分的数学题作为转换大脑注意力、消除疲劳的方法。只有主观定性分析、文字说明，空洞抽象的论述，没有图表数据、定量分析、数学证明，容易形成公说公有理、婆说婆有理的情况，从而难以得出准确、严密、科学的思想、理论。

为什么会存在轻思想、重技术的偏向？关键在“指挥棒”有偏差，即学术刊物的发文标准、学术评价的体系指标不合理。

什么是好文章？什么是高水平的成果？有的以多数人能不能看懂、是否能够直接应用、是否具有可操作性为衡量标准，也有的以是否运用计量模型、数理方法、定量分析为标准，还有的以是否做到问题导向、思路清晰、逻辑严密、方法贴切为标准，另有的以是否在SCI、SSCI、《美国经济评论》《经济研究》《中国社会科学》《管理世界》上发表为标准，这些看法和做法，都有一定道理，但都具有片面性。正确合理的衡量标准，主要不应该是看在什么刊物上发表、采用什么方法、是不是多数人能够看得懂，而应该是思想和方法是否科学统一，是否有创新为最根本。基本标准应该是，是否符合实际、符合逻辑，是否说明事物或现象的本质及其变化规律，是否提出新发现、新思想、新方法，是否形成科学理论，是否解决了理论与实际问题。

经济学是经邦济世、经世济民的学问，其理论贡献、实践贡献的最终衡量标准，应该是成果有用，能够有效解决经济问题、促进经济发展，不能像有的经济学家那样，把是否在国内外权威期刊上发表多少文章作为主要、根本、甚至唯一标准。

实现马克思主义经济学的现代化、中国化，必须努力创新和发展。在内容上创新，应该在坚持马克思主义的基本立场、观点和方法的基础上，与时俱进，根据新变化，完善原有理论；针对新问题，创立新理论；依据新发展，形成新体系。在方法上创新，应该在坚持唯物辩证法的基础上，先实证研究，后规范研究；先个别分析，后一般概括；先分析，后综合；先调查研究，后得出结论；既定性分析，又定量分析；百花齐放、百家争鸣、民主讨论、集思广益、实事求是，克服“左”右两种错误倾向和教条主义。

疑难问题 2

马克思主义政治经济学过时了吗？

澄清、批驳“马克思主义政治经济学过时论”，分析包括凯恩斯主义经济学和里根经济学在内的西方经济学的局限性，弄清应该运用什么经济学理论和方法分析和指导中国经济发展和改革，论证中国改革开放不是以西方经济学而是以中国特色社会主义政治经济学为指导。

2016年5月17日，习近平同志在《在哲学社会科学工作座谈会上的讲话》中指出："有的认为马克思主义已经过时，中国现在搞的不是马克思主义；有的说马克思主义只是一种意识形态说教，没有学术上的学理性和系统性。实际工作中，在有的领域中马克思主义被边缘化、空泛化、标签化，在一些学科中'失语'、教材中'失踪'、论坛上'失声'。这种状况必须引起我们高度重视。"实事求是地说，这些现象在经济学中是比较突出的，经济学可能是这种典型学科和领域。改革开放以来，社会上一直存在一种流行的观点，认为西方经济学是关于以私有制为基础的市场经济的理论，马克思主义经济学是关于革命的理论和以公有制为基础的计划经济的理论、缺乏市场经济理论和社会主义经济建设特别是在社会主义初级阶段合理发展私有制经济的理论，中国要实行的是在坚持公有制经济为主体的同时发展私有制经济、把传统计划经济体制转变为社会主义市场经济体制的改革，所以马克思主义政治经济学不适应这种新情况、新变化和新要求，已经过时，中国的经济改革和发展不能以马克思主义政治经济学作为理论基础，只能以西方经济学为指导，应该用凯恩斯的《通论》(《就业、利息和货币通论》)取代马克思的《资本论》，用以指导中国的改革开放和经济发展。国内外的实践都证明，"马克思主义政治经济学过时论"是一种不符合实际的错误判断。

一、马克思主义政治经济学在当代依然是科学的经济学

1. 马克思主义政治经济学包含科学的商品经济基本原理和资本主义市场经济理论

马克思主义政治经济学不仅是关于资本主义生产方式和无产阶级革命的科学理论，不仅分析了包括资本主义市场经济在内资本主义生产方式的基本特征和运行规律，而且提出了当时最完整、最科学的商品经济即市场经济的一般原理(主要特征和普遍规律)。马克思的《资本论》，不仅是"资本主义生产方式论""资本主义市场经济论"，而且是一般商品

经济即市场经济论。《资本论》虽然分析的是商品生产和流通，没有“商品经济”“市场经济”的概念，但是所谓“商品经济”主要就是商品生产和流通，分析商品生产和流通，实际上也就是分析商品经济和市场经济（市场经济就是与小商品经济不同的在社会经济形态中占统治地位的发达商品经济）。马克思不仅提出了包括商品、价值、价格、货币、价值规律、供求规律、竞争规律、货币流通规律、节约时间规律、社会再生产规律等基本范畴和普遍规律在内的系统且逻辑严密的商品经济的一般原理，而且形成了马克思主义微观经济学、宏观经济学的理论基础，更是创立了系统的马克思主义的资本主义市场经济理论。

马克思对资本主义企业的生产过程、资本的循环和周转的分析就是最早的马克思主义的微观经济学，而且非常实际、具体、深入、明白。马克思对资本主义企业运行的分析绝不亚于西方微观经济学，尤其是对企业生产关系的分析更透彻、更科学。实事求是地说，我们要了解市场经济条件下企业如何运营，甚至是企业家要想学习怎样管理企业、赚更多钱、实现利润最大化，去看西方微观经济学的教科书，很可能不知所云，而读《资本论》则很可能更加清楚明白。

马克思的社会总资本再生产和流通的理论就是最早的马克思主义的宏观经济学，马克思提出的社会总资本再生产公式就是最早的宏观经济数理模型，即从产品总量和结构、投资和总量结构、供求总量及其相互关系等方面综合分析了社会再生产的实现条件，揭示了产业结构必须合理、各个生产部门必须按比例协调发展、生产与消费和积累与消费也必须按比例协调合理的社会化大生产的普遍规律，形成了完整科学的资本主义市场经济中经济危机和经济周期的基本理论。

中国进行改革开放、发展社会主义市场经济，首先是以马克思主义政治经济学的商品经济或者市场经济理论的基本原理为基础的。

2. 实践证明马克思主义经济学依然是关于资本主义生产方式和资本主义市场经济的科学理论

以往和现代资本主义经济发展的实践都证明，马克思主义政治经济学依然是关于资本主义生产方式和资本主义市场经济的科学理论。尽管在第二次世界大战以后，西方国家主要通过国家干预和建立社会保障制度、实行社会福利政策，改良了资本主义制度，缓和了资本主义社会的各种矛盾，现代资本主义市场经济出现了许多新变化、新现象、新情况、新特点，现代资本主义经济也得到很大的发展，但是资本主义的基本矛盾依然存在，以私有制为基础、存在剥削和贫富两极分化、经济危机不断发生等资本主义经济的基本特征并没有根本改变，马克思和恩格斯在《共产党宣言》中提出的"资产阶级的灭亡和无产阶级的胜利是同样不可避免的"的"两个必然"趋势也没有消失。由于生产过剩的经济危机是资本主义生产方式的矛盾和必然走向灭亡的集中体现，这里主要运用马克思主义政治经济学的经济危机理论的科学性来进一步说明马克思主义政治经济学没有过时。

马克思和恩格斯运用辩证唯物主义和历史唯物主义的基本方法，从生产力与生产关系的状况及其相互关系、从需求和供给两个方面及其相互关系、相关制度根源进行综合分析，得出生产过剩经济危机的根源，在于生产社会化与资本主义私有制的基本矛盾导致资本主义生产能力的巨大增长与广大劳动者有购买力的需求相对不足的矛盾、个别生产有组织性与整个社会生产无政府状态的矛盾的科学结论。习近平同志在《在哲学社会科学工作座谈会上的讲话》中明确指出："有人说，马克思主义政治经济学过时了，《资本论》过时了。这个说法是武断的。远的不说，就从国际金融危机看，许多西方国家经济持续低迷、两极分化加剧、社会矛盾加深，说明资本主义固有的生产社会化和生产资料私人占有之间的矛盾依然存在，但表现形式、存在特点有所不同。国际金融危机发生后，不少西方学者也在重新研究马克思主义政治经济学、研究《资本论》，借以反思资本主义的弊端。"[①]

2008 年的美国次贷危机引发金融危机和经济危机、欧盟国家的主

① 习近平：《在哲学社会科学工作座谈会上的讲话》，载《人民日报》，2016 年 5 月 19 日。

权债务危机、经济衰退的发生及其根本原因，再次证明马克思主义政治经济学的科学性，表明马克思的资本主义生产过剩的经济危机理论没有过时，无论是凯恩斯主义的需求分析和需求管理，还是“里根经济学”的供给分析和供给管理，都没有揭示资本主义经济危机的根源，都只能缓和矛盾、应付一时，而不能从根本上解决问题，还是要从马克思主义政治经济学中寻找答案，进行根本制度变革。这也正是2008年国际金融危机发生后，《资本论》在欧美国家畅销的重要原因。

甚至连世界银行前任首席经济学家、诺贝尔经济学奖获得者、美国著名经济学家约瑟夫·斯蒂格利茨都著书论证，美国2008年金融危机发生的原因不仅是虚拟经济膨胀、银行家贪婪、金融监管缺失、政府干预不当、过度消费等，更重要的原因是美国经济体制存在缺陷、财富和收入分配不平等扩大。他认为，“金融危机给予了人们一个新认识：我们的经济体制不但没效率、不稳定，而且根本不公平”。[①] 美国的经济体制为什么“没效率、不稳定，而且根本不公平”呢？约瑟夫·斯蒂格利茨没有深入分析造成美国经济体制存在这种严重缺陷的原因，其实根源就是马克思主义政治经济学早已指出的资本主义私有制和市场失灵。

3. 马克思主义政治经济学关于社会主义和共产主义的基本原理同样也没有过时

社会主义社会要消灭私有制、剥削、压迫和贫富两极分化，实行公有制、计划经济、按劳分配、最终走向共同富裕，共产主义社会要实行公有制、计划经济、按需分配、实现人的自由全面发展，这是马克思主义政治经济学关于社会主义和共产主义的经典理论。虽然改革开放以来，中国由追求单一的公有制转向公有制经济与非公有制经济并存、大量发展了私有制经济，由传统的计划经济体制转变为社会主义市场经济体制，由要求实行单一的按劳分配、存在平均主义的倾向转向实行按劳分配与按其他要素分配并存、收入差距扩大，但是这些并不意味着马克思主义政

① [美]约瑟夫·斯蒂格利茨：《不平等的代价》，北京：机械出版社，2014年，第Ⅹ页。

治经济学关于社会主义和共产主义的基本原理已经过时，中国更没有抛弃马克思主义政治经济学的社会主义和共产主义的经典理论。

因为，社会主义和共产主义是马克思和恩格斯分析资本主义生产方式的矛盾运动而得出的科学结论，是人类社会发展的必然趋势。虽然改革开放以来，中国根据处于社会主义初级阶段的基本国情和发展社会主义生产力的要求，适当发展私有制经济，把传统计划经济体制转变为社会主义市场经济体制，实行了包括按生产要素分配在内的多种分配方式，但是中国始终“不忘初心”，始终坚持社会主义的发展方向，坚持以公有制为主体、国有经济为主导，没有实行“私有化”，也没有完全否定社会主义经济的计划性，而且始终强调并且采取扶贫脱贫等有效措施走向共同富裕。

马克思主义政治经济学仍然是中国特色社会主义经济发展的理论基础，只是说中国现阶段还不具备完全实现社会主义和共产主义的生产力和其他各种必要的社会条件，中国正是要通过改革开放为最终实现社会主义和共产主义创造条件。

二、中国改革开放是参考借鉴而不是以西方经济学为指导

国内外不仅有人主张中国改革开放和经济发展应该以西方经济学为指导，而且还有一种观点认为中国改革开放和经济发展实际上也是在西方经济学的指导下推进的，事实果真如此吗？其实不然。这两种主张和观点，既不正确也不符合事实。

1. 中国改革开放需要而且实际上参考借鉴了西方经济学

中国之所以要进行改革，是因为改革开放之前，在社会主义建设中存在超越阶段的偏差，不顾生产力极其落后、发展特别不平衡、生产社会化程度也相当低，却要在短期内实现社会主义和共产主义、完全具备马克思主义政治经济学的经典社会主义和共产主义理论所设想的社会主义和共产主义的基本特征。具体来说主要是，片面追求“一大二公三纯

四统”的单一公有制、完全消灭私有制、实现高度集中统一的计划经济体制、分配上也存在平均主义的倾向，结果虽然取得了相当大的成绩，但是总的来说不太理想、难以持续，不能不进行经济改革，纠正超越阶段的偏差，主要内容就是，适当发展私有制经济，把片面追求单一公有制的所有制结构改变为多种所有制经济共同发展的所有制结构、把国有国营的企业制度改革为适合于市场经济的现代企业制度、把传统计划经济体制转变为社会主义市场经济体制，适当拉开收入差距、让一部分人先富起来、然后再走向共同富裕。而如何发展市场经济、实行现代企业制度和在现代市场经济条件下发展私有制经济，我们缺乏经验，所以需要向西方发达国家学习、需要参考借鉴现代西方经济学的理论和方法。

中国在改革开放的过程中确实是大量引进、学习、吸收、参考、借鉴了现代西方经济学(特别是西方市场经济理论、企业理论、发展经济学、产业经济学、金融学、财政学、制度经济学、比较经济学等)的相关有用理论和方法，对中国的改革开放和社会主义市场经济的发展也发挥了重要作用。比如：市场经济要合理有效运行，市场机制要更好发挥作用，必须建立健全统一开放、竞争有序的市场体系，适应市场经济要求的微观基础即产权明晰、自主经营、自负盈亏的企业制度，价格必须由市场决定，企业必须参与竞争；市场经济存在市场失灵，政府应该通过实施宏观经济政策进行干预，宏观经济政策主要是财政政策、货币政策、产业政策、就业政策(人力政策)、收入政策等；推动经济增长的是投资、需求和出口“三驾马车”，在总供给大于总需求时要刺激需求、防止经济衰退和失业，在总供给小于总需求时要扩大和改善供给、防止经济过热和通货膨胀；为了更好地筹集资本、提高资本的利用效果，应该建立和完善包括股票市场在内的金融市场、发行股票、合理利用外资；市场经济是竞争经济、风险经济，国家必须建立相关法律制度和社会保障制度；发展中国家应该发挥比较优势、后发优势，实行外向型发展战略，等等。

2. 参考借鉴西方经济学不等于以西方经济学为指导

要正确判断中国改革开放究竟是不是以西方经济学为指导，首先必须明确什么才是指导改革的经济学理论或者说以什么作为标准去判断一种经济学理论是否是改革的指导。笔者认为，指导改革的经济学理论应该是确定改革的原因、目的、方向、性质、任务、战略、措施和方法所依据的基本经济学理论。尽管中国改革开放大量参考借鉴了西方经济学的理论和方法，但并不是以西方经济学作为指导。因为，改革开放的实践表明，中国确定改革的原因、目的、方向、性质、任务、战略、措施和方法所依据的基本经济学理论不是西方经济学。

第一，从西方经济学特别是现代西方经济学根本性的理论和主张来看，中国没有采纳现代西方经济学错误有害的理论、方法和改革的主张建议。首先，现代西方经济学是全盘否定中国社会主义制度的，主张社会主义国家的改革必须全面建立像西方国家那样的资本主义制度；而中国的改革并没有抛弃社会主义制度，而是要改革经济基础和上层建筑中不适应生产力发展要求的环节和方面，健全完善社会主义制度，不是要“全盘西化”、退回到资本主义即搞资本主义复辟，没有像苏联东欧国家那样按照西方新自由主义经济学和“华盛顿共识”去规划和推进中国改革开放，没有采取迅速全面放弃政府管制、立即全面开放市场、搞全面私有化、市场化、自由化。其二，现代西方经济学认为西方市场经济是市场经济的唯一模式，不存在资本主义市场经济与社会主义市场经济之分；而中国经济改革的目标模式，是要建立社会主义市场经济体制，而非资本主义市场经济体制。其三，现代西方经济学认为市场经济只能建立在私有制基础上，国有企业是不适应市场经济要求的，必须私有化，更是反对在企业建立党组织、实行共产党领导；而中国坚持以公有制为主体、国有经济为主导，没有实行完全私有化，在国有企业坚持和改进党的领导。其四，许多现代西方经济学家认为，就像人不能分几步跨过同一条河流一样，社会主义国家的改革只能是激进式的“休克疗法”、一步到位；而中国实行的是在共产党的领导下，既“摸着石头过河”又加强顶层设计、先试验后推广、先易后难，采取重点突破与整体配套相结合、增量改革与存量改革相结合、体制外改革与体制内改革相结合、力求改革与发展和社会稳定协调的循序渐进的方式。

第二，在西方经济学特别是现代西方经济学有用的理论和方法方面，即使是值得参考借鉴的有用的理论和方法，中国在改革中也不是全盘照搬，而是进行了改造、扬弃、完善。比如：虽然市场经济要求企业必须产权明晰、自主经营、自负盈亏，但是中国并不认为产权明晰、自主经营、自负盈亏的企业制度只有私有制才能做到，而是认为经过“转机改制”、实行现代企业制度，公有制企业包括国有企业同样也能做到产权明晰、自主经营、自负盈亏，也能够适应市场经济的要求、与市场经济相结合；虽然价格应该由市场决定，但是中国并不认为价格应该完全由市场决定，而是认为政府也应该进行合理调控；虽然市场机制在市场经济中应该发挥决定性作用，但是中国并不认为政府只能是“守夜人”、不能也不应该发挥较大较多的作用、国家干预只能是运用宏观经济政策，而是认为社会主义市场经济应该更好地发挥政府作用，宏观调控不仅要采用宏观经济政策，而且还要制定和实行国家规划；虽然私有制经济适应市场经济的要求、还有相当大的作用、公有制还不成熟完善、中国现阶段还要毫不动摇地发展非公有制经济，但是中国并不认为私有制必然高效永恒、公有制必然低效短命，而是认为私有制存在不适应社会化大生产的要求、必然产生剥削和贫富两极分化的根本缺陷、从总体和长远来看实行公有制才更合理更有效的历史趋势；虽然迄今为止的经济发展实践表明市场经济是比传统计划经济更为有效的经济运行方式，但是中国并不认为市场经济万能万岁、计划经济是永远无效的空想，而是认为市场经济存在自身无法克服的自发性、盲目性、事后性，现阶段虽尚不具备计划经济有效运行的必要条件，但这些条件并不是永远都不可能具备，从发展的趋势来看计划经济将是更为有效的经济运行方式。[①]

3. 中国改革开放不能以西方经济学为指导

第一，中国改革和发展中遇到的许多问题在西方经济学中找不到

① 简新华、余江：《市场经济只能建立在私有制基础上吗？——兼评公有制与市场经济不相容论》，载《经济研究》，2016 年第 12 期。

答案。

不仅“借鉴”不等于“指导”，更重要的是，中国改革开放和经济发展中遇到的许多问题是西方经济学家没有碰到过、更没有研究过的问题，指导中国改革开放和经济发展的许多重要理论也是在西方经济学(包括现代西方经济学)中找不到的，甚至是被否定的，自然也就不可能对中国改革开放和经济发展发挥指导作用，只能是参考借鉴作用。

中国作为一个人口最多的国家、最大的发展中国家、由计划经济向市场经济转轨的转型国家和坚持社会主义方向的国家，在世界环境恶化、资源短缺、西方国家强大的压力、经济全球化、国际竞争激烈的国情条件和时代背景下，经济改革和发展不仅会遇到世界上各种不同类型国家曾经或者将会遇到的共性问题，而且会碰到别的国家没有的特殊问题，这许多独特的问题是西方经济学家基本不研究的，更不可能在西方经济学中找到解决问题的答案，而这些恰恰是中国特色社会主义政治经济学要重点研究和解决的问题。比如，社会主义市场经济体制是中国经济改革的目标模式，但是西方经济学认为市场经济只能建立在私有制基础之上，公有制与市场经济相结合是不可能的，不仅缺乏而且也不会去研究公有制如何与市场经济有效结合，没有社会主义市场经济的概念和理论，甚至否定社会主义市场经济概念的科学性；中国改革开放和经济发展最终是要走向共同富裕，西方经济学没有关于实现共同富裕的内涵、必要性、可能性和有效途径的共同富裕理论；在拥有 13 亿人口、世界环境恶化、资源短缺、西方国家强大的压力、经济全球化、国际竞争激烈、信息化、网络化的国情条件和时代背景下，中国如何合理有效地实现工业化、城镇化和农业现代化，在西方经济学中也找不到现成答案；现代西方经济学中更缺乏社会主义经济体制改革的理论，没有传统计划经济体制如何合理有效转变为社会主义市场经济体制的理论，即使部分西方经济学家研究了苏联东欧社会主义国家的经济改革，也只是主张照搬欧美经济模式，开出的被称为“华盛顿共识”的药方成效也有限，其中有些国家甚至遭受了严重挫折和失败。

第二，以西方经济学为指导可能使中国改革和发展误入歧途。

现代西方主流经济学认为，只有私有化、市场化、自由化和西方多党议会民主化才是最好的经济政治制度、才能实现经济持续有效发展，市场经济只能以产权明晰的私有制为基础，信奉这种西方主流经济学教条的部分中国学者强调这是“经济学的常识”、国际惯例和普世价值，断言私有化是“优良的制度遗产”、现代经济学的“基本结论”“全人类的智慧结晶”，中国不能也不应该例外。因此，中国必须实行私有化，不仅国有企业要进一步私有化，土地也要私有化，只有这样，才能做到产权明晰，适应市场经济的要求，中国改革的任务才能最终完成，才能建立与欧美发达国家一样的经济政治制度，也才能成为发达的现代化国家。甚至存在极端形式的农地产权神话：“只要土地私有化，中国一切问题都可以迎刃而解。”[①]按照现代西方经济学的这种理论教条，坚持以公有制为主体、要做强做优做大国有企业和国有资本、搞社会主义市场经济、实行国家宏观调控和规划、共产党领导的中国经济不可能有效发展，只会衰退、落后、崩溃、动乱，但是事实恰恰相反，改革开放 40 年来，中国经济发展取得了举世公认的惊人成就。党的十八大和十九大特别强调必须坚持马克思主义的指导和社会主义的方向，提出中国特色社会主义的四大自信：道路自信、理论自信、制度自信、文化自信。中国要坚持马克思主义理论、社会主义方向和共产党的领导，现代西方经济学不仅不可能认同，甚至可能是否定、反对。这正是改革开放以来西方经济学家一次又一次误判中国改革和发展的前景成败，尤其是“中国经济崩溃论”的预测更是一次又一次落空的重要原因。

与此形成强烈反差的是，苏联正是由于以现代西方经济学为指导，尤其是在所谓“华盛顿共识”和美国哈佛大学著名经济学教授指导下制定的“休克疗法”方案，使得苏联的改革陷入失败困境，不仅完全抛弃了

---

① 简新华：《中国农地制度和经营方式研究——兼评中国土地私有化》，载《政治经济学评论》，2013 年第 1 期；贺雪峰：《地权的逻辑——中国农村土地制度向何处去》，北京：中国政法大学出版社，2010 年，第 10 页。

社会主义制度，导致共产党下台、国家四分五裂，而且经济大幅度衰退，由一流强国沦为二流国家，至今还主要依靠出售自然资源维持。中国正是由于没有以现代西方经济学为指导，只是参考借鉴了现代西方经济学中有用的理论和方法，才没有走入歧途、陷入困境，也才能够取得举世公认的惊人成就。

三、中国经济改革在中国特色社会主义政治经济学指导下取得巨大成就

既然中国改革不是在现代西方经济学的指导下取得巨大成就的，那是在什么经济学的指导下取得巨大成就的呢？实践证明，是在当代中国的马克思主义政治经济学即中国特色社会主义政治经济学的指导下取得巨大成就的。因为，无论是中国改革的原因、目的、方向、性质、任务，还是步骤、战略、方法、措施上主要都是按照马克思主义政治经济学的基本原理和辩证唯物主义、历史唯物主义的立场、观点、方法去认识和确定的。1984 年中国颁布改革开放以来第一个纲领性文件《中共中央关于经济体制改革的决定》时，邓小平就指出，这“是写出了一个政治经济学的初稿，是马克思主义基本原理和中国社会主义实践相结合的政治经济学”。[①] 40 年的中国改革开放，主要就是在包括第一个纲领性文件在内的中共中央颁布的一系列纲领性文件的指导下从胜利走向胜利的。

改革开放以来，中国坚持马克思主义政治经济学的基本原理、运用马克思主义政治经济学的立场、观点、方法，紧密结合中国社会主义建设的实际，总结社会主义建设的经验教训，创新和发展马克思主义政治经济学，形成了中国特色社会主义政治经济学，主要包括八个方面的基本理论：社会主义本质理论、社会主义初级阶段理论、以公有制为主体多种所有制经济共同发展理论、以按劳分配为主体多种分配方式并存的理

① 邓小平：《邓小平文选》第三卷，北京：人民出版社，1993 年，第 83 页。

论、社会主义市场经济理论、社会主义经济发展新理论、社会主义经济体制改革理论、社会主义对外开放理论。①

对改革原因的分析和认识，主要是以社会主义初级阶段理论和历史唯物主义的基本方法为基础；对改革的方向、性质和任务的认识和确定，主要是依据社会主义本质理论、以公有制为主体多种所有制经济共同发展理论、以按劳分配为主体多种分配方式并存的理论、崭新的社会主义市场经济理论；改革的战略、措施、方法的选择和确定，主要是按照中国独创的社会主义经济体制改革理论；改革开放以来的社会主义经济发展，也主要是遵循中国提出的社会主义经济发展的新发展观和新发展理念。

如前所述，中国经济改革和发展会遇到世界上各种不同类型国家没有遇到的特殊问题，而且许多是西方经济学家基本不研究的、在西方经济学中找不到答案的问题，而这些恰恰是中国特色社会主义政治经济学要重点研究和解决的问题。比如，中国特色社会主义政治经济学探讨了公有制与市场经济的结合方式，提出了社会主义市场经济理论；马克思超越空想社会主义提出了科学的共同富裕的思想，在《政治经济学批判》(1857—1858 年手稿)中指出未来社会“社会生产力的发展将如此迅速，以致尽管生产将以所有人的富裕为目的，所有人的可以自由支配的时间还是会增加的”，②中国特色社会主义政治经济学则提出让部分人先富起来然后达到共同富裕的实际有效路径，发展和完善了共同富裕理论；现代西方经济学中虽然有可持续发展观、以人为本的全面发展观，创新、开放、绿色的理念，但是中国特色社会主义政治经济学则提出了以人民为中心，全面、协调、可持续的完整的科学发展观，创新、协调、绿色、开放、共享等五位一体的更为全面更有新意的发展理念，提出了中国特色新型工业化道路、中国特色新型城镇化道

① 简新华、余江:《发展和运用中国特色社会主义政治经济学的若干问题》，载《中国高校社会科学》，2016 年第 6 期。

② 《马克思恩格斯全集》第三卷，北京：人民出版社，1972 年，第 222 页。

路、中国特色新型农业现代化道路和中国特色信息化道路，极大地推动了中国工业化、城镇化、农业现代化和信息化的进程；现代西方经济学中没有社会主义经济体制改革的理论，而中国特色社会主义政治经济学形成了比较系统的社会主义经济体制改革的理论，指导中国经济改革不断取得成功。以上情况说明，中国改革和发展主要是以中国特色社会主义政治经济学为指导的，与时俱进的马克思主义政治经济学依然是指导中国改革发展的理论基础。

的确，现代市场经济与马克思时代的市场经济相比，出现了许多新变化、新情况、新现象、新特点、新问题，马克思在当时不可能研究和提出相关理论，现代西方经济学进行了研究，提出了一些新理论，值得我们像马克思在创立马克思主义政治经济学时认真参考借鉴当时的资产阶级经济学那样[①]，在创新发展马克思主义政治经济学、形成和发展中国特色社会主义政治经济学时认真参考借鉴现代西方经济学。马克思主义政治经济学是开放的、与时俱进的，必须也必然坚持马克思主义政治经济学的立场、观点、方法和基本原理，吸收和借鉴西方经济学的现代市场经济理论，深入研究新变化、新现象、新情况、新特征、新问题，创新和发展新理论，以指导中国社会主义市场经济的改革和发展。但是，决没有本末倒置、弃而不用，甚至完全否定马克思主义政治经济学。我们现在正确认识现代资本主义市场经济，仍然需要运用马克思主义政治经济学的基本原理和方法；正确分析和认识中国的社会主义市场经济，也需要以马克思主义政治经济学为指导。

① 马克思的《资本论》之所以写了40年，去世前还只出版了第一卷，第二、第三卷是逝世后由恩格斯整理出版的，一个重要原因是每当马克思知道又出版了一本新的经济学著作，都要找来看了以后，再继续《资本论》的写作。

四、全面深化改革更需要中国特色社会主义政治经济学指导

经过40年的改革，片面追求“一大二公三纯四统”的单一公有制、国家所有国家直接经营的企业制度、实行高度集中统一的计划经济体制、分配上存在平均主义倾向等偏差，可以说已经完全纠正，经济发展也取得了巨大成就，但是中国改革的任务还没有完成，还必须全面深化。

中国现在之所以要全面深化改革，主要是因为中国特色社会主义进入了新时代，经济发展也处于新阶段、呈现出新常态，发生了新变化、新情况、新特点、新问题，面临新矛盾和新任务。

中国特色社会主义新时代的社会主要矛盾是人民日益增长的美好生活需要和不平衡不充分的发展之间的矛盾。造成发展不平衡不充分的主要原因，是相关的许多制度还不完善、社会主义市场经济体制还不健全、不成熟。所以，要有效解决这个社会主要矛盾，真正满足人民日益增长的美好生活需要，就必须改变发展不平衡不充分的状况，而要实现平衡充分的发展，就必须建设现代化经济体系，由高速度增长转向高质量增长，这一切都需要全面深化改革特别是供给侧结构性改革，创新和完善制度。

从2012年起中国产业结构开始发生重大变化，服务业成为发展最快、比重最大的产业。2012年全国GDP第三产业增长8.1%，超过了第二产业的7.9%，2013年比重达到46.1%，首次超过第二产业，实现了历史性突破。2017年服务业增长依然最快、比重达到51.6%，这种势头还将继续。2017年中国人均GDP接近9000美元，到2020年达到1万美元，应该问题不大。服务业成为最大产业，人均GDP即将达到1万美元，表明中国总体上开始进入工业化中后期，面临的主要任务是中共十八大提出的2020年基本实现工业化的要求和中共十九大作出的建设现代化经济体系、2035年基本实现社会主义现代化、2050年全面建成社会

主义现代化强国。也就是说，中国现阶段面临的主要任务已经不再是纠正超越阶段的偏差，而是完善社会主义制度、实现社会主义现代化；在工业化上的主要任务已经不再是扩大制造业的规模，而是优化升级、做强做优、实现工业现代化。

在新常态下，中国面临一些两难的重大理论和实践问题：既要发挥市场配置资源的有效性和优越性，又要克服自发性和盲目性带来的市场失灵现象；既要更好地发挥政府在克服市场失灵中的作用，又要防止因信息局限性和利益局限性造成政府失灵；既要发挥公有制经济的主体作用，又要解决公有制经济现在还存在的问题和缺陷，切实做强做优做大公有制经济，真正实现公有制与市场经济的有效对接（即结合、兼容）；既要继续发展私有制经济、发挥其积极作用，又要尽可能减少其消极作用；既要适当拉开财产和收入差距、追求效率，又要注意公平、合理缩小贫富差距、防止贫富两极分化，真正做到兼顾公平和效率，最终走向共同富裕；既要增加有效供给、消除"短缺经济"，又要减少以致消除无效供给、合理增加有效需求、避免"过剩经济"，力求做到供求基本协调平衡。这些都是包括现代西方经济学在内的现有经济学没有解决的、找不到答案的世界性难题。新自由主义经济学、新古典经济学、凯恩斯主义、里根经济学等都解决不了这些难题，我们必须以马克思主义政治经济学为指导，深入实践探索、进行理论创新、寻找正确答案。

这种情况说明中国现在必须认真学习和贯彻习近平新时代中国特色社会主义经济思想，进一步发展、运用中国特色社会主义政治经济学，而且迫在眉睫、刻不容缓。这应该是近几年党中央和习近平同志多次强调要学习、研究、运用马克思主义政治经济学、创新和发展当代中国马克思主义政治经济学特别是中国特色社会主义政治经济学的重要原因。2016 年 4 月，习近平同志在全国党校工作会议上的讲话中明确指出：全面建成小康社会的决胜阶段，"形势环境变化之快、改革发展稳定任务之重、矛盾风险挑战之多、对我们党治国理政考验之大都是前所未有的"。鲜明尖锐地强调：如果"奉西方理论、西方话语为金科玉律""用西方资本主义价值体系来剪裁我们的实践，用西方资本主义评价体系来衡量我国发展，符合西方标准就行，不符合西方标准就是落后的陈旧的，就要批判、攻击，那后果不堪设想！”“敢于发声亮剑，善于解疑释惑”“马克思主义就是我们共产党人的‘真经’，‘真经’没念好，总想着‘西天取经’，就要贻误大事！”[①]2017 年 12 月召开的中央经济工作会议强调，习近平新时代中国特色社会主义经济思想，是 5 年来推动我国经济发展实践的理论结晶，是中国特色社会主义政治经济学的最新成果，是党和国家十分宝贵的精神财富，必须长期坚持、不断丰富发展。因此，现在特别需要进一步提高对中国特色社会主义政治经济学重要性的认识，努力创新和发展，使之成为中国的主流经济学，更好地指导中国的改革开放和经济发展。

① 习近平：《在全国党校工作会议上的讲话》，载《求是》，2016 年第 9 期。

疑难问题 3

究竟应该构建什么和如何构建中国经济学？

——与洪永淼教授商榷

与“很少有中国经济学家创立的被国际经济学界所熟悉并承认的关于中国经济的原创性经济理论”的根本原因是“研究范式与研究方法未能与国际充分接轨”的观点商榷；澄清“现代经济学”“中国特色政治经济学”等经济学名称的模糊说法；纠正马克思主义政治经济学与西方经济学的主要区别在于前者“侧重于人与人之间的生产关系”，后者“侧重于研究人与自然之间的关系”的误解；指出市场经济理论不等同于市场经济一般原理，存在两种性质不同的市场经济理论；说明中国现在需要构建的是中国特色社会主义政治经济学，不是要“在研究范式上回归亚当·斯密《国富论》的经典理论框架”；反驳“研究范式与研究方法只是工具，本身并不带有任何阶级或者制度属性，没有意识形态色彩”的看法。

现在中国经济发展进入新时代，经济发展呈现新常态，改革开放进入全面深化的新阶段，面临许多新情况、新现象、新特征、新问题，亟须深入研究和合理有效解决，迫切需要在学习、运用习近平新时代中国特色社会主义经济思想的同时，创新和构建新的经济学理论，用以更好地指导新时代的新实践。那么，中国现在应该构建（包括坚持和创新、发展）什么样的经济学？通过什么途径、采用什么方法构建？如何处理中国特色社会主义政治经济学与马克思主义政治经济学和现代西方经济学的关系呢？习近平同志已经提出了原则性的指导意见。

2016 年 7 月 8 日习近平同志在主持召开经济形势专家座谈会时指出："坚持和发展中国特色社会主义政治经济学，要以马克思主义政治经济学为指导，总结和提炼我国改革开放和社会主义现代化建设的伟大实践经验，同时借鉴西方经济学的有益成分。中国特色社会主义政治经济学只能在实践中丰富和发展，又要经受实践的检验，进而指导实践。要加强研究和探索，加强对规律性认识的总结，不断完善中国特色社会主义政治经济学理论体系，推进充分体现中国特色、中国风格、中国气派的经济学科建设。"这段论述实际上已经清楚地从总体上说明了中国现在要构建什么经济学、怎样构建的基本原则和途径、与马克思主义政治经济学和西方经济学的关系，目前需要的是进一步深入正确理解和具体贯彻落实。

前不久看了洪永森教授与此相关的 2 万多字的长篇报告《马克思主义政治经济学、西方经济学与中国经济学的内涵及其相互关系》[①]《站在中国人的立场上，用现代方法研究中国问题，用国际语言讲述中国故

① 洪永森：《马克思主义政治经济学、西方经济学与中国经济学的内涵及其相互关系》，https：//www. weixin765. com/doc/aqquoqqf. html（经典网，厦门大学经济学院，2016 年 8 月 6 日）。

事》[1]和《中国经济学将会如何演变？》[2]。这三篇文章(以下统称《洪文》，后面有关引文皆出自这三篇文章，不再标明注释)的主题都是要“探索如何构建中国特色政治经济学”，包括“如何发展中国特色社会主义市场经济理论”，读后感到提出了一些比较符合实际的有价值的见解，主要是：在不少人否定经济学的阶级性、否定或者抛弃社会主义的时候，《洪文》坚持认为“政治经济学既有科学性，又有阶级性”；明确指出“前苏联模式失败，并不意味着社会主义应该抛弃，因为‘共同富裕’这个社会主义的主要目标是人类社会的美好理想。苏联模式社会主义制度的垮台，并不是社会主义经济理论的失败，而是这个理论所赖以实现的前提没有得到满足。因此，应该坚持社会主义理想，创造条件不断完善社会主义制度，不能因为失败了就回头走资本主义道路。俄罗斯上世纪 90 年代私有化就是资本主义的复辟。……这种激进的私有化，即西方自由主义经济学家帮助制定的‘500 天休克疗法’，一夜之间将社会主义公有制经济变为资本主义私有制经济，最终损害的是广大俄国劳动人民的根本利益”；强调“中国改革开放 30 多年的经验表明……社会主义经济制度也可以通过改革实现自我修复与不断完善”。《洪文》还认为中国特色社会主义市场经济理论是“一种理论创新”“是中国对国际社会主义经济理论与实践的一个重大贡献”；特别是对中国经济学的发展前景比较乐观，认为在英国、美国先后“成为世界的经济学术中心”之后，“以解释中国经济发展模式为己任的中国经济学有可能成为下一个世界经济学术中心”“现在，随着中国经济快速增长、日益融入全球经济体系，并在其中扮演越来越重要的领导角色，中国有望在世界经济学界形成一个有影响力的‘中国经济学派’”，这种看法也令人鼓舞。《洪文》还正确地指出，“马克思主义政治经济学资本主义部分的研究需不断地与时俱进，不能只停留在《资本

① 洪永淼：《站在中国人的立场上，用现代方法研究中国问题，用国际语言讲述中国故事》，载《经济研究》，2017 年第 5 期。

② 洪永淼：《中国经济学将会如何演变？》，https：//www. Sohu. Com/a/151955462－465368(中国经济学教育科研网，2017 年 6 月 14 日)。

论》的经典结论上，应该继续总结马克思之后资本主义的变化，进一步揭示资本主义市场经济在新的历史条件下的发展运行规律”；“研究中国经济可以借鉴西方经济学中的市场经济原理”，但“不是照抄照搬西方经济理论”；并且提出了一些值得中国特色社会主义政治经济学深入研究的问题，比如“社会主义国家本来应该实现共同富裕和保护广大劳动者与消费者的利益，但目前中国的现实却是，贫富差距反而不断拉大，劳工利益没有很好的保护，假冒伪劣产品经常可见”“中国是公有制主导的社会主义国家，为什么我们的普通消费品质量反而比这些实行资本主义制度的国家与地区逊色”，还有经济全球化和国际生产关系中出现的新现象和新问题等。但是，《洪文》关于经济学、政治经济学、马克思主义政治经济学、西方经济学、现代西方经济学、中国经济学和怎样构建中国特色政治经济学的论述，存在不少值得商榷的观点，为了更好地构建中国特色社会主义政治经济学，特写此文就教于洪永淼教授以及经济学界的同仁们，以利澄清模糊甚至不恰当的看法，求得正确的共识，更好地创新和发展中国特色社会主义政治经济学。

一、什么是中国特色政治经济学，中国需要构建什么样的经济学？

1. 经济学的名词释义

《洪文》在论述构建中国经济学的过程中使用了“经济学”“政治经济学”“新政治经济学”“马克思主义政治经济学”“当代马克思主义政治经济学”“西方经济学”“西方古典经济学”“西方古典政治经济学”“现代经济学”“现代西方经济学”“西方现代经济学”“西方自由主义经济学”“新古典经济学”“中国经济学”“中国特色政治经济学”“21 世纪中国化的马克思主义政治经济学”“21 世纪马克思主义国际政治经济学”“社会主义政治经济学”“中国特色社会主义政治经济学”等近 20 个名词，除了少数几个作了非严格定义的简单说明之外，大多数名词都没有清楚地说明其内涵、外延及其区别和联系。这是现在探索中国经济学构建必须十分明确的，否则，会造成认识模糊、思想混乱，甚至可能连现在中国到底应该构建什么经济学都不能真正弄清。为了使得构建中国经济学的讨论避免各说各话、引起歧义，认识更明确、更严谨、更准确、更有针对性，本书根据马克思主义政治经济学的基本原理，特对经济学及其分类作出以下说明：

所谓“经济学”，顾名思义，最抽象笼统的界定就是研究经济的学科。由于“经济”在现代是一个内涵丰富、外延广泛的概念，首先包括生产力和生产关系及其相关关系，还包括生产、交换（或者流通）、分配、消费等在内的社会活动（活动内容和活动方式即运行和发展的内容和方式，主要是社会资源的配置方式和产出的分配方式）、构成上述社会活动总体的各类产业部门及其相关关系（产业结构）即国民经济以及与上述所有这些内容有关的制度安排即经济制度等。因此，经济学可以依据研究对象的不同范围层次和具体内容、研究的不同性质和特征进行多种不同的界定和分类。

从最广泛的意义而言，经济学是所有研究人类社会经济活动和经济关系及其规律的学科的总称，包括理论经济学和应用经济学两大类；政治经济学是主要研究生产方式特别是生产关系及其变化规律的最重要的理论经济学，是所有其他经济学分支学科的理论基础，应用经济学则是理论经济学应用于各个不同领域而形成的分支学科。

下面重点说明政治经济学的主要分类：按照研究的科学性不同，政治经济学分为科学政治经济学、庸俗政治经济学即非科学的政治经济学；按照具有的阶级属性不同，政治经济学又分为资产阶级政治经济学、无产阶级政治经济学、小资产阶级经济学；按照所处的历史时代的不同，政治经济学可分为古典（或者古代）政治经济学、现代政治经济学；按照研究对象的社会形态的范围不同，政治经济学可分为广义政治经济学（即研究人类各种社会的生产方式特别是生产关系及其变化规律的政治经济学）、狭义政治经济学（即研究某个特定社会形态的生产方式特别是生产关系及其变化规律的政治经济学）；按照研究对象所处的国别地域的不同，政治经济学还可分为中国政治经济学即研究中国的生产方式特别是生产关系及其变化规律的政治经济学、美国政治经济学即研究美国的生产方式特别是生产关系及其变化规律的政治经济学。[①] 这里需要指出的是，通常所说的“中国经济学”“美国经济学”，不应该只是指中国政治经济学、美国政治经济学，笔者理解这是一种最宽泛的通俗说法，应该是在中国或者美国存在的所有反映中国或者美国特色的经济学的统称，包括各种理论经济学和应用经济学在内。

而且，政治经济学的上述这些不同的分类法又可以交叉配合使用，形成更多更复杂的经济学名称。比如：马克思主义政治经济学则是马克思和恩格斯创立的科学的无产阶级政治经济学，马克思主义经济学则是马克思主义政治经济学的简称，由于研究对象主要包括资本主义经济和社会主义经济，所以又分为马克思主义政治经济学资本主义部分(也有简称为资本主义政治经济学，主要研究资本主义经济)[②]和马克思主义政治经济学社会主义部分(也有简称为社会主义政治经济学，主要研究社会主义经济)；当代中国马克思主义政治经济学则是中国以马克思主义政治经济学基本原理为指导，运用马克思主义政治经济学的立场、观点、方法研究当代经济(包括当代中国经济、世界经济、西方发达国家经济、发展中国家经济等)的马克思主义政治经济学，又由于中国现阶段的社会主义经济是处于社会主义初级阶段的具有中国特色的社会主义经济，

① 有学者认为，经济学无地域和国别区分，不存在什么“美国经济学”与“中国经济学”的概念，这种看法可能不准确。因为，不同国家的经济情况都不完全相同，都会具有自己特点，以不同国家的经济为研究对象的经济研究，必然会产生不完全相同的经济理论，形成具有本国特色的经济学，怎么就不能存在“美国经济学”与“中国经济学”及其相应的概念呢？恩格斯在著名的《反杜林论》一书中明确指出：“人们在生产和交换时所处的条件，各个国家各不相同，而在每一个国家里，各个世代又各不相同。因此，政治经济学不可能对一切国家和一切历史时代都是一样的……政治经济学本质上是一门历史的科学。”《马克思恩格斯文集》第9卷，北京：人民出版社，2009年，第153页。

② 必须注意的是，这里的“资本主义经济学”只是马克思主义政治经济学的重要组成部分，不是资本主义性质的政治经济学，一定不能与“资产阶级政治经济学”混淆、等同，前者是无产阶级的政治经济学，后者是资产阶级性质的政治经济学。

所以研究中国特色社会主义经济的当代中国马克思主义政治经济学又被称为中国特色社会主义政治经济学，是马克思主义政治经济学基本原理与中国特色社会主义经济实践相结合的政治经济学，是发展中国特色社会主义经济的实践经验的理论总结，是当代中国马克思主义政治经济学最重要的组成部分。从阶级属性来看，中国特色社会主义政治经济学是中国特色无产阶级政治经济学。

这里还需要说明的是，由于长期以来我们把除了也是来自西方国家的马克思主义政治经济学以外的政治经济学称之为古典政治经济学、庸俗经济学、资产阶级经济学、西方经济学，高等学校的政治经济学课程讲授的也只是马克思主义政治经济学，连专业名称和教科书的书名都是《政治经济学》，习惯上就把政治经济学仅仅看成了马克思主义政治经济学，一讲政治经济学，人们马上想到的就是马克思主义政治经济学，其实这种通俗的流行看法是不准确、不科学的。而且，社会主义经济理论也是一个中国经济学界使用多年的概念，其内涵是关于社会主义经济的理论，实际上就是社会主义政治经济学的理论。

另外，也需要指出的是，现在中国经济学界使用着许多与"西方经济学"有关的经济学名称，比如西方经济学、现代西方经济学、西方现代经济学、西方主流经济学、新古典经济学、新自由主义经济学、凯恩斯主义经济学、供给学派经济学、新制度经济学、新政治经济学等，笔者理解，所谓"西方经济学"是一个流行的通俗说法，实质上就是西方国家的资产阶级政治经济学或者说理论经济学，现代西方经济学或者西方现代经济学则是西方国家的现代的不是古典的资产阶级政治经济学或者说理论经济学，其他的诸如西方主流经济学、新古典经济学、新自由主义经济学、凯恩斯主义经济学、供给学派经济学、新制度经济学、新政治经济学等，都不过是现代西方经济学的组成部分或者分支、流派而已。

2. 必须正确认识西方经济学与马克思主义政治经济学的区别

《洪文》说，"马克思主义政治经济学主要研究经济制度演化本身，侧重于人与人之间的生产关系。而人与自然之间的关系，即物质的生产方式，并不是政治经济学研究的主要内容。这事实上已经逐渐脱离了亚当·斯密《国富论》的经典研究范畴”（这里的范畴可能应该是范式）；还认为，“西方经济学通过 1870 年代的‘边际革命’，侧重于研究人与自然之间的关系，研究稀缺资源如何优化配置，逐渐淡化了对经济制度与经济现象的政治分析。马克思主义政治经济学与西方经济学从此分道扬镳”。《洪文》的这些论述，应该是想说明马克思主义政治经济学与包括英国古典政治经济学在内的西方经济学的基本区别或者主要不同。在《洪文》看来，亚当·斯密的《国富论》主要研究经济增长“即发展社会生产力”，马克思的《资本论》主要研究生产关系，马克思主义政治经济学与西方经济学的主要区别在于前者“侧重于人与人之间的生产关系”，后者“侧重于研究人与自然之间的关系”。但是这种看法，既不准确，也不符合实际。

首先，生产关系与经济制度不是一回事，两者不能不加区别地等同使用，因为制度属于上层建筑，经济制度是生产关系的反映或者说是承认、维护生产关系的法律和规章。马克思主义政治经济学肯定会研究经济制度，因为经济制度是生产关系的反映，作为上层建筑会对经济基础（生产关系的总和）产生反作用，而且经济制度对生产力的发展也会产生巨大的影响，但是马克思主义政治经济学的主要研究对象是生产关系，不能说也是经济制度。

其次，《洪文》所说的亚当·斯密《国富论》研究的主题是经济增长、发展生产力，西方经济学侧重于研究人与自然之间的关系、研究稀缺资源如何优化配置，马克思《资本论》主要研究生产关系，这似乎是包括英国古典政治经济学在内的西方经济学与马克思主义政治经济学本质区别。其实，马克思主义政治经济学与西方经济学的区别不是主要研究人与人之间的关系还是人与物之间的关系的差别，马克思主义政治经济学与西方经济学的根本不同主要在于阶级性和科学性：马克思主义政治经济学是无产阶级的经济学、是科学的经济学；西方经济学则是资产阶级的经济学、不太科学甚至是庸俗的经济学。比如，亚当·斯密和李嘉图提出的劳动价值论虽然有一定科学价值，是马克思的劳动价值论的来源，但是存在没有发现劳动二重性的严重缺陷，马克思则创立了劳动二重性这个“理解政治经济学的枢纽”[①]，形成了科学的劳动价值论。而且，两者的基本原理和主要研究范式（研究方法）也存在本质区别。

再次，马克思主义政治经济学（包括经典的和现代的）不是只研究生产关系，完全不研究生产力，更不是不重视生产力特别是生产力的解放、保护和发展。《洪文》也提到马克思在《资本论》第一卷第一版的序言中明确宣布，“我要在本书研究的，是资本主义生产方式以及和它相适应的生产关系和交换关系”。生产是人类社会存在和发展的基础，生产的本质就是通过运用和发展生产力给人类提供更多更好的产品，生产方式是生产力与生产关系的统一、包含有生产力，而且生产关系首先是由生产力决定的，因此生产力及其发展当然是马克思主义政治经济学不可缺少的重要内容，而且马克思主义政治经济学研究生产关系的最终目的也是为了解放、保护、发展生产力，为人类社会走向共同富裕、实现人的自由全面发展创造必要的物质条件。但是，马克思主义政治经济学研究生产力，研究的不是生产力本身的物理、化学、生物等方面的自然属性和工程技术方面的问题（这些属于自然科学和工程技术科学的研究对象），而是研究生产力怎样决定生产关系的状况及其变化、生产关系又是如何反作用于生产力，更重要的是还要研究生产力的开发、形成、配置、使用、保护、解放和发展的方式，而这些问题主要不是生产力本身的问题，在相当大的程度上又是生产关系问题或者与生产关系有关。比如生产力如何配置？主要通过市场或者计划，而市场、计划都不是生产力本身的范畴，而是生产关系、上层建筑范畴；再比如怎样解放生产力？主要就是要改变不适合或者束缚生产力发展的不合理的生产关系和上层建筑。这正是《政治经济学》为什么在“经济学”前面加上“政治”两个字的重要原因。

即使是马克思和恩格斯面临的主要任务与亚当·斯密不同，不是要

① 马克思：《资本论》，北京：人民出版社，1975年，第55页。

研究资本主义的财富(生产力)如何增长,为资本主义经济的发展出谋献策,而是要揭示资本主义生产方式的矛盾运动及其客观规律和必然趋势,为无产阶级革命和建立社会主义、共产主义提供理论基础,也并不是没有研究生产力,马克思的《资本论》不仅主要研究了资本主义生产关系,同样科学地分析研究了资本主义社会生产力的发展,深刻地揭示了资本主义之所以能够像马克思和恩格斯在《共产党宣言》中所说的“资产阶级在它的不到一百年的阶级统治中所创造的生产力,比过去一切世代创造的全部生产力还要多,还要大”的基本原因,马克思在《资本论》中指出这主要是由于资本主义社会存在两个力:一是追求剩余价值(即利润最大化、赚钱发财)的内在动力,二是竞争的外在压力(优胜劣汰、毫不留情)。这难道不比亚当·斯密的《国富论》深刻得多吗?而追求剩余价值、市场竞争是生产力还是生产关系,显然是生产关系啊!《资本论》还重点研究了资本主义生产关系是怎样阻碍生产力发展,探讨了如何才能消除资本主义生产关系的束缚,解放生产力,发展生产力。从俄国十月社会主义革命胜利开始,由于社会主义社会诞生了,由主要进行社会主义革命转向主要进行社会主义建设,虽然使得从列宁开始的马克思主义政治经济学面临的主要任务与马克思和恩格斯不一样了,成为主要研究社会主义社会如何解放生产力、保护生产力、发展生产力,为社会主义经济发展提供理论指导,但是主要还是研究生产关系。

由此可见,政治经济学研究生产力主要是研究如何开发、形成、配置、使用、保护、解放和发展生产力,而研究如何开发、形成、配置、使用、保护、解放和发展生产力,主要又是研究生产关系及其对生产力的反作用,因为决定生产力发展、资源优化配置的因素,除了物质、技术的这些自然科学和工程技术科学研究的因素之外,主要是生产关系,这就决定了政治经济学只能主要研究生产关系。怎么能说主要研究生产关系是马克思主义政治经济学体系、范式的缺陷或者不足呢?无论是经典的还是现代的马克思主义政治经济学不存在轻视、忽视生产力的问题,都是非常重视生产力的作用和生产力发展的。

最后，马克思主义政治经济学不是在 19 世纪 70 年代所谓‘边际革命’发生时才同西方经济学“分道扬镳”的，马克思主义政治经济学创立时就与西方经济学“分道扬镳”了。两者“分道扬镳”的表现也不是马克思政治经济学坚持“对经济制度与经济现象的政治分析”，而西方经济学“逐渐淡化了对经济制度与经济现象的政治分析”。实际上，两者首先而且主要进行的都是经济分析，也都会进行“政治分析”。

3. 中国现在需要构建的应该是中国特色社会主义政治经济学，不是一般而言的所谓“中国特色政治经济学”

中国现在究竟应该构建什么经济学？这是探讨构建中国经济学首先必须明确的问题，《洪文》有两个提法，即“构建中国经济学”和“中国特色政治经济学”。从《洪文》的相关论述来看，“中国经济学”好像是指中国人研究的、以中国经济为研究对象的、为中国经济发展服务的政治经济学，中国现在要构建的“中国经济学”是“中国特色政治经济学”。什么是“中国特色政治经济学”？《洪文》解释说“我们可以这样定义，中国特色政治经济学主要研究什么样的经济制度能够促进社会生产力的最快发展和形成最佳的生产关系，并且实现两者的有机统一”，同时又说“构建中国特色的政治经济学，或者发展 21 世纪中国化的马克思主义政治经济学”，甚至认为“这其实是在研究范式上回归亚当・斯密《国富论》的经典理论框架”。这些关于亚当・斯密《国富论》、西方经济学、马克思主义政治经济学、社会主义政治经济学、中国特色政治经济学、中国现在应该构建什么经济学的论述存在多重误解：

第一，21 世纪中国化的马克思主义政治经济学决不是要“在研究范式上回归亚当・斯密《国富论》的经典理论框架”。

什么是“《国富论》的经典理论框架”？《洪文》写道，“《国富论》的一个显著特点，就是抓住经济增长主题，即发展社会生产力，主张用维护私人产权和市场自由竞争的制度以促进资本积累和经济增长，从而使政治经济学有了经典的研究框架”。从上面的引文也可以看出《洪文》还认为，把“人与自然之间的关系，即物质的生产方式”，作为“政治经济学研究的主要内容”是“亚当·斯密《国富论》的经典研究范畴”。

实际上，是主要研究生产力还是主要研究生产关系，不是政治经济学理论框架的主要内容，而是目的、立场、内容、观点、方法。所谓亚当·斯密《国富论》的经典理论框架，是为了服务于资本主义经济的发展、按照资产阶级的立场观点方法、主要采用唯心主义的研究方式而建立的理论框架，这种理论框架虽然有一定合理性和作用，但是并不很科学，最突出的是并没有揭示出资本主义生产方式的基本矛盾及其必然趋势。21世纪中国化的马克思主义政治经济学[①]则是要服务于社会主义经济的发展、按照无产阶级的立场观点方法、采用历史唯物主义和辩证唯物主义的研究范式，坚持和完善马克思主义政治经济学的经典理论框架。无论是目的、内容上还是方法上，这两种理论框架都存在本质的不同，实际上经典的马克思主义政治经济学早就突破了“亚当·斯密《国富论》的经典理论框架”，形成了更加科学的理论框架，21世纪中国化的马克思主义政治经济学还有什么必要、又有什么可能“在研究范式上回归亚当·斯密《国富论》的经典理论框架”，为什么要走并非十分科学的亚当·斯密《国富论》的回头路呢？21世纪中国化的马克思主义政治经济学如果像《洪文》所说的那样，要回归到以“主张用维护私人产权和市场自由竞争的制度以促进资本积累和经济增长”为主要内容的“亚当·斯密《国富论》的经典理论框架”，21世纪中国化的马克思主义政治经济学就不是马克思主义政治经济学，而是“21世纪中国化的资产阶级政治经济学”了。

尽管21世纪中国化的马克思主义政治经济学的主要任务之一是要

① 什么是“21世纪中国化的马克思主义政治经济学”，《洪文》没作具体说明，笔者认为，应该是指当代中国特色马克思主义政治经济学，其主要组成部分是中国特色社会主义政治经济学。

研究如何发展社会生产力，以促进社会主义经济的持续高效发展[1]，但是这并不意味着21世纪中国化的马克思主义政治经济学将像《洪文》所说的西方经济学那样“侧重于研究人与自然之间的关系”“偏重关注生产力的发展”。因为，不断改革完善社会主义生产关系和相应的社会主义经济制度才是社会主义社会生产力发展包括科学技术进步的根本途径，而生产关系、经济制度都不是人与物的关系，而是人与人的关系，所以，即使21世纪中国化的马克思主义政治经济学要研究社会生产力的发展，其主要研究对象仍然是社会主义生产关系和相应的社会主义经济制度，也就是社会主义社会中人与人的关系。

第二，《洪文》关于亚当·斯密《国富论》的研究主题的论述自相矛盾。

《洪文》一方面指出“传统政治经济学就是研究经济的公共属性，用马克思的话说，就是人与人之间的生产关系”，亚当·斯密《国富论》“延续了‘政治经济学的含义’”，这就是说也是主要研究生产关系；另一方面又说“《国富论》一个最显著特点，就是抓住经济增长的主题，即发展生产力”，也就是说是主要研究人与自然的关系。显然，这两种说法自相矛盾。实际上亚当·斯密《国富论》作为英国古典政治经济学的代表作，主要研究的也是生产关系。不仅从《洪文》上述对《国富论》显著特点的概括中可以看出，《国富论》实际上主要研究的是生产关系，因为，所谓“经济增长主题，即发展社会生产力”的研究主题和目的，决不是空洞抽象超阶级的纯粹生产力问题，同样存在为谁发展、谁享有发展成果的属于生产关系的根本问题，而且“主张用维护私人产权和市场自由竞争的制度以促进资本积累和经济增长”更是百分之百的生产关系及相应的上层建筑；更重要的是从《国富论》本身的内容来看，主要也是研究生产关系的，

---

[1] 这里之所以说促进社会主义社会生产力的持续高效发展只是21世纪中国化的马克思主义政治经济学的主要任务之一，是因为资本主义也要发展生产力，而社会主义的主要任务还应该包括生产力发展的成果必须全体人民共享即实现共同富裕，否则，就不是社会主义。社会主义的根本任务不仅要发展生产力，而且要甚至更要实现共同富裕。而生产力发展的成果必须全体人民共享，就只是生产关系，不是生产力了。

从《国富论》第一章论分工开始论述的分工协作专业化，到其重点研究的资本主义财富增长的利己主义动因、市场这只“看不见的手”、各种收入的来源和分配等，虽然都与生产力发展有关，但是本身都是生产关系，不是生产力。

分工协作专业化是生产力问题，还是生产关系问题？按照《洪文》的理解，这可能应该是生产力，是人与物的关系，其实不尽然。这恰恰主要是以一定物质技术条件为基础的人与人的关系，是人与人之间的分工合作，不是人与物之间的分工协作！

这里还必须特别指出的是，的确任何社会都要发展生产力，否则无法生存和发展，但是决不能由此就认为发展生产力只是人与物的关系、不是人与人的关系，只是生产力的问题、不是生产关系的问题。实际上，无论从发展生产力的目的、还是从发展生产力的方式路径来看，如何发展生产力主要不是生产力本身的问题而是生产关系和上层建筑问题。首先，发展生产力有一个为谁发展、发展成果由谁享有的问题，毫无疑问这是生产关系问题不是生产力问题；其次，发展生产力必须解放生产力，而解放生产力恰恰就是要把生产力从经济基础（生产关系的总和）和上层建筑的束缚中解放出来，由此可见解放和发展生产力不是生产力本身的问题而是生产关系甚至包括上层建筑的问题；再次，发展生产力必须依靠科学技术和创新，而科学技术的发展和创新又必须调动科学技术工作者和生产经营者进行科学技术研究、开发和运用的积极性，这也不是生产力本身的问题，而是包括知识产权保护在内的生产关系和上层建筑的问题；最后，发展生产力的关键或者核心问题是必须优化资源配置（生产力配置使用），而配置方式主要是市场机制、计划机制和两者相结合的机制，这同样也不是生产力本身的内容，都是生产关系和上层建筑的因素。

《洪文》强调“中国特色政治经济学必须回归亚当·斯密的原来的经典研究范畴，既要重视生产关系，又要重视社会生产力的发展，二者不可偏废”，这种看法又是不准确的。马克思与亚当·斯密一样，都是重视生产关系和生产力的，并没有偏废任何一方面，在这一点上，根本不存在“中国特色政治经济学必须回归亚当·斯密的原来的经典研究范畴”的问题。而且必须明白的是，生产关系和生产力都重视、“二者不可偏废”，不等于是两者平起平坐、没有主次之分，作为政治经济学必然主要研究生产关系。

许多经济现象表面上看是人与物的关系，比如生产、所有制等，其背后隐藏的却是生产关系，马克思主义政治经济学的科学性最重要的就是揭示了人与物的关系背后隐藏的人与人的关系。

第三，中国现在要构建的中国经济学不是《洪文》定义的“中国特色政治经济学”，而应该是中国特色社会主义政治经济学。

从前面关于经济学及其分类的说明可见，中国经济学、中国特色政治经济学、中国特色社会主义政治经济学，这三个名词的内涵是存在很大差别的。不仅“中国经济学”非常笼统抽象，所谓“中国特色政治经济学”的说法也比较抽象笼统，从字面上看不出其阶级特征或者社会属性。实际上，至少应该有两种性质不同的“中国特色政治经济学”：一种是以研究如何巩固和完善中国特色社会主义经济制度、持续有效发展中国特色社会主义经济为主要任务的“中国特色社会主义政治经济学”，属于无产阶级的政治经济学；另一种是研究如何建立和巩固中国特色资本主义经济制度、持续有效发展中国特色资本主义经济为主要任务的“中国特色资本主义政治经济学”，属于资产阶级政治经济学。

在中国现在明确提出要坚持、创新、发展、运用中国特色社会主义政治经济学的时候，不知为什么洪教授在探讨“如何构建中国特色政治经济学”的长篇报告中，只是一般笼统地说“构建中国经济学”“构建中国特色政治经济学”，不明确指出要构建的到底是“中国特色社会主义政治经济学”还是“中国特色资本主义政治经济学”。

笔者觉得，在坚持社会主义方向的中国，面临的主要任务是如何持续有效发展中国特色社会主义经济，不是要建立和发展中国特色的资本主义经济；需要探索研究的也是如何持续有效发展中国特色社会主义经济，不是建立和发展中国特色资本主义经济；现在需要构建的不是一般意义上的“中国特色政治经济学”，也不是什么其他性质的政治经济学，更不能是“中国特色资本主义政治经济学”，而只能是“中国特色社会主义政治经济学”。因此，“社会主义”这四个字不是可有可无的、是绝不能省去的。正如《洪文》指出的，现在探索如何构建中国特色政治经济学是要“为中国经济的改革与发展提供理论指导”，而能够发挥这种指导作用的只能是当代中国马克思主义政治经济学的主要组成部分即“中国特色社会主义政治经济学”，不是什么其他如何一种政治经济学。

虽然洪教授在《经济研究》发表的那篇文章中，在介绍习近平同志的讲话时提到过一次“中国特色社会主义政治经济学”，在专门论述构建中国经济学的2万多字的长篇报告中也有“社会主义政治经济学”“构建社会主义经济理论”“发展21世纪中国化的马克思主义政治经济学”的说法，但是令人奇怪的是，《洪文》始终都没有明确指出他所说的“中国特色政治经济学”就是“中国特色社会主义政治经济学”，也没有说明前者是后者的简称。更重要的是，《洪文》对“中国特色政治经济学”内涵的界定是抽象模糊的，根本就不是“中国特色社会主义政治经济学”的内涵。由此可见，《洪文》主张中国现在要构建的“中国特色政治经济学”并不是中国特色社会主义政治经济学。

《洪文》写道，“我们可以这样定义，中国特色政治经济学主要研究什么样的经济制度能够促进社会生产力的最快发展和形成最佳的生产关系，并且实现两者的有机统一”。表面看起来，这是一种似乎客观公正、不偏不倚的科学的界定，其实似是而非。《洪文》是承认政治经济学具有阶级性的，作出这种一般化的抽象界定，实在令人费解！难道能说资产阶级政治经济学就完全或者主要不研究“什么样的经济制度能够促进社会生产力的最快发展和形成最佳的生产关系，并且实现两者的有机统一”吗？如果说资产阶级政治经济学也要研究“什么样的经济制度能够促进社会生产力的最快发展和形成最佳的生产关系，并且实现两者的有机统一”，那《洪文》要构建的到底是“中国特色无产阶级政治经济学”，还是“中国特色资产阶级政治经济学”呢？不得而知。

为什么要这样定义“中国特色政治经济学”？《洪文》强调，“构建中国特色政治经济学，必须防止两种倾向。一种倾向是只关注、侧重于研究社会的生产方式对生产关系的影响，而忽略生产关系对生产力的反作用，忽略人与自然的关系”；另一种倾向是“偏重关注生产力的发展……相对忽视了生产关系与上层建筑的改革与建设”。正是为了防止或者纠正这两种错误倾向，所以中国应该构建“主要研究什么样的经济制度能够促进社会生产力的最快发展和形成最佳的生产关系，并且实现两者的有机统一”的“中国特色政治经济学”。如前所述，实际上经典的和现代的马克思主义政治经济学都不存在这两种错误倾向。

《洪文》还结合苏联东欧国家和中国改革开放以来社会主义经济发展的实践提出，“苏东社会主义运动的失败表明：在社会主义政治经济学中，必须将人与自然的关系（即社会生产力的发展）的研究放在与生产关系同等重要的地位，不能只关注或侧重于研究生产关系”，好像苏东社会主义失败是社会主义政治经济学只注重研究生产关系而不重视研究发展生产力的结果，这种观点显然不符合实际。苏联并不是只重视生产关系变革忽视生产力发展，而是非常重视生产力的发展。从理论上看，列宁甚至强调，“劳动生产率，归根到底是使新社会制度取得胜利的最重要最主要的东西。资本主义创造了在农奴制度下所没有过的劳动生产率。资本主义可以被最终战胜，而且一定会被最终战胜，因为社会主义能创造新的高得多的劳动生产率”[①]。斯大林也说，“社会主义基本经济规律的主要特点和要求，可以大致表述如下：用在高度技术基础上使社会主义生产不断增长和不断完善的办法，来保证最大限度地满足整个社会经常增长的物质和文化的需要”[②]。从实际上看，苏联社会主义经济曾经蒸蒸日上，由帝国主义国家中的一个弱国在不到20年的时间内变成了位居世界第二的强国，并且为打败世界法西斯主义做出了突出贡献。

① 《列宁全集》第八卷，北京：人民出版社，1995年，第193页。

② 斯大林：《苏联社会主义经济问题》，北京：人民出版社，1972年，第31页。

《洪文》还说，“改革开放之后，中国社会阶层分化，收入差距拉大，贪污腐败严重，社会矛盾突出，一个主要原因是我们过去 40 年偏重关注生产力的发展，关注 GDP，相对忽视了生产关系与上层建筑的改革与建设”，这种判断也是严重不符合实际的。中国的改革恰恰就是要改革完善不适应生产力发展的生产关系和上层建筑的环节和部分，是特别重视生产关系与上层建筑的改革与建设的啊！怎么能说是“相对忽视了生产关系与上层建筑的改革与建设”呢？至于《洪文》所说的“苏东社会主义运动失败的主要原因”、中国改革开放之后出现的各种问题产生的主要原因，到底是什么，由于篇幅所限，只有以后再找机会探讨了。

《洪文》为了进一步说明什么是“中国特色政治经济学”，甚至还补充道，“这其实是在研究范式上回归亚当·斯密《国富论》的经典理论框架”。正如前面第一点的论述，这更进一步说明“中国特色政治经济学”完全不是“中国特色社会主义政治经济学”，相反，如果真是要“回归亚当·斯密《国富论》的经典理论框架”，那就是“中国特色资本主义政治经济学”或者说“中国特色资产阶级政治经济学”了。

什么是“中国特色政治经济学”？这是探讨中国现在应该构建什么样的经济学，首先必须正确、精准、清晰、明确界定的，否则就会模棱两可、导致思想混乱，不仅无法真正弄清中国现在到底要构建什么样的政治经济学，甚至有可能给中国经济学的“西化”留下后门。《洪文》认为中国还是应该坚持社会主义方向的，所以建议洪教授以后论述相关问题时，不要删去“社会主义”这个不能缺少的关键词，不要再使用“中国特色政治经济学”这个很少人使用的有些模糊不清的概念，尽可能采用现在大家都采用的更加明确的“中国特色社会主义政治经济学”，以免引起误解。

二、应该如何正确评估中国经济学现状？

《洪文》提出：“毋庸讳言，很少有中国经济学家创立的被国际经济学界所熟悉并承认的关于中国经济的原创性经济理论。究其原因，笔者认为，研究范式与研究方法未能与国际充分接轨，导致研究成果未能以国际经济学界普遍认知的方式表达，是一个根本原因。”笔者认为，这也是一种似是而非的观点。

首先，必须明确“很少有中国经济学家创立的被国际经济学界所熟悉并承认的关于中国经济的原创性经济理论”，绝不意味着改革开放以来中国很少有“原创性经济理论”。那么，改革开放以来中国究竟有没有原创性经济理论呢？有的人认为基本没有。事实上，这种判断是不符合实际的。世界经济发展的历史和经济学说史都表明：成功的经济发展实践必然会产生更符合实际的新的经济理论，完全没有正确的经济理论指导不可能取得经济发展的巨大成功。中国也不可能例外。就像改革开放以来中国经济发展取得了举世瞩目的惊人成就一样，中国的经济学也出现了重大创新和发展，提出了许多原创性经济理论。改革开放以来，中国经济学的创新和发展最集中的体现是，基本形成了主要由八个方面内容构成的中国特色社会主义政治经济学，[①]其具体内容和逻辑联系导论已经论述，这里不再重复。

的确，改革开放以来中国经济理论的许多重大创新和发展成果，很少有“被国际经济学界所熟悉并承认的”，其原因又是什么呢？笔者认为，《洪文》只是指出了部分原因，而且这不是主要原因。在笔者看来，主要原因在于改革开放以来中国经济理论的许多创新和发展成果是以马克思主义政治经济学为指导、根据马克思主义的立场观点方法、主要运用辩证唯物主义和历史唯物主义而形成的中国特色社会主义政治经济学的成果，是包括西方国家在内的其他国家都没有的原创性经济理论，

① 简新华、余江：《发展和运用中国特色社会主义政治经济学的若干问题》，载《中国高校社会科学》，2016 年第 6 期。

而这是现代西方经济学主导的当今“国际经济学界”①不熟悉甚至不愿意了解、更不可能承认的原创性经济理论，因为西方经济学包括现代西方经济学是根本否定马克思主义政治经济学和社会主义的，也不承认有什么“中国特色社会主义政治经济学”的。当然，中国特色社会主义政治经济学的创新和发展，应该学习、参考、借鉴“国际经济学界”合理有用的研究范式和研究方法，实际上改革开放以来中国经济学家并不保守，学习采用了不少，虽然还不够，但是中国是不能“与国际充分接轨”的。什么是“与国际充分接轨”？在国内外不少人的心目中就是完全接受和采纳现代西方经济学的研究范式和研究方法，而西方经济学包括现代西方经济学的主要研究范式和研究方法是唯心主义、形而上学和机械唯物论的世界观和方法论（从经济人假设、主观价值论、经济危机心理因素论、重现象和定量分析轻本质和定性分析等都可以看出），这是与唯物主义和辩证法根本不同的世界观和方法论，中国特色社会主义政治经济学的基本研究方法或者说世界观和方法论只能是历史唯物主义和辩证唯物主义，所以中国只能参考借鉴现代西方经济学合理有用的方法，绝对不能与现代西方经济学“充分接轨”。

笔者相信，洪教授并不否定改革开放以来中国特色社会主义政治经济学的上述重大创新和发展，因为《洪文》明确指出，“中国特色社会主义市场经济理论，是市场经济一般原理在社会主义中国的应用。这样的‘应用’是一种理论创新”。《洪文》还进一步强调，“改革开放以来，中国对国际社会主义经济理论与实践的一个重大贡献证明了在以公有制为主导的社会主义混合经济中，可以用市场机制替代计划机制作为基础性调节手段，更有效地配置稀缺资源”。但是，《洪文》关于“中国在社会主义经济建设的探索，主要有两个重大贡献：(1)实行了以公有制为主导的

---

① 所谓“国际经济学界”，实际上主要就是指的在当今世界占主体地位的现代西方经济学界，不太可能是指西方现代马克思主义经济学界。如果《洪文》所说的“国际经济学界”包含国际现代马克思主义经济学界，那改革开放以来中国提出的新理论就不是很少得到“国际经济学界”认可，而是得到不少国际现代马克思主义经济学家的肯定和认可的。

社会主义混合经济制度。……(2)引入市场机制作为主要调控手段，而不是以计划经济为主要手段”的论断，是不全面的，也是不准确的。之所以说不全面，从上述改革开放以来中国经济学理论在非常重要的八个方面的主要创新成果就可以看出；之所以说不准确，是由于中国现在的所有制经济不仅是以公有制为“主导”，而且要以公有制为“主体”，“计划经济”也不是手段。这决不是咬文嚼字、吹毛求疵。因为，主导与主体是有重大差别的，只说主导不提主体，不仅违背中华人民共和国《宪法》的规定，既不全面也不准确，而且不符合中国特色社会主义要做强做优做大公有制经济的发展趋势。的确，现在中国的实际情况是，公有制经济的比重在产值、就业人数、经营资产的数量上都低于50%了，也可以说是不占主体地位了，但这只是暂时的甚至是不合理的现象，从社会主义经济发展的长远趋势来看，公有制经济必然要占主体地位。中国特色社会主义经济发展现在面临的一个重要任务就是要在继续毫不动摇地发展非公有制经济的同时，更需要花大力气做强做优做大公有制经济特别是国有经济。就像市场或者市场机制是经济调节手段，不等于市场经济一样，计划或者说计划机制是经济调节手段，不是计划经济。资本主义市场经济中有计划，但绝不能由此认为资本主义经济也是计划经济；传统社会主义计划经济中也有市场，但不是市场经济。所谓计划经济应该是“按照社会总体和每个成员的需要对生产进行的社会的有计划的调节”①的经济形态，其内涵要比计划、计划机制复杂丰富得多。

三、市场经济理论等同于市场经济一般原理，不包括资本主义市场经济理论和社会主义市场经济理论吗？

《洪文》写道，“既然中国是市场经济，那么在总结西方资本主义市场经济几百年发展历史的基础上建立起来的西方现代经济学，对创立中国

① 《马克思恩格斯选集》第三卷，北京：人民出版社，1995年，第630～633页。

特色社会主义市场经济理论，就有重要的借鉴意义。市场经济理论就是研究在市场条件下，经济主体如何对稀缺资源进行优化配置的科学其基本原理与基本分析方法是无国界之分的，可用以研究实行不同政治经济制度但同样运用市场调节机制的所有经济体。换言之，市场经济的一般原理只有一个（如价值规律、供求规律、边际效益递减规律、信息不对称下逆向选择与道德风险等），中国特色社会主义市场经济理论，是市场经济一般原理在社会主义中国的应用”。这段论述有几个问题需要深入探讨说明：

一是市场经济理论、市场经济一般原理、中国特色社会主义市场经济理论的区别和联系应该是什么？笔者认为广义的或者笼统而言的市场经济理论，应该包括三个组成部分，其区别和联系如下：市场经济一般原理，其内容是反映市场经济的基本特征和一般规律或者普遍规律的理论；资本主义市场经济理论，其内容包括市场经济一般原理在资本主义市场经济中的运用和反映资本主义市场经济特有规律的理论；中国特色社会主义市场经济理论，其内容包括市场经济一般原理在中国特色社会主义市场经济中的运用和反映中国特色社会主义市场经济特有规律的理论。

所谓市场经济的一般规律即普遍规律，笔者理解只要是在市场经济条件下就必然存在的普遍规律，马克思主义政治经济学提出的价值规律、供求规律、竞争规律、货币流通规律、节约时间规律、社会再生产规律等是在任何市场经济条件下都存在的一般规律。马克思主义政治经济学还揭示了许多资本主义市场经济特有的规律，比如剩余价值规律、资本积累规律、相对人口过剩规律、无产阶级贫困规律、生产过剩经济危机不可避免规律，等等。西方经济学应该说也提出了一些市场经济的一般原理，到底具体有哪些，可能还需要深入研究和认定，比如《洪文》所认为的市场经济一般规律中的西方经济学提出的“边际效益递减规律”，究竟是不是市场经济的一般规律，就有争论。厉以宁教授就认为：“农业中关于施肥量与产量之间的关系的实验表明了边际收益递减规律是存在的……但这仅仅适用于技术完全不变的情况下。在现实生活中，技术不会停止不变，因此不可能把边际收益递减规律说成是生产理论的基础。”[①]甚至连世界上权威的《新帕尔格雷夫经济学大辞典》都认为“边际生产力理论”存在“局限性”，并指出“边际生产力学说对生产要素所得报酬的解释在理论上也是不完全的”[②]。由此可见，所谓“边际收益递减规律”至多只是特定条件下的特殊规律，不能算是市场经济的一般规律。

二是市场经济理论，究竟是西方经济学创立的，还是马克思主义政治经济学创立的？按照《洪文》的论述，好像主要是西方经济学创立了市场经济理论，其实不然。西方经济学主要研究资本主义市场经济，形成了自己的资本主义市场经济理论，也提出了一些市场经济的一般原理，这是不可否认的。但是，市场经济理论并不是西方经济学的专利，马克思早就提出了科学的市场经济一般原理和马克思主义政治经济学的资本主义市场经济理论。

改革开放以来，中国一直流行这样一种观点，认为西方经济学是关于以私有制为基础的市场经济的理论，马克思主义政治经济学是关于革命的理论和以公有制为基础的计划经济的理论、缺乏市场经济理论，这是不符合实际的看法。事实上，马克思主义政治经济学不仅是关于资本主义生产方式和无产阶级革命的科学理论，不只是分析了资本主义市场经济的基本特征和运行规律，而且提出了当时最完整最科学的商品经济即市场经济的一般原理（主要特征和普遍规律）。马克思的《资本论》，不仅是“资本主义生产方式论”“资本主义市场经济论”，而且是一般商品经济即市场经济论。《资本论》虽然分析的是商品生产和流通，没有“商品经济”“市场经济”的概念，但是所谓“商品经济”主要就是商品生产和流通，分析商品生产和流通，实际上也就是分析商品经济和市场经济（市场

① 厉以宁、秦宛顺编著：《现代西方经济学概论》，北京：北京大学出版社，1983年，第74页。

② ［英］约翰·伊特韦尔：《新帕尔格雷夫经济学大辞典》，北京：经济科学出版社，1992年，第348页。

经济就是与小商品经济不同的在社会经济形态中占统治地位的现代商品经济)。马克思不仅提出了包括商品、价值、价格、货币等基本范畴和上述普遍规律在内的系统的逻辑严密的商品经济一般原理,而且形成了马克思主义微观经济学、宏观经济学的理论基础,更是创立了系统的马克思主义的资本主义市场经济理论。①

的确,现代市场经济与马克思时代的市场经济相比,出现了许多新情况、新现象、新特点、新问题,马克思在当时不可能研究和提出相关理论,现代西方经济学进行了研究,提出了一些新理论,我们应该像马克思在创立马克思主义经济学时认真参考借鉴当时的资产阶级经济学那样,在创建和发展中国特色社会主义市场经济理论时认真参考借鉴现代西方经济学的市场经济理论。而且,正如《洪文》所说的,“由于历史条件所限,马克思没有考察市场机制在社会主义条件下如何运作”,但是“社会主义市场经济理论出现了真空,现代西方经济学自然地填补这个漏洞”的判断显然不符合事实,现代西方经济学没有弥补缺乏社会主义市场经济理论的不足,而是中国创立的“中国特色社会主义市场经济理论”填补了这个空白。

四、中国经济学家现阶段的主要任务是什么?

《洪文》提出:“中国经济学家在相当长一段时间内的主要任务,是运用现代经济学先进的理论与研究方法,结合中国经济现实进行理论创新,从理论上解释中国经济现实并指导中国实践。”笔者认为这种观点也是似是而非、不清晰、不准确的,需要商榷。

第一,“中国经济学家在相当长一段时间内的主要任务”究竟应该是什么?改革开放 40 年来,中国经济改革开放和发展主要是在以马克思主义政治经济学为指导、同时吸收借鉴现代西方经济学的基础上形成的中国特色社会主义政治经济学的指导下取得巨大成功的。由于未来相

① 简新华、余江:《发展和运用中国特色社会主义政治经济学的若干问题》,载《中国高校社会科学》,2016 年第 6 期。

当长一段时间内中国面临的主要任务是要实现社会主义现代化，而不是资本主义现代化，所以未来相当长一段时间内中国经济学家的根本目的是要不断总结中国经济改革开放和发展的经验教训、创立新的经济学理论、为未来中国成功实现社会主义现代化服务。这种根本目的也就决定了未来相当长一段时间内中国经济学家的主要任务是创新、发展、健全、完善中国特色社会主义政治经济学，更好地服务和指导中国社会主义经济改革、发展和现代化建设的实践。

第二，中国经济学家要完成承担的主要任务是否只能“运用现代经济学先进的理论与研究方法”？要正确认识这个重大问题，首先必须明确到底什么是“现代经济学”？所谓“现代经济学”，是改革开放以来在中国广泛流行的说法，但是对什么是“现代经济学”，不同的人有不同的理解，甚至完全相反。如前所述，根据所处的历史时代不同，经济学可以划分为古代经济学（或者古典经济学）即存在于古代或者以往时代的经济学与现代经济学即存在于现代的经济学，但是处于同一时代的经济学又可以依据科学性、阶级性、国别地区性、具体研究对象等的不同划分为多种不同类型的经济学。仅就“现代经济学”而言，既有现代西方经济学，也有现代马克思主义政治经济学，而且现代西方经济学中，既有现代凯恩斯主义经济学，还有新古典经济学、新自由主义经济学（即所谓现代西方主流经济学）等，因此不加区别地抽象笼统地讲“现代经济学”，是不清楚、不准确、不严谨的，容易造成认识模糊、思想混乱。实际上，现在多数学者理解的“现代经济学”是“西方经济学”的代名词，就是指的现代西方经济学，甚至只是所谓现代西方主流经济学（即新古典经济学和新自由主义经济学），是不包括现代马克思主义政治经济学在内的，更不包括中国的现代经济学（比如作为现代马克思主义政治经济学重要组成部分的中国特色社会主义政治经济学）。《洪文》有以下几段与现代经济学有关的论述：改革开放以来中国经济学“从政治经济学和计划经济理论为主的理论体系，转变为以市场经济为主要研究对象的现代经济学”“在总结西方资本主义市场经济几百年发展经验的基础上建立起来的现代经济学”“运用现代市场经济理论的基本分析方法，结合中国实际，用符合现代经济学规范和国际惯用的术语与方式，来解释中国经济实际运行的规律，这将是中国经济学家对现代经济学的最大贡献，将大大丰富现代经济学特别是市场经济理论的理论内涵，而不是试图去独创另一套有别于现代经济学基本原理的经济理论”。从这些论述可见，《洪文》的所谓“现代经济学”，实际上也是指的现代西方经济学，不包括现代马克思主义政治经济学，运用这种所谓“现代经济学先进的理论与研究方法”是不可能完成创新和发展中国特色社会主义政治经济学这个“中国经济学家在相当长一段时间内的主要任务”的，其结果只会是在中国发展现代西方经济学，把中国引入歧途。《洪文》强调中国不应该“试图去独创另一套有别于现代经济学基本原理的经济理论”，为什么不应该呢？恰恰相反，创新和发展有别于现代西方经济学的中国特色社会主义政治经济学，这正是未来中国经济学对世界经济学的最大创新和贡献，因为现代西方经济学连自己的问题都解决不了，我们照搬硬套能行吗？中国经济学家只能主要坚持运用马克思主义政治经济学的基本原理和研究方法，同时参考借鉴现代西方经济学的有用的理论和方法，才能创新和发展中国特色社会主义政治经济学。

第三，经济学在各国只有一个吗？《洪文》写道：“王亚南说过，在理论上，经济学在各国只有一个”，想以此来证明中国只能发展世界上唯一的“现代经济学”，但这是站不住脚的。“经济学在各国只有一个”吗？不加区别笼统地这样说，显然不符合事实。实际上，仅就理论经济学而言，世界上至少有两大经济学——西方经济学和马克思主义经济学，即使这话是王亚南说的，也不准确，更不能以此作为断言世界上只有现代西方经济学这么一个经济学的依据。众所周知，王亚南是老一辈坚定的马克思主义经济学家，他说的“经济学在各国只有一个”，只会是指既反映普遍规律、也反映特殊规律的正确科学的经济学只有一个，那就是马克思主义经济学，无论是过去还是现在，肯定不会是西方经济学，更不可能是现代西方经济学。

五、研究范式与研究方法只是工具，本身并不带有任何阶级或者制度属性，没有意识形态色彩吗？

如何构建中国经济学？《洪文》认为应该借鉴西方经济学特别是现代西方经济学，毫无疑问这是正确的，但是，如前所述，“中国特色社会主义政治经济学”决不能主要采用、更不能全盘照搬西方经济学包括现代西方经济学的研究范式和研究方法，只能是依据马克思主义政治经济学的立场观点方法，主要是采用历史唯物主义和辩证唯物主义的世界观和方法论。

《洪文》为了论证借鉴西方经济学的合理性，提出“与经济理论本身相比，研究范式与研究方法只是研究工具，本身并不带有任何阶级或者制度属性，没有意识形态色彩”。实际上，这种不作具体分析、不加区别地一概而论的看法，也是不符合事实的。

总体而言，哲学社会科学主要是关于社会关系的科学，在阶级社会中，阶级关系是基本的社会关系，人们必然处在不同的阶级地位中、站在不同的阶级立场上、运用不同的立场观点方法分析和认识事物，形成不同的理论看法，这些看法就构成不同的哲学社会科学。因此，哲学社会科学必然具有阶级性、不同的哲学社会科学必然代表不同的阶级利益，也必然具有不同的政治倾向（因为政治是经济的集中体现）。所谓“意识形态色彩”，实质上就是阶级色彩、政治倾向性。经济学是社会科学，不是自然科学，那种认为经济学是与数学、物理学一样的超阶级的科学的现代西方经济学观点是不符合实际的。经济学作为社会科学，必然具有阶级性；作为意识形态的重要组成部分，当然具有意识形态色彩。在阶级社会中，经济学的阶级性不仅是研究对象和问题有阶级性，而且主要是研究者也有阶级性，即站在什么阶级立场上、从什么阶级利益出发，基本理论观点也有阶级性，即反映什么阶级的利益和诉求，具有意识形态色彩。所以，马克思主义政治经济学与西方经济学无论是基本原理，还是立场观点方法，都存在本质的区别。

比如，对于资本主义市场经济中普遍存在的基本经济关系——劳资关系（即雇佣工人与资本家的关系）的性质的认识和判断，西方经济学与马克思主义政治经济学就根本不同。西方经济学认为劳资关系是平等互利的交换关系、不存在资本家剥削个人的问题，甚至认为是资本家养活了工人、不是工人养活了资本家；与此相反，马克思主义政治经济学认为劳资关系本质是不平等的剥削关系，是资本家剥削了雇佣劳动者、工人养活了资本家，不是资本家养活了工人。这种对同一种经济现象或者事物得出两种截然相反的不同结论的情况，不胜枚举，充分证明了经济学的阶级性。

西方经济学往往打着不偏不倚、客观公正、超然于阶级党派和私利、代表全人类、纯粹学术的旗号出现，特别害怕暴露自己的资产阶级属性，因为资本主义少数人剥削多数人、贫富两极分化首先在道义就是不公平合理的，所以他们总是想方设法掩盖自己的阶级属性，不敢承认自己的资产阶级本性，不可能像马克思主义政治经济学那样，公开宣布是无产阶级的经济学，要为无产阶级的利益服务。

经济学不仅基本理论具有阶级性，基本研究范式特别是思想方法也具有阶级性，绝不是“本身并不带有任何阶级或者制度属性，没有意识形态色彩”。而且，所谓经济研究范式实际上就是经济研究的立场、观点、方法的总称。在阶级社会中，立场主要就是阶级立场，研究范式还包含基本理论观点和基本思想方法、基本经济范畴和基本理论框架的构建，不仅仅只是具体研究工具和方法（包括话语表达方式），而基本理论观点和基本思想方法、基本经济范畴和基本理论框架的构建也是具有阶级属性的。比如，“经济人假设”是西方经济学研究范式的主要组成部分，就既是一种理论观点，同时也是西方经济学研究范式的起点，就是私有制的反映，是有着浓厚的阶级烙印和意识形态色彩的范式内容。又比如，作为马克思主义政治经济学的世界观和方法论的历史唯物主义和辩证唯物主义是无产阶级的世界观和方法论，而作为西方经济学的世界观和方法论的唯心主义、形而上学和机械唯物论则是资产阶级的世界观和方法论，这就是两种阶级本质属性根本不同的世界观和方法论。

即使是从技术和工具手段角度而言的属于中性的具体分析研究方法，比如定性分析与定量分析、定量研究中的数学模型和计量分析、总量分析与个量分析、存量分析与增量分析、空间上的宏观分析与中观和微观分析及其区域研究、时间上的动态分析与静态分析、现状分析与历史分析、实证分析与规范分析、历史的研究与逻辑的研究、现象与本质分析、形式与内容分析、因果关系分析、必然性与偶然性分析、可能性与现实性分析、文献研究、调查研究、案例研究、对策研究、比较研究、经济预测方法、信息论、系统论、控制论、博弈论（对策论）、大数据、云计算等，都是西方经济学和马克思主义政治经济学可以采用的经济研究方法，区别只是存在运用的程度、水平、正确合理性的不同。以不同基本经济学理论为指导、持有不同立场观点和基本思想方法的经济学家，运用这些具体方法工具的方式、成效也会有差别。如前所述，西方经济学就存在重现象和定量分析轻本质和定性分析的倾向。

被认为是比较客观研究经济问题的美国著名经济学家约瑟夫·斯蒂格利茨，在《不平等的代价》这部长达40万字的研究2008年美国金融危机发生原因的专著中，虽然指出“金融危机给予了人们一个新认识：我们的经济体制不但没效率、不稳定，而且根本不公平”[①]，但遗憾的是，他没有深入分析造成美国经济体制“没效率、不稳定，而且根本不公平”的根源何在。

改革开放以来，国内有些经济学家自认为是没有片面性的、不追求私利的、真正的、纯粹的学者，以超然于阶级、政治、意识形态的不偏不倚、公正不阿的面貌出现，反对和指责经济学中的意识形态色彩，甚至认为马克思主义政治经济学具有阶级性，是一种意识形态，所以不是科学的经济学。如上所述，经济学必然带有意识形态色彩。带有意识形态色

① [美]约瑟夫·斯蒂格利茨：《不平等的代价》，北京：机械出版社，2014年，第Ⅹ页。

彩绝不是像有些以客观超然面貌自居的人认为的那样，必然是不正确、不全面、不科学的，必然是不客观公正的、不合理的、片面的、错误的，甚至不光彩的，关键是要看带有什么性质的意识形态。如果带的是先进的、符合实际的意识形态，就是正确的、科学的意识形态，就是客观公正的、合理的、好的；假若带的是落后腐朽的、不符合实际的意识形态，那才是不正确、不科学的意识形态，就是不客观公正的、不合理的、不好的。

在当今世界，西方国家特别是美国现在的意识形态色彩其实要比中国浓厚得多，不少政治家、学者，特别是新闻媒体，往往都是以"普世价值"的代表、真理的化身自居，站在所谓不偏不倚的"道德制高点"上，以西方的意识形态划线，不是批判谴责这个，就是惩罚制裁那个。实际上，不客观公正、不正确科学的恰恰是他们。以下这个典型事例多少可以证明这一点：美国教育部下属机构国家教育统计中心网站 2013 年 3 月 22 日在"每日语录"一栏中引用毛泽东"对自己，'学而不厌'；对人家，'诲而不倦'"的名言，国家教育统计中心因此遭到猛烈抨击。有美国参议员出面表示，教育部必须解释为何引用"共产主义者"的话。该中心网站被迫删除毛泽东的这句话，换成了林肯的一个警句。美国教育部代理新闻秘书还专门公开表示这次引用"很糟糕"，像是在道歉。毛泽东这一句没有什么意识形态色彩的名言，竟然被美国人以意识形态为由予以删去。反观中国呢？正如《环球时报》社评文章中所说的那样，"任何一位美国总统及名人的话，哪怕是与中国军队曾经交战的麦克阿瑟的话如今登上中国媒体，大概都不会有障碍"。[①]

《洪文》涉及的内容十分广泛，花了大量篇幅论述了世界和中国的经济发展史和经济学说史中的人和事，由于时间和篇幅限制，本书只是就一些与构建中国经济学这个主题有关的重要问题提出了商榷意见。《洪文》还提出了一些值得深入研究的问题，存在一些值得商榷的看法，包括：如何正确分析和认识第二次世界大战后西方资本主义国家出现的新

① 参见《环球时报》2013 年 4 月 1 日社评文章：《美国对毛泽东禁言，言论自由挂了》。

变化和新现象及其自我修复能力；苏联东欧国家的剧变及其原因到底是什么；传统社会主义计划经济总体上效率不高的原因何在；“改革开放之后，中国社会阶层分化，收入差距拉大，贪污腐败严重，社会矛盾突出”的主要原因是什么；是不是“我们过去40年偏重关注生产力的发展，关注GDP，相当忽视了生产关系与上层建筑的改革与建设”；“在借鉴西方现代经济理论时，需要注意将市场经济基本原理与资本主义私有制及相关的资本主义政治制度剥离开来”中的剥离是什么意思、能不能和怎样剥离；我们到底是应该使用“中国语言”讲述“中国故事”，还是用“世界语言”讲述“中国故事”？等等，只能留待以后有机会再探讨了，希望洪永淼教授和经济学界的同仁们批评、斧正。

（本部分的修改稿以《创新和发展中国特色社会主义政治经济学》为题发表在《马克思主义研究》2018年第3期）

疑难问题 4

中国经济学理论现在应该怎样发展与创新？

——与林毅夫教授商榷

反驳改革开放以来中国在经济学理论上“基本上还没有做出贡献”的观点；纠正对中国经济学理论创新的实践、理论、方法来源的认识的偏差；澄清“作为经济基础的生产力和生产关系”“国家作为经济基础决定生产力水平的产业和技术的决定因素”等说法的常识性错误；与“马克思历史唯物主义与现代经济学研究范式的有机结合”的主张、“经济学在中国的发展也可能会有两种路径”的看法商榷。

北京大学的林毅夫教授是中国当代著名的经济学家，其理论研究的突出特点是长期立足于中国经济改革和发展的实践，既注重学习、运用现代西方经济学的理论和方法，又不迷信照搬现代西方经济学特别是新自由主义主流经济学；既提出了一些独到的见解充实和完善了中国现代的经济学理论，又提出了一些有价值的对策建议。特别是采用比较优势和结构演进的基本理论和分析方法研究中国经济改革和发展，使其研究更具特色，为中国的经济改革和发展做出了重要贡献。在《经济研究》2017年第5期，林毅夫教授又发表了一篇题为《中国经济学理论发展与创新的思考》（以下简称《思考》）的文章，分析预测了中国经济学发展的前景，评估了中国经济学发展的现状，提出了中国经济学理论创新的三个来源、实现马克思历史唯物主义和现代经济学研究范式有机结合和中国经济学发展的两种路径等观点。在中国经济发展进入新常态，面临许多新情况、新现象、新特征、新问题的情况下，急需学界深入研究和有效解决。在党和国家一再号召和强调要学好、用好、创新、发展政治经济学特别是中国特色社会主义政治经济学的新阶段，思考未来中国经济学理论的创新和发展，具有非常重要的现实价值和长远意义。笔者读后很受启发，特别是文章认为“世界经济中心和经济学的研究中心也将转移到中国来”“21世纪是中国经济学家的世纪，会是经济学大师在中国辈出的世纪”，这个对中国经济和经济学发展前景的乐观预测，的确有道理，读来令人鼓舞[①]，但是对于改革开放以来中国经济学理论的状况和未来发展与创新的来源、路径方法的一些看法，笔者认为可能存在不是十分准确的地方，有些主张也可能需要再推敲，特提出以下商榷意见，就教于林毅夫教授和经济学界的同仁们，以期科学地认识并促进中国经济学理论更好地创新和发展。

---

① 这里还需要明确的是，世界经济中心的标志，主要不是经济总量最大，而是科学技术、生产方式是世界上最先进的，站在世界经济发展的最前沿，代表人类社会发展的方向，只有这样碰到和需要解决的问题才是最新的、最前沿的、最高端的，形成的经济学理论也才是最新的、最前沿的、最高端的，也才可能出大经济学家，因此，必须清醒地认识到中国成为世界经济中心要走的路还很长，切不可盲目乐观。

一、改革开放以来中国不仅经济发展成就巨大，而且经济学理论也有重大创新和发展

世界经济发展的历史和经济学说史表明：成功的经济发展实践必然会产生更符合实际的新的经济理论，没有正确的经济理论指导是不可能取得经济发展的巨大成功的。《思考》一文也提出，"现象越重要，解释这个现象的理论就越重要""18世纪中叶工业革命之后，世界经济中心在英国""世界级的经济学大师就大多集中在英国""第一次世界大战之后，世界经济中心转移到美国，随后，世界经济学的研究中心和经济学大师出现的集中地也跟着转移到美国"。

改革开放近40年来，中国经济发展取得了举世瞩目的成就，与此相应，中国的经济学理论也必然应该有重大的创新和发展，但是令人奇怪的是，国内外不少学者几乎异口同声地认为中国经济学理论自改革开放以来好像只是引进、学习了不少西方经济学的理论和方法，自身似乎毫无建树、了无进展。林毅夫教授虽然没有明确这样说，但是在《思考》一文中他写道，中国改革开放以来"少有从研究中国经济现象中总结出新理论、新概念、新思想"，并认为"中国经济学家在理论上做出贡献，能够在国际经济学界引领新概念、新思潮的，基本上还没有出现"。也就是说，"在理论上做出贡献"的经济学家"基本上还没有出现"，中国基本上在经济学理论上还没有做出贡献。笔者认为，这种看法是说不通的、站不住脚的！

的确，中国经济学研究现在存在许多不足，甚至理论落后于实践，特别是不少人囫囵吞枣、食洋不化、照抄照搬西方经济学，拿不出独到的原创的新见解，所以我们既不能妄自尊大，但是也不能妄自菲薄。实际上，改革开放以来，中国经济学理论与经济发展一样，也进行了许多理论创新、取得了不可否认的重大发展。对此，笔者曾撰写了一系列文章予以讨论。这里，只作简单的归纳和说明。

改革开放以来，中国经济学理论的创新和发展最集中的体现是，基本形成了如前面所述的主要由八个方面内容构成的中国特色社会主义政治经济学，这八个方面的主要内容都是改革开放以来中国经济学理论的重大创新和发展。其中，最重大最突出的创新和发展是提出了社会主义市场经济理论。无论是古典的和现代的西方经济学，还是马克思主义政治经济学的经典社会主义经济理论，都认为市场经济只能建立在私有制基础之上，资本主义经济是市场经济，社会主义经济是计划经济；而社会主义市场经济理论则认为社会主义初级阶段可以搞市场经济，市场经济能够建立在以公有制为主体的多种所有制基础之上（社会主义初级阶段的公有制还是不成熟、不完善的公有制），这是从来没有过的崭新理论，既突破了西方经济学的传统理论，又没有完全否定而且是发展了马克思主义政治经济学的关于社会主义经济特征的经典理论，应该说，这是对世界经济学理论的重大贡献。

从林毅夫教授最关注的改革开放以来中国经济发展理论的创新和发展来看，其成就也是非常突出的，不仅弥补了改革开放以前缺乏完整系统的经济发展理论的不足，初步形成了中国特色的发展经济学，而且提出了许多经济发展特别是社会主义经济发展的新理念、新观点，除了前面已经提到的以人民为中心的发展思想，以人为本、全面、协调、可持续的科学发展观，创新、协调、绿色、开放、共享等五大发展理念，走中国特色新型工业化、城镇化、信息化、农业现代化和自主创新道路、和平发展道路，经济发展新常态、新动能、新经济等之外，还有比较系统的经济发展方式（包括经济发展战略）及其转变理论、经济结构调整优化理论（含产业结构优化升级理论、供给侧结构性改革理论），工业化中的先农业和农村支持工业和城市、后工业和城市反哺农业和农村的“两个趋向”理论，工业化与信息化“两化融合”理论，工业化、城镇化、信息化、农业现代化“四化适度同步”理论，城市工业化与农村工业化并举的理论，工业化过程中农民非农化和农地非农化的“两个非农化协调”理论，中国农村剩余劳动力先非农化后市民化的“两次转移”理论，城镇化与新农村建设并举理论，发展中国家工业化过程中先以技术引进为主、后以自主创新为主的“技术进步两阶段”理论，资源节约型和环境友好型的“两型社会”理论，中国社会主义农业的改革和发展、先废除人民公社、实行家庭联产承包为主的责任制、后适应科学种田和生产社会化的需要、发展适度规模经营、发展集体经济的“两个飞跃” 理论，更加完整系统深入的比较优势、后发优势、竞争优势和对外开放理论，构建人类命运共同体、互利共赢的新型经济全球化理论，等等，这些都是具有中国特色的经济学理论的创新和发展。

以上这些对改革开放以来中国经济学理论创新和发展的具体内容的简略概括和归纳，是不全面的，也可能不一定都非常准确，但是有许多创新和发展则是不可否认的事实。从 1978 年开始，世界上还有第二个像中国这样在经济学理论特别是经济发展理论方面做出这么多创新和发展的国家吗？应该说是独一无二！这正是中国在经济方面之所以能够坚持道路自信、理论自信、制度自信、文化自信的重要依据。

为什么明明改革开放以来中国经济学理论具有重大的创新和发展，却偏偏要完全否定、不肯承认呢？为什么明明中国提出了从来没有过的社会主义市场经济理论、社会主义经济发展新理论、社会主义经济体制改革理论等崭新的经济学理论并且指导中国改革和发展取得了巨大发展，却偏偏要视而不见、充耳不闻呢？为什么硬要认为中国经济改革和发展取得成绩就只是学习西方经济学的结果、与中国自己的经济学理论创新和发展无关，而之所以还存在问题和缺陷则是由于学习和运用西方经济学还不够、不彻底造成的呢？表面上看，这种不符合实际的观点好像不可思议、不好理解，其实，这是有原因的。

除了中国经济学文献几乎都是以中文发表、绝大多数外国人看不懂、流传到国外的也不多、能够看和真正看过的外国人极少等语言文字方面的原因造成影响极为有限以外，主要原因可能还是主观上的。关键在于用什么方法、以什么标准判断？谁来判断？不同的方法、标准，甚至不同的学者，判断的结果可能完全相反。许多西方经济学家认为中国经济落后、体制僵化，不可能有什么先进的经济理论，更不可能有什么创新和发展；更重要的是，西方经济学认为马克思主义政治经济学原本就是错误的经济学，或者说是早已过时的经济学，只有采用数学模型和计量分析的西方经济学才是真正的经济学，才是唯一科学的经济学，才是所谓“普世”的现代经济学。换言之，在他们的视野中根本就不可能存在什么以马克思主义政治经济学为基础或者指导的中国特色社会主义政治经济学，以此为评判标准，自然也就认为改革开放以来中国没有经济学理论的创新和发展。

而且，如果以是否“能够使用通用的国际研究方法与研究范式、在经济学国际主流学术期刊上发表文章”为标准，换句话说，以是否采用现代西方经济学的研究范式和方法、在西方国家主要经济学期刊上是否发表和发表多少文章为标准，来衡量中国经济学家的学术水平、贡献和影响，中国经济学家肯定学术水平很差、没有什么贡献和影响。曾经有学者就以此为标准断言中国大陆没有一流经济学家，至多只有为数很少的二、三流经济学家，甚至香港有学者做出“精确”判断，“中国真正意义上的经济学家，最多不超过5个”。但是，这种判断是不科学的、不准确的。因为，任何人都不能否定，采用同样研究范式、运用同样研究方法、在同样刊物上发表的文章，很多是一般水平的、没有什么创新和学术价值的、甚至是存在错误的文章，包括所谓“通用的国际研究方法与研究范式和经济学国际主流学术期刊”在内。所以说，科学准确地判断经济学家学术水平的高低、贡献和影响的有无大小，只能是看其研究成果有没有理论和方法创新、是否解决或者有助于解决人类社会和各个国家面临的经济学理论和实践问题，而不是采用什么研究范式、运用什么研究方法、在什么刊物上发表多少文章。这种判断衡量方法，虽然简便易行，但是不准确、不科学。

有资料介绍，美国俄亥俄州立大学经济学教授、China Economic Review 主编 Belton Fleisher 教授曾经说，投稿到 China Economic Review 的学者，有中国本土经济学家和海外研究中国经济的学者，但是，海外研究中国经济的学者能够将中国经济问题讲得很清楚、很透彻，而大多数中国本土经济学家还做不到这一点。[①] 即使这种情况属实，也不能证明中国经济学水平低。什么叫把中国经济问题讲得很清楚、很透彻？难道中国学者大多数不比外国学者更熟悉、更了解中国的经济情况吗？如前所述，关键在于以什么标准判断？谁来判断？不同的标准、不同的学者，判断的结果可能完全相反。而且，向 China Economic Review 投稿的"中国本土经济学家"，其实大部分都是到国外留学过的学者，不然很难用英文写作，即使是国内培养的"中国本土经济学家"，他们为了能够在西方国家的刊物上发表文章、往往都是照抄照搬现代西方经济学的理论和方法，甚至迎合、退让、迁就，这样做出来的东西，自然没有国外西方经济学家驾轻就熟做得好，必然会出现像林毅夫教授所批评的那样"以中国的资料来检验西方现有的理论的研究方式，或对现有理论做简单的延伸""这样的研究不仅难于出现引领世界经济思潮的大师，而且，这样的研究成果也很难发挥帮助中国社会各界'认识世界、改造世界'的作用"。

比如，贫富差距是中国经济发展和改革面临的一个重大突出问题，假定现在有 3 篇分析论述中国目前存在的贫富差距大小、作用好坏、形成原因、对策主张的文章：第一篇认为过大、不好，原因主要在于市场失灵和私有制比重过大，对策是规范完善市场、进行合理的政府调控、做强做优做大公有制经济；第二篇也认为过大、不好，原因主要是改革不彻底、国有企业还存在、市场作用发挥不充分、政府掌握资源太多、作用太大而且不合理，对策是彻底深化改革，完全实现经济私有化、市场化、自由化，政府只做"守夜人"；第三篇则认为正常、合理、不必担心在意、也不要采取什么措施应对，否则不利于中国经济发展。笔者相信，如果让坚持和发展马克思主义政治经济学的专家审稿、判断优劣，一定会挑选第一篇；假若让信奉现代西方经济学的专家审稿、判断优劣，枪毙哪一篇、

① 洪永淼：《中国经济学将会如何演变？》，https：//www. Sohu. Com/a/151955462—465368（中国经济学教育科研网，2017 年 6 月 14 日）。

认为哪一篇好，不言自明，肯定是选择第二篇或者第三篇！

这种认识上的误区和错误倾向，在思考中国经济学理论过去和未来的创新和发展时特别需要首先予以澄清和纠正。

在西方资本主义制度和相应的西方经济学占主体地位并且掌握话语权的当今世界，中国经济学理论的创新和发展尤其是中国特色社会主义政治经济学理论的创新和发展要想得到西方经济学界的认可、肯定，不说完全不可能，至少也是很困难的。但是，决不能因为一定时期内得不到西方经济学界的认可、肯定，就闭眼不看现实，就认为中国经济学理论没有什么创新和发展、没有做出什么贡献。笔者坚信，随着中国社会主义现代化的成功推进、中国经济学理论的进一步创新和发展，中国经济理论的影响必将逐步扩大、话语权必将不断增强、世界上将会有越来越多的人认可、肯定甚至接受中国经济学理论。

二、中国经济学理论创新的来源究竟是什么？

未来中国经济学理论的发展与创新，究竟应该以什么经济学为基础和指导？或者说来源是什么？到底应该主要采用什么研究方法？这是必须明确的关键问题。林毅夫教授说："我认为，中国经济学理论创新要有三个来源：中国实践经验、马克思历史唯物主义基本原理和现代经济学研究范式。"从这段论述可见，林教授所说的中国经济学理论创新的来源，包括实践来源、理论基础和研究范式三个方面，应该说有一定道理，但是可能存在不全面、不清晰、不准确的偏差。

未来中国经济学理论创新的来源，的确应该从经济实践、理论基础、研究方法三个方面进行分析才更为完整，因为理论来源于实践，理论不是无源之水、无本之木，理论创新不是空中楼阁、凭空而来、从零开始，除了实践基础之外，必然还要以一定的经济学基本理论为基础和指导，还需要采用科学的基本思想方法、研究工具和具体方法，但是必须全面、清楚、准确地把握这三个来源的内涵和外延。而要全面、清楚、准确地把握未来中国经济新理论的三个来源的内涵和外延，笔者觉得首先又必须明确未来中国经济学理论为什么要创新和发展、面临的主要任务是什么。

改革开放30多年来，中国经济改革开放和发展主要是在以马克思主义政治经济学为指导、同时吸收借鉴现代西方经济学科学成分的基础上形成的中国特色社会主义政治经济学的指导下取得巨大成功的。由于未来30年中国面临的主要任务是要实现社会主义现代化，而不是资本主义现代化，所以未来30年中国经济学理论为什么要创新和发展，决不是纯粹为了经济学自身的创新发展而创新发展，更不是为了融入现代西方经济学的所谓主流，其创新和发展的根本目的是要不断总结中国经济改革开放和发展的经验教训、创立新的经济学理论、为未来中国成功实现社会主义现代化、社会主义经济的持续稳定高效发展、逐步走向发达繁荣和共同富裕服务。这种根本目的也就决定了未来30年中国经济学理论创新和发展的主要任务是健全完善中国特色社会主义政治经济学，更好地服务和指导中国社会主义经济改革、发展和现代化建设的实践。这是我们现在思考未来30年中国经济学构建、创新和发展必须明确的，否则就会迷失方向。关于构建中国经济学、中国现代经济学、中国特色政治经济学的种种说法和主张都是模糊、抽象、不准确的，现在之所以围绕中国经济学的构建、创新和发展争论这么多、分歧这么大的重要原因，就是没有正确认识未来30年中国经济学构建、创新和发展的根本目的和主要任务。

为社会主义现代化建设服务的根本目的和健全完善中国特色社会主义政治经济学的主要任务，决定未来30年中国经济学理论创新的实践、理论、研究方法来源应该是以下几个方面：

1. 实践来源

从实践来源来看，毫无疑问未来中国经济学理论创新的实践来源主要是中国的经济实践及其经验教训，但是还应该包括世界经济和其他各国经济发展的实践。在新一轮经济全球化、中国经济与世界经济联系越来越密切、中国经济发展对世界经济发展的影响越来越大、中国不仅要积极参与甚至还要参加引领经济全球化的大背景下，未来中国经济学理论创新是离不开世界经济发展的实践的，而且世界各国经济发展既各具特点又有共性，必有可取之处，他们的宝贵经验教训也值得中国吸收借鉴，所以未来中国经济学理论创新的实践来源还应该包括世界经济和其他各国经济发展的实践。从世界经济和各国的经济实践出发来研究经济学理论是马克思主义政治经济学的传统，未来中国经济学理论创新和发展也不能例外。

2. 理论来源

从理论来源或者说理论基础来看，未来中国经济学理论创新和发展的理论来源主要是马克思主义政治经济学特别是中国特色社会主义政治经济学，而且包括西方经济学特别是现代西方经济学。《思考》一文把马克思历史唯物主义的基本原理看成是未来中国经济学理论创新的理论来源，既是不准确的，更是没有真正明确指出未来中国经济学理论创新的理论来源。因为，马克思的历史唯物主义和辩证唯物主义是马克思主义哲学的基本内容，是马克思主义政治经济学研究经济问题的基本世界观和方法论，并不是马克思主义政治经济学本身的内容①。而且，现代西方经济学理论中的合理有用部分也应该是未来中国经济学理论创新的理论来源。英国古典政治经济学是马克思主义的三大来源之一，现代西方经济学也应该是中国现代马克思主义政治经济学的部分来源。未来中国经济学理论创新虽然必须继续以马克思主义政治经济学为主要的理论基础，但是也必须继续引进、学习、参考、借鉴西方经济学特别是现代西方经济学，因为现代西方经济学已经并且将继续研究社会化大生产的一般规律、现代市场经济运行和发展的现象，在一定程度上发现或者揭示其演进规律，提出有一定成效的经济政策和管理方法，这是值得中国在发展社会化大生产和社会主义市场经济中参考借鉴的。虽然由于西方国家的国情与中国的国情差别很大，西方的资本主义市场经济与

① 艾思奇：《辩证唯物主义历史唯物主义》，北京：人民出版社，1978 年。

中国的社会主义市场经济也有本质区别，西方经济学的立场观点方法与马克思主义政治经济学的立场观点方法更是有着根本的不同，我们不能全盘照抄照搬西方经济学，但是也不能全盘否定、完全排斥。

以什么经济学作为指导，是与理论来源有关的未来中国经济学理论创新和发展的核心问题，也是思考未来中国经济学理论创新和发展必须明确的首要问题。笔者认为，未来中国经济学理论创新必须继续以马克思主义政治经济学为指导，不能以西方经济学为指导。这不仅是因为中国改革开放和经济发展以往和未来遇到的许多问题，是西方国家发展过程中没有碰到过的问题、是西方经济学家没有研究过的问题、是在西方经济学中找不到答案的问题，只能依靠中国人自己研究和解决；也不单是由于改革开放以来中国经济学理论之所以能够实现重大创新和发展，并不是抛弃马克思主义政治经济学、以西方经济学为指导的产物，相反是坚持马克思主义政治经济学的立场观点方法、以马克思主义政治经济学为指导、同时学习参考借鉴西方经济学的结果；更重要的是中国的改革是要完善社会主义制度、更好地发挥社会主义的优越性，而不是要建立资本主义制度；中国要发展的是包括社会主义市场经济在内的社会主义经济，而不是资本主义经济。未来中国经济学理论发展与创新最重要的任务是发展完善中国特色社会主义政治经济学，由于西方经济学的立场观点方法与马克思主义政治经济学的立场观点方法根本不同，中国的这种社会主义经济实践和经济学理论创新发展都是西方经济学指导不了的，若硬要用以指导，只会把中国经济改革发展和经济学理论创新发展引入歧途，所以只能以马克思主义政治经济学为指导。

3. 研究方法来源

从研究方法的来源来看，林毅夫教授认为“现代经济学研究范式”也是未来中国经济学理论创新的三个来源之一，这个看法可能还需要进一步深究和明晰。

首先需要明确的是，什么是现代经济学及其研究范式？对什么是“现代经济学研究范式”，从《思考》一文的简短论述中可见，所谓“现代经济学研究范式”应该是指现代国际经济学界通用的研究方法和语言表述的方法，简单地说也就是现代经济学的研究方法。对什么是“现代经济学”，不少学者往往统而言之、未做明确界定。《思考》一文也未做界定，可能是在他们看来，这是人所共知、不言自明的普通常识，其实不然。所谓“现代经济学”，的确是改革开放以来在中国广泛流行的说法，但是对什么是“现代经济学”，不同的人有不同的理解，有的理解甚至完全相反。有学者提出“我们把最近的半个世纪以来发展起来的、在当今世界上被认可为主流的经济学称为现代经济学。经济学是一门研究人类经济行为和现象的社会科学。现代经济学以研究市场经济中的行为和现象为核心内容，而市场经济已被证明是目前唯一可持续的经济体制……经济学的基本原理和分析方法是无地域和国别区分的……也不存在‘西方经济学’与‘东方经济学’或‘美国经济学’与‘中国经济学’的概念”。[①] 按照这种理解的所谓现代经济学就是现代西方主流经济学而且是唯一的，也就不存在什么“中国特色社会主义政治经济学”，这是不符合实际的观点。

实际上，根据所处的历史时代不同，经济学可以划分为古代经济学（或者古典经济学，即存在于古代或者以往时代的经济学）与现代经济学（即存在于现代的经济学），但是处于同一时代的经济学又可以依据科学性、阶级性、国别地区性、具体研究对象等的不同划分为多种不同类型的经济学。[②] 仅就“现代经济学”而言，既有现代西方经济学，也有现代马克思主义政治经济学。而且现代西方经济学中，既有现代凯恩斯主义经济学，还有新古典经济学、新自由主义经济学（即所谓现代西方主流经济学）等。因此，不加区别地抽象笼统地讲“现代经济学”是不清楚、不准确、不严谨的，容易造成认识模糊、思想混乱。

事实上，现在多数学者理解的“现代经济学”是“西方经济学”的代名

① 钱颖一：《理解现代经济学》，载《经济社会比较》，2002 年第 2 期。

② 关于经济学的分类的论述，参见简新华：《发展和运用中国特色社会主义政治经济学引领经济新常态》，载《经济研究》，2016 年第 3 期。

词，就是指的现代西方经济学，甚至只是所谓现代西方主流经济学（即新古典经济学和新自由主义经济学），是不包括现代马克思主义政治经济学在内的，更不包括中国的现代经济学（比如，作为现代马克思主义政治经济学重要组成部分的中国特色社会主义政治经济学）。这理解是不准确的、而且在中国是有害的。

认为"现代经济学研究范式"是未来中国经济学理论创新和发展方法来源的林教授所说的"现代经济学"，不知是否就只是指现代西方经济学或者西方现代经济学，是否也不包括现代马克思主义政治经济学和中国特色社会主义政治经济学？

假若是，那就是说作为未来中国经济学理论创新和发展的研究方法来源的只是现代西方经济学的研究方法，这种观点显然是不正确的，因为，作为未来中国经济学理论创新和发展的研究方法来源的，至少还应该包括马克思主义政治经济学的研究方法。而且，这种看法还使得《思考》一文自相矛盾，因为该文一方面说马克思历史唯物主义基本原理是中国经济学理论创新的三个来源之一；另一方面又实际上认为只有现代西方经济学的研究方法是中国经济学理论创新的研究方法来源。这也就是说，历史唯物主义这个同时也是马克思主义政治经济学的基本思想方法，不是中国经济学理论创新的研究方法来源。

如果不是，也就是说林教授所理解的"现代经济学"中包括现代马克思主义政治经济学，中国经济学理论创新和发展的研究方法来源也就应该包含马克思主义政治经济学的研究方法。但是，即使如此，也还是不够的，还需要进一步指出中国经济学理论创新和发展的研究方法来源，虽然包括现代西方经济学的研究方法，也就是说需要参考借鉴现代西方经济学合理有用的研究方法，但主要是马克思主义政治经济学的研究方法。

从《思考》的全文来看，与"现代经济学"相关的名词还有"西方现代经济学""现代西方经济学""西方主流经济学""主流的新古典经济学"等多种说法，其既没有说明这些名词概念的内涵、外延及其区别和联系，更没有提到还有现代马克思主义政治经济学或者现代马克思主义经济学，由此可见，林教授的这几种关于现代经济学的说法是通用的，就是指不包括现代马克思主义经济学在内的现代西方经济学。因此，《思考》认为，作为未来中国经济学理论创新的研究方法来源的“现代经济学研究范式”，实际上只是现代西方经济学的研究方法，如上所述，这种看法是不正确的。至于什么是经济研究范式和“现代经济学研究范式”、未来中国经济学理论创新和发展究竟应该采用什么范式，本书将在下面接着专门讨论。

三、马克思历史唯物主义与现代经济学研究范式能够有机结合吗？

《思考》篇幅最长的是第四部分，论述“马克思历史唯物主义与现代经济学研究范式如何有机结合”，笔者感到这也是值得商榷的问题最多的部分，既没有说清两者为什么要结合、为什么能够结合、什么是两者的有机结合、怎样有机结合等基本问题，而且在关于两者结合的论述中又存在歧义和对马克思主义基本原理的误解。

1. 马克思历史唯物主义与现代西方经济学研究范式不可能有机结合

如果说现代经济学中包含现代马克思主义政治经济学，那么“思考”一文所主张的“马克思历史唯物主义与现代经济学研究范式的有机结合”中，就既包含有马克思历史唯物主义与现代西方经济学研究范式的有机结合，也包括马克思历史唯物主义与现代马克思主义政治经济学研究方法的有机结合。马克思历史唯物主义本身就是马克思主义政治经济学（包括现代马克思主义政治经济学）的基本思想方法之一，说马克思历史唯物主义与现代马克思主义政治经济学研究方法的有机结合，显然就像是说“自己与自己有机结合”那样的毫无意义的同义反复。

那么，马克思历史唯物主义与现代西方经济学的研究范式能否实现有机结合呢？笔者的回答是：不可能！因为，所谓经济研究范式实际上就是经济研究的立场观点方法的总称，世界观和方法论是研究范式的基本内容。在阶级社会中，立场主要就是阶级立场，研究范式包含基本理论观点和基本思想方法、基本经济范畴和基本理论框架的构建，不仅仅只是具体研究工具和方法（包括话语表达方式），而基本理论观点和基本思想方法、基本经济范畴和基本理论框架的构建也是具有阶级属性的。比如，"经济人假设"是西方经济学研究范式的主要组成部分，就既是一种理论观点，同时也是西方经济学研究范式的起点，就是私有制的反映，是有着浓厚的阶级烙印和意识形态色彩的范式内容。马克思的历史唯物主义和辩证唯物主义是马克思主义政治经济学（包括现代马克思主义政治经济学）研究经济问题的基本世界观和方法论，或者说马克思主义政治经济学以唯物主义和辩证法为基本思想方法，而西方经济学（包括现代西方经济学）则主要以唯心主义、形而上学和机械唯物论为基本思想方法（从经济人假设、主观价值论、经济危机心理因素论、重现象和定量分析轻本质和定性分析等都可以看出），这是两种阶级本质属性根本不同的世界观和方法论或者说研究范式，是不可调和的，两者不可能结合，更不可能有机结合。而且，"研究范式"包括的理论逻辑体系的构建方法，主要是上述属于世界观和方法论的基本思想方法，这也决定马克思主义政治经济学与西方经济学是两种完全不同的理论逻辑体系，也是不可能有机结合的。当然，这是就基本思想方法的总体而言的，并不排斥个别或者部分西方经济学家可能在一定情况下、在一定程度上自觉或者不自觉地采用唯物辩证法进行经济研究的现象存在。

这里必须进一步指出的是，讲马克思主义政治经济学的基本思想方法与西方经济学的基本思想方法不可能有机结合，决不是说马克思主义政治经济学的研究方法与西方经济学的研究方法完全没有共同之处、丝毫也不能相互参考借鉴。实际上，从技术和工具手段角度而言的具体分析研究方法，比如定性分析与定量分析、定量研究中的数学模型和计量分析、总量分析与个量分析、存量分析与增量分析、空间上的宏观分析与中观和微观分析及其区域研究、时间上的动态分析与静态分析、现状分析与历史分析、实证分析与规范分析、历史的研究与逻辑的研究、现象与本质分析、形式与内容分析、因果关系分析、必然性与偶然性分析、可能性与现实性分析、文献研究、调查研究、案例研究、对策研究、比较研究、经济预测方法、信息论、系统论、控制论、博弈论(对策论)、大数据、云计算等,都是西方经济学和马克思主义政治经济学可以采用的经济研究方法,区别只是存在运用的程度、水平、正确合理性的不同。以不同基本经济学理论为指导、持有不同立场观点和基本思想方法的经济学家,运用这些具体方法工具的方式、成效也会有差别。西方经济学就存在重现象和定量分析轻本质和定性分析的倾向。

还需要说明的是,现代西方经济学运用更为现代的深奥的数学和计量方法进行经济分析研究,这是现代马克思主义政治经济学比较欠缺的,中国经济学理论的创新和发展的确需要学习、参考、借鉴。但是,必须认识到的是,数学模型和计量分析是经济研究的重要方法,而历史唯物论和唯物辩证法是更重要的基本方法。因为,即使采用最现代的深奥的数学模型和计量分析,如果基本的思想方法不对,没有历史唯物论和唯物辩证法的指导和运用,同样得不出正确科学的研究结论。比如,生产过剩经济危机和贫富两极分化的根源到底是什么?马克思主义政治经济学站在无产阶级立场上、运用历史唯物论和唯物辩证法、实事求是地分析研究资本主义生产方式的矛盾运动后,得出的科学结论是资本主义私有制;西方经济学也会分析研究发生的原因及其应对之策,但是西方经济学的基本立场、观点及方法决定他们不愿意、不可能甚至不敢深究到私有制这个本原,只可能停留在现象上,进行浅层次分析,提出头痛医头、脚痛医脚的对策,只能短期暂时缓和矛盾,不可能从根本上解决问题。所以,尽管两百年了,生产过剩经济危机和贫富两极分化依然是资本主义社会无法根本消除的痼疾。恩格斯 1883 年 3 月 17 日《在马克思墓前的讲话》中指出,“发现了人类历史的发展规律”(即历史唯物主义)

和"剩余价值的发现"[1]是马克思人生的两个伟大的发现。这是西方经济学不可能做到的。

2. 必须正确认识和处理马克思主义政治经济学与西方经济学的关系

《思考》的第四部分，实际上是在进一步说明马克思主义政治经济学及其研究方法与现代西方经济学及其研究范式（即研究方法）的相互关系问题，如何正确认识和处理马克思主义政治经济学特别是中国特色社会主义政治经济学与西方经济学特别是现代西方经济学的关系、合理对待西方经济学特别是现代西方经济学，也是未来中国经济学理论的发展与创新的一个非常重要的问题。

改革开放以来，中国一直流行一种观点，即：认为西方经济学是关于以私有制为基础的市场经济的理论，马克思主义政治经济学是关于革命的理论和以公有制为基础的计划经济的理论、缺乏市场经济理论和合理发展私有制经济的理论，中国要实行的是在坚持公有制经济为主体的同时发展私有制经济、把传统计划经济体制转变为社会主义市场经济体制的改革，所以马克思主义政治经济学不适应这种新情况、新变化和新要求，已经过时，中国的经济改革和发展不能以马克思主义政治经济学作为理论基础，只能以西方经济学为指导，应该用凯恩斯的《通论》（《就业利息和货币通论》）取代马克思的《资本论》，用以指导中国的改革开放和经济发展。习近平同志指出，"有人说，马克思主义政治经济学过时了，《资本论》过时了。这个说法是武断的"。[2] 实践也证明，这是一种不符合实际的判断。

第一，实际上，马克思主义政治经济学不仅是关于资本主义生产方式和无产阶级革命的科学理论，不只是分析了资本主义市场经济的基本特征和运行规律，而且提出了当时最完整、最科学的商品经济即市场经

① 《马克思恩格斯选集》第三卷，北京：人民出版社，1973 年，第 574 页。

② 习近平：《在哲学社会科学工作座谈会上的讲话》，载《人民日报》，2016 年 5 月 19 日。

济的一般原理（主要特征和普遍规律），形成了马克思主义微观经济学、宏观经济学的理论基础，更是创立了系统的马克思主义的资本主义市场经济理论。

第二，西方国家的实践不断证明，马克思主义政治经济学依然是关于资本主义生产方式和资本主义市场经济的科学理论，特别是2008年的美国次贷危机引发金融危机和经济危机、欧盟国家的主权债务危机、经济衰退的发生及其根本原因，再次证明马克思主义经济学的科学性，表明马克思的资本主义生产过剩的经济危机理论没有过时，无论是凯恩斯主义的需求分析和需求管理，还是"里根经济学"的供给分析和供给管理，都只能应付一时，而不能从根本上长期解决问题，还是要回到马克思主义政治经济学中寻找答案，进行制度变革。

第三，中国的实践也证明，马克思主义政治经济学依然是指导中国改革发展的理论基础。虽然由于马克思和恩格斯受到时代的局限，不可能研究现代市场经济的新情况、新特点、新问题，也不可能提出相应的理论和方法，而现代西方经济学则进行了研究并且提出了相应的理论和方法，所以在改革开放过程中大量引进、学习、吸收、参考、借鉴了不少西方经济学特别是现代西方经济学有价值的理论和方法，但是"借鉴"不等于"指导"，中国的改革开放和经济发展并不是在西方经济学的指导下进行的，而主要是在以邓小平为主要代表的中国人自己运用马克思主义政治经济学的立场观点方法创立的中国特色社会主义经济理论或者说中国特色社会主义政治经济学的指导下取得巨大成就的。[①]

未来中国经济学理论的创新和发展，既要尽可能引进、学习、参考、借鉴西方经济学特别是现代西方经济学，又不能以西方经济学特别是现代西方经济学为主要理论基础和指导；既不能完全排斥、否定，也不能崇拜、迷信。

① 这里只作简要说明，详细论述参见简新华、余江：《发展和运用中国特色社会主义政治经济学的若干问题》，载《中国高校社会科学》，2016年第6期。

3. 马克思提出了完整科学的生产力与生产关系和经济基础与上层建筑及其相互关系的理论，依然符合现代经济的实际

《思考》贸然地断言："马克思在其著作中分析了经济基础如何影响上层建筑，以及上层建筑如何反作用于经济基础，但是马克思没有讨论作为经济基础的生产力和生产关系在现代经济中是由何种因素决定的"，笔者认为这种论断是不太准确的，而且低估了马克思相关基本原理的科学性和适用性。

众所周知，生产力与生产关系和经济基础与上层建筑及其相互关系的理论是马克思的历史唯物主义的基本原理，是完整科学的，其基本内容从马克思恩格斯以来到现代的许多马克思主义的研究论著和相关教科书中都有详细论述，本书不再重复。这里需要强调的只是，马克思历史唯物主义的这个重要基本原理反映的是社会演进的基本规律，不仅适用于马克思的时代，而且适用于现代经济。下面重点讨论一下与《思考》的上述断言有关的内容。

首先，《思考》中"作为经济基础的生产力和生产关系"的说法是不准确的，因为经济基础是生产关系的总和，而这种说法把生产力当成了经济基础，严重违背了马克思历史唯物主义的基本常识。马克思在《政治经济学批判》的序言中关于历史唯物主义的著名的经典论述中明确指出"这些生产关系的总和构成社会的经济结构，即有法律的和政治的上层建筑竖立其上并有一定的社会意识形式与之相适应的现实基础"。[①]不可思议的是，《思考》竟然明确写道："什么是经济基础？是生产力和由生产力决定的生产关系。"值得指出的是，不知这里林教授是不是把"经济基础"这个马克思历史唯物主义的基本范畴的内涵和外延看成了我们通常所说的"经济是人类社会存在和发展的基础"，即使是如此，这里作为社会基础的"经济"，就不仅只有生产力和生产关系及其相关关系，还应该包括生产、交换（或者流通）、分配、消费等在内的社会活动（活动内

① 《马克思恩格斯选集》第二卷，北京：人民出版社，1973 年，第 82 页。

容和活动方式即运行和发展的内容和方式，主要是社会资源的配置方式和产出的分配方式）、构成上述社会活动总体的各类产业部门及其相关关系（产业结构）即国民经济，以及与上述这些内容有关的制度安排即经济制度等。

其次，马克思不是没有研究生产力和生产关系“由何种因素决定”，马克思在上述经典论述中实际上同时也说明了生产关系是由生产力决定的，由于上层建筑对经济基础即生产关系的总和也有反作用，因此也是生产关系的状况及其变化的影响因素。至于“生产力到底由什么决定”的问题，毫无疑问，是由多种因素决定和影响的，不仅仅只是林毅夫教授所说的“实际上跟一个经济体的主要产业有关”。这个问题是一篇文章，甚至一本巨著都不能完全说清楚的，这里只能作简要概括说明。生产力的决定和影响因素包括：构成生产力本身的各种要素（劳动力、包括自然资源在内的生产资料、科学技术等）以及决定和影响这些要素形成和变化的因素、生产力或者说经济资源的配置方式（市场与计划、发展战略和发展方式等）、产业的类型和结构、经济基础或者生产关系（生产资料所有关系、交换关系、分配关系、消费关系及其相关制度等）的反作用、上层建筑（政治、法律、国家机关、社会组织及其相关制度等）和意识形态的反作用，等等。

由于历史唯物主义认为生产力是社会生产的物质条件、社会生产又是社会存在和发展的物质基础、生产力由什么因素决定的问题实质上就是如何解放、保护和发展生产力的问题，解放、保护和发展生产力又是社会主义的本质特征和根本任务，所以马克思以及马克思以后的马克思主义经济学家决不是没有讨论研究这个最重要的问题，而是对此进行了广泛深入的研究和论述，提出了许多基本原理，发现了许多普遍规律，比如，生产关系一定要适合生产力性质的规律、节约时间规律、按比例分配社会总劳动规律、社会生产必须按比例协调发展规律等，同样适用于现代经济。这些基本原理和普遍规律中，包括林毅夫教授特别重视的根据资源禀赋的状况及其变化和比较优势的不同来选择产业和调整优化产业结构的理论。当然，这些基本原理、普遍规律在现代经济中会有不同的具体内容和表现形式，并且在现代经济中还会发现新规律、提出新原理。的确，马克思本人不可能直接研究现代经济，但是不能说马克思完全没有研究生产力和生产关系的决定因素，马克思提出的关于生产力和生产关系的决定因素的基本原理、发现的普遍规律，同样适用于现代经济。

最后，《思考》中“国家作为经济基础决定生产力水平的产业和技术的决定因素”的论述，更是令人费解，使人难以看出国家、经济基础、生产力、产业和技术究竟是什么逻辑关系，这里存在多层歧义：第一，“国家作为经济基础”是说国家是经济基础吗？如果是，显然是不正确的，因为这里的国家肯定不是指地域、民族意义上的国家，应该是指政府机关、政治机构意义上的国家，而政府机关、政治机构意义上的国家是上层建筑。第二，“经济基础决定生产力水平的产业和技术”是什么意思、是说产业和技术是生产力水平高低的决定因素或者主要标志吗？如果是，能说产业和技术进而生产力是由经济基础决定的吗？马克思的历史唯物主义认为经济基础即生产关系的总和首先是由生产力决定的，虽然生产关系或者说经济基础对生产力具有反作用，但是也不能反过来说生产力是由经济基础决定的啊！第三，“国家作为经济基础决定生产力水平的产业和技术的决定因素”是说国家是产业和技术进而生产力的决定因素吗？如果是，那就是说作为上层建筑重要组成部分的国家决定生产力，是否违背生产力决定生产关系、生产关系的总和决定上层建筑的历史唯物主义的基本原理呢?！即使生产关系对生产力有反作用、上层建筑对经济基础进而对生产力有反作用，同样也不能反过来说国家决定生产力、决定产业和技术啊！我们应该看到国家的重要作用，但是也不能过度夸大。否则，就不是历史唯物主义，甚至可能陷入历史唯心主义。

四、经济学在中国的发展可能会有两种路径吗？

《思考》在最后的结语中提出：“经济学在中国的发展也可能会有两

种路径:其一是,以马克思主义的理论和范式研究中国现实的经济问题,并吸收西方现代经济学的优秀成果,尤其是在经济运行方面适合中国发展阶段和国情的有用成果,推动马克思主义在中国的创新和发展;其二是,在吸收了马克思主义的基本原理后,以西方经济学的范式来研究中国的经济现象,推动现代经济学在中国的理论创新与发展”,《思考》还认为“二者你中有我、我中有你”,并且满怀期待地写道“我相信中国经济学家以这两种方式来进行经济学的理论创新,都会成为中国特色社会主义经济学理论的有机组成部分,都会贡献于中国经济学科的繁荣和发展,迎来中国经济学家引领世界经济学思潮的时代的到来”。未来中国经济学理论的创新和发展,真有这两种路径吗,采用这两种方式真能实现林毅夫教授的良好愿望吗? 需要反思。

笔者完全赞同第一种路径,因为这是达到本书前述的未来中国经济学理论创新和发展的目的和主要任务——完善中国特色社会主义政治经济学的唯一正确路径或者方法,舍此别无他途。至于林教授提出的第二种路径则内涵不是十分清晰明确,存在很大的歧义。如果这里的“吸收了马克思主义的基本原理”是指以马克思主义政治经济学基本原理和基本方法为基础,这里的“现代经济学”只是或者主要是指中国的现代马克思主义政治经济学即中国特色社会主义政治经济学,这第二种路径就与第一种路径没有实质性区别。从《思考》的论述来看,林教授所说的第二种路径肯定不是这种含义,而只是要吸收马克思主义的基本原理,并不吸收马克思主义政治经济学的研究方法,要“以西方经济学的范式来研究中国的经济现象,推动现代经济学在中国的理论创新与发展”。如果说这里的模糊的“现代经济学”,主要不是指现代马克思主义政治经济学,甚至根本就不包含现代马克思主义政治经济学,而只是或者主要是指现代西方经济学的“现代经济学”,这种路径换一句话说,实际上就是一种“以西方经济学的范式”、吸收一些马克思主义的基本原理,只是或者主要推动现代西方经济学在中国的创新与发展的路径。显然,这种路径从理论基础、研究方法到目的任务都是与第一种路径根本不同的途径，这决不能也是未来中国经济学理论创新和发展的路径，因为这是主要采用西方经济学的范式推动现代西方经济学在中国的创新与发展，不可能达到上述未来中国经济学理论创新和发展的目的和主要任务。所以，这“两条路径”是两种目的完全不同的道路，一种是要“推动马克思主义在中国的创新和发展”，另一种是要“推动现代经济学在中国的理论创新与发展”，而这里的“现代经济学”并没有明确说是现代马克思主义政治经济学，实际上是要推动现代西方经济学在中国的创新和发展，因此这两条途径决不是“二者你中有我、我中有你”的关系，而是基本不同甚至完全相反的路径，根本不可能殊途同归，也不可能像林教授期待的那样“以这两种方式来进行经济学的理论创新，都会成为中国特色社会主义经济学理论的有机组成部分”。采用西方经济学的范式推动现代西方经济学在中国的创新与发展的路径，正是改革开放以来不少中国经济学者所走的路，同样也难以避免林毅夫教授批评的那种现象出现，即“以中国的资料来检验西方现有的理论的研究方式，或对现有理论作简单的延伸”，既出不了经济学大师，也解决不了中国经济改革和发展的问题。

（本部分的修改稿发表在《当代经济研究》2017 年第 12 期，部分以《中国特色社会主义经济理论的重大成果和新时代的创新和发展》为题发表在《经济研究》2017 年第 12 期）

疑难问题 5

如何建立中国特色社会主义政治经济学？

——与田国强教授、王亦楠研究员商榷

澄清在中国特色社会主义政治经济学内涵和外延的认识上的混乱、阶级斗争“是推动历史前进的原动力”的误解；反驳劳动价值论过时论、“‘公有制＋计划经济’不是社会主义”的观点；与经济学“理论的重点研究对象应由‘生产关系’转向‘生产力’”的主张商榷。

建立中国特色社会主义政治经济学是习近平同志和党中央给经济学界提出的重大任务，现在特别需要深入研究究竟什么是中国特色社会主义政治经济学、应该如何建立中国特色社会主义政治经济学，弄清有哪些重大疑难问题需要解决，必须防止什么错误倾向。笔者看了田国强教授在澎湃新闻网2018年1月16日刊发的文章《我对中国特色社会主义政治经济学的理解》(以下简称《理解》)、王亦楠研究员在《中国经济周刊》2017年第35期发表的文章《对“建立中国特色社会主义政治经济学”的一点思考》(以下简称《思考》)，感到他们提出了一些很好的见解，比如，《理解》提出，“研究中国特色社会主义制度，马克思的政治经济学毫无疑问会发挥重要的指导作用”“没有四个坚持特别是党的领导，什么事情也搞不好，就是千真万确的真理”，中国的经济学科“必须要有忧患意识、不足意识、危机意识”，经济史和经济思想史都应该是经济学类专业的“必修课”等；《思考》认为“西方经济学不是灵丹妙药，马克思主义政治经济学也需要与时俱进、创新发展”“‘自由化＋私有化’也不是灵丹妙药”“改革不是改向资本主义，而是把影响生产力社会化发展的障碍都改掉；开放也不是把资本主义引进来，而是适应生产力社会化发展的要求需要开放”等。但是，笔者也觉得《理解》和《思考》的论述中存在不少对中国特色社会主义政治经济学和马克思主义政治经济学的严重误解、似是而非的观点，必须予以澄清，否则极不利于正确建立中国特色社会主义政治经济学。篇幅所限，这里只提出以下几点商榷意见，就教于田国强教授、王亦楠研究员和经济学界的同仁们，以求得正确的认识。

一、必须正确理解中国特色社会主义政治经济学的内涵和外延

建立中国特色社会主义政治经济学，首先必须明确什么是“中国特色社会主义政治经济学”，但是现在却出现了各种不同的理解和界定，不少人认为，中国特色社会主义政治经济学就是研究中国特色社会主义经

济的经济学。笔者认为，仅仅这样简单地界定中国特色社会主义政治经济学的内涵和特征是不完整准确的。的确，中国特色社会主义政治经济学的研究对象是中国特色社会主义经济，但是研究中国特色社会主义经济的经济学不是只有一个，也不都是中国特色社会主义政治经济学。因为，研究中国特色社会主义经济的经济学，既有现代马克思主义政治经济学，也有包括现代西方经济学在内的国内外非马克思主义经济学（这些经济学可能更愿意把中国特色社会主义经济笼统地称之为中国经济），而以现代西方经济学基本理论为指导或者理论基础、运用西方经济学的立场观点方法或者说研究范式研究中国特色社会主义经济而形成的经济学理论，决不是中国现在所要建立和发展的中国特色社会主义政治经济学，甚至会得出与中国特色社会主义政治经济学完全相反的结论，比如“中国经济威胁论”“中国经济无效论”“中国经济崩溃论”等。

笔者认为，完整准确地说，中国特色社会主义政治经济学只是以马克思主义政治经济学的基本原理为指导、主要运用马克思主义政治经济学的立场观点方法、合理参考借鉴现代西方经济学的理论和方法、研究中国特色社会主义经济的政治经济学。中国特色社会主义政治经济学，是马克思主义政治经济学与中国特色社会主义经济实践相结合的产物、是发展中国特色社会主义经济的实践经验的理论总结、是当代中国的马克思主义政治经济学、是马克思主义政治经济学的最新发展、是当代马克思主义政治经济学的重要组成部分。

更值得商榷的是，田国强教授从几个不同的角度界定中国特色社会主义政治经济学，存在较多的误解和混乱。《理解》一文提出，“凡是从中国国情出发，采用规范的分析框架和研究方法进行内在逻辑的推理和论证，实事求是地来研究上层建筑与经济发展关系等方面的问题，都属于中国特色社会主义政治经济学的范畴”。这种观点显然也是不准确的，因为中国特色社会主义政治经济学，采用的不是抽象的所谓“规范的分析框架和研究方法”，更不是现代西方经济学的“规范的分析框架和研究方法”，而主要是马克思主义政治经济学的分析框架和研究方法；虽然也要研究“上层建筑与经济发展关系”，但是主要是研究中国特色社会主义的生产关系或者说经济关系，否则就不是真正的现代马克思主义政治经济学。不能把中国特色社会主义政治经济学当成一个大筐，把无论采用什么性质的“规范的分析框架和研究方法”得出的经济理论都往里面装，更不能把主要采用现代西方经济学的“规范的分析框架和研究方法”得出的经济理论也说成是“中国特色社会主义政治经济学的范畴”。也不能认为只有把无论采用什么性质的“规范的分析框架和研究方法”得出的经济理论都当成“中国特色社会主义政治经济学的范畴”，才能体现中国特色社会主义政治经济学的所谓“包容性”，因为这种“包容性”会使得中国特色社会主义政治经济学失去科学性（包含正确性、准确性、逻辑性、规范性、严谨性、前瞻性、思想性等）和无产阶级性。中国特色社会主义政治经济学是具有包容性的，是一个开放的、与时俱进的理论体系而不是一个封闭的、一成不变的理论体系，这种包容性主要体现在坚持以马克思主义政治经济学基本原理为指导、主要采用马克思主义的立场观点方法的同时，尽可能参考借鉴包括西方经济学在内的各种有益的经济学理论和方法，决不是资产阶级与无产阶级、资本主义与社会主义经济理论和方法的融合！如果把中国特色社会主义政治经济学说成是一个包罗万象的“大拼盘”，那只会造成思想混乱，有害于建立和发展中国特色社会主义政治经济学。

中国特色社会主义政治经济学本来就是中国新的政治经济学，田国强教授认为还不够，又进一步提出一个所谓的“中国特色社会主义新政治经济学”的概念，并且指出“凡是那些考虑中国国情，运用规范分析框架和研究方法来研究中国经济改革发展问题，起到促进民富国强、增强党的执政基础作用的经济学，都属于中国特色社会主义新政治经济学的范畴，它是中国特色社会主义政治经济学的一个子集”，他还特别强调说“我之所以在其中加了一个‘新’字，主要是强调要运用现代经济学的规范方法论”。问题是这里所说的“现代经济学的规范方法论”究竟是什么性质和类型的“现代经济学的规范方法论”，如果只是或者主要是现代马克思主义政治经济学的规范方法论，那“中国特色社会主义新政治经济学”与中国特色社会主义政治经济学就是一回事，没有本质区别，再提出一个“新概念”是多此一举，只会造成思想混乱；假若只是或者主要是指的现代西方经济学的规范方法论，那么“中国特色社会主义新政治经济学”实质上就变成了“中国特色资本主义新政治经济学”，根本不可能“是中国特色社会主义政治经济学的一个子集”，也不可能“起到促进民富国强、增强党的执政基础作用”。

二、阶级斗争“是推动历史前进的原动力”决不是马克思主义政治经济学的观点

应该怎样建立中国特色社会主义政治经济学？在《思考》看来，存在“共产主义运动史上一个从未明确回答和解决的根本问题，即‘生产力和阶级斗争，谁才是推动历史前进的原动力’”。这应该是主观想象杜撰出来的一个所谓“根本问题”，完全不符合实际，因为众所周知，以往国际共产主义运动的根本问题是如何建立马克思主义的政党（共产党），进行无产阶级革命、推翻资本主义统治，建设社会主义社会和共产主义社会。

“生产力和阶级斗争，谁才是推动历史前进的原动力”？生产力才是“推动历史前进的原动力”，这是马克思主义政治经济学早就在理论上说清楚了的问题。的确，马克思和恩格斯在《共产党宣言》中说过，“到目前为止的一切社会的历史[①]都是阶级斗争的历史”[②]，但这并不等于是说“阶级斗争是推动历史前进的原动力”；而且，马克思和恩格斯也说过，“将近四十年来，我们都非常重视阶级斗争，认为它是历史的直接动力，特别是重视资产阶级和无产阶级之间的阶级斗争，认为它是现代社会变革的巨大杠杆；所以我们决不能和那些想把这个阶级斗争从运动中勾销

① 恩格斯曾经注明，确切地说，这是指有文字记载的历史。因为，原始社会和将来共产主义社会不存在阶级和阶级斗争，其历史自然不会是阶级斗争的历史。

② 《马克思恩格斯选集》第一卷，北京：人民出版社，1972 年，第 250 页。

的人们一道走”[1]。这也只是说阶级斗争是“历史的直接动力”,并不是“推动历史前进的原动力”。相反,马克思明确地说,“单是由于后来的每一代人所得的生产力都是前一代人已经取得而被他们当做原料来为新生产服务这一事实,就形成人们的历史中的联系,就形成人类的历史”。[2]马克思还指出,“各种经济时代的区别,不在于生产什么,而在于怎样生产,用什么劳动资料生产”。[3] 另外,马克思在《政治经济学批判》的序言中关于历史唯物主义的著名的经典论述中还明确指出,生产力决定生产关系和上层建筑。由这些论述可见,马克思认为生产力“形成人类的历史”,甚至连经济时代区分的标准都是生产力的状况。比如马克思曾经非常形象地说,“手工磨产生的是封建主为首的社会,蒸汽磨产生的是工业资本家为首的社会”[4]。列宁更是强调,“人类社会的发展也是由物质力量即生产力的发展所决定”。[5]

三、“理论的重点研究对象应由‘生产关系’转向‘生产力’”的主张可能是不正确的

《思考》在论述中国特色社会主义政治经济学研究应重视两个问题的第一个问题中提出:“理论的重点研究对象应由‘生产关系’转向‘生产力’”,也就是说,中国特色社会主义政治经济学的研究对象,不能像马克思主义政治经济学那样以生产关系为重点,而应该以生产力为重点。笔者认为,这种主张可能是不正确的。因为:

第一,中国特色社会主义政治经济学是当代中国的马克思主义政治经济学,所以必须像所有马克思主义政治经济学一样研究生产方式,主要或者重点研究生产关系,不能主要或者重点研究生产力。否则,中国

---

① 《马克思恩格斯选集》第三卷,北京:人民出版社,1972年,第374页。
② 《马克思恩格斯选集》第四卷,北京:人民出版社,1972年,第321页。
③ 马克思:《资本论》第一卷,北京:人民出版社,1975年,第204页。
④ 《马克思恩格斯全集》第四卷,北京:人民出版社,1958年,第144页。
⑤ 《列宁选集》第一卷,北京:人民出版社,1972年,第88页。

特色社会主义政治经济学就不是真正的马克思主义政治经济学。马克思在《资本论》第一卷第一版的序言中明确指出:“我要在本书研究的,是资本主义生产方式以及和它相适应的生产关系和交换关系。”生产方式是生产力与生产关系的统一、本身就包含有生产力,为什么马克思还要把生产关系和交换关系单列出来呢?显然是强调《资本论》主要或者重点研究生产关系(广义的生产关系包括交换关系),实际情况也是如此。

第二,马克思主义政治经济学主要或者重点研究生产关系,决不是完全不研究生产力,更不是轻视或者忽视生产力的发展。从上面《资本论》中关于研究对象的说明中还可以看出,马克思主义政治经济学(包括经典的和现代的)不是只研究生产关系,完全不研究生产力,更不是不重视生产力特别是生产力的解放、保护和发展。因为,生产是人类社会存在和发展的基础,生产的本质就是通过运用和发展生产力给人类提供更多更好的产品,生产方式是生产力与生产关系的统一、包含有生产力,而且生产关系首先是由生产力决定的,因此生产力及其发展当然是马克思主义政治经济学研究不可缺少的重要内容,而且马克思主义政治经济学研究生产关系的最终目的也是为了解放、保护、发展生产力,为人类社会走向共同富裕、实现人的自由全面发展创造必要的物质条件。但是,马克思主义政治经济学研究生产力,研究的不是生产力本身的物理、化学、生物等方面的自然属性和工程技术方面的问题(这些属于自然科学和工程技术科学的研究对象),而是研究生产力怎样决定生产关系的状况及其变化、生产关系又如何反作用于生产力,更重要的是还要研究生产力的开发、形成、配置、使用、保护、解放和发展的方式,而这些问题主要不是生产力本身的问题,在相当大的程度上又是生产关系问题或者与生产关系有关。实际上,无论从发展生产力的目的、还是从发展生产力的方式路径来看,如何发展生产力主要不是生产力本身的问题而是生产关系和上层建筑问题。首先,发展生产力有一个为谁发展、发展成果由谁享有的问题,毫无疑问这是生产关系问题不是生产力问题;其次,发展生产力必须解放生产力,而解放生产力恰恰就是要把生产力从经济基础(生产关系的总和)和上层建筑的束缚中解放出来，由此可见解放和发展生产力不是生产力本身的问题而是生产关系甚至包括上层建筑的问题；再次，发展生产力必须依靠科学技术和创新，而科学技术的发展和创新又必须调动科学技术工作者和生产经营者进行科学技术研究、开发和运用的积极性，这也不是生产力本身的问题，而是包括知识产权保护在内的生产关系和上层建筑的问题；最后，发展生产力的关键或者核心问题是必须优化资源配置(生产力配置使用)，而配置方式主要是市场机制、计划机制和两者相结合的机制，这同样也不是生产力本身的内容，都是生产关系和上层建筑的范畴。

《思考》认为“只有把研究重点从‘生产关系’转向‘生产力’，才能对现实经济建设具有解释力和预测能力”，这也是值得商榷的，能主要根据生产力的状况解释清楚中国现在亿万富翁数量世界排名第一且增长速度最快、“三农”问题突出、产能过剩、经济增长速度连续 6 年下行而 2017 年又止跌回升等突出现象吗？显然不能。因为，这些现象的出现，主要与生产关系有关。《思考》还以邓小平多次强调发展生产力的重要性作为中国特色社会主义政治经济学应该重点研究生产力的依据，同样也难以说服人。马克思、恩格斯、列宁、斯大林、毛泽东都非常强调发展生产力，都认为发展生产力是社会主义的根本任务，可以找到他们大量的相关论述，但是他们都没有因此而把生产力作为马克思主义政治经济学的主要或者重点研究对象，因为那就不是马克思主义政治经济学了。以生产力为主要研究对象的经济学可以像有的学者主张的那样，称之为“生产力经济学”，但是中国特色社会主义政治经济学决不是“中国特色社会主义生产力经济学”。

四、科学的劳动价值论没有过时，能够解释新时代的新现象

在《思考》看来，马克思主义政治经济学的劳动价值论是“传统的劳动价值论”“仅在‘一定时期、一定条件下’正确”，虽然能够解释 20 世纪

80 年代以前的人类社会的一系列重大事件，但是“被认为‘腐朽、垂死’的资本主义国家的经济发展不断焕发生机，而社会主义阵营却陷入严重衰退以致苏联解体、东欧剧变。这一巨大反差用传统的劳动价值论难以解释”。这种观点同样是需要商榷的。首先，“资本主义国家的经济发展不断焕发生机”的判断是不准确的，2008 年美国金融危机引发的世界性经济危机发生、至今还没有完全恢复的事实，就是胜过雄辩的证明；至于说明西方资本主义还没有灭亡、苏联解体、东欧剧变的原因，这不是劳动价值论的任务，马克思主义政治经济学从来没有认为劳动价值论能够解释一切，从经典到现代的马克思主义政治经济学是一个内容丰富的科学理论体系，现代马克思主义政治经济学对这个问题已经有了比较合理的解释，主要是第二次世界大战以后，西方资本主义国家进行了制度改良，采取了国家干预、社会福利保障制度等措施，缓和了资本主义的基本矛盾，苏联、东欧国家的社会主义制度还很不健全完善，传统计划经济体制存在严重缺陷等。由于篇幅所限，这里不展开说明。

《思考》还认为，“传统劳动价值论还会导致对‘中国道路和中国改革’的认识分歧”，甚至提出了下面这样有些莫名其妙的疑问：“改革开放 30 多年来的巨大成就和巨量社会财富积累，难道是对中国工人和农民的剥削吗？强调市场在资源配置中的决定性作用、鼓励私营经济和混合经济，难道是走资本主义道路吗？”这些“疑问”的确需要澄清，否则会对人们产生有害的误导。第一，难道能从劳动价值论中得出改革开放以来积累的“巨量社会财富”是“对中国工人和农民的剥削”吗？绝对不可能！劳动价值论只能说明，这些财富主要是工人、农民和知识分子的劳动创造的，至于是不是剥削，那要看这些财富是不是由所有劳动者共享；如果是，就不存在剥削；如果被少数人无偿占有，就存在剥削，如果被无偿占有的越多，剥削也就越多，不管是合法的还是非法的。第二，同样，从劳动价值论也得不出“强调市场在资源配置中的决定性作用、鼓励私营经济和混合经济”，就“是走资本主义道路”的结论，这主要要看还是不是坚持以公有制为主体、坚持走向共同富裕。以这些所谓“疑问”作为劳动价值论已经过时的依据，是站不住脚的。

《思考》还写道，“科技进步与市场创新是改革开放以来巨量社会财富积累的主要来源，若继续沿袭传统劳动价值论的阶级分析方法，对当前社会各阶层及社会角色仍从‘剥削者或被剥削者’角度定位，将科技进步带来的先进生产力视为‘直接或间接加强了资本对劳动的支配和剥削’，将严重阻滞中国现代化进程”。读了这段似是而非的论述，实在感到也是有些莫名其妙、不知所云。笼统地说“科技进步与市场创新是改革开放以来巨量社会财富积累的主要来源”没错，但是决不能以此否定马克思的科学劳动价值论，不能忘记是谁、是什么在推动科技进步、进行市场创新，是广大科技人员、经营管理者和普通劳动者的辛勤劳动啊！改革开放以来中国是以公有制为主体的，公有制内部本质上不存在也不允许剥削，笼统地说“对当前社会各阶层及社会角色仍从‘剥削者或被剥削者’角度定位，将科技进步带来的先进生产力视为‘直接或间接加强了资本对劳动的支配和剥削’”，是不符合实际的，而且在社会主义初级阶段由于私有制的存在，存在一定程度的剥削是不可避免的，也是应该允许的。改革开放以来中国并没有否定马克思主义政治经济学的劳动价值论和阶级分析方法，怎么就“严重阻滞中国现代化进程”呢？现代化进程很快啊！实在令人费解。

在《思考》看来，“传统劳动价值论需发展完善”，应该发展成“新的劳动价值论”。的确，包括劳动价值论在内的马克思主义政治经济学应该与时俱进，不断发展创新，中国经济学家在20世纪90年代末和21世纪初就针对“劳动价值论过时论”展开过一次大讨论，早就把劳动价值论的适用范围从物质生产领域扩大到了非物质生产领域（服务业），早就澄清了依据“无人工厂”“人工智能”对劳动价值论的质疑，早就说清楚了机器、机器人、资本、科学技术本身不创造价值，科学技术研发、生产经营管理和服务等方面的劳动也创造价值，运用更先进技术的劳动是更复杂的劳动能够创造更多的价值，早就讲明了“无人工厂”并非真正“无人”，使用机器人、“人工智能”的企业更高的利润，主要来自于使用的是更复杂的劳动、更高的劳动生产率、抢先使用机器人和先进技术带来的超额利润等,早就强调指出了这一切新情况、新变化、新发展都没有否定科学劳动价值论的核心——价值由活劳动创造。[①]

习近平同志 2016 年 7 月 8 日在主持召开经济形势专家座谈会上明确指出“坚持和发展中国特色社会主义政治经济学,要以马克思主义政治经济学为指导”。真正的传统的劳动价值论是英国古典经济学家威廉·配第、亚当·斯密提出的,马克思的是科学劳动价值论。马克思主义政治经济学就是建立在科学劳动价值论、剩余价值论基础上的完整理论体系,科学劳动价值论是理解马克思主义政治经济学的“钥匙”,剩余价值论是马克思主义政治经济学的“基石”,如果认为科学劳动价值论过时,要创新到不仅活劳动创造价值甚至死劳动(物化劳动)即机器、机器人、资本、科学技术本身[②]也创造价值,实际上就改变了科学的劳动价值论、推翻了剩余价值论,也就从根本上否定了整个马克思主义政治经济学,还怎么能够指导建立中国特色社会主义政治经济学。

五、不能认为“‘公有制+计划经济’不是社会主义”

《思考》认为“‘公有制+计划经济’不是社会主义”,这种看法也是值得商榷的。社会主义必须实行公有制,这是从马克思到邓小平的马克思主义政治经济学都始终坚持的基本原理,即使是在社会主义初级阶段和

---

① 简新华:《坚持和发展劳动价值论必须正确认识的若干问题》,载《学术月刊》,2002 年第 3 期。

② 有学者以科学技术也是生产力作为依据,认为科学技术本身也创造价值,这种观点是不能成立的。因为,构成生产力的因素很多,并不是所有要素都能创造价值,比如生产资料也是生产力的构成要素,生产资料是不能创造价值的;科学技术本身是科学技术人员的科研劳动的产物,其价值是科研劳动创造的,而科学技术本身只有融入劳动力的脑力之中,在劳动者劳动时才能真正发挥作用,并且生产资料(机器设备等)也包含有科学技术因素,同样不能创造价值,所以说,科学技术本身不能创造价值。不能创造价值,不等于说科学技术不重要,“土地是财富之母、劳动是财富之父”,父母作用不一样,但是都重要,缺一不可!而且,这里的财富是物质财富,不是商品价值。

社会主义市场经济中，要毫不动摇地发展非公有制经济，同时还要毫不动摇地做强做优做大公有制经济，并且还要以公有制经济为主体和主导，怎么能说“公有制不是社会主义”呢？从所有制来看，公有制不是社会主义，什么所有制是社会主义？难道说私有制是社会主义！《思考》还特别强调“值得注意的是，邓小平的‘社会主义本质论’并未提‘所有制’”，似乎邓小平更重视生产力、不重视生产关系，好像“公有制”也不是社会主义的本质特征了。其实不然，虽然邓小平在“社会主义的本质是解放生产力，发展生产力，消灭剥削，消除两极分化，最终达到共同富裕”的论述中没有提到“公有制”，但是这绝不意味着邓小平认为公有制不是社会主义的本质特征。一是邓小平在他晚年亲自逐篇审定的《邓小平文选》第三卷中，多次指出：“我们要发展生产力，发展社会主义公有制，增加全民所得。”[①]“我们的制度是以公有制为主体的，还有其他经济成分。”[②]他还强调“我们在改革中坚持了两条，一是公有制经济始终占主体地位，一条是发展经济要走共同富裕的道路，始终避免两极分化”。[③] 而且，不消除私有制、建立公有制，不可能真正做到“消灭剥削，消除两极分化，最终达到共同富裕”。

至于计划经济是不是社会主义，笔者认为，尽管传统社会主义计划经济体制存在严重缺陷，已经改革为社会主义市场经济体制，但是同样不能由此认为，社会主义已经完全没有计划性即国家的宏观调控，社会主义市场经济之所以要加上“社会主义”这个限定词，或者说与资本主义市场经济最主要的区别，就是社会主义市场经济以公有制为主体、实行比资本主义国家强得多有效得多的宏观调控、最终要走向共同富裕。而且，传统计划经济体制之所以存在严重缺陷或者说现阶段的社会主义之所以还不能实行完全的有效的计划经济，是因为必要的条件还不具备，但是高度发达繁荣的社会主义高级阶段即共产主义，必将实行完全的有

① 邓小平：《邓小平文选》第三卷，北京：人民出版社，1993年，第195页。
② 邓小平：《邓小平文选》第三卷，北京：人民出版社，1993年，第172页。
③ 邓小平：《邓小平文选》第三卷，北京：人民出版社，1993年，第149页。

效的计划经济(详细论述参见笔者在《经济研究》2016 年第 12 期上发表的拙文《市场经济只能建立在私有制基础上吗?——兼评公有制与市场经济不相容论》)。

最后想指出的是,以上提出商榷意见的几种观点,除了第一种是新提出的以外,其他都是改革开放以来社会上相当流行的看法,由此可见,不仅创新和发展中国特色社会主义政治经济学,甚至连普及马克思主义政治经济学的基本常识,澄清纠正对马克思主义政治经济学的种种误读、误解,都是任务艰巨、任重道远,而且迫在眉睫、刻不容缓,这应该也是中国特色社会主义政治经济学义不容辞的责任。

疑难问题 6

中国经济改革是不是搞资本主义?

澄清对中国经济改革的各种误解,指出不能根据公有制经济比重大幅度下降到50%以下、贫富差距过大断定中国经济改革是搞资本主义;说明中国经济改革不是要抛弃社会主义、复辟资本主义,而是要建设中国特色社会主义;弄清全面深化改革应该如何坚持社会主义方向、完善和发展社会主义制度;提出中国经济改革存在两大阶段:第一阶段以纠偏为主,重点纠正超越阶段的偏差失误、发挥私有制和市场经济的积极作用;第二阶段以完善为主,重点完善和发展社会主义制度、更好地发挥社会主义的优越性,强调在继续发挥私有制和市场经济积极作用的同时,有效克服私有制和市场经济的消极作用。

中国经济改革是什么性质的改革、究竟是在搞社会主义还是在搞资本主义？在国内外一直都是一个存在争议的问题，有的看法甚至完全相反。在经济改革进入40周年的时候，特别需要进一步澄清对中国经济改革的各种误解，说明中国经济改革为什么不是搞资本主义，而是建设中国特色社会主义，弄清全面深化改革应该如何坚持社会主义方向、完善和发展社会主义制度。

一、为什么有人认为中国经济改革是搞资本主义？

尽管中国在改革开放的第一个纲领性文件《中共中央关于经济体制改革的决定》中就明确指出，“我们改革经济体制，是在坚持社会主义制度的前提下，改革生产关系和上层建筑中不适应生产力发展的一系列相互联系的环节和方面。这种改革，是在党和政府的领导下有计划、有步骤、有秩序地进行的，是社会主义制度的自我完善和发展”。[①] 在改革开放40年的历程中，党和国家的重要文献以及领导人的重要讲话都一再强调中国改革开放是要建设有中国特色的社会主义，但是在国内外尤其是在西方发达国家，无论是右翼经济学家还是左翼经济学家，普遍都认为中国改革开放是搞资本主义、不是搞社会主义，有的甚至明确提出中国现在不是中国特色社会主义而是“中国特色资本主义”或者说“国家资本主义”。

香港经济学家张五常在中国经济改革开始不久就认为中国走上了资本主义道路，他在1982年发表的长篇论文《中国会走向资本主义的道路吗?》中“作出了肯定的判断：是的，中国会向资本主义的道路走！”[②]美籍著名英国经济学家、诺贝尔经济学奖获得者罗纳德·哈利·科斯2010年在他临近100岁时，撰写了论述中国经济改革的专著，书名就是《中国

① 《中共中央关于经济体制改革的决定》，北京：人民出版社，1984年。

② 张五常：《中国的经济制度》，北京：中信出版社，2009年，第116页。

怎样变成资本主义的》。[1] 新加坡《联合早报》2018 年 6 月 26 日发表郑永年的文章《美国为什么要和中国进行"新冷战"》也明确指出,"西方简单地把中国视为是'国家资本主义'模式"。

中国著名经济学家吴敬琏则认为,"实际上,中国的改革还只是走在半途。它在 20 世纪末初步建立起来的经济体制,仍然是一种'半统制、半市场'的混合体制",[2]有一种可能"是沿着强化政府作用的国家资本主义的道路前行,走向权贵资本主义的穷途"。[3] 这实际上是认为,中国现在已经走在"强化政府作用的国家资本主义的道路"上,如果继续沿着这条道路前行,就会"走向权贵资本主义的穷途"。

最近 10 多年来,笔者多次在国内外参加主要包括中国在内的世界上 20 多个国家的坚持马克思主义政治经济学的专家组成的"世界政治经济学学会"的年会,几乎每次国外学者都要提出相关疑问,甚至直接认为中国现在不是在搞社会主义,而是在搞资本主义。

中国经济改革的性质和方向是"社会主义制度的自我完善和发展",这一点应该是很明确的,为什么国内外特别是国外不少人认为中国经济改革是搞资本主义呢?笔者认为归纳起来说,主要有几个方面的原因:

第一是以经典的社会主义经济和资本主义经济的理念作为判断标准或者依据,即资本主义经济的主要特征是私有制、市场经济、实行自由竞争、自由贸易、自由投资、自由企业制度和按要素分配、存在贫富差距,社会主义经济的主要特征则是公有制、国有企业处于主体地位、实行计划经济和国家管制、强调按劳分配、要消灭剥削和贫富两极分化。由于中国经济改革大力发展私有制经济、把计划经济体制改变为市场经济体制、实行按要素分配、不可避免地出现剥削和贫富差距扩大,所以他们认为这实际上是在搞资本主义或者说搞"资本主义复辟";又由于中国的国

① 谌庄流:《世界制度经济学泰斗逝世》,载《环球时报》,2013 年 9 月 4 日。

② 吴敬琏、马国川:《重启改革议程——中国经济改革二十讲》,北京:生活、读书、新知三联书店,2013 年,第 1 页。

③ 吴敬琏、马国川:《重启改革议程——中国经济改革二十讲》,北京:生活、读书、新知三联书店,2013 年,第 293 页。

有企业还处于主导地位、共产党和政府还在实行经济管制，所以所以他们认为中国现在搞的不是自由资本主义，而是“国家资本主义”或“权贵资本主义”。

第二是认为社会主义失败了、搞不下去了，所以才进行改革，改革本质上是要抛弃社会主义、实行资本主义，由于中国赞成和拥护社会主义的社会力量很强大，为了减少改革的阻力，所以才打着社会主义的旗号，实际上是以社会主义的名义行搞资本主义之实，表面上声称是建设中国特色社会主义，实质上是搞中国特色资本主义，即有人形象地说的“打左灯、向右拐”。

第三是在思想认识上，只看中国经济改革的一方面，不看坚持的另一方面；只看变化的部分，不看实质的部分；只看眼前短期的变化，不管长期的发展趋势；以偏概全，以点代面，以现象当本质，攻其一点不及其余。

笔者认为这些观点和判断都是不符合中国实际的、是错误的，必须予以澄清。

二、为什么说中国经济改革不是搞资本主义而是建设中国特色社会主义?

为什么说上述认为中国经济改革是搞资本主义而不是社会主义的观点和判断是不符合中国实际的、是错误的呢？凭什么说中国经济改革不是搞资本主义而是建设中国特色社会主义？这主要是因为：

第一，毫不动摇发展私有制经济不等于实行“私有化”、搞资本主义。

的确，资本主义是以私有制为基础的，改革开放以来，私有制经济在中国得到了很大的发展，在整个国民经济中的比重甚至超过了50%，但是不能因此就得出结论，中国已经由以公有制经济为主体的社会主义经济转变为以私有制经济为基础的资本主义经济。因为，尽管中国公有制经济包括国有经济的比重大幅度下降了，但是中国现在的土地、矿藏、水流、森林、山岭、草原、荒地、滩涂等自然资源都属于国家所有和集体公有，国有经济还占有30％左右的比重、掌握着国家的经济命脉、对整个国民经济的运行和发展还拥有控制力，即使是私有制经济也还要在社会主义经济政治制度的约束下从事生产经营活动、接受社会主义国家的调控和管理、服务于整个国家的经济发展，而且中国经济改革和发展的趋势，是要在继续毫不动摇地发展私有制经济的同时，毫不动摇地发展公有制经济，做强做优做大国有经济，更好发挥公有制经济在国民经济中的主体和主导作用，并不是要实行完全的“私有化”、让公有制经济的比重越来越小、直至基本消失。所以说，从所有制来看，中国经济改革坚持以公有制为主体，没有而且反对实行完全的“私有化”、不是搞资本主义。

在社会主义初级阶段的社会主义市场经济中存在的私有制经济，实事求是地说是存在雇佣劳动和剥削的带有资本主义经济性质的经济成分，又由于是在公有制经济为主导和主体的社会主义条件下要受社会主义国家的调控和管理、要为社会主义经济发展服务的经济形式，所以可以说是社会主义条件下的国家资本主义经济成分。虽然在社会主义市场经济中的确存在国家资本主义经济成分，但是决不能因此就认为整个社会主义市场经济就是国家资本主义经济、从而中国经济改革就是搞国家资本主义。因为，社会主义市场经济要以公有制经济为主导和主体、实行国家的总体规划和宏观调控，在总体上是社会主义性质的市场经济，不是资本主义市场经济。

第二，市场经济不等于资本主义经济，发展社会主义市场经济不是搞资本主义。

之所以有不少人得出了中国经济改革是搞资本主义的错误结论，一个重要的原因是他们把市场经济与资本主义经济划了等号。实际上，并不是只有资本主义经济才是市场经济，社会主义国家也可以搞市场经济，搞市场经济并不必然就是搞资本主义。[①] 市场经济存在资本主义市

① 简新华、余江：《市场经济只能建立在私有制基础上吗？——兼评公有制与市场经济不相容论》，载《经济研究》，2016年第12期。

场经济与社会主义市场经济之分，资本主义市场经济是以私有制为基础的市场经济，社会主义市场经济则是以公有制为主体的多种所有制为基础的市场经济，中国经济改革是发展社会主义市场经济，不是要发展资本主义市场经济，所以不是搞资本主义。

第三，贫富差距扩大不等于已经贫富两极分化。

的确，贫富两极分化是资本主义经济的痼疾，改革开放以来，中国扩大了财产和收入分配的差距，甚至出现了贫富差距过大的情况，但是同样也不能就由此得出结论，中国已经贫富两极分化、形成了资产阶级与无产阶级两大对立的阶级、中国经济改革实际上是在搞资本主义。因为，中国的自然资源都属于国家所有和集体公有，公有制经济还在国民经济中占有相当的比重、掌握着国家的经济命脉、还发挥着主导作用，而全体人民都是公有制经济的所有者，即使是被私有制企业雇佣的职工也不是完全的无产者，中国农民没有分化成两大对立的阶级，城市居民也没有分化成资产阶级和无产阶级两大完全对立的阶级；从经济发展和人民生活的普遍改善来看，也取得了举世公认的惊人成就，城乡贫困人口由好几亿大幅度减少到只有几千万，而且中国在继续花大力气切实推进精准扶贫脱贫攻坚战，即使地区、家庭、个人的贫富差别有所扩大，但是总体水平都普遍有了极大的提高。

第四，初级阶段的社会主义虽然不成熟完善，但是还是社会主义。

邓小平强调，“社会主义有两个非常重要的方面，一是要公有制为主体，二是不搞两极分化”。[①] 尽管中国现在处于社会主义初级阶段，生产力还不特别发达繁荣，还要发展非公有制经济、存在较大的贫富差距，但是仍然坚持要以公有制为主体和主导、以走向共同富裕为发展方向，还没有完全私有化，也没有出现全社会的贫富两极分化，所以社会主义初级阶段的中国特色社会主义还是社会主义，不是什么“中国特色资本主义”，只不过是不成熟完善的社会主义。

---

① 邓小平：《邓小平文选》第三卷，北京：人民出版社，1993 年，第 138 页。

正是由于中国社会主义初级阶段的社会主义与马克思主义政治经济学经典理论中的社会主义或者说成熟完善的社会主义不完全相同、中国的社会主义与其他国家的社会主义相比具有不同的特点，所以称之为中国特色社会主义，以示区别；正是由于中国特色社会主义与经典理论中的社会主义、其他国家的社会主义具有相同的本质要求和特征，所以说也是社会主义。所谓中国特色社会主义经济，就是以公有制为主体、多种所有制并存、以按劳分配为主体多种分配方式并存、实行市场发挥决定性作用、国家实行总体规划和宏观调控的社会主义市场经济体制、以实现共同富裕为目标的社会主义经济。国有企业的存在和发展、共产党的领导和国家对经济的总体规划和宏观调控，不仅不是国家资本主义的特征，恰恰相反是中国特色社会主义经济不可缺少的重要特征，是社会主义市场经济与资本主义市场经济的本质区别。

综上所述，中国经济改革不是搞资本主义而是建设中国特色社会主义。

早在1985年邓小平就指出："世界上对我国的经济改革有两种评论。有些评论家认为改革会使中国放弃社会主义，另一些评论家则认为中国不会放弃社会主义。后一种看法比较有眼光。"[①]这就是说，中国在改革中会坚持社会主义方向的看法是更符合实际的、正确的、有远见的。

三、新时代深化经济改革应该如何坚持社会主义方向？

中国共产党领导中国革命的历史，是在艰难曲折中不断纠正"左"和右的错误倾向、从错误和挫折中总结经验教训、逐步找到正确道路、从胜利走向胜利的历史，中国的经济改革也不会例外，因为这都是前人没有干过的极其艰巨伟大的事业，不可能从一开始就认识得很清楚明白、走一条直路到达目的地，必然会有曲折和反复、问题和困难、错误和偏差，

① 邓小平：《邓小平文选》第三卷，北京：人民出版社，1993年，第134页。

只能在干中学，不断解决问题、克服困难、纠正错误和偏差，在实践中探索前进。

笔者认为，根据面临的主要问题和任务的不同，社会主义初级阶段的中国经济改革（包括对外开放）可以划分为两大时期：

第一个时期是从 1978 年经济改革开始到习近平新时代之前，主要任务是纠正追求单一公有制、存在平均主义分配倾向、实行传统计划经济体制的超越阶段的偏差或者说是“左”的偏向。改革开放以前，包括中国在内的所有社会主义国家，都是教条主义地按照马克思主义政治经济学关于社会主义和共产主义的经典理论来进行社会主义建设，没有认识到实现社会主义是有条件的、社会主义制度本身也要经过若干发展阶段才能逐步走向成熟完善，不顾各国现实生产力发展的状况，不看是否具备实现马克思、恩格斯设想的成熟完善的社会主义社会必须具备的客观条件，急于求成，中国更是要在“一穷二白”的基础上快速建立完全意义上的社会主义制度，片面追求单一公有制，实行高度集中统一计划管理和存在平均主义倾向的分配，1958 年的“大跃进”时期甚至有人提出要“跑步进入共产主义”，结果都犯了超越阶段的错误。虽然社会主义国家在早期都取得了显著的成就，但是发展都不理想、都不可持续、都发生挫折，不得不进行经济体制改革，回过头来发展私有制经济和市场经济，苏联东欧社会主义国家甚至都改旗易帜、全面复辟了资本主义。中国第一个时期的经济改革主要就是纠正超越阶段的偏差，把传统计划经济体制改变为社会主义市场经济体制、在坚持公有制经济为主体的同时发展非公有制经济、实行按要素分配、拉开收入差距、让一部分人先富起来，推动中国经济发展取得了举世公认的巨大成就。

第二个时期是习近平新时代开始的新时期，主要任务应该是纠正公有制经济比重过低、贫富差距过大、社会主义市场经济体制不完善的偏差或者说是右的偏差。经过 30 多年的改革，追求单一公有制、实行传统计划经济体制、存在平均主义分配倾向的超越阶段的偏差已经纠正，极大地推进了社会主义经济的发展，但是矫枉难以避免地会有些过正，又出现了公有制经济比重下降得过多、已经影响到公有制主体地位的保持和主导作用的发挥，财产和收入分配差距过大、市场失灵和政府失灵显现、已经严重影响社会主义经济持续稳定高质量发展和社会和谐稳定的偏差。纠正这些偏差、使社会主义制度走向成熟完善、实现社会主义现代化，是新时代经济改革需要解决的主要问题和完成的主要任务。否则，让公有制经济比重继续下降、贫富差距继续扩大，经济改革就可能偏离社会主义方向，甚至真有可能是"搞资本主义"，导致社会主义经济改革的失败。

笔者认为，新时代深化经济改革要真正坚持社会主义方向，改革必须实行三大战略转变，[①]开放必须自主对等、积极稳妥、互利共赢。

1. 改革必须实行三大战略转变

中国改革开放以来，在不同所有制经济的发展上，实施的主要是大力发展各种非公有制经济的战略；在收入分配上，采取的是让一部分人、一部分地区先富起来的战略；在农业改革和发展上，实行的是邓小平所说的"第一个飞跃"。[②] 笔者认为中国现在已经到了开始实行这三个方面战略转变的重要时期。

第一个战略转变，是在不同所有制经济发展上，从更重视发展各种私有制经济、公有制经济比重不断下降的战略，转向更重视壮大公有制经济、提升公有制经济比重的新战略。

改革开放以来，为适应社会主义初级阶段的基本国情和发展社会主义市场经济的需要，中国的所有制结构逐步发生了重大变化，特别是私

---

① 简新华：《全面准确理解邓小平理论推动三大战略转变》，载《邓小平研究》，2016年第1期。

② 邓小平在20世纪90年代提出了发人深思的中国农村改革和发展的"两个飞跃"理论，指出"中国社会主义农业的改革和发展，从长远的观点看，要有两个飞跃。第一个飞跃，是废除人民公社，实行家庭联产承包为主的责任制。这是一个很大的前进，要长期坚持不变。第二个飞跃，是适应科学种田和生产社会化的需要，发展适度规模经营，发展集体经济。这是又一个很大的前进，当然这是很长的过程。"引自《邓小平文选》第三卷，北京：人民出版社，1993年，第355页。

有制经济得到长足发展，一大批公有制中小企业通过转机改制实行了私有化，成为近30年来中国经济巨大发展的重要原因之一。公有制经济在产值和资产总量虽然也取得了较大增长，但其占整个国民经济中的比重已经由99%下降到30 %左右，私有制经济的比重由几乎为零上升到50%以上，这也可能是海外一些像科斯、张五常这样的著名经济学家认为中国改革是在发展资本主义的重要依据。从控制力上看，虽然公有制经济依然发挥着主导作用，控制着国民经济的命脉，把握着中国经济发展的方向，但是无论是从数量、比重还是产值和资产总量，中国的公有制经济都已经不占主体地位，呈现出比重不断下降的趋势。这是一个严峻的重大问题：坚持建设中国特色社会主义方向的中国，在继续毫不动摇发展各种非公有制经济的同时，还要不要做强做优做大公有制经济？笔者认为，中国公有制经济的比重已经下降到了底线，不能再下降了！否则公有制经济会丧失对国民经济的控制力，这必将从根本上改变中国的社会主义性质。邓小平早就说过，"我们允许个体经济发展，还允许中外合资经营和外资独营的企业发展，但是始终以社会主义公有制为主体"；①并一直强调"我们要发展社会生产力，发展社会主义公有制，增加全民所得"。②

必须特别指出的是，非公有制经济是中国社会主义市场经济的重要组成部分，应该毫不动摇地鼓励、支持、引导非公有制经济的发展。改革开放以来，非公有制经济在扩大就业、增加收入、技术创新、增大税收来源等方面发挥了重要作用，对中国经济发展奇迹的创造功不可没。新时代必须继续大力支持非公有制经济的发展，帮助其克服生产经营中的困难，引导其合法合规经营、做强做优。

强调要实行重视公有制经济的新战略，并不是主张完全依靠政府力量实行"国进民退、公进私退"，也不是要限制非公有制经济的发展，更不是要"均贫富"、再来一次"社会主义改造运动"，而是强调"民进国也进"，

① 邓小平：《邓小平文选》第三卷，北京：人民出版社，1993年，第111页。
② 邓小平：《邓小平文选》第三卷，北京：人民出版社，1993年，第195页。

在总量上都做大，在公平竞争的市场前提下，在继续发展非公有制经济的同时，必须积极采取有效措施，做强做优做大公有制经济，在总量上扩大、比重上提高，切实改变下滑趋势。现在的多数学者都在为发展非公有制经济献计奔走，很少有学者为做强做优做大公有制经济大声疾呼、出谋献策，这是不正常的。如果没有公有制经济的强大、优化，坚持社会主义方向就会成为空话！

真正发展壮大公有制经济，现在有两大基本任务：一是大力发展农村集体经济，二是切实解决国有企业存在的问题和缺陷。虽然我们提出要做强做优做大国有经济、反对国有企业非公化，但是也决不能否认目前国有企业存在的问题和缺陷。管理体制不健全、企业制度不完善、经营机制不灵活，再加上民主监督缺失、腐败现象严重、国有资产流失，以及垄断经营、经济效益低下、收入分配不合理等问题严重制约公有制经济的发展。如果只是在口头上空讲大道理，不去认真探讨、有效解决这些制约国有企业发展的问题和缺陷，不仅会动摇人们对"搞好国有企业"的信心和决心，而且最终可能导致更大程度的非公化。面对大型国企、央企一连串的腐败窝案，连普通老百姓都可能难以相信国有企业能够发展好。因此，必须迎难而上、深入思考、实事求是地分析研究，明确这些问题和缺陷产生的原因，一定要搞清楚这到底是不是公有制经济（国有企业性质）本身不可避免、无法解决的必然产物。必须要在这样的研究基础上，提出针对性高、操作性强、切实有效的应对之策，真正做强做优做大国有经济。

第二个战略转变，是在收入分配上，从更重视效率、强调克服平均主义、拉开收入差距、让一部分人、一部分地区先富起来的战略，转向更加重视公平、强调兼顾效率、合理缩小贫富差距、逐步走向共同富裕的新战略。这个战略转变的具体内容，本书将在疑难问题 8 中展开深入论述。

第三个战略转变，是在农业改革和发展上，由实现"第一个飞跃"的战略，转向逐步实现"第二个飞跃"的新战略。这个战略转变的具体内容，本书将在疑难问题 19 中展开深入论述。

三个战略性转变中，不同所有制经济发展战略的转变是关键。没有强有力的公有制经济基础，既不能改变当前收入差距不断扩大的局面，还会引起更加严重的贫富两极分化，进而导致整个改革的失败。我们看福布斯富豪榜排名，中国位居世界第二，上榜数量增长最快，而上榜的富豪都是民营企业家（私人企业主），这让我们在一定程度上无法否认非公有制经济比重大幅度上升、公有制经济比重大幅度下降是造成中国现在工薪收入（劳动收入）比重偏低、贫富差距过大的重要原因之一。

因此，不积极壮大公有制经济，不提高公有制经济的总量和比重，这种分配局面可能就难以改变，还会继续造成甚至加剧贫富差距的扩大，于国于民都必然产生各种更加不可估量的严重危害。邓小平所说的中国农业适度规模经营、科学种田、发展集体经济的“第二个飞跃”，也就是要做强做优做大农村集体经济，实际上是壮大公有制经济的重要方面。由此可见，如果没有在不同所有制经济发展上的战略转变，收入分配上的战略转变和农业的“第二次飞跃”都不可能实现。

2. 开放必须自主对等、积极稳妥、互利共赢

2018 年的政府工作报告提出进一步扩大金融开放，特别是要“放开或取消银行、证券、基金管理、期货、金融资产管理公司等外资股比限制”的时候，社会上出现了不同看法，甚至全国人大代表中也有人提出了不同意见，认为连欧美发达国家都要限制外资对本国银行的持股比例、特别是中国资金的进入，更何况我们现在并不缺少资金，这样不设限、不对等的开放，可能会带来极大的潜在风险，亚洲金融危机表明金融被外资控制是非常危险的，会造成巨大的难以挽回的损失。中国之所以能够在亚洲金融危机和 2008 年美国次贷危机引发的世界金融危机中稳坐钓鱼船、有效应对，主要就是因为我们没有完全放开金融。

互联网上甚至还有人认为，逼迫中国进一步开放特别是放开金融，这是西方国家、金融资本和国内的“带路党”“投降派”企图控制中国、搞垮中国的阴谋。

也有人认为，中国现在特别需要进一步扩大开放特别是金融开放，可以更好地学习发达国家先进的金融制度、技术、管理，提高金融业的绩效，搞好金融服务，反对进一步开放特别是金融开放，就是高估对外开放的风险而低估了益处、否定我国 40 年改革开放的巨大成果和成功经验。

另有人认为这只是口头承诺、开放策略，实际上不会这样去做，掌握控股权非常重要，实际上不会放弃，中国会加强金融监管，而且由于外资不熟悉也不了解中国国情、不适应中国的独特经营环境，想进来控制也进不来、控不了。

相关政府机构的官员的解释是，进一步开放是中国新时代的需要、是既定方针、是兑现对世界的承诺、不是屈从欧美国家的压力，我国会通过加强监管防范金融风险、维护金融安全，而且以往的开放证明对我国的发展有好处。

究竟应该如何正确认识和处理中国的进一步开放特别是金融开放呢？

笔者认为，进一步开放包括金融开放是必要的，不仅对国内的改革和发展是有益的，有助于获得市场经济地位、实现人民币国际化、打破美元的霸权、学习借鉴和积累国际金融经验、培养国际金融人才、搞好金融管理、提高金融服务水平、扩大资金来源、更好满足资金需求和社会对金融服务的要求、提高资金利用效率，而且更有利于履行中国应尽的国际义务和责任，更好地实行马克思主义的无产阶级国际主义，适应世界和平发展和多极化的大趋势，融入和引领经济全球化，推动互利共赢、包容共享的新型经济全球化(非美国第一、零和游戏、赢家通吃的经济全球化)，构建人类命运共同体，为全人类做贡献。因为，无产阶级只有解放全人类才能最终解放自己，只有世界和平发展，中国也才能更好发达繁荣、共同富裕。

但是，进一步开放包括金融开放并不是有百利而无一害、只有好处没有风险，而是有可能造成对国外的依赖、失去自主创新的动力、被外资控制和卡脖子、金融利润收益外流、带来金融、经济甚至政治风险、爆发金融危机、威胁国家安全，因此必须权衡利弊、对等开放、主动积极稳妥开放，特别要未雨绸缪、以远见卓识进行顶层设计，注意防范可能出现的风险，防止犯战略性、颠覆性错误，不能不计得失、不顾后果，或者急功近利、只顾眼前，为开放而开放、为“政治正确”而开放、为屈从西方发达国家的压力而开放、被动被迫不得不开放，更不能像有的人希望的那样为改变社会主义制度和共产党的领导、控制和搞垮中国而开放。美国现任总统特朗普发起对华贸易战，给中国上了一堂非常有意义的一课！必须清醒地认识到，改革开放也是有底线的，这个底线就是加强和改进共产党的领导、完善和发展中国特色社会主义制度。我们必须掌握改革开放的主动权，在坚持自力更生的前提下自主对外开放，越是扩大开放越要加强监管。

疑难问题 7

国有企业肯定搞不好吗？怎样深化改革？

首先明确国有企业改革的几个基本问题，澄清、批驳国有企业无效论等各种指责及否定国有企业的论调，说明国有企业能够搞好的理由，实事求是地分析国有企业存在的问题及其产生的原因，提出通过深化改革真正做强做优做大国有经济的途径，强调必须正确认识和合理推进国有企业的混合所有制改革、不能过分强调混合所有制改革的作用。

一、正确认识国有企业改革必须明确的几个基本问题

中国国有企业为什么要改革？国有企业为什么不能私有化、为什么要做强做优做大、怎样才能真正做到？这些问题一直存在重大分歧、激烈争论。国有企业改革是在中国改革开放过程中争论最多、分歧最大的核心问题，要正确认识国有企业改革，必须明确国有企业改革的原因、方向、目标、任务、内容、途径和措施等基本问题。

由于单一公有制特别是国有经济一统天下的所有制结构和国家实行高度集中统一管理的国有国营的企业制度不完全适应社会主义初级阶段生产力状况和市场经济发展的要求，所以必须进行国有企业改革。由于国有企业及其构成的国有经济，是社会主义经济基础的主要组成部分、是社会主义国家的经济命脉和实力的体现、是社会公共品的主要提供者、是最终实现共同富裕的基本条件，所以国有企业改革不能搞私有化，否则就会动摇社会主义的所有制基础、根本改变中国社会主义经济的性质、失去上述各种重要功能，改革的主要目标和任务应该是完善国有企业制度和国有经济管理体制，做强做优做大国有企业或者说国有经济，促进社会主义经济的发展。国有企业改革一直被当作中国经济改革的中心环节，主要包括所有制、企业制度两大方面的改革。

国有企业在所有制方面改革是，改变原有国有企业的所有制性质、数量规模、所在产业领域（产业布局），主要内容包括，在一定时期内通过股份制改造、股票上市、出售、合资、退出部分产业和领域等多种方式把部分国有企业改革为完全非国有的企业或者部分非国有的企业（即混合所有制企业），减少国有企业的数量、降低国有经济在整个国民经济中所占的比重、减少国有企业所在的产业和领域。国有企业在企业制度方面的改革，是不改变国有企业的所有制性质或者说除了所有制的根本性质以外的企业制度改革，包括单个国有企业制度和整个国有经济的经营管

理体制，主要内容是适应在市场经济和现阶段的历史条件下更有效发展社会主义经济的要求，改变原来由国家行政机构实行高度集中统一计划管理的国有国营的管理体制和企业制度，改革为现代企业制度、市场经营机制和整个国有经济新的经营管理体制。

由于国有企业改革的根本目的是要完善国有企业制度、适应市场经济发展的要求、提高国有企业的生产经营绩效、促进社会主义经济的发展，如果主要通过所有制改革，完全或者大部分改变国有企业的所有制性质，就会违背国有企业改革的初衷，国有企业改革的根本目的就达不到；而且，传统计划经济体制中国有企业存在的问题和缺陷，主要不是国有企业的国家所有制或者说全民所有制的性质所决定的、不是不可避免和不可克服的，而主要是以往国有企业的宏观管理体制和微观生产经营制度不完善造成的，因此国有企业改革主要不是所有制改革而是经营管理制度改革。

经过近40年的改革，国有企业无论是在所有制上，还是企业制度和总体经营管理体制上都发生了巨大变化，但是国有企业改革的任务还没有完成，还需要全面深化改革。

二、国有企业肯定搞不好吗？

改革开放以来，一直有人认为，国有企业必然僵化低效、不适应市场经济的要求、肯定搞不好，必须逐步私有化。

这种观点的理论逻辑是，国有企业的国家所有制或者说全民所有制的性质决定必然存在自身无法克服的缺陷，不可能有效持续发展。国有企业的主要缺陷是：产权不清，即名义上是全民所有，实际上人人都没有，享受不到所有者权益，而且“全民不全”、不包括农民；政企不分，即由国家行政机构采用行政方法直接实行高度集中统一的经营管理，企业成为行政机构的附属物；权责不明，即企业缺乏经营自主权，企业的供产销、人财物的权利都掌握在行政机构的手中，企业管理人员由国家任命委派，财务由国家统收统支、统负盈亏，企业经营不好无人负责；机制不活，即生产什么、生产多少、怎样生产都由国家计划决定，产品由国家统购包销，企业不需也无法根据市场需求灵活从事生产经营活动；激励不足、约束不硬，国家对企业实行“父爱主义”“软预算约束”，企业不参与市场竞争、优不胜劣不汰，职工稳定就业、由国家统包统配、“旱涝保收”，收入分配存在平均主义倾向；结果造成“企业吃国家的大锅饭、职工吃企业的大锅饭”，企业生产经营的动力和压力不足，职工的积极主动性不够，丧失了活力，存在“外国有个加拿大、中国有个大家拿”的情况，浪费现象严重，经营效率低下。

实事求是地说，这些缺陷在传统计划经济体制中实行国家高度集中统一管理和国有国营企业制度的国有企业，的确不同程度地存在，但是这不是由国家所有制或者说全民所有制的性质决定、必然存在的自身无法克服的缺陷，而是通过制度改革创新，能够有效克服的缺陷。国有企业的所有权是明确的，属于包括农民在内的全民所有，所有者权益包括企业利润由全民享有；通过改革高度集中统一的国有企业管理体制、实行现代企业制度、转换企业经营机制、形成有效的治理结构和激励监督约束机制，国有企业能够获得生产经营自主权、以企业资产自负盈亏、面向市场、参与竞争、优胜劣汰，打破“两个大锅饭”，调动企业高管和职工的生产经营积极主动性，不断提高经营绩效。在中国国有企业改革40年中，一批国有企业适应社会主义市场经济的要求，经营相当成功，成为国家的顶梁柱和“定海神针”，事实证明国有企业能够搞好。

三、攻坚阶段的国有企业改革[①]

在改革处于攻坚阶段，从迎接党召开十八大开始到现在，国有企业还要不要改革、朝什么方向改、改什么、怎样改？再次成为理论界和全社

① 简新华：《论攻坚阶段的国有企业改革——国有企业深化改革必须正确认识的几个基本问题》，载《学术研究》，2012年第10期。

会关注和讨论的热点问题，争论十分激烈，分歧相当严重，有的观点甚至完全对立。如何正确认识和深化国有企业改革，不仅直接关系到能否建立起社会主义市场经济体制的微观基础、最终完成改革的基本任务、真正建立起完善的社会主义市场经济体制，并且决定中国的改革能否坚持社会主义方向、壮大增强国有经济、巩固和加强社会主义经济基础、真正避免贫富两极分化、切实走向共同富裕。而且，事情越辩越明，真理就是在辩论中确立的。因此，必须深入探讨、展开争鸣、允许不同观点按实事求是的科学精神正面交锋辩论，以求得正确的认识，国家应该认真、耐心听取不同意见特别是对立双方的看法，择其优而采纳之，从而合理有效地推进国有企业改革。

(一)国有企业还要不要改革、朝什么方向改?

改革开放的过程也是国有企业改革的过程，改革开放初期就提出了企业改革特别是国有企业改革是整个经济体制改革的中心环节。从扩大企业自主权、利润留成、恢复奖金制度，到把“包”字请进城、实行承包制、拨改贷、利改税，再到转机改制、调整国有经济布局结构，改革国有经济管理体制、实行以股份制或公司制为基本形式的现代企业制度、国企上市、三改一加强、抓大放小、有进有退、下岗分流、减人增效、再就业工程、利税分流、年薪制、期权制、稽查特派员制、独立董事制、建立国资委和国有资产经营公司、债转股、国有股减持、股权分置改革，等等，国有企业改革始终没有完全停止过，而且是改革的重点之一。为什么现在还会出现国有企业还要不要改革、如何改革的问题和争论呢？这首先是因为改革开放以来，国有企业和国有经济发生了重大变化，国有企业改革在取得了巨大成绩的同时又存在突出的问题。

20 世纪 80 年代，放权让利的改革极大地调动了国有企业和职工的生产经营积极性，经营状况得到改善，不仅在财政收入、就业、技术等方面支撑着改革和发展，而且支持了非国有经济(包括乡镇企业和私营经济)的发展。20 世纪 90 年代，多方面的原因使得国有企业经营状况恶化。21世纪的第一个10年，国有企业进入加速发展和效益提高的时期。

从经营领域来看，国有企业由几乎在国民经济所有部门行业存在，连农业都有国营农场，转变为主要存在于公共品提供、自然垄断行业、关系国家经济命脉和安全的基础性产业，已经从许多产业部门退出。从企业制度上看，由政企不分、产权不清、权责不明、国家统负盈亏的国有国营的企业制度，大部分初步转变为以公司制为主要形式的现代企业制度。从企业数量上看，1998年国有企业的户数占比为39％，2010年下降到4.5％；国资委管理的中央企业由2003年国资委成立时的196家下降到2011年的118家。从资产总额的比重来看，中国国有企业资产总额占全部工业企业资产总额由1978年的92％下降到2008年的43.8％。中国现在国有企业的数量和比重虽然已经大幅度下降，但国有经济的整体素质和实力大大增强。2002年到2011年，国有企业上缴的税金总额由2926.8亿元增加到16803.9亿元，国资委管理的中央企业的营业收入由3.36万亿元提高到20.2万亿元，国有企业的利润总额由2636亿元上升到14989亿元。进入世界500强的中国企业主要是国有企业，依然控制着国家的经济命脉，体现着国家的经济实力和国际竞争力，在1997年的亚洲金融危机，2008年的美国金融和经济危机中，如果没有国有企业的支撑，后果将是不可想象的。

现在有一种流行的观点，认为国有企业近年来的高利润，主要是依靠垄断地位和政府的保护优惠政策取得的，是通过对社会利益的侵占（垄断高价）和对公共资源的无偿占有（资源、金融和市场支配等）而获得的不正常超额利润。这可能不完全符合实际。不可否认，垄断和相关政策是近年来国有企业取得高利润的重要因素；同样不可否认的是国有企业制度的完善、经营的改进也是其取得高利润的重要原因，即使是处于自然垄断行业的国有企业也面临着激烈的国际竞争和国内同行业国有企业之间的竞争。这方面的事例是不少的。

以上情况说明，国有企业已经在管理体制、企业制度和经营机制上发生了深刻变化、取得了重大发展，为中国的改革、发展、稳定做出了重要贡献，但国有企业改革的任务还没有完成，还存在不少困难和问题。目前，国有企业存在的主要问题在于，国有经济的管理体制还不健全，初步建立的现代企业制度也不够成熟、不健全，企业的治理结构也不完善，尤其是缺乏合理有效的监督约束机制，部分高管权力过大、收入过高，各种奢侈腐败的现象屡屡发生，行政垄断的特征比较明显，缺乏必要的监管，提供的产品和服务与价格不协调，在相当程度上依靠垄断地位取得高额利润，国企上缴的利润与其实际资产和经营收入不对称，国家或全民的所有者权益没有得到有效体现，部分国企应有的职责没有得到有效的履行，国家投入过多，土地使用、股票上市和银行信贷都向国有企业倾斜，国企投资决策失误现象严重，投资效率不高，经济效益较低，国有经济比重不断下降，主导作用特别是促进共同富裕的作用发挥不够。

正是由于国有企业和国有经济存在这些问题，所以有人认为必须深化改革，以解决这些问题，发展和壮大国有经济；但也有人认为这些是国有企业必然产生的问题，只有通过进一步改革以减少甚至基本消除国有企业，才能从根本上解决这些问题。由此可见，对国有企业深化改革的原因和出发点的看法很不相同。

更根本的是由于对中国改革的性质、方向、目标和国有企业存在的问题及其产生的原因、解决的途径等的认识和主张不一致，使得对国有企业深化改革的必要性和方向看法存在重大分歧。

在主张中国改革的目标模式应该是自由资本主义市场经济模式、在经济政治上都要"全盘西化"的人看来，市场经济只能与私有制对接，公有制是计划经济的基础，因此公有制经济特别是国有企业私有化是市场取向改革的必然要求；他们认为国有企业产权不清、政企不分、全民不全、全民所有等于无人所有、无人负责、委托代理链太长、缺乏规范有效的激励监督约束机制、代理风险极大且无法防范、垄断经营、浪费严重、效率低下、腐败蔓延，甚至认为现在出现的收入分配不公、贫富两极分化也主要是垄断性国有企业造成的，只有国有企业完全退出竞争领域，彻底改掉国有企业，这一切问题才能最终解决，才能真正实现共同富裕。

以前人们说“私有制是万恶之源”，现在在这些人眼里，公有制特别是国有企业简直成了万恶之源，私有化似乎是灵丹妙药！

有人明确提出中国“十二五”计划时期改革的主要任务之一是国有企业私有化，笔者认为这是极其错误和危险的主张，因为垄断行业私有化比国有更糟糕，更不利于消费者需求的满足、公共品的提供、价格的合理化、市场失灵的纠正、国家有效的宏观调控、就业问题的解决、共同富裕的实现，更会扩大收入差距、损害职工的地位和利益。国企私有化不仅不能解决高管过度高薪、工人弱势、贫富差距快速扩大的问题，还会像俄罗斯那样导致极少数权势人物通过侵吞大量国有资产而暴富，并且使得侵占的国有资产合法化，加剧已经相当严重收入差距。私有化的结果，会导致广大中国劳动者60多年辛辛苦苦、用鲜血和生命积累的数以万亿计的巨额国有资产转眼之间化为乌有，落入极少数有权有势、惯于投机钻营者手中，使得国有企业某种程度上存在的非法的高管所有制，变成合法的完全的高管所有制，私人寡头和跨国公司外国资本会轻而易举地攫取绝大部分国有资产和资源、控制中国的经济命脉，极大地削弱国家经济实力，使得中国成为国际资本主义经济的附庸，造成大量企业倒闭、工人失业、财富外流、经济总量和增长速度大幅度下降，产生更加严重的贫富悬殊、两极分化，严重损害广大人民群众的根本利益。如果国有企业私有化，社会主义制度和共产党的领导就会失去必要的经济基础，甚至导致国家解体、四分五裂、共产党下台、社会主义制度被抛弃，形成所谓“权贵资本主义”，出现成千上万个政党，国家四分五裂，天下大乱，使得社会主义集中力量办大事、弥补市场失灵、保证基础设施和公共品供给、成功进行宏观调控、有效应对经济危机和各种灾难、最终走向共同富裕的优越性丧失殆尽。这决不是危言耸听！苏联的解体和衰落雄辩地证明了这一点，更何况中国人口远远超过苏联、资源远远没有苏联丰富、经济发展程度也远远低于苏联，中国决不能重蹈覆辙，那将会导致数以亿计的人没有饭吃、沦为难民，甚至可能冲出国门，谁也拦不住，会给全世界造成巨大动荡，带来难以克服的麻烦[①]。政治动乱、国家解体可能导致的核武器失控、扩散，会给全人类造成什么样的危害，更是令人不敢想象。西方有些人总是鼓吹中国实行私有化，但对他们到底是祸是福，其实很难预料，中国垮了，他们的日子恐怕也不好过。

在认为中国改革的实质是社会主义制度的自我完善和发展、目标模式是建立社会主义市场经济体制的人看来，通过相应的制度变革，公有制能够与市场经济相结合，传统的国有国营的企业制度存在种种缺陷，不适应市场经济的要求，必须进行改革，以建立适合社会主义市场经济需要的现代企业制度。国有企业改革的目的和方向不是私有化，而是完善国有企业制度、发展壮大国有经济。

笔者认为，由于国有经济比重已经比较低，而且存在继续下降的趋势，国有企业的制度也很不完善，存在各种各样的问题，经济效益有待提高，还需给全国人民带来更多的实惠，需要进一步改革，但改革的方向决不能是完全私有化，而是完善国有企业制度，发展壮大国有企业，更好地发挥国有经济的主导作用，为走向共同富裕做出更大贡献。国有经济的发展壮大，是社会主义市场经济与资本主义市场经济的根本区别之一，是社会主义制度的主要经济基础和本质要求。上述国有企业存在的问题，并不是所有制本身不可避免的必然现象，通过转机改制、实行规范有效的现代企业制度，是能够消除的，也能够与市场经济相结合。这种看法，笔者在《经济日报》1993 年 12 月 22 日发表的整版文章《试析中西所有制形式的演变及启示》《经济研究》1998 年第 9 期发表的文章《委托代理风险与国有企业改革》、外文出版社 1999 年出版的《中国公司治理结构》一书中收入的文章《代理成本与公司治理结构》、上海《学术月刊》2000 年第 3 期发表的文章《改革以来社会主义所有制结构理论的发展》中，都作过专门论述，这里不再重复。国内外不止少数个别国有企业在市场经济中的发展兴旺，便是实践证明。

① 美国及其欧洲盟国把伊拉克、利比亚、阿富汗等国搞垮了、把叙利亚等国搞乱了，结果不仅使得这些国家几乎天天非正常死人，而且大量难民流亡欧洲，成为头疼的大难题。

(二)改什么、应该怎样改？

深化国有企业改革需要改什么、怎样改？有人认为很简单，就是全面彻底私有化，至少也要从竞争领域完全退出。当然，也有人指出在私有化和退出过程中，要防止自卖自买、低价贱卖国有资产、造成国有资产大量流失，要给私有化的国有企业原有的职工必要的安置和合理的补偿。前面已经说明，这是一条错误的危险之路。即使在私有化过程中，按照人头平分国有资产，表面似乎很公平，老百姓和国家也可能取得一定的收入、得到一定补偿，由于广大劳动者数量庞大、分散持有少量的分到手的国有资产，既不可能拥有定价权，也不可能以此取得较多的收入，最终的结果很可能是廉价卖掉，老百姓和国家会永久失去这些国有资产，短期所得到的有限收入将远远赶不上私有化造成的长期的巨大损失。

也有学者认为必须改变国有经济比重不断下降的趋势，大力发展和壮大国有经济。笔者是赞同后一种观点的，中国深化国有企业改革的主要任务，应该是改革和完善国有企业制度，克服国有企业存在的困难和问题，在继续支持私营经济发展的同时，努力做强做优做大国有企业和国有经济，更好地发挥国有经济的主导作用，促进共同富裕。这才是中国应该走的光明大道！

国有企业如何深化改革？笔者认为，应该合理采取以下措施：

1. 采取适当的措施，在国企和私企同等享受“国民待遇”、开展市场公平竞争的前提下，支持和鼓励国有企业做强做优做大，提高国际竞争力，更好更快地发展国有经济，更好发挥国有经济的主导和控制作用。

2. 完善国有经济管理体制，国有资产管理的最高机构应由国务院的机构改变为全国人民代表大会设立的机构，直接接受人民代表大会的监管，真正向全民负责，履行国有资产所有者的职责，有效实现国有资产的保值增值和完成必要的社会任务。

3. 健全国有企业制度特别是治理结构，完善国有企业董事会、监事会、独立董事制度，形成合理有效的激励监督约束机制，使工会独立化，切实发挥党委会的领导作用与职代会、工会的监督作用，改变国有企业缺乏必要监管、在某种程度上存在的事实上的“高管所有制”“部门或企业所有制”“独立董事既不独立也不懂事只是享受高薪”的现象，有效防范委托代理风险，克服官僚主义、以权谋私、鲸吞国有资产、贪污腐败现象。

4. 逐步减少或取消国有企业不必要的行政垄断，消除部门特权和既得利益，促进国有企业主要依靠改进技术、提高质量、搞好服务、开发新产品、改善经营、科学管理而赢利。从事自然垄断行业、公共基础设施和服务等生产经营活动的国有企业，在发挥保障国计民生和国家安全的同时，也要尽可能通过相应法规（产业规制），在供给、价格、数量、质量等方面，合理限制国企的垄断性，尽可能发挥市场的作用，在民企能够进入的领域应该允许进入，更好地减少或消除垄断的不利影响，克服垄断可能产生的弊端，更好地满足社会需求，提供价格合理的优质产品和服务。在竞争性领域，给国企和民企同等的国民待遇，公平竞争，优胜劣汰，让民间资本进入所有竞争领域，消除国企不必要的垄断。

5. 切实履行国有企业为全民和国家谋利益的职责，法定国企必须上缴合理比例的利润，让利于民，用于经济发展和民生改善，真正为人民谋利益，为国家进行合理有效的宏观调控、维护国计民生、提高劳动收入比重、缩小收入差距、改善人民生活和走向共同富裕做出更大贡献。

6. 法定企业高管与职工收入差别的合理倍数，适当缩小国有企业高管与普通职工收入的差距，进行必要的成本控制。有人担心因此没人愿意做国企高管，担心留不住管理人才，其实未必。不能认为赚更多的钱是国有企业高管的唯一追求，收入、待遇、“人力资本”增值、事业、荣誉、成就感、奉献精神都是国有企业高管追求的目标。连私营企业主都要做“光彩事业”、慈善事业，难道就不能鼓励国有企业高管培养奉献精神？在保持国有企业高管必要的合理的薪酬的前提下，不要担心没人愿意做国有企业高管。

现在有人认为,国有企业改革的目标或主题是使国有企业彻底的市场化,方向是公众化、市场化。[①] 笔者认为这是一个内涵不是十分明确的、可能给私有化留下后门的、值得深入探讨的观点。什么叫国有企业市场化?如果是指国有企业的生产经营活动必须市场化,即以利润最大化为目标、面向市场、参与竞争、优胜劣汰,应该说基本上是正确的,但也不能一概而论。部分在自然垄断行业、提供公共品和公共服务的国有企业的生产经营活动是不能完全市场化的。即使是在竞争性领域的国有企业的生产经营也不能"彻底的市场化",多少要承担一定的社会责任。否则,就不是国有企业。假若国有企业市场化是指国有企业产权的股份化、证券化、公众化,即国有企业的产权可以在资本市场上完全不受限制地自由转让、股票可以自由买卖、主要由公众持股,存在的问题可能就更大了。国有企业要实行公司化的现代企业制度,其资产肯定必须股份化、证券化,而且应该可以转让,但必须以保持国有资产的控股地位为前提。如果无限制地自由买卖,很可能使得国有资产失去控股地位,国有企业就可能演变成私有为主体的混合所有制企业,甚至转变为私有企业。股份公众化虽然有利于国有企业的股权多元化、掌握更多的资金、提高控制力、建立更有效的公司治理结构、更好地发挥公众的监督作用,但同样也要以保持国有资产的控股地位为前提。否则,公众化就可能成为私有化的代名词或者变相的私有化。

在深化国有企业改革上,有一个不能回避的问题,就是必须正确处理国有经济与私有经济的关系。笔者认为,正确处理两者的关系,必须遵循的原则是:

在总量上,国有经济与私有经济不是此长彼消、此消彼长的关系,而应该是共同发展、"国进民也进"的关系;既不是单一的"国进民退",也不是纯粹的"国退民进",而是两者都发展、数量都增加、规模都扩大。

在占整个国民经济的比重上,需要扭转国有企业比重不断下降的趋

① 冯蕾:《私有化还是市场化——访中国企业研究院首席研究员李锦》,载《光明日报》,2012年4月19日。

势,改变国有经济比重不断下降即“国退民进”的局面,但决不是要采用限制、改造、取缔、消灭私有经济的方法,而是采取合理的措施,使包括国有经济在内的公有制经济更快更好地发展,从而提高国有经济的比重,并且保持国有经济的控制力。

在产业部门的布局结构和产业链分工协作上,在更适合国有企业的领域以国有企业为主体,在更适合私有企业的产业则以私营企业为主体,国有企业继续有进有退,但不能人为强求退出竞争性领域,能够在竞争性领域生存和发展的国有企业,应该让其做强做优做大;合理放开对非国有企业的限制,让私有和混合所有制企业进入更多产业领域,对国有企业形成竞争压力,更好地发挥市场竞争优胜劣汰的作用。在产业链和生产经营的分工协作上,国有企业与私有企业应该优势互补、扬长避短、相互配合、互利共赢,形成以国有企业为核心的企业群,充分发挥国有企业作为“龙头老大”的导向带领作用和私有企业经营灵活高效的优势。

在政策措施上,特别是在竞争领域,国有企业和私营企业应该都平等享受所谓“国民待遇”,一视同仁,公平竞争,既不能歧视私营企业,也不能让国有企业承受太多的社会负担,国有企业所有权的实现主要应是合理上缴利润和必要的监控,而不是让其承担太多的社会责任。

四、国有企业改革疑难问题再探讨——正确研读《中共中央国务院关于深化国有企业改革的指导意见》

国企改革和发展一直存在两种截然相反的看法和主张:一是认为国企搞不好,无论怎么改也都改不好,只能私有化,理论界有不少人热衷于研究怎样实行激进或渐进、直接或间接、公开透明或隐蔽变相、公平公正或特权侵占、只做不说或又做又说的私有化;二是认为必须落实习近平同志和党中央文件精神,国企应该也可以通过改革做强做优做大。

改革开放以来的实际情况是,虽然国企从资产总量上看有了较大增长、也为中国的改革发展和社会稳定做出了重要贡献，但是大量中小国有企业已经私有化，国有经济在整个国民经济中所占的比重也大幅度下降，存在国有资产流失、国企腐败严重、经济效益低下、管理混乱等现象，怎样真正做强做优做大，至今还没有完全找到切实有效的途径和方法，而且理论界的相关研究严重不足，更没有形成共识。

《中共中央国务院关于深化国有企业改革的指导意见》（以下简称《指导意见》）全面规划了中国新阶段国有企业的深化改革，提出了一整套有针对性地做强做优做大国有企业的任务要求和指导方针，是新阶段深化国企改革的行动纲领。可能有人认为《指导意见》没什么新意，甚至感到很失望，但是笔者觉得这是一个大方向明确、值得高度肯定的《指导意见》，有不少亮点和创新。

《指导意见》在肯定国有企业重要地位和改革开放以来国企改革发展成绩和贡献的基础上，没有回避而是实事求是地提出了国企存在的突出矛盾和问题及其产生的原因，明确了深化改革的方向、目的、总体要求、指导思想、主要目标和重要战略对策。在中央国企改革的纲领性文件中，第一次明确提出国企改革的方向是要做强做优做大国有企业；针对不同产业领域国企的不同经营特征和作用，提出分类推进国企改革的重要方针和部署；针对国企制度不健全，提出完善现代企业制度的任务和措施；针对国有资产监管体制不完善，提出建立和完善以管资本为主的国有资产管理体制的方针和措施；针对国民经济既不能完全私有化，也不能完全公有化或国有化，应该实行多种所有制经济混合化、多元化的趋势，以及通过股权多元化有助于完善国企治理结构、增强控制力、更好发挥主导作用的效果，提出国企与私企可以通过互相参股、发展混合所有制经济、取长补短、优势互补的要求和方法，明确提出处理国有资本控股问题的原则是宜独则独、宜控则控，宜参则参，指出在关系国家安全、国民经济命脉的重要行业和关键领域、主要承担重大专项任务的国有企业，要保持国有资本控股地位；针对国企腐败严重、国有资产流失、监督不力、上缴收益过低的问题，提出要通过多种组织机构、制度安排、机制和途径，强化监督，明确规定国有资本收益上缴公共财政比例2020年提高到30%，决定部分国有资本充实社会保障基金；强调为了有效解决国企存在的问题、真正做强做优做大，还必须加强和改进党对国企的领导、为国企改革和发展创造良好环境条件。这些都需要我们认真学习、深入领会、努力贯彻、真正落实。

为了更好贯彻和落实《指导意见》的精神，笔者认为还有一些更为具体的、依然认识不清、存在争议和分歧的疑难问题，还需要进一步明确提出、深入研究、正确认识和回答，并且提出切实有效解决这些问题的具有可操作性的对策建议。

1. 国有经济总量和比重的问题

改革开放以来，中国国有经济总量虽然有了很大的增加，但是在整个国民经济中所占的比重却不断下降，已经只有30%左右，现在提出要做强做优做大国有企业，所谓“做大”，就是总的数量规模还要扩大。与此相应，国有经济在整个国民经济中所占的比重是否可能会继续下降、是否应该允许继续下降、如果不能再下降又怎样才能做到、是否应该和可能止跌回升、如何才能真正止跌回升呢？这是需要关注和研究的问题，这直接关系到国有经济的地位和作用能否更好地有效发挥。

笔者认为公有制经济特别是国有经济在整个国民经济中的比重不能再下降了。中国公有制经济的比重已经下降到了底线，必须努力止跌回升。如果继续下降，以公有制为主体就会成为空话，公有制经济掌握的对国民经济的控制力也会丧失，以国有经济为主导也不可能实现，必将从根本上改变中国社会的社会主义性质、改变发展的社会主义方向。必须指出的是，这里强调的公有制经济特别是国有经济的比重应该止跌回升，并不是主张依靠政府的力量人为实行“国进民退、公进私退”，不是要限制私有制经济的发展、总量上的增加，更不是要“均贫富”、再来一次“社会主义改造运动”、剥夺私人合法资产，而是强调在市场公平竞争的前提下，在继续发展私有制经济的同时，还必须采取各种有效措施，做强做优做大公有制经济，不仅在总量上要继续扩大，而且在比重上要有所提高、改变不断下滑的趋势。

2. 国有经济总体布局和国企经营产业领域的问题

从20世纪90年代开始，就有学者认为国企在竞争性领域没有优势，主张国企从竞争性领域退出，只在公共品部门和自然垄断行业保留国企。《指导意见》在国企分类改革中实际上说明了国企所在的产业范围，包括充分竞争行业和领域，关系国家安全、国民经济命脉的重要行业和关键领域，自然垄断行业，提供公共产品和服务的部门，事实上没有采纳国企完全从竞争性领域退出的意见。现在需要深入探讨的问题是，国企最终是否要退出竞争领域？是明确规定国企存在的产业领域、经营的范围，还是听其自然、由市场竞争优胜劣汰决定？这也是更好发挥国企作用必须进一步研究和明确的问题。

笔者认为，在自然垄断行业，在提供公共产品和服务的部门，国企应该处于主体地位，发挥决定性的作用；在关系国家安全、国民经济命脉的重要行业和关键领域，国企应该处于主导地位，发挥基础性作用；在充分竞争行业和领域，国企应该与非国企同样享受国民待遇、展开公平竞争，由市场竞争决定其生存和发展，既不人为打压歧视、强行退出，也不特殊优惠、扶持保护，尽可能通过自身努力做好做优做大，发挥正确的引导作用。

3. 国资管理体制的问题

在20世纪90年代就有学者提出，为了管好国有资产，应该建立由三个层次的组织机构构成国资管理体制，即最高层是国资管理委员会（国资委，作为国资代表即出资人管国资，不直接管企业），中间层是国资投资经营公司、集团公司（作为国资投资者经营国资），底层是企业（国企和国资参股的企业，作为国资使用者从事具体生产经营活动），最高层监管中间层、中间层监管底层。主张国资委直属全国人民代表大会常务委员会，而不是国务院，因为国资是全国人民的资产，全国人民代表大会直接代表全民。《指导意见》虽然实际上提出了三个层次的国有资产监管体制，即国有资产监管机构依法对国有资本投资、运营公司和其他直接监管的企业履行出资人职责，并授权国有资本投资、运营公司对授权范围内的国有资本履行出资人的职责。国有资本投资、运营公司作为国有资本市场化运作的专业平台，依法自主开展资本运作，对所出资企业行使股东职责，按照责权对应原则切实承担起国有资产保值增值责任，但国有资产监管机构可能依然隶属于国务院，没有完全采纳上述主张，笔者觉得值得再探讨，因为国有资产监管机构隶属于全国人大常委会可能更合理，更有利于做到政资分开、政企分开。另外还需要深入研究的是，管资本、管企业、管人事、管决策的区别和联系是什么，应该怎样合理分工协调，才能都管好，国资投资经营公司如何具体合理组建等问题。

笔者认为，中央和地方的国资都是属于全民的资产，应该有一个机构代表全民进行统一监管。可以把国有资产分为经营性（从事生产经营活动、有收入的国有资产）和非经营性（消费性、没有收入的国有资产，比如政府办公大楼、路灯等）两大类。由中央国资委统一监管全国经营性国有资产，并且掌握全国非经营性国有资产的状况；由各级财政部门监管各级非经营性国有资产，向中央财政部负责和报告，财政部有法定义务定期向国资委通报全国非经营性国有资产的状况，以利于国资委向全国人民代表大会报告全国所有国有资产的状况。国资委在直接监管少数关键的大型国企或集团公司（比如现在国资委直接监管 112 家特大型国企）的同时，再组建国资投资经营公司，作为国资的投资者主要向国企也可以向非国企投资，改变国资委只监管 112 家特大型国企的局面。国资投资经营公司是专门的国有资本运营公司，其职责主要是通过市场化运作，管好国有资本，保证国有资产保值增值，是不上市的独资公司，不从事具体的实业经营，类似于国外投资公司或者新加坡淡马锡式的国资投资监管公司。

4. 国企领导体制和治理结构的问题

建立合理的领导体制和规范有效的治理结构是国企改革的核心任务，也是最困难的任务。其困难在于存在一系列难以合理有效解决而且特别敏感的问题。主要是，原来实行国有国营的老国企的领导体制和治理结构主要由党委会、管委会、职代会（工会）即“老三会”构成，而通过转机改制、建立现代企业制度的新国企则要新建股东大会、董事会、监事会即“新三会”，这就产生了一个“新老三会”的关系如何正确处理，怎样正确界定“六会”的各自权能，有效防止“六架马车”各行其是、互相矛盾摩擦、扯皮掣肘，真正做到各司其职、行动一致、协调配合、有效发挥作用的问题。具体包括：“六会”中哪一个机构是企业的最高权力机构？党的领导与董事会决策是什么关系，企业重大决策到底谁说了算，是党委会、党委书记还是董事会、董事长说了算？党委书记和董事长如果由一人兼任，怎样避免大权独揽、有效防止《指导意见》中提出的“切实解决一些企业董事会形同虚设、‘一把手’说了算的问题”，假若由两人分别担任，那谁是企业的“一把手”，又由谁说了算，由谁来有效监督党委书记和董事长？企业的“一把手”应该是谁、应不应该说了算、为什么能够说了算、如何防止“一把手”说了算？股东大会与职代会是什么关系，两者的利益和决定发生矛盾和冲突怎么办？这些关键的重点问题，应该说还没有清楚的具体的答案，特别需要深入探讨，必须弄清为什么会出现“董事会形同虚设、‘一把手’说了算”的现象，对症下药，提出切实有效消除或者避免这种状况的对策。否则，国企合理的领导体制和规范有效的治理结构难以真正建立健全。

笔者认为，建立健全国企合理的领导体制和规范有效的治理结构，除了《指导意见》提出的基本原则和途径之外，还可以采取以下具体措施：

（1）股东大会应该是企业的最高权力机构，董事会是股东大会的常设机构，是企业的领导机构，因为企业是股东共同所有的，国有资产股东代表的是全民，企业职代会代表的是本企业职工，只是全民中很少的一部分,不能是企业的最高权力机构。

(2)董事会应该由股东大会选举产生,企业外部董事不能少于一半,董事长应该由董事会选举产生,由国资委、国有资产经营公司、企业党委会推荐候选人。董事长应该是企业的"一把手",但是企业重大决策不能董事长一人说了算,必须由董事会开会讨论、投票决定。

(3)企业总经理等高管都由董事会实行市场公开招聘、择优录用、严格考核监督。

(4)党委书记必须兼任董事长,这样可以更好发挥党组织的领导和监督保证作用。

(5)监事会独立于董事会,直属股东大会,监事会主席由第一大股东委派,并担任党委副书记,防止"形同虚设"。

(6)职代会及其常设机构工会的主要职能是选举参加企业董事会、监事会的职工代表,积极参加企业的民主管理和监督,协调企业(高管)与职工的关系,维护职工的合法权益,为搞好企业献计献策,动员职工积极主动从事企业生产经营活动。

5. 加强和改进党对国有企业领导的问题

《指导意见》强调要"充分发挥国有企业党组织政治核心作用",现在需要进一步明确的是,在国企党如何领导,与党政机关有何不同?国有企业党组织的"政治核心作用"体现在什么方面,其具体内容是否包括党在国有企业的政治路线领导、组织保证和监督、党的建设、政治思想工作、先锋模范带头作用等?国企坚持党的领导与坚持政企分开、政资分开是什么关系,是否会产生矛盾,这两个坚持怎样才能协调一致、同时做到?国企董事会领导与党的领导、董事会用人权与党管干部原则、高管公开市场招聘与组织部门任命的关系如何处理,是否存在矛盾,如何协调一致?企业领导应是企业家、不应是党政干部、应取消行政级别,这与企业也要坚持党管干部的原则是否矛盾?组织部的选人用人原则和方法与企业选人用人原则和方法客观上存在较大差别,如何才能协调一致,如果上级和企业的组织部选用错了人、谁承担责任,怎样才能保证组织部正确合理选用国企高管？国企的双重领导体制、用人机制如何有效结合，两种用人方式的适用对象、所占的比重应该怎样确定，高管不同的选任方式、职责和薪酬待遇在企业内部怎样协调、有效避免摩擦和冲突？这些都是国企加强和改进党的领导、坚持党管干部的原则客观存在的具体的实际操作问题，是不能回避或者视而不见、拒不承认的，必须妥善解决。否则，很难真正坚持和改进党对国有企业的领导。

真正坚持和改进党对国有企业的领导，除了《指导意见》提出的基本原则和途径之外，笔者的不成熟看法是，可能还需要深入探讨和明确以下相关基本理论问题和具体措施：

(1)国企与党政机关不一样，是经济组织，国企中的“政治”应该是贯彻落实党和国家的政治路线和重大方针政策、坚持社会主义发展方向、实现国有资产的保值增值和社会责任的有效履行、真正为全民谋利益。

(2)国有企业党组织的“政治核心作用”的具体内容和体现，应该是党在国有企业的政治路线领导、组织保证和监督、党的建设、政治思想工作、先锋模范带头作用等方面，不应是直接决定、指挥、干预企业具体的生产经营活动。

(3)坚持党的领导与坚持政企分开并不必然矛盾，可以协调一致，因为政企分开是要改革计划经济条件下国企是党政机构的附属物、没有经营自主权、由党政机关直接经营管理、国家统负盈亏、不适应发展市场经济要求的政企不分的不合理状况，让国企与党政机关脱钩，成为独立自主的市场生产经营主体，把国有国营的企业制度改变为自主经营、自负盈亏的现代企业制度，党政机关不再直接经营管理国企，并不是要取消党的领导，也不是不要发挥上述国有企业党组织的“政治核心作用”，相反这些作用的发挥，更有利于搞好国企的生产经营、做强做优做大国企。现在中国私营企业都感受到了在企业建立党组织的好处。

(4)如果说国企坚持党的领导与坚持政企分开、市场化经营有矛盾的话，可能会发生在国企董事会领导与党的领导、董事会用人权与党管干部原则、高管公开市场招聘与组织部任命的相互关系上，笔者认为，正确处理国企的双重领导体制和用人机制的关系，不会产生矛盾冲突的方法，不是像国内外有人主张的那样取消国有企业的党的领导和党管干部的原则，必须明确这种双重领导体制、用人机制的具体内容、合理的适用范围和对象。董事会领导和党委会领导的具体内容和分工上面已作说明，应该说这种治理模式并不矛盾，是可以分工合作、协调一致的。这里主要就双重用人机制提出一点不同看法，以供进一步研究参考。所谓党管干部就是由党来培养、选拔、任用、考核、激励、监督、奖惩干部，这是实现党的领导的组织保障，党管干部的原则主要适用于党政干部，就国企而言，也就是国企党组织的领导和干部；而企业高管主要从事企业生产经营管理，应是企业家（职业化、专业化的经理人），应取消行政级别。因此，国企从事经营管理的高管统一实行市场化管理、公开招聘、择优录用，这才真正符合市场经济规律和企业发展规律，而且也解决了企业内部担任同样性质的领导工作，却享受不同的甚至差别很大待遇的矛盾。

6. 国企反腐败的特殊性问题

国企的反腐败监管机构比党政机关要多，不仅有党政机关都有的党的反腐败制度、机构和机制，而且有企业内部的股东大会、董事会、监事会、独立董事、稽查特派员等党政机关没有的监督机构和人员，监督机构更是比私人企业多得多，国企腐败为什么还这么严重，其原因到底是什么，如何才能真正形成合理的激励监督约束机制、切实有效激励监督约束国企高管、有效防范委托代理风险？这应该说是还没有弄清楚的重大问题，也没有找到持续的有效的解决办法，需要深入探讨。

笔者认为，国企的反腐败监管机构比党政机关和私企都要多而腐败却相当严重的原因是多方面的，虽然与国企委托代理链特别长，监督成本特别高有关，更重要的是国企“新老三会”的关系没有理顺、功能没有有效发挥，不少监管机构形同虚设，激励监督约束机制很不健全，企业内部缺乏有普通职工参与的民主管理和监督，权力太集中，高管尤其是“一把手”权力过大，甚至可以一个人说了算，监管又不到位，腐败就可能难以避免。解决的根本之途是，深化改革，完善国企领导体制和治理结构，加强企业民主管理，有效发挥党组织和职代会的监督作用。

有人认为，企业在瞬息万变、竞争激烈的市场环境中从事生产经营活动，只有企业家才具有在市场中经营管理好企业的特有才能，所以在企业内部不能搞什么民主管理，必须实行高度集中统一管理，由企业家(高管)独揽大权、一人说了算。专制独裁治理国家不行，管理企业就必定成功吗？这种观点需要商榷，市场经济中成功的企业并非如此。即使有些企业可能一时成功，但难以持久。不少成功企业的领导是注重民主管理、听取职工意见、集思广益、群策群力、关心职工利益、调动职工积极主动性的，这往往也是他们成功的重要原因。

7. 国企经济效益与社会效益如何协调一致的问题

传统的企业理论认为，市场经济中企业经营的唯一目标只能是所有者的利润最大化，不能有其他目标，更不能有社会目标，否则企业将产权模糊、目标多重、无所适从、行为混乱、效益低下、难以生存和发展，市场对企业的调节作用也难以发挥。人们往往也以此认为，国有企业除了要实现国有资产保值增值之外，必然还会承担部分国家或社会要求的责任，否则就不能称之为国有企业，因此国有企业不可能成为真正意义的企业，必然效益低下，在市场经济中难以生存和发展。但是，按照现代企业理论，现代市场经济条件下的现代企业，要想成为长寿型企业，不能只顾股东收益的最大化或利润最大化，而必须兼顾供应商、职工、经销商、消费者等利益相关者的利益，甚至还必须考虑社会就业、环境保护等公众诉求。只有这样，企业的各种经济关系才能得以维持和改善，各方面的积极性才能调动和发挥，才能得到消费者和社会的认可和赞誉，才能形成更有影响力的品牌，获得更大更持久的市场占有率。

其实，利益有差别的共享能够带来和谐和效率的思想，古已有之，最早可以追溯到古希腊学者色诺芬。古希腊的经济学主要是研究家庭经济管理的，色诺芬在他的经济学专著《经济论》(关于财产管理的讨论)中提出，“为什么在有些家庭里，几乎所有的仆人都戴着脚镣手铐，可是他们总是想逃跑；而在另一些家庭里，他们根本不受什么束缚，却都高高兴兴地工作，并且情愿呆在他们的岗位上？”为什么会有如此大的差别呢？色诺芬写道：使人“能分享你的好东西”“这是最好的使人产生忠心的办法”。虽然利益共享或利润分享中，股东应该得大头，否则将挫伤投资者的积极性，使得人们不愿意投资，这就会牺牲经济发展和效率。因此，国有企业在主要实现国有资产的保值增值、为全民创造财富的同时，也可以适当完成必要的社会任务，不能以此认为国有企业肯定搞不好。

《指导意见》从经营领域特点和功能上首次把国企分为两大类：商业类和公益类，明确提出商业类国有企业以“实现国有资产保值增值为主要目标”，公益类国有企业“以保障民生、服务社会、提供公共产品和服务为主要目标”。现在需要进一步研究的问题是，经济效益与社会效益并不总是协调一致的、国企生产经营的双重目标往往会出现矛盾冲突，当国企的经济目标与社会目标不一致时，应该如何正确处理，保持二者的协调一致。

笔者认为，在尽可能保持经济目标与社会目标一致的前提下，当两者发生冲突时，公益类国有企业的经济目标应该服从社会目标，而且尽量较少经济损失，因为社会目标是公益类国有企业生产经营的主要目标；商业类国有企业的社会目标应该服从经济目标，而且尽量减少社会损失，因为商业类国有企业的生产经营目标主要是经济目标。

8. 国企职工权益维护和积极性调动发挥的问题

改革开放以来，有的人更看重和强调资本和企业家（高管）的作用，在相当程度上忽视甚至轻视普通职工的作用，把职工视为无足轻重、任由驱使的“雇佣劳动者”，不再把职工看作企业的“主人翁”，普通职工对企业的生产经营基本没有发言权、监督权，缺乏职工参与的企业民主管理和监督，部分企业的劳资关系、干群关系（高管或企业家与普通职工的关系）并不融洽和谐。但是，企业的生产经营活动主要由普通职工承担，职工对企业的经营状况更为了解，发挥职工的作用不仅有利于企业的生产经营，而且更有助于防范委托代理风险，如果国企职工不能参与企业民主管理和监督、其权益得不到合理有效保障、其生产经营的积极性主动性和创造性不能调动发挥，国企很难搞好，更不可能持续高效发展。因此，必须进一步具体研究国企职工通过什么渠道和方式充分参与企业的民主管理和监督、怎样合理有效保障职工的权益、调动发挥职工的积极性主动性和创造性。否则，国企也无法做强做优做大。

笔者认为，国企必须继续把职工看成“主人翁”，信任、尊重和依靠职工，坚持实行“两参一改三结合”的“鞍钢宪法”（这是不应该丢弃的，日本企业都曾经学习引进过的中国老国企的优良传统），特别注意发挥职代会和工会的作用，企业董事会和监事会至少应该有三分之一的职工代表，而且职工代表应该由职代会选举产生，让职工切实参与企业民主管理和对高管的监督，企业董事长、总经理的选择任命考核都应该征求职代会的意见，同时企业要坚持按照贡献分配、避免高管与职工过大的收入差距，让职工分享企业发展的成果，有效保障职工的合法权益，真正调动发挥职工的积极性主动性和创造性。

必须特别指出的是，深化国企改革、真正做强做优做大国有企业，最重要的也是最困难的是要正确处理好国家（政府）与企业的关系、企业（高管）与职工的关系。中国国企从性质到经营都具有双重特征：国企作为全民所有的企业，是社会主义国家的重要经济政治基础，必须遵循社会主义经济规律，更坚决地服从国家合理的监管和宏观调控，更自觉地履行社会责任，为全民谋福利；国企也是在市场经济中从事生产经营活动的企业，也要作为独立的市场主体，遵循市场经济规律和企业发展规律，真正做到依法自主经营、自负盈亏、自担风险、自我约束、自我发展。因此，在处理国家（政府）与企业的关系时，国家既要履行所有者的权能，采取恰当的方式对国企和国资进行必要的合理的监管，同时又必须实行政企分开、政资分开、所有权与经营权分离，使国企真正成为在市场经济中优胜劣汰的独立自主的生产经营主体；在处理企业（高管）与职工的关系时，既要把职工当主人翁，信任、尊重和依靠职工，保障职工的合理合法权益，调动和发挥职工的积极主动性，又不能排斥市场竞争的作用，过分迁就职工的利益诉求，像计划经济中的老国企那样形成平均主义“大锅饭”“铁饭碗”“铁交椅”，应该实行竞争上岗、择优录用的市场化用工制度，职工必须根据企业发展需要优胜劣汰、能上能下、能进能出、合理流动，否则会冗员充斥、人浮于事、成本高昂，导致国企效率低下、难以为继。

第9个是国有企业混合所有制改革可能产生的问题，下面专门展开具体论述。

五、必须正确认识和合理推进国有企业的混合所有制改革——不能过分强调混合所有制改革的作用①

习近平同志在中共十九大报告中指出，要“深化国有企业改革，发展混合所有制经济，培育具有全球竞争力的世界一流企业”“促进国有资产保值增值，推动国有资本做强做优做大，有效防止国有资产流失”。实行混合所有制改革是现在国有企业改革的重要措施，但是对国有企业为什么要实行混合所有制改革、混改能够发挥什么作用、可能产生什么后果、究竟应该怎样合理正确地改革？现在舆论界发生了激烈的争论，出现了截然相反的观点和主张，这种情况极不利于国企的混改和做强做优做大，决不能视而不见、听之任之，必须予以澄清。

1. 国有企业为什么要进行混合所有制改革？

所谓国有企业的混合所有制改革（简称“混改”），主要就是把国企的国家所有制或者全民所有制改革为公私混合所有制，实行股权多元化。《中共中央国务院关于深化国有企业改革的指导意见》提出，非国有资本可以进入国有企业、国有资本也可以入股非国有企业、可以探索实行混合所有制企业员工持股。

中国的国有企业现在之所以要进行混合所有制改革，《指导意见》指出，为了促进国企转换经营机制、放大国有资本功能，提高国有资本配置

① 简新华：《必须正确认识和合理推进国有企业的混合所有制改革——不能过分强调混合所有制改革的作用》，载《财经科学》，2017年第12期。

和运行效率，实现各种所有制资本取长补短、相互促进、共同发展，应该稳妥推动国有企业发展混合所有制经济。由此可见，现在主要是希望通过混改，进一步改变国企的所有制结构和性质，把国企的国家所有制或者全民所有制改革为公私混合所有制，实行所有制多样化和股权多元化，以利完善企业治理结构和激励监督机制，提高国企经营绩效；利用社会资本，筹集更多资本，克服资金不足的困难，更好去杠杆，减轻企业债务负担，增强经营实力和控制力；更好地发挥社会资本和企业职工（包括科技人员、管理人员、工人）作用，以利于真正做强做优做大国企。

的确，国企进行混合所有制改革、发展混合所有制经济，具有多方面的有利作用，但并不是不论采取何种方式，只要是混合所有制改革、发展混合所有制经济，就都能够发挥这些有利作用，必须清醒地认识到以下两点：

第一，现在特别值得警惕的一种可能性是，打着发展"混合所有制经济"的旗号，名义上是要更好地发展国有经济，实际上是要稀释、掏空国有经济，再一次瓜分国有资产，搞变相的私有化。必须特别注意有效防止国有资产再次流失，谨防有关部门管理人员和企业高管搞暗箱操作、利益输送，通过低估国有资产、低价出售国有资产特别是优质资产、给高管和职工无偿或象征性地有偿分配国有资产、高估非国有资产、高价并购非国有企业或者高价购买非国有企业资产、增发新股、转移资产、做亏企业等方式稀释、瓜分、掏空国有经济。有学者明确指出：发展混合所有制经济"决不是简单地让国有企业出卖产权，退出阵地，收缩规模，搞什么'国退民进'或'中退外进'""基本做法应该是'做加法不做减法''多元投资''合力共进'"，强调"发展混合经济，国企不但不能一卖了之，也不能放弃控股权""如果以'混合'为名，行卖国企之实，那就不是加强国企，而是搞掉国企"。[①]对"员工持股"的作用也不能高估，因为股权分散，容易"搭便车"，作用有限。如果出现以"员工持股"为名，搞分配不公、变相瓜

---

① 昆仑岩：《勿以"混合"为名，行卖国企之实》，载《环球时报》，2014 年 5 月 26 日。

分国有资产，则会适得其反。

现在一提国有企业改革好像就是混合所有制改革，好像国有企业改革的关键和主要任务就是所有制方面的混改，不是治理结构、管理方式方面的改革完善。其实，这是一种误解。国有企业改革的根本原因，并不是国家所有制即全民所有制本身的公有制存在严重缺陷，混改只是做强做优做大国企一个重要措施，决不是唯一措施，甚至也不是主要措施，因为，混改主要是所有制改革，而国有经济已经从不少产业领域退出、在整个国民经济的比重也下降到只有30%左右，国企现在需要的主要不是所有制改革，而是国企内部制度完善、机制健全，不能过多地对混改寄予厚望。

第二，不能是内心认为"国企是搞不好的"或者是对做强做优做大国企失去信心，因而认为国企的出路只能是私有化，而私有化不能明着说、公开搞，所以就打着混改的旗号或者以混改的名义，再搞一次国企私有化或者变相私有化，再来一次瓜分国有资产的"盛宴"，这种目的和动机是严重违反马克思主义政治经济学基本原理、党的宗旨、国家宪法以及人民根本利益的，也是违背习近平同志的相关指示的。

2. 国有企业现在存在的问题及其产生的原因

正确认识和进行混改，首先必须正确认识国有企业现在存在的问题及其产生的原因，因为只有这样才能对症下药、有效解决问题，否则就可能产生严重失误。

国企现在存在的主要问题及其原因是什么呢？相当部分国企现在存在的主要问题是，产品结构不优、技术进步不快、债务负担沉重、经营绩效低下、腐败现象突出、干群关系不融洽等；造成的原因除了经济下行的宏观经济走势之外，主要是现行国有企业制度还不健全完善，尤其是还没有找到解决在治理结构和经营管理机制上存在的主要难题的有效途径，党的领导作用和职工的主人翁作用还发挥不够。

如上所述，国企在完善治理结构和经营管理机制方面面临的主要难题是：如何正确处理国企领导体制中"新三会"与"老三会"的关系，真正做到这“六会”各司其职、协调配合，特别是党委会与董事会关系怎样合理定位、恰当处理，企业经营决策到底谁说了算、谁承担责任，如何更合理有效地发挥党的领导作用特别是政治领导和激励监督作用，实践证明，搞得好的中国国企都有一个好的党的领导班子，没有坚强的党的领导并建立一个好的领导班子，中国国企是很难搞好的；怎样正确处理党管干部和组织部任命与市场公开招聘高管这两种人事和薪酬制度不可避免地存在的矛盾和摩擦，真正做到两者的协调统一，否则国企高管难以心理平衡、齐心协力、协调配合；如何真正发挥职工的主人翁作用和民主监督作用，国企如果只是与私人企业一样，把职工只当成雇佣劳动者，不发挥职工主人翁的责任感、积极性和民主监督作用，是绝对搞不好的。即使是私人企业，假若不把人当人、完全不想办法调动职工的生产经营积极性，同样搞不好，更何况国有企业。

3. 国企现在需要的主要不是混改这样的所有制改革，而是国企内部的制度改革完善

以上对国企现在存在的问题及其原因的简短分析说明，这些问题的出现不是由于国有企业的公有制性质本身有缺陷造成的，不是主要是实行国家所有制或者全民所有制就不可避免地会产生这些问题，而是国企从领导体制到生产经营机制都还不健全完善造成的，也不是国企所有制没有多样化、没有实行股权多元化的结果。的确，混改和股权多元化对完善国企治理结构、发挥私人资本和职工的监督作用是有一定价值的，但不是主要的，即使实行了股权多元化，也不一定能够解决国有企业现在存在的问题，因为这些问题产生的原因主要不是所有制没有多样化、股权没有多元化。所以国企现在的问题不是所有制方面的问题，主要应该进行的不是所有制方面的改革，而是国企内部治理结构和经营管理机制的改革完善。混改主要是所有制改革，所以不应该是现在国企改革的主要内容。混改不仅不能保证做强做优做大国企，甚至有可能导致国企变小变差变弱。

而且比起非常困难、更加敏感而更加实在、需要花更大力气的国企内部制度的改革完善、内部治理结构和经营管理机制存在的难题的合理有效解决来说，混改更容易、更轻松，不用花很大力气，甚至可以"一卖了之""一股了之"，还能够从中捞好处！所以有的人更喜欢搞混改，不愿意改革完善企业内部制度。

4. 必须合理进行国有企业混合所有制改革

混改是现在中国国企改革既定的重要方面，也是有重要作用的，但是必须遵循以下原则和注意防止以下偏差：

(1)必须坚决杜绝无偿划拨转移、变相瓜分和内外勾结、稀释低估贱卖国有资产的现象，防止国有资产流失，否则，将违背混改的初衷。

(2)不能借口防止"一股独大"，使得国家丧失控股权，把国企实质上变成民企。在国企中国有资产必须必须坚持至少控股50%或者说保持控股地位，否则国企将失去控制权，可能导致变相私有化，使得国企不是做强做优做大而可能是变小变差变弱。

(3)合理合法保护社会资本和职工的权益，否则私人资本和职工会不愿意参与混改。国企混改必须保证社会资本和职工的合理合法权益，甚至需要适当让利，否则社会资本(私人私企资本、外资)和职工不会参与混改，但是让利也必须合理，不能让利过多，否则会损害国家和人民的利益。

(4)混改不能是简单地实行股权多元化、混合所有制就完事的，最重要的还是改革完善企业内部制度和生产经营机制。否则，同样不能实现混改的目的，甚至适得其反。

(5)混改决不能搞一刀切、刮风，只能从具体实际情况出发，真正有利于做强做优做大国有企业，就搞，否则，就不能搞。

什么是混合所有制经济？就是所有制多元化的经济，存在两个层次的混合所有制经济。从微观经济即单个企业或者说经济体来看，不是单一所有者而是多种所有者共同所有的所有者多元化的企业或者说经济体，而且这里的多种所有者必须是同时存在私人所有者和公有成分，如果多个所有者都是私有者或者都是公有者，就不是混合所有制企业或者说经济体，而是私有制或者公有制企业或者说经济体；从宏观经济或者说总体上看，就是所有制结构是由包括公有制经济、私有制经济和两者以各种方式结合而成的经济在内的多种经济成分在内的多元化所有制经济。由此可见，在贯彻落实中共十九大报告提出的“发展混合所有制经济”的方针时，还必须在毫不动摇地发展私有制经济的同时，毫不动摇地发展公有制经济，注意防止因为只关注发展混合所有制经济特别是私有制经济而忽视公有制经济的发展，以致公有制经济的比重继续下降。因为，只有这样，中国社会主义的公有制基础才能不断加强，而不是削弱。决不能把所有国企都搞成混合所有制、搞得社会主义的中国没有真正（完全意义上）的国有企业了！

疑难问题 8

如何正确认识和应对中国现在亿万富豪世界排名第一？

分析评价现阶段中国财富和收入分配差距过大、劳动收入比重偏低的现象及其原因和危害，探讨合理有效的应对之策，指出主要应该是转变发展方式、优化经济结构、实现产业价值链升级、完善国有企业制度、发展公有制经济、健全市场机制、实行国家调节、克服市场失灵、改革完善分配制度、节制资本、搞好全民教育、健全社会保障和救助、完成和稳固精准扶贫和脱贫、持之以恒地反腐败等多管齐下，强调中国现在应该重点做好分好“蛋糕”、不能“均贫富”，但是需要“节制资本”，说明社会主义市场经济中私有制和市场机制优胜劣汰必然导致贫富差距扩大与社会主义最终要消灭剥削和走向共同富裕的矛盾及其合理有效解决。

据报道，2018胡润富豪榜：中国亿万富豪人数连续三年力压美国居首，以819位亿万富豪连续第三年把美国（571人）甩在身后，而且增长速度也是全世界第一。胡润说："中国正在经历一个惊人的创业时期，增加了210个亿万富豪。"[①]虽然2018年《福布斯》全球亿万富豪排行榜前100名富豪中，中国内地只有10名，但是数量也只是仅次于美国，居世界第二位，而且新上榜富豪最多。[②] 根据中华人民共和国国家统计局2018年2月28日发布的《中华人民共和国2017年国民经济和社会发展统计公报》的数据，按照每人每年2300元（2010年不变价）的农村贫困标准计算，2017年年末农村贫困人口还有3046万人，而且城市也有贫困人口。此外，劳动收入比重偏低也是公认的事实。尽管现在对国际上通用的衡量一个国家或地区居民收入差距的常用指标"基尼系数"中国到底是多少，国内外是众说纷纭、莫衷一是，但是仅依据上述这些统计数据就可以判断，中国现在的财富和收入分配差距已经不仅是扩大而且是过大了。那么，究竟应该如何研判这种差距、其原因和危害是什么、怎样合理有效应对呢？这是中国现在面临的一个最敏感也最尖锐突出而且争论激烈、分歧严重的重大疑难问题，也是一个广大人民群众都知道或者感觉得到的客观事实，是不能害怕、否认、回避、隐瞒的，更不能视而不见、听之任之、不敢触碰、知难而退、等待观望、消极应付，必须实事求是、勇于面对、深入分析研究、正确认识判定、逐步稳妥地采取恰当措施、切实合理有效解决。

一、中国现在是否出现贫富两极分化？

改革开放以来，在收入分配上中国贯彻邓小平让一部分人先富起来的战略方针，有效地克服了平均主义的偏差，调动了各个方面的积极性，极大地推动了经济的发展，但是邓小平也曾经明确地指出，"我们允许一

① 资料来源：胡润研究院2018年2月28日发布的《2018胡润全球富豪榜》。

② 资料来源：2018年《福布斯》全球亿万富豪排行榜，中国新闻网，2018年3月7日。

部分人先好起来，一部分地区先好起来，目的是更快地实现共同富裕。正因为如此，所以我们的政策是不使社会导致两极分化，就是说，不会导致富的越富，贫的越贫。坦率地说，我们不会允许产生新的资产阶级”。①还说“社会主义的目的就是要全国人民共同富裕，不是两极分化。如果我们的政策导致两极分化，我们就失败了；如果产生了什么新的资产阶级，那我们就真是走了邪路了”。②

现在中国出现了数以百计的亿万富翁和数以千万计的贫困人口并存的现象，能不能以此断定中国已经出现了贫富两极分化、形成了新的资产阶级、改革失败了呢？笔者认为现在还不能作出这种结论。因为，虽然中国现在财产和收入分配的差距已经相当大了，但是土地、矿藏、水流、森林、山岭、草原、荒地、滩涂等自然资源都属于国家所有和集体公有，公有制经济还在国民经济中占有相当的比重、掌握着国家的经济命脉、还发挥着主导作用，全体人民都是公有制经济的所有者，即使是被私有制企业雇佣的职工也不是完全的无产者，中国农民没有分化成两大对立的阶级，城市居民也没有分化成资产阶级和无产阶级两大完全对立的阶级，即使是私有制经济也还要在社会主义经济政治制度的约束下从事生产经营活动、服务于整个国家的经济发展；从经济发展和人民生活的普遍改善来看，改革不仅没有失败，相反取得了世界公认的惊人成就，城乡贫困人口由好几亿大幅度减少到只有几千万，即使地区、家庭、个人的差别有所扩大，但是总体水平都有了极大的提高。

当然，也必须清醒地认识到，如果公有制经济的比重继续不断下降，财产和收入的差距继续扩大下去，就非常危险了，就有可能出现严重的贫富两极分化、形成新的资产阶级和无产阶级、社会主义制度就可能演变成资本主义制度，以完善社会主义制度为目标的中国社会主义性质的改革自然也就会变质和失败。这种危险发生的可能性是中国现在特别需要警惕和防止的，这正是习近平同志和党中央现在特别强调要做强做

① 邓小平：《邓小平文选》第三卷，北京：人民出版社，1993年，第172页。
② 邓小平：《邓小平文选》第三卷，北京：人民出版社，1993年，第111页。

优做大公有制经济、下定决心花大力气精准扶贫脱贫、增加劳动者收入、让发展成果共享的根本原因。

二、中国财产和收入差距扩大的原因和利弊到底是什么？

合理有效缩小财产和收入差距，首先必须弄清改革开放以来中国财产和收入差距扩大以至过大的原因和利弊得失，只有这样，才能真正对症下药、药到病除，而且没有或者少发生副作用。

1. 中国财产和收入差距扩大的原因

改革开放以来，中国财产和收入差距扩大的原因，是中国经济学界特别关注的热点问题，发表了大量论著、提出了多种不同的看法。其中，大部分是符合实际的、正确的，但是都不全面，也有的还不准确。

比如，刘国光研究员认为，"私有制经济超前发展的势头一直延续下去，'到一定的时候问题就会出来'，'两极分化自然出现'"。[①] 他还明确指出，"我国贫富差距的扩大，除了前述的一系列重要原因外，跟所有制结构的变化、跟公降私升、跟化公为私的私有化和过度市场化过程有着解不开的紧密联系，这已经是不争的事实"。[②] 而吴敬琏研究员则不同意"认为市场经济是当前贫富分化加剧主要根源的观点"，提出，"事实证明，目前中国社会中存在的贫富悬殊问题，主要是由于机会不平等造成的，其中首要因素是腐败""正是因为国家部门的强化使腐败和不公愈演愈烈"。[③] 笔者觉得，刘国光研究员的看法更符合实际，因为亿万富翁排行榜中的中国亿万富翁都是私营企业主；吴敬琏研究员的观点可能不准确，因为亿万富翁排行榜中没有国家官员和国有企业高管，即使国家部

---

① 刘国光：《关于社会主义初级阶段基本经济制度若干问题的思考》，载《经济学动态》，2011 年第 7 期。

② 刘国光：《关于中国社会主义政治经济学的若干问题》，载《45 位著名经济学家纵论政治经济学》，北京：中国社会科学出版社，2016 年，第 19 页。

③ 吴敬琏、马国川：《重启改革议程——中国经济改革二十讲》，北京：生活、读书、新知三联书店，2013 年，第 289～291 页。

门和国有企业的腐败分子或者说“贪官”中可能实际上也有亿万富翁，那也不能说中国现在的“贫富悬殊”主要是由包括国有企业在内的国家部门及其腐败造成的。而且没有数据证明中国“贪官”中的亿万富翁比亿万富翁排行榜中亿万富翁还要多。

总结归纳各种不同的观点，笔者认为导致改革开放以来中国财产和收入差距扩大的原因是极其复杂多样的，主要有：私有制经济的快速发展和比重的大幅度提高，使得少部分人积累起巨大的财富，成为亿万富翁，是财产和收入差距扩大以至过大的最重要的原因；市场调节分配、市场竞争优胜劣汰、垄断和不正当竞争、通过炒房、炒股、炒外汇等各种炒买炒卖暴富，是财产和收入差距扩大以至过大的重要原因；实行包括按资分配在内的多种分配方式、让一部分人先富起来的收入分配政策，也是财产和收入差距扩大的重要因素；劳动力总体素质不高、充足价廉，资本严重短缺、享受各种优惠补贴、回报高，是劳动收入偏低、资本收入偏高的重要因素；经济发展方式不科学、产业结构不合理、处于世界产业价值链的低端，使得经济效益不高，主要只能赚取较低的加工费，是收入低特别是工薪收入偏低的重要原因；贪官污吏通过利用国企改革和发展市场经济、对外开放之机，以权谋私、权钱交易、行贿受贿、贪污国有资产、化公为私等途径谋取暴利，因此腐败也是造成贫富差距扩大特别是过大的重要原因。

从以上关于中国财产和收入差距扩大以至过大的原因的简略归纳说明中可见，社会主义市场经济中存在的私有制经济和市场机制优胜劣汰必然导致贫富差距扩大与社会主义最终要消灭剥削和走向共同富裕是存在矛盾的，这是社会主义市场经济发展面临的一个重大难题，必须合理有效解决，才能真正缩小贫富差距、逐步走向共同富裕。

2. 中国财产和收入差距扩大的利弊

实事求是地说，财产和收入差距扩大有利有弊，不是有利无害，也不是有百害而无一利。改革开放以来，中国贯彻了让部分人和部分地区先富起来的战略方针，发展了非公有制经济，实行了多种分配方式，拉开了财产和收入分配上的差距，有效地克服了平均主义带来的弊病，充分调动了各方面的积极性，极大地推动了经济的发展，这是客观存在、不能否定的事实。这是适当扩大财产和收入差距的积极作用，说明在一定程度上存在财产和收入差距是有利的。但是，财产和收入差距过大，特别是劳动收入偏低，又是极其有害的。

财产和收入差距过大的危害，人们更多地看到的是差距过大会导致心理不平衡，引起老百姓的不满，从而不利于社会和谐稳定。这种看法并不错，但是不全面。实际上，收入差距扩大特别是过大，不仅是社会稳定问题，更是经济发展问题；不仅可能造成社会动荡，而且会减弱经济增长的动力，甚至导致经济危机的发生。这不是危言耸听，而是经济学早已揭示的并且被世界经济发展的实践一再证明的客观经济规律。

2008年由美国次贷危机引发的世界金融和经济危机，其深层次的原因主要不是金融家的贪婪、金融监管的缺失、虚拟经济的膨胀、美国的过度消费模式，而是美国近年来的收入差距扩大。20世纪90年代在信息化的推动下，美国出现了历史上极为罕见的所谓"三低一高"（低通货膨胀、低失业率、低财政赤字和高增长）的"新经济"。进入新世纪，信息化的推动作用大大减弱，美国经济出现衰退。美国把房地产作为新的经济增长点，希望通过房地产业的发展带动整个经济的增长。但是，由于收入差距的扩大，劳动者有购买力的需求不足，许多普通劳动者买不起房，为了扩大房地产的市场需求、刺激经济增长，采用了次贷的方式。美国政府提供担保、支持次贷、鼓励住房消费、刺激房地产业发展，是这次危机发生的重要直接原因之一，但美国政府为什么要这样做呢？最根本的原因不就是美国劳动者的收入不足以满足住房消费的需求，政府为了刺激经济增长才采用支持次贷的方式以扩大市场需求的吗！连美国著名经济学家、诺贝尔经济学奖获得者克鲁格曼在危机发生后，写给美国总统奥巴马的建议信中，都认为收入差距扩大是危机发生的重要原因。

财产和收入差距过大，特别是劳动收入偏低，主要有以下多重危害：

首先，劳动收入的比重偏低，使得广大劳动者的消费很难增加，这是造成内需不足、扩大不易的主要原因，大大减弱了经济增长的动力。而且，劳动收入的比重偏低，还会严重挫伤劳动者的积极主动性，也是导致“民工荒”发生的重要原因，也不利于推动经济增长。

其次，劳动收入偏低也就是劳动力成本偏低，还可能导致技术进步的紧迫感和动力不足、有购买力的消费需求难以扩大，从而严重妨碍经济发展方式转变和经济结构的调整优化，使得主要依靠低劳动力成本、数量扩张、规模取胜，出口和投资推动经济增长的方式不易转变为主要依靠技术进步、质量效益取胜，消费、投资、出口协调推动经济增长的方式。

再次，劳动收入比重偏低、收入分配不公、贫富差距扩大，可能导致贫富两极分化，违背社会主义必须走向共同富裕的本质要求，难以实现社会公平正义，使得少数人过上奢侈腐化的生活，败坏社会风气，导致奢靡之风滋生蔓延（中国还是发展中国家，却成了世界第二大奢侈品市场），产生“仇富”心理，影响劳动者对社会主义制度的认同感，使得劳资冲突不断、引起广大人民群众的强烈不满，成为突发群体事件的诱因，增加社会维稳成本，有害于维护社会和谐稳定。而且维稳成本增加必然相对减少经济社会发展的投入，也不利于推动经济社会发展。

中国现在已经由以解决温饱问题为主的生存型发展阶段进入以实现全面小康和富足为目标的发展型发展阶段，由拉开收入差距、让部分人先富起来迈向缩小收入差距、让发展成果共享的阶段，必须合理增加普通劳动者特别是弱势群体的收入，缩小收入差距，避免“低收入→低消费、低教育投入→低素质、低技能→低收入”的恶性循环，尽快进入“较高收入→较高消费、较高教育投入→素质和技能较快提高→高收入”的良性循环。

三、中国现在缩小财产和收入差距的合理有效途径

邓小平 1992 年在视察南方的谈话中指出：“走社会主义道路，就是

要逐步实现共同富裕。共同富裕的构想是这样提出来的：一部分地区有条件先发展起来，一部分地区发展慢点，先发展起来的地区带动后发展的地区，最终达到共同富裕。如果富的愈来愈富，穷的愈来愈穷，两极分化就会产生，而社会主义制度就应该而且能够避免两极分化。解决的办法之一，就是先富起来的地区多交点利税，支持贫困地区的发展。当然，太早这样办也不行，现在不能削弱发达地区的活力，也不能鼓励'吃大锅饭'。什么时候突出地提出和解决这个问题，在什么基础上提出和解决这个问题，要研究。可以设想，在本世纪末达到小康水平的时候，就要突出地提出和解决这个问题。"[①]虽然不能说中国现在已经出现了"导致两极分化因而改革失败了"的局面，但是贫富差距的确也够大了，造成了劳动收入偏低、内需不足且难以扩大、严重挫伤劳动者生产经营积极性、使得劳资冲突不断、经济增长的动力减弱、无法维持社会稳定、难以实现社会公平正义和社会主义共同富裕的本质要求等多重危害，中国现在已经到了由让一部分人、一部分地区先富起来转向着力解决贫富差距、逐步实现共同富裕的时候了。必须在收入分配上把效率优先、让一部分人、一部分地区先富起来的战略调整为兼顾公平和效率、合理缩小贫富差距、共享发展成果的战略。

由于中国现在的贫富差距是由多方面的原因造成的，所以实行合理缩小贫富差距、逐步走向共同富裕的新战略，必须对症下药、多管齐下、综合治理，主要应该采取以下战略措施：

1. 深入研究公有制经济发展面临的困难和问题及其产生的原因，改革创新相关制度，真正做强做优做大公有制经济，为缩小贫富差距、逐步走向共同富裕提供坚实的经济基础，并且在继续毫不动摇发展非公有制经济的同时加强对私有制经济的引导和必要的管理，降低私有制经济发展可能产生贫富两极分化的影响；

2. 健全市场体系、完善市场机制，加强市场监管、规范市场行为，防

① 邓小平：《邓小平文选》第三卷，北京：人民出版社，1993年，第373～374页。

止垄断和不正当竞争，缓解市场失灵、竞争优胜劣汰可能带来的贫富两极分化；

3. 调整优化产业结构，加快高新技术产业发展、农业现代化和经济服务化的步伐，力争进入世界产业价值链高端，提高效率，增加收入，为收入分配合理化提供有利条件；

4. 切实转变发展方式，由主要依靠投资和出口推动转向主要依靠创新和扩大内需驱动，降低成本和消耗，节约高效利用资源，提高经济效益，也为收入分配合理化创造有利条件；

5. 保持经济中高速增长，千方百计增加就业机会，特别是采取多种措施让低收入家庭成员增加就业，为收入分配合理化创造有利条件。

6. 调整偏向资本、城市、强势群体、发达地区的差别性政策，实行工业反哺农业、城市支持农村、东部支援中西部的方针，积极稳妥推进新型城镇化，缩小劳资、工农、城乡、地区差别；

7. 完善现代企业制度，优化公司治理结构，降低生产经营成本，增加收入，恰当调整高管的过高收入，收入分配合理向职工倾斜，适当提高工薪收入；

8. 下决心有效改革收入分配制度，切实兼顾公平和效率，坚决取缔非法收入，保护合法收入，提高过低收入，调节过高收入，扩大中等收入比重，特别要节制资本、注重在国家、开发商和失地农民之间合理分配和使用土地增值收益；

9. 合理开征包括财产税、遗产税、房产税、财产收益税、累进所得税在内的各种收入和财产调节税，适当增加对弱势群体和落后地区的转移支付和扶持帮助，加大扶贫脱贫的力度，并且切实有效防止返贫，适当减轻企业和工薪阶层的税收负担，鼓励投资并且使得低利企业有条件提高职工工资，增加工薪阶层的实际收入；

10. 增加教育和研发投入，改革完善教育制度和包括保护知识产权在内的科学技术进步制度，大力发展各级各类教育事业，特别是加强职业教育、岗位培训，优化教育结构，提高教育质量和教育投资效率，提高国民素质，增强劳动力就业和创新的能力，为创新创业、科学技术进步、经济结构优化、发展方式转变提供必要的有利条件，进而提高劳动生产率和经济效益、增加劳动收入；

11. 切实转变政府职能，加强民主法治建设和监督约束，坚持标本兼治、持续高压反腐，减少不合理的等级特权，降低行政成本，提高行政效率，减少由于特权等级和腐败造成的财富和收入差别甚至暴富；

12. 加快社会保障制度改革步伐，建立健全城乡统一、公平合理的社会保障制度，努力实现公共服务和社会福利的均等化，解除劳动力的后顾之忧，缓解贫富差距。

财产和收入差距过大、居民劳动收入占国民总收入比重偏低，是中国现在面临的突出问题，也是非常严峻的要害问题，中国正在下决心努力解决。必须清醒地认识到的是，由于调节收入分配、缩小贫富差距涉及每个社会成员的切身利益，提高低收入容易、讨人喜欢，调节高收入困难、得罪人，特别是会遭到既得利益者的反对，是一个敏感、棘手、阻力最大的难题，弄得不好可能犯颠覆性错误、造成严重的社会动荡，所以必须坚持顶层设计、长期规划、积极稳妥、量力而行、坚定合理、分步实施。

四、中国现在应该重点做好、分好“蛋糕”

2010 年前后，中国出现了做大、分好“蛋糕”的热烈讨论，有的强调现在重点应该是分好“蛋糕”，因为共同富裕是社会主义的本质要求，现在收入差距过大，分好“蛋糕”的问题更突出，只有分好“蛋糕”，才能更好地做大“蛋糕”；有的坚持认为中国现在重点仍然是做大“蛋糕”，因为发展是硬道理、是“第一要务”，只有做大“蛋糕”，才能谈得上分好“蛋糕”；还有学者提出做大与分好蛋糕是辩证统一的关系，因为生产决定分配、分配反作用于生产是经济学的基本原理，做大、分好“蛋糕”都是社会主义本质的要求和体现，两者应该统一起来，但两者并不是天然统一的或者说自然而然统一的，所以必须在做大“蛋糕”的同时注意分好“蛋糕”，两者都要重视，都不可轻视[①]。

需要补充说明的是，的确应该在做大蛋糕的同时也分好“蛋糕”，但在不同情况下，关注的重点应该有所不同。在一般情况下，特别是当“蛋糕”严重不足时，首先、重点是做大“蛋糕”；当“蛋糕”分配不公，严重影响“蛋糕”继续做大时，重点应是分好“蛋糕”。

近年来，从发达国家到发展中国家，从欧美国家到北非、中东国家，之所以动荡不已，其主要原因都不是做大“蛋糕”的问题，而是分好“蛋糕”的问题。

笔者认为，在做大、分好“蛋糕”的讨论中，还忽略了一个重要问题，就是在做大、分好“蛋糕”的同时，还必须做好“蛋糕”！因为做大“蛋糕”只能更多地满足广大人民群众的需要，只有做好“蛋糕”，才能更好地满足广大人民群众的需要。不能根据发展是硬道理、是“第一要务”，就认为做大“蛋糕”永远是第一位的、最重要的，因为做大“蛋糕”只是经济增长，而发展不等于增长，增长只是发展的一个重要方面，发展还包括结构的改善、社会公平的实现、生活质量的提高，也就是包括做好、分好“蛋糕”。

如果说改革开放以来的重点是做大“蛋糕”，那么现阶段的重点应该是做好、分好“蛋糕”。因为，中国现在的“蛋糕”质量问题和分配不公问题特别突出。假冒伪劣商品充斥市场，严重威胁人们的身体健康、生命安全，尤其是食品医药的安全形势严峻，米面油、肉蛋奶、蔬菜、水果都出现问题，现在好像吃什么都不放心！“蛋糕”的质量问题严重影响到经济增长的质量和人民生活的质量。“蛋糕”的分配不公，即收入差距扩大、贫富高低悬殊、劳动收入比重过低、发展成果不能较好地共享，导致内需不足、扩大不易，严重挫伤劳动者积极性，使得增长的动力减弱，公平正义难以实现，社会稳定难以维持，维稳开支大幅度增长，极不利于做大“蛋糕”。所以说，中国现在需要在继续做大“蛋糕”的同时，重点是做好、分好“蛋糕”！

① 卫兴华：《做大蛋糕与分好蛋糕是辩证统一的》，载《人民日报》，2011 年 10 月 11 日。

五、中国现在不能“均贫富”，但是必须“节制资本”[①]

近年来，中国的财富和收入分配不平等问题比较突出：贫富差距扩大，工薪收入比重过低，而且是造成近些年内需不足、扩大不易、导致经济增长动力减弱的主要原因之一；劳资矛盾成为中国现在的重要社会矛盾之一，劳资关系方面的问题层出不穷（工资低、拖欠克扣工资现象严重、工伤事故不断发生是突出表现，最典型的是富士康连续发生的十几起职工跳楼事件），劳资纠纷或劳资冲突时有发生（罢工、职工围困伤害老板）。有人据此提出中国经济改革要考虑均贫富了。[②] 笔者认为，中国现在不能“均贫富”，但是需要“节制资本”。[③] 在看了约瑟夫·斯蒂格利茨的《不平等的代价》、保罗·克鲁格曼的《美国怎么了——一个自由主义者的良知》、乔·史塔威尔的《亚洲教父——香港、东南亚的金钱和权力》、托马斯·皮凯蒂的《21 世纪资本论》以及孙中山的《三民主义》后，颇受启发，更加感到中国现在节制资本，缩小贫富差距的必要性和重要性。

1. 节制资本、缩小贫富差距是世界的普遍要求

上述 3 位美国、1 位法国著名经济学家，虽然都是不赞同马克思主义经济学的西方学者，但他们都依据大量的事实和数据证明，西方国家尤其是美国，财富和收入分配的不平等现象都在扩大，这种加剧的不平等正是 2008 年美国次贷危机引发的世界金融危机和经济危机、美国“占领华尔街”以及欧洲国家类似事件发生的主要原因之一，而不平等加剧的主要原因则是政府偏向资本的政策和资本力量的加强；他们都对以收入分配应该市场化、由供求竞争决定、不能限制资本和袒护劳工、收入平等

---

① 简新华：《节制资本，缩小贫富差距》，载《当代经济研究》，2015 年第 5 期。

② 黄树东：《经济改革该考虑均贫富了》，载《环球时报》，2011 年 8 月 2 日。

③ 简新华：《让广大人民群众共享发展成果》，载《中国社会科学报》，2011 年 9 月 13 日。

会牺牲经济效率为主要内容的偏向资本或站在资本立场上的西方传统主流的收入分配理论提出了疑问;他们都主张政府应该调整偏向资本的政策,实行节制资本、保护劳工的政策,缩小贫富差距和不平等。

约瑟夫·斯蒂格利茨在《不平等的代价》中提出,个人追求私利、竞争的力量、收入不平等对投资和创新的激励等,不仅没有像传统经济学所说的那样带来更多的经济增长,相反却加剧了收入不平等、环境污染、失业等现象。他指出,"现代经济学之父亚当.斯密提出,个人追求私利会增加所有人的福利,在这过程中好像有一只'看不见的手'在起作用。在金融危机余波尚存的今天,没有人会说银行家追求私利增加了所有人的福利""在过去30年里,经济学有一个习以为常的观念是灵活的劳动力市场促进经济增长。与此相反,笔者认为强有力的工人保护会纠正经济势力的失衡。这类保护能造就高质量的劳动力队伍,工人们对其公司会更加忠诚并且更愿意对自身和对工作投资,也能营造更有凝聚力的社会和更好的工作场所"。传统经济学认为"给上层群体更多的钱会有益于每一个人""正如我们已经看到的,高度的不平等并没有带来更多的经济增长……聚集到上层群体的财富是以牺牲下层群体为代价的""相互竞争的力量本该可以限制高管人员的超高薪酬,然而在现代公司中,CEO大权在握——包括有权决定他自己的薪酬""金融危机给予了人们一种新认识:我们的经济体制不但没效率、不稳定,而且根本不公平""资本主义不但没有实现诺言,反倒造成了一系列始料不及的结果——不平等、污染、失业。最严重的是,价值观堕落到了极点:什么都可以做而且不会被追究责任"。[①]

斯蒂格利茨认为,出路是对经济和政治进行改革,遏制上层群体的过度行为,减少寻租并创造公平的竞争环境,约束金融界,更严厉有效地执行竞争法规,改善公司治理——尤其是限制CEO把大量企业资源转入自己口袋的权力,全面改革破产法——从对金融衍生品的处理到贬值

---

① [美]约瑟夫·斯蒂格利茨:《不平等的代价》,北京:机械出版社,2014年,第30、59、7、7、29、Ⅹ、ⅩⅢ页。

的住宅再到助学贷款，终止政府的慷慨给予——无论是对公共资产的处置还是在政府采购方面，终止公司福利——包括隐性补贴，改革法律——民主化司法程序并减少打官司，改革税制，创造一种累进的收入税和公司税制度——减少漏洞，创造一种更有效的并且能有效执行的遗产税收制度，避免新寡头统治的形成，帮助普通民众，提高受教育机会，帮助普通美国人省钱，实行面向所有人的医疗保障，加强其他社会保障项目，管理全球化，恢复并保持充分就业，保持伴随平等的充分就业的财政政策，纠正贸易失衡，实行积极的劳动力市场政策及改善的社会保护，建立新型社会契约，支持工人和公民的集体行动，消除遗留下来的歧视，恢复可持续和公平的增长，保持公共投资的增长，重新定向投资和创新——保护就业和环境等。这些主张，虽然不能从根本上消除美国存在的贫富高低悬殊、两极分化现象，但多少还是能够缓解美国严重的不平等现象，对我们在市场经济条件下节制资本有一定的参考和借鉴作用。

保罗·克鲁格曼在《美国怎么了——一个自由主义者的良知》中也认为，对富人征税、补贴穷人、保护劳工等平等化政策，也就是节制资本的政策，并不是像通常经济学理论所说的那样会抑制经济发展，相反会带来经济繁荣。他指出，“通常的经济学理论告诉我们，挑战供需规律的做法一般行不通”“对富人征税、提供社会保障与失业补贴、强化工人谈判权会破坏经济”是流行的观点，但是“事情的发展绝不会是这样的”。对罗斯福新政，“许多人都断言，如此激进的平等化政策将破坏奖励机制，令经济一蹶不振。高利润税将导致商业投资崩溃；对高收入者征收高所得税将导致创业精神萎靡，个体创造力匮乏；强大的工会将提出过度的涨薪要求，导致大规模失业，抑制生产力的提高”“但事实是，激进的收入平等化让人们联想到的种种恶果，在第二次世界大战后其实一个也没有发生。相反‘大压缩’（新政）使收入均衡保持了三十多年之久。而平等的时代也是空前的繁荣时代，一个我们从未能重现的时代”“发生了美国历史上最伟大的持续性经济繁荣”“高管收入决定因素的理想化模型”认为争夺管理者的“竞争的结果就是，每个管理者的薪酬都反映其素质”。但是实际上“管理者的薪酬与基本的供需力量的联系没有那么紧密，而是大大受制于社会规范与政治权力的变化”“它与经济学的基本理论相差实在太大了”“CEO变成了摇滚明星”“就算公司董事会确实认定，雇佣明星经理人是正确的做法，它也不需要以畸高的薪水吸引那些名人”“高管其实是在为自己制定工资”“高管薪酬过高可能影响团队士气，或是引发劳资纠纷”“过去三十年间美国经济增长的最大成果落入了一小群富人的腰包，而且集中程度非常高，以至于都无法清楚判断，普通家庭有没有从科技进步及其带来的生产效率的提高中获取一丁点利益”。克鲁格曼主张，“为了美国，他们应当实施一项坚定的自由主义计划（非经济自由主义，引者注），扩大社会安全保障覆盖面，缩小贫富差距，也就是要发动一场新的‘新政’”。[①]“罗斯福新政”和克鲁格曼主张的“新的‘新政’”，实际上都是节制资本的新政策。以上两位获得诺贝尔经济学奖的美国经济学家都论证了美国和西方国家节制资本的必要性，值得我们深思。

乔·史塔威尔的《亚洲教父——香港、东南亚的金钱和权力》也论证了东亚贫富差距的严重性、危害性以及节制资本的必要性，他认为，“大亨们在会议和媒体中大肆赞美他们自己为东南亚经济繁华所作出的贡献，实际上，真正使东南亚繁华起来的是加工厂里的组装个人（大部分是女性）”。亚洲教父们不是通过“开发技术能力、创造品牌企业、提高生产效率”致富，而是通过与政治权贵结成联盟，取得“垄断性的特许经营权”“攫取巨额财富”。他指出“香港与东南亚其他国家和地区一样，至今还是一个非常不公平的地方。最富的商人之所以富裕是因为卡特尔和垄断，而老百姓支付着被人为控制的极高的价格，却只得到了极差的服务，都是因为那些同样限制性的安排。拥有巨大财富的大亨阶层不用交税，因为他们的收入来自免税的分红；相反，没有最低工资保障的工薪阶层（这在富裕国家是绝无仅有的）却要承担食物、电、汽油、银行服务、房地

① [美]保罗·克鲁格曼:《美国怎么了——一个自由主义者的良知》，北京：中信出版社，2008年，第39、46、46、39、46、108、109、110、109、110、109、187、9页。

产等一切价格的飞涨”[①]。这是东南亚模式不如东北亚模式的重要原因，东南亚经济要真正实现繁荣发达，必须改变政府倾向资本（富豪大亨）的政策，限制特许垄断经营及其暴利。

托马斯·皮凯蒂在《21世纪资本论》中通过对大量长期的相关历史数据的分析，得出资本主义历史上长期存在财富和收入分配不平等的结论，提出“在财富积累和分配的过程中，存在着一系列将社会推向两极分化或至少是不平等的强大力量”。[②] 正如保罗·克鲁格曼在评价《21世纪资本论》时说的：“保守派坚持认为，我们生活在一个靠才能就能成功的时代，富人的巨额财富都是赚来的，也都是应得的。但皮凯蒂（《21世纪资本论》作者）阐明，富人的大部分收入并非来源于他们的工作，而是来自他们拥有的财产。”[③]皮凯蒂强调“必须建立一整套公共机制，使资本为整体利益服务”，建议实行累进式收入税和累进式财产税、加强国际合作、防止资本外逃等政策措施，以缓和不平等。尤其值得我们关注的是皮凯蒂在中文版序言中的论断，虽然他认为“中国是一个极大的特例，因为眼下在中国，公共资本似乎占国民资本的一半左右（据估算约占1/3～1/2）。如果公共资本能够保证更均等地分配资本所创造的财富及其赋予的经济权力，这样高的公共资本比例可以促进中国模式的构想——结构上更加平等、面对私人利益更加注重保护公共福利的模式。中国可能在21世界初的现在最终找到了公共资本和私人资本之间的良好妥协与平衡，实现真正的公私混合所有制经济”“中国原则上可以凭借强有力的中央统一领导体制和高层领导者的反腐和促进公益的决心贯彻累进税制，免于游说集团的压力和竞选政治献金带来的束缚”，但同时他也指出，“尽管经济增长与趋同的速度令人惊叹，不能因此忘记贫富不均问题在发达国家和中国都存在，而且在未来数十年里中国存在的不平等问题

---

① [美]乔·史塔威尔：《亚洲教父——香港、东南亚的金钱和权力》，上海：复旦大学出版社，2011年，第41、3、218页。

② [法]托马斯·皮凯蒂：《21世纪资本论》，北京：中信出版社，2014年，第28页。

③ [美]保罗·克鲁格曼：《皮凯蒂新书引起的恐慌》，载《纽约时报》，2014年4月25日，转引自 http//article. Yeeyan. org.

会日趋突显，因为经济增长终究会不可避免地放慢”“公共资产——至少以传统的国有形式存在的公共资产——有时候既没有带来效率也没有带来公平，更没有带来权力的民主分享，甚至在某些情况下被所谓公产管理者挪用和不法占用。在中国，尽管与前苏联国家相比，做法没有那么极端，速度也没有那么快，但公共资本转为私人资本的进程已经开始，合理的理由是为了提高经济效率，有时却让个别人借此暴富。中国也出现了越来越多的寡头”。[①] 皮凯蒂虽然只是通过历史数据的分析证明了资本主义历史上长期存在财富和收入分配的不平等现象，没有像马克思那样深入分析资本主义不平等产生的制度根源，但同样也证明了资本主义制度下节制资本的必要性和重要性，而且对中国的相关看法和建议也是值得我们借鉴的。

埃及、利比亚、叙利亚等中东和北非国家发生的号称为“某某之春”的所谓“季节革命”，乌克兰等东欧国家发生的所谓“颜色革命”，虽然与以美国为首的西方国家竭力鼓动、推行“美国民主模式”有关，但内因是决定性的，其原因主要都是本国独裁者及其家族、少数腐败官员和暴发户掌握大量的财富资本，造成严重的贫富两极分化、高低悬殊，引起广大人民群众的强烈不满。从这些所谓“革命”到目前为止的结局来看，这些没有坚强有力领导、缺乏明确合理纲领、自发盲目的所谓“革命”，结果都是不仅解决不了财富收入分配不平等、贫富高低悬殊的问题，而且造成天下大乱、战乱不已、民不聊生、甚至天天都有死伤！笔者认为，第二次世界大战以后世界各国经济发展的成功经验和失败教训均表明，当今世界的发展中国家要走向发达繁荣、发展成果共享，都必须发挥资本的作用、发展市场经济，因此出路主要应该是进行合理渐进的政治经济制度改革、促进市场经济的发展、既更好地发挥市场和资本的积极作用又合理限制市场和资本的消极作用、兼顾效率和公平、防止贫富两极分化、高低悬殊，除了出现万不得已、被迫无奈的情况之外，尽量不要采取激进暴

---

① [法]托马斯·皮凯蒂：《21世纪资本论》，北京：中信出版社，2014年，第XⅦ、XⅪ、XⅥ、XⅧ页。

烈的行动、进行推翻政府、消灭独裁者和资本的所谓暴力“革命”,因为这样的结果往往可能是事与愿违、适得其反。

以上研究和实际情况说明,财富和收入分配的不平等加剧是当今世界的普遍现象,调整国家偏向资本的政策、通过节制资本以缩小贫富差距和不平等、促进经济发展、维持社会稳定也是包括西方国家在内的世界的普遍要求。实际上,中国也不例外。

2. 孙中山先生“平均地权、节制资本”的重要思想

“平均地权、节制资本”是中国民主革命的先驱孙中山先生提出来的解决中国民生问题的基本方针,他在《三民主义》中系统论述的思想是,中国的社会问题“就是大家所受贫穷的痛苦”,即民生问题,所以必须“以民生为重”“民生就是社会一切活动中的原动力”,解决民生问题就是要改变“普遍的贫”,全国人民怎样才能摆脱“贫穷的痛苦”,中国有两个潜在的巨大财源,即土地工商业利用产生的增值涨价收益和发展交通、矿产和工业产生的资本增值收益,但是土地涨价收益如果完全归地主(归私)、资本增值收益主要归私人资本,不仅不能消除“普遍的贫”,甚至会导致“社会贫富不均的大毛病”,所以孙中山先生明确指出“我们国民党的民生主义,目的就是要把社会上的财源弄到平均。所以民生主义就是社会主义,也就是共产主义,不过方法各有不同”“国民党对于民生主义定了两个办法:第一是平均地权、第二是节制资本。只要按照这两个办法,便可以解决中国的民生问题”。

孙中山先生的“平均地权”“就是政府照地价收税和照地价收买”,土地“涨价归公”“因为地价涨高,是由于社会改良和工商业进步”,“推到这种进步和改良的功劳,还是由众人的力量经营而来的;所以这种改良和进步之后所涨高的地价,应该归之大众,不应该归之私人所有”“如果是照地价收税,政府每年便有一宗很大的收入。政府有了大宗的收入,行政经费便有着落,便可以整理地方”,减轻人民特别是穷人太重的税负,就能够进行基础设施建设、提供公共品和公共服务,有助于改变人民大众的贫穷状况。这应该是中国最早的宝贵的“土地财政”思想,值得持全盘否定中国现在的“土地财政”的必要性、合理性和重要作用这一观点的学者深思。为突出“节制资本”的主题，这里不展开论述“平均地权”和“土地财政”问题，本书后面相关部分将有进一步说明。

孙中山先生的“节制资本”，是包括征收所得税在内的限制私人资本的措施，他特别强调中国“要解决民生问题，一定要发达资本、振兴实业”“单靠节制资本的办法是不足的”“必须加以制造国家资本，才可以解决之”“何谓制造国家资本呢？就是发展国家实业也”“要赶快用国家的力量来振兴工业，用机器来生产，令全国的工人都有工作”“如果不用国家的力量来经营，任由中国私人或者外国商人来经营，将来的结果也不过是私人的资本发达，也要生出大富阶级的不平均”。这就是说，中国要富强，必须发挥资本的作用，而资本完全归私人所有又可能导致“社会贫富不均的大毛病”，损害国计民生，所以提出要“节制资本”，更要“制造国家资本”，发展国家实业，以扬长避短、兴利除弊。

孙中山先生最后总结道：“如果交通、矿产和工业的三种大实业都是很发达，这三种收入每年都是很大的。假若是由国家经营，所得的利益归大家共享，那么全国人民便得享资本的利，不致受资本的害，像外国现在的情形一样。外国因为大资本是归私人所有，便受资本的害，大多数人民都是很痛苦，所以发生阶级战争来解除这种痛苦”“我们要解决中国的社会问题，和外国是有相同的目标。这个目标，就是要全国人民都可以安乐，都不致受财产分配不均的痛苦。要不受这种痛苦的意思，就是要共产”“我们三民主义的意思，就是民有、民治、民享。这个民有、民治、民享的意思，就是国家是人民所共有，政治是人民所共管，利益是人民所共享。照这样的说法，人民对国家不只是共产，一切事权都是要共的。这才是真正的民生主义，就是孔子所希望之大同世界”。[①]

虽然孙中山先生是不完全赞成马克思主义的，他实现中华民族振兴的道路主张也和共产党有分歧，但他提出的“三民主义”还是准确地抓住

① 孙中山：《三民主义》，北京：九州出版社，2012年，第184、195、195、197、197、197、198、198、198页。

了近代中国存在的三大问题，即外国列强的侵略掠夺和中国沦为半殖民地导致的民族问题、腐朽落后的封建专制独裁的残酷统治带来的民权问题、广大人民群众饥寒交迫的民生问题，并且发现了农地非农使用会大幅度增值和工业化会产生巨大财富，认为这是中国改变贫穷状况的两大财源，既符合中国的实际情况又具有预见性。尤其是他提出的解决民生问题的"平均地权""节制资本"两大主张，在中华民族已经独立强大、人民已经掌握政权能够当家作主、社会实行多种所有制、私有制比重超过公有制、发展市场经济、需要发挥资本作用的现阶段，仍然具有重大的现实指导意义。因为，中国特色的社会主义实行公有制为主体、多种所有制经济共同发展的基本经济制度，必须尽可能地发挥私有制经济和资本的积极作用，但是，不可讳言，私有制经济和资本也存在消极影响，所以也应该"节制资本"。

3. 中国节制资本的必要性和途径

2011 年 8 月 2 日环球时报国际论坛发表了题为《经济改革该考虑均贫富了》的文章，笔者非常赞同作者提出的构建社会保障网络、财政税收、充分就业等方面解决民生问题的措施，但对"均贫富"的主张却不敢苟同，特提出以下商榷、讨论意见。

"均贫富、等贵贱"是封建时代农民起义反对封建等级特权和地主阶级残酷剥削的口号，在近现代是空想社会主义的追求，也是中国长期存在的平均主义倾向的思想根源。如何"均贫富"、会造成什么样的后果呢？从历史上看，"均贫富"的具体做法，就是"劫富济贫"，甚至"杀富济贫"，用暴力无偿剥夺富人的财产，平均分配给穷人，使财富占有均等。从历史事实来看，在产生的后果上，"均贫富"的确使富人变成了穷人，甚至被从肉体上消灭了，但是穷人并没有因此变成富人，因为富人总是少数，穷人总是绝大多数，把富人的财产全部没收，平均分配给所有穷人，没有一个穷人能富起来，穷人还是穷人，不可能由此变为富人，只不过穷得稍微好一点而已，如果富人的财产只是被少数穷人占有，也就只是改变了富人的构成，绝大多数穷人仍然是穷人，而且这个"均贫富"的过程会造成社会生产力的巨大破坏。的确，把封建地主、官僚的土地财产没收分配给农民，在一定时期内能够恢复和发展农业生产，但从较长时期来看，绝大多数农民并不能因此而成为富人，始终还是穷人。历史一次又一次反复证明，“均贫富”决不是穷人的致富之路，只会使穷人永远贫穷！消除贫富两极分化、高低悬殊的更好办法，不能是消灭有产者或者让有产者变为无产者、大家都成为无产者，应该是让无产者也变为有产者、大家都成为合理公平的有产者、最终走向共同富裕。

的确，中国经济改革发展到今天，必须以人为本、以解决民生问题为重、以社会稳定为前提，在继续努力提高效率的同时应该更加注重公平、强调实现共同富裕的最终目标，在继续做大蛋糕的同时更要做好、分好蛋糕，在又好又快发展经济的同时让广大人民群众共享发展的成果，但是，公平绝对不是平均主义，共同富裕决不是要“均贫富”。共同富裕是要消灭贫穷、大家都富裕、人人都成为有产者，是要把穷人变成富人，不是要把富人变成穷人；“均贫富”不可能是把穷人都变成富人，而只能是把富人变成穷人，不仅不能消灭贫穷，而且往往穷人还是穷人，人人都成为穷人。共同富裕是长期奋斗才能达到的目标，不是短期内通过“均贫富”就能实现的理想。如果硬要如此，“均贫富”的结果，只能是“均贫穷”，大家都贫穷！共同富裕是社会主义的最终目标，“均贫富”不是科学社会主义。中国经济改革现在决不能由邓小平提出的先让一部分人富起来、再引导全体人民走向共同富裕的道路转向为“均贫富”、再搞平均主义、劫富济贫。

上述《环球时报》的文章用“均贫富”来概括“罗斯福新政”的内容是很不准确的，从加强金融监管、挽救银行危机的各种措施、强调“公平竞争”的规则、政府投资兴办公共工程、对失业进行救济、颁布《公平劳动标准法》，开征收入累进税和遗产税、建立社会保障制度等“罗斯福新政”的主要措施来看，“罗斯福新政”的基本特征，根本不是什么“均贫富”，而是“节制资本”、保护和帮助劳工、缓和社会矛盾。

中国现在为什么要节制资本？因为改革开放以来，资本虽然在中国前所未有、举世瞩目的巨大经济发展中发挥了重要的作用，功不可没，但是同时也出现了劳动者权益保护不够、劳资纠纷层出不穷、劳资矛盾日益凸显、贫富差距不断扩大的现象，而这些现象产生的一个重要原因，就是资本在追求自身利润最大化、赚钱发财的过程中行为还不够规范合理，存在对劳动者的利益兼顾不够甚至侵犯的情况。中国近年来贫富差距扩大是由多方面的原因引起的，其中一个特别重要的原因就是资本处于强势地位而且供不应求、劳动力处于弱势地位而且供过于求、政策又向资本倾斜，发展的成果资本得到的更多，劳动者的工薪收入偏低。因此缩小贫富差距必须多管齐下、综合治理，特别是要“节制资本”。

干群关系和劳资关系是当今中国最基本、最重要也是最需要妥善处理的两个社会人际关系。由于制度缺陷使得腐败蔓延，导致官民矛盾突出、干群关系不太和谐；由于资本的行为没有受到应有的约束、劳动者没有得到合理有效的保护，使得劳资关系也不融洽。这种状况，极不利于维持社会稳定，难以做到干部与群众、资本与劳动为推进中国现代化、实现中国梦而齐心合力、团结奋斗。反腐败、群众路线教育和民主法治是解决干群关系问题的杀手锏，节制资本、保护劳工则是解决劳资关系问题的关键措施。由于群众、劳工处于弱势地位，官员、资本处于强势地位，所以正确处理干群关系和劳资关系的关键是合理有效约束官员、资本的行为。

2015 年 3 月 21 日中共中央、国务院发布《中共中央国务院关于构建和谐劳动关系的意见》（以下简称《意见》）指出，我国正处于经济社会转型时期，劳动关系的主体及其利益诉求越来越多元化，劳动关系矛盾已经进入凸显期和多发期，劳动争议案件居高不下，有的地方拖欠农民工工资等损害职工利益的现象仍较突出，集体停工和群体性事件时有发生，构建和谐劳动关系的任务艰巨繁重。劳动关系的主体包括劳动者、企业、资本所有者、经营管理者，所谓劳动关系不是指劳动者之间的关系，实际上主要就是劳动者与资本所有者、企业、经营管理者之间的关系，核心是劳动者与资本所有者的关系，所以构建和谐劳动关系，实质上就是要构建和谐劳资关系，而资本处于强势地位，不适当合理节制资本，和谐劳资关系或者劳动关系是不可能真正构建起来的。《意见》中提出的实现劳动用工更加规范、职工工资合理增长、劳动条件不断改善、职工安全健康得到切实保障、社会保险全覆盖、人文关怀日益加强、有效预防和化解劳动关系矛盾等构建规范有序、公正合理、互利共赢、和谐稳定的劳动关系的目标任务，实际上就是节制资本、构建和谐劳资关系的目标任务；制定的全面实行劳动合同制度、推行集体协商和集体合同制度、健全协调劳动关系三方机制、健全企业民主管理制度、推进厂务公开制度化和规范化、推行职工董事和监事制度、健全劳动保护监察制度等构建和谐劳动关系的制度改革和建设的措施，实际上也就是节制资本、构建和谐劳资关系的措施。

什么是节制资本？我们这里所说的节制资本与孙中山先生所讲的“节制资本”不完全相同，主要是指合理规范资本的生产经营和收入分配行为、限制和防止资本严重损害劳动者、消费者和国家利益的后果产生，缓解收入高低悬殊、贫富两极分化的趋势，兼顾资本所有者、职工、国家的利益，实现劳资双方的互利共赢、协调和谐。

中国现在应该怎样节制资本？由于私人资本具有自私性、逐利性、自发性、盲目性，有的还具有贪婪性、欺诈性，更易损害劳动者、消费者和国家利益，其行为更需要节制，私人资本应该是节制资本的重点。

节制资本主要是节制私有资本，是否还要节制公有资本特别是国有资本呢？本书认为，中国现在的节制资本还应该包括节制公有资本特别是国有资本。因为国有资本本来应该是消除不平等、实现社会公平、走向共同富裕的重要经济基础，国有资本或者国有企业的收入本来也应该归全体人民共享，不能只是为国企高管、本企业和部门的职工谋利益。但是由于国有企业制度和国有资产的经营管理体制存在缺陷或者不合理不健全，国有资本或者国有企业的权利和收入可能被侵占，只是用来为少数国企高管、政府官员等个人和某个企业或部门的职工谋利益。节制公有资本特别是国有资本，主要就是防止这些资本只是为少数高管、官员、部分职工谋利益，真正做到皮凯蒂所说的“保证更均等地分配资本所创造的财富及其赋予的经济权力”“结构上更加平等、面对私人利益更加注重保护公共福利”，有效防止公共资产“既没有带来效率也没有带来公平，更没有带来权力的民主分享，甚至在某些情况下被所谓公产管理者挪用和不法占用”，避免“公共资本转为私人资本”，以为了提高经济效率为名让个别人借此暴富。

当前“节制资本”，最重要、最突出的是要采取有效措施，合理提高劳动收入在国民收入分配中的比重，降低资本和政府（政府手中也掌握大量资本）在国民收入分配中的比重，尤其是要坚决取缔和防止通过以权谋私、权钱交易取得的腐败收入，国有企业和国有资本的利润收益应该拿出相当部分用于解决民生问题，国家的财政收入也应该大部分用于民生，特别是加薪、减税、建社会保障制度；创造条件，尽快开征累进所得税、财产税、遗产税、房产税；必须健全法规，落实必要的监管，加强劳动保护，保障生产安全，维护劳动者的身心健康；严格实行劳动法，适时合理调整最低工资标准，保证劳动者的收入随着经济和企业的发展而增长。只有这样，才能真正让改革发展的成果由广大人民群众共享、有效扩大内需、增强经济增长的动力、缓解社会矛盾、维持社会稳定、实现社会和谐。

节制资本会不会挫伤投资的积极性、限制资本作用的发挥？

笔者认为，从短期来看，在一定程度上，节制资本可能限制资本的自由行动、增加生产经营成本、降低资本的实际所得，但是从长期来看，和谐的劳资关系，在合理合法的范围内生产经营，更有利于调动职工的积极主动性，降低生产经营成本，提高经济效益，实现企业长期稳定可持续的发展，增加资本的最终所得，资本的作用也能够更好发挥，因此节制资本利大于弊。资本是市场经济发展不可缺少的基本要素之一，在资本严重短缺、必然价格昂贵的情况下，政府为了刺激投资、调动投资者的积极性、吸引和筹集更多资本、克服资金不足的困难、促进经济增长，实行各种偏向资本的经济政策，给资本更多权利、自由、鼓励、扶持、优惠，是应该的、有益的，但是政府的屁股不能老是坐在资本这一边，官员不能总是“傍大款”，忽视劳动者的利益和诉求，这是不公平、不合理、不可持续的，尤其是在贫富差距扩大、工薪收入偏低、职工利益得不到合理保护、劳资矛盾尖锐化、资本也不再那么短缺的情况下，更是需要调整偏向资本的经济政策，由向资本倾斜合理转变为向劳动倾斜，更加注重节制资本、保护劳工、缩小贫富差距、缓解不平等。有学者提出中国现在应该善待“企业家”，笔者觉得善待“企业家”是应该的，但现在更需要的是善待劳工。不要害怕“得罪”资本、吓跑资本、挫伤投资者的积极性、不利于投资增加、技术进步、经济发展，因为现在国内资本相对充足，而且中国市场需求潜力和经济社会发展余地巨大、投资机会和领域更多、资本赢利空间广阔，对国内外资本都具有很强的吸引力。更何况我们现在要实行的“节制资本”，不是要剥夺资本、劫富济贫，而是要在合理保护资本的合法权益的前提下，恰当规范和约束资本的行为，使之更为合理有效。

必须特别指出的是，我们所说的节制资本，是要通过制度创新，兼顾效率与公平，合理规范资本的生产经营行为，更好地发挥资本的作用，决不是要像民营企业家蔡晓鹏所指出的那样去侵犯资本和企业的合法权益、危害资本和企业的正常生产经营，决不允许有人以节制资本为名，让贪官污吏、包括各级小贪小腐吃拿卡要、雁过拔毛、盘剥资本、特别是私营企业、小微企业，人为制造资本合法经营的障碍和限制，加大资本生产经营的成本，使资本不能较好地充分地发挥其积极作用。[①] 同时，我们所说的节制资本，也是要兼顾资本与劳动者的合理合法权益，不是要只顾劳动者的利益最大化，也不能以保护劳工为名，过分偏袒、放任纵容职工不合理的要求和行为，牺牲资本的合理合法权益。

最后需要特别强调的是，千万不能忘记孙中山先生的“单靠节制资本的办法是不足的”“必须加以制造国家资本，才可以解决之”“何谓制造国家资本呢？就是发展国家实业也”“要赶快用国家的力量来振兴工业，

① 蔡晓鹏：《国缺廉率、鼠辈猖獗》，财新网，2014 年 11 月 27 日；杜珂：《蔡晓鹏：我在中纪委座谈会说了什么？》，财新网，2014 年 11 月 27 日。

用机器来生产，令全国的工人都有工作”的宝贵思想。所谓“国家资本”就是“国有资本”，所谓“国家实业”就是国有工业和国有企业。孙中山先生这实际上是在说，中国要解决民生问题、实现中华民族振兴、防止贫富两极分化，必须大力发展国有资本、国有工业、国有企业！连资产阶级民主革命家早在1924年（孙中山先生是在1924年做的三民主义演讲）就抓住了关键问题，我们今天实行改革开放、建设中国特色社会主义的过程中，竟然还有人一再坚持主张国有企业私有化，实在不该。

疑难问题 9

市场经济是否只能建立在私有制基础上?

反驳市场经济只能以私有制为基础、社会主义特别是公有制与市场经济不相容、搞市场经济必须实行“私有化”的观点、澄清对社会主义市场经济的怀疑,说明公有制与市场经济相结合的必要性、可能性,提出社会主义与市场经济相结合、发展社会主义市场经济合理有效的途径。

自从1992年中共十四大报告明确提出“我国经济体制改革的目标是建立社会主义市场经济体制”以来，对于什么是社会主义市场经济、社会主义与市场经济是否兼容、公有制与市场经济能否有机结合的理解，一直存在重大分歧、甚至完全相反的看法。其中有一种怀疑和否定社会主义市场经济的新自由主义经济学①的观点认为，市场经济只能建立在私有制基础上，公有制不能适应市场经济的要求，所以中国要搞市场经济，就必须实行私有化。国内外都有人认为“只有私有化、市场化、自由化和西方多党议会民主化才是最好的经济政治制度、才能实现经济持续有效发展”“市场经济只能以产权明晰的私有制为基础”，强调这是“经济学的常识”“国际惯例”和“普世价值”，根本就不可能有什么与公有制相结合的“社会主义市场经济”。还有学者强调“土地私有产权制度的建立，是建立市场经济和实现‘现代化’的必要条件”②。与此同时，即使那些认为社会主义市场经济理论是世界的经济学说史上从来没有过的重大理论创新、是中国特色社会主义政治经济学最重要的理论贡献的学者，也对社会主义市场经济缺乏全面系统深入的科学论证和说明。尤其是，社会主义市场经济存在的三大理论和实践难题：一是长期建立在私有制基础上的市场经济为什么需要与公有制相结合、能否结合、怎样结

① 所谓“新自由主义经济学”是指20世纪20—30年代由奥地利经济学家路德维希·冯·米塞斯、弗里德里希·奥古斯特·哈耶克提出，继承亚当·斯密英国古典政治经济学（也称之为古典自由主义经济学）的自由放任传统，20世纪70年代西方资本主义国家出现“滞涨并发症”、凯恩斯主义经济学陷入破产困境后成为西方国家主流经济学的，主张经济私有化、市场化、自由化，反对国家干预，否定公有制、经济计划化、社会主义和共产主义的现代西方经济学流派。新自由主义经济学的核心观点是，认为只有经济私有化、市场化、自由化，才能实现社会经济的发达繁荣；公有制、计划经济则是“通向奴役的道路”。参见，吴易风：《马克思主义经济学和新自由主义经济学》，北京：中国经济出版社，2006年；何秉孟：《新自由主义评析》，北京：社会科学文献出版社，2004年；路德维希·冯·米塞斯：《自由与繁荣的国度》，北京：中国社会科学出版社，1994年；弗里德里希·奥古斯特·哈耶克：《通往奴役之路》，北京：中国社会科学出版社，1997年；米尔顿·弗里德曼：《自由选择》，北京：机械工业出版社，2013年；米尔顿·弗里德曼：《资本主义与自由》，北京：商务印书馆，2004年。

② 这些论述的来源参见简新华：《中国农地制度和经营方式研究——兼评中国土地私有化》，载《政治经济学评论》，2013年第1期。

合;二是存在社会分工和产品属于不同所有者是商品经济存在的必要条件,社会主义公有制经济不是商品经济而是计划经济(即自觉地有计划按比例发展的经济)的马克思主义政治经济学的经典思想与社会主义市场经济理论如何相容内洽,社会主义市场经济理论是否违背了马克思主义政治经济学关于计划经济的基本原理;三是邓小平关于计划与市场的论述是否否定了马克思主义政治经济学关于计划经济的基本原理,应该如何正确理解。这些问题至今还没有得到突破性的、令人信服的科学解释和回答。正如习近平同志指出的:"在建立和发展社会主义市场经济的实践中,一方面存在着传统的计划经济意识根深蒂固,一些人对市场经济自觉或不自觉地持抵触态度的问题;另一方面,也存在着一些人完全照搬照抄西方经济理论,用西方资本主义私有制的市场经济理论来指导崭新的社会主义市场经济实践的问题。在至今所有的关于社会主义市场经济的论著中,看到的几乎全是西方市场经济理论的重述,谁也没有说清楚社会主义市场经济的内涵、特征、运行机制以及社会主义与市场经济是怎样结合在一起的,因而也更无法对社会主义市场经济与资本主义市场经济进行理论上的比较和论证。"①对于上述新自由主义经济学怀疑和否定社会主义市场经济的观点,也一直缺乏有力的反驳。

为了更好地解决社会主义市场经济的理论和实践难题,形成完整科学的社会主义市场经济理论,特别是加强针对性,更能说服对社会主义市场经济持怀疑态度、甚至认为公有制与市场经济不相容、主张实行私有化的学者,本书本着"理论上不彻底,就难以服人"②的精神,分为疑难问题 10、11、12、13 等 4 个问题,从资源优化配置和产出合理分配的经济学核心问题出发,运用马克思主义政治经济学的立场、观点、方法,特别针对上述新自由主义经济学怀疑和否定社会主义市场经济的观点,进一步研究和论述社会主义特别是公有制与市场经济相结合的必要性、可能

① 习近平:《对发展社会主义市场经济的再认识》,载《东南学术》,2001 年第 4 期。

② 习近平:《在庆祝中国共产党成立 95 周年大会上的讲话》,载《经济日报》,2016 年 7 月 2 日。

性和途径，努力说清楚社会主义市场经济的内涵、特征、运行机制、社会主义市场经济与资本主义市场经济的区别和联系，论证马克思主义政治经济学关于商品经济和社会主义经济运行特征的经典思想与社会主义市场经济理论和邓小平关于计划与市场的论述的相容内洽，澄清和反驳对社会主义市场经济的误解。

一、市场经济需要什么样的企业制度?

市场经济只能建立在私有制基础之上、公有制不适应市场经济的要求、中国要搞市场经济必须实行私有化，是自从提出社会主义市场经济以来在国内外流行的一种很有影响的新自由主义经济学观点。为什么市场经济只能建立在私有制基础之上呢？这种观点的实践依据，是迄今为止的所有市场经济都是建立在私有制基础之上的，所以中国现在也不能例外，也只能建立在私有制基础之上，因此必须实行私有化、把公有制改革为私有制；这种观点的理论依据，主要是市场经济的有效运行，要求企业必须自主经营、自负盈亏、产权明晰，而这种要求只有私有制企业才能够做到，公有制企业特别是国有企业则根本不可能做到，所以适应发展市场经济的要求，必须把公有制企业改变为私有制企业。这种观点认为，中国市场取向改革的主要任务就是两个：一是进行市场和价格改革，建立规范完善的市场体系，把政府定价改革为市场定价；二是进行所有制改革或者产权改革，把公有制变成私有制，彻底的改革就是实现完全的市场化和私有化。

这种立论是否成立？笔者认为不能。首先是实践依据不科学，不能依据迄今为止的所有市场经济都是建立在私有制基础之上的，就认为中国现在的市场经济也只能建立在私有制基础之上，因为这种逻辑推理是有缺陷的，这不能证明市场经济肯定不能与公有制相结合、完全不可能建立在公有制基础上，以前没有的事物不等于是永远不可能出现的事物，新生事物都是以前没有的事物，结果都出现了。社会主义市场经济、公有制与市场经济相结合的确是以前从来没有过的新生事物，不能因为与以前的市场经济不一样，就完全否定其产生的可能性。

为了正确判断这种立论的理论依据是否成立、正确，我们这里首先从市场经济配置资源的机理这个本源入手，分析市场经济有效运行对企业的要求，回顾市场经济中企业制度的演进历程，然后再分析公有制企业是否能适应市场经济的要求。假若不适应，公有制自然就不能与市场经济相结合，要搞市场经济就必须私有化；如果能够适应，公有制就能够与市场经济相结合，搞市场经济就不一定要私有化。笔者认为，这是贯彻"理论要彻底、要以理服人"的原则，正确科学分析判断公有制能不能与市场经济相结合、搞市场经济是不是必须私有化的最基本的经济学道理。不以此为基础的任何立论，可能都不彻底、都不一定立得住、都难以服人。

(一)市场经济需要自主企业制度

市场经济需要什么样的企业制度与之相适应，或者说市场经济条件下的企业制度应该具有什么样的特征呢?[①] 正确回答这个问题，需要先明确市场经济的资源配置方式。市场经济是指市场对资源配置起基础性作用或者决定性作用的经济形式，或者是指以市场作为资源配置的基本方式的经济。市场配置资源是通过市场机制即市场上供求、价格和竞争关系的变化而自动地调节社会经济活动，引起资源的流动，从而实现社会经济资源的配置。具体来说，社会资源在各个经济部门和单位的配置一般存在三种情况：一是资源配置恰当，在市场上表现为产品供求平衡，资源不需增加，也不应减少；二是资源配置不足，在市场上表现为产品供不应求，价格上涨，生产者收益上升，追求收益最大化和竞争的压力，必然引起资源流入、生产增加；三是资源配置过多，在市场上表现为产品供过于求，价格下跌，生产者收益下降，追求收益最大化和竞争的压

① 简新华、李雪：《新编产业经济学》，北京：高等教育出版社，2009 年，第 52～54 页。

力，必然引起资源流出、生产减少。市场就是这样决定生产什么、生产多少、怎样生产和为谁生产，推动资源在各个经济部门和单位之间流进和流出，逐步趋向资源配置的合理化，使得供求关系趋向平衡。

市场经济的这种资源配置方式，首先要求企业必须面向市场、参与竞争、自主经营。在市场经济中，企业通过市场取得生产要素、销售产品或劳务，面临着相关各方的竞争，因此企业必须根据市场行情（包括市场供求变化、价格波动和竞争态势等）自主从事生产经营活动，参与竞争，优胜劣汰。只有这样，企业才能生存和发展，市场机制才能真正起到调节资源配置的作用。否则，企业不成其为企业，市场也调节不了生产经营活动。

市场经济还要求企业必须权、责、利明确，拥有自主经营、独立决策的经营自主权，自己承担经营成功或失败的责任，自己负责盈利或亏损。因为，企业如果没有经营自主权（主要是自行决定企业供产销、人财物的权力），就无法根据经常变化的市场行情及时调整自己的生产经营活动，价格涨了，企业无权无力增加资源投入、扩大生产，价格跌了，企业也无权无力减少资源投入、缩小生产，无论价格涨跌企业都无力应对、无动于衷、没有反应，市场对企业的行为就起不了调节作用，调而不动；市场经济是风险经济，市场行情错综复杂、起伏波动、变幻无穷、甚至瞬息万变，存在不确定性，市场竞争优胜劣汰，既有机会，又有风险，再加上信息不充分、不对称、生产经营能力有限，企业经营既可能成功，也可能失败，企业如果不负盈亏责任，不能享受成功的收益，不承担失败的损失，就不能保证企业不断努力提高生产经营能力、进行科学正确的决策和认真合理的经营管理，可能滥用经营自主权，随意拍板决策，不负责任地经营，导致企业决策失误、经营失败，市场竞争就不能形成推动企业提高能力、改进技术、加强管理、发展生产的外在压力，就会使企业丧失按市场经济规律从事生产经营活动的内在动力，也就不可能发挥市场机制优胜劣汰的积极作用，无法实现市场合理有效配置资源的作用。

企业要真正做到自主经营、自负盈亏，又必须产权明晰。所谓产权明晰就是说企业的所有权、经营权和收益权要明确，并且落实到人，其实质是企业要有人的利益因企业的盈亏而增进或受损、有人关心和负责企业的生产经营。只有这样，企业才能真正成为市场经济所要求的微观基础。如果产权不明晰，企业的生产经营无人负责、无人关心，就无法真正做到认真负责经营和自负盈亏，市场经济也就不能实现资源的优化配置。

简而言之，市场经济需要的企业制度是自主企业制度。所谓自主企业制度就是面向市场、参与竞争、自主经营、自负盈亏、产权明晰的企业制度。市场经济的企业制度的基本特征是“自主经营、自负盈亏、产权明晰”。

(二)公司制是现代市场经济企业制度的主要形式

市场经济中的企业制度并不是一成不变的，相反是随着市场经济的发展和技术条件的变化而不断演进的。虽然自主经营、自负盈亏、产权明晰的基本特征不会也不能改变，但是，企业制度的具体形式和特点却在不断地变化、更新。主要从企业的产权制度和经营制度来看，企业制度大致上经历了三个阶段的变化发展，出现了三种主要形式的企业制度：第一个阶段也是最早的企业制度是个人业主制，第二个阶段是由个人业主制发展到合伙制，第二个阶段则是出合伙制发展到公司制即所谓现代企业制度。企业制度的这种演进，并不是后一种制度完全取代前一种制度的过程，只是新企业制度出现、占主导地位的企业制度发生更替的过程，而且占主体地位的企业制度在企业总量中不一定是多数。在现代市场经济条件下，三种企业制度并存，以公司制为主体，大中型企业一般都是实行公司制，个人业主制和合伙制在企业数量上仍然占多数。

1. 个人业主制

个人业主制是由个人投资建立企业从事生产经营活动的企业制度，其主要特征是：所有者单一、是独资企业、两权合一、所有者承担无限责任。也就是说，个人业主制企业一般是只有单个人或家庭投资建立的独资企业；实行所有权与经营权两权合一，投资者就是所有者即企业主，同时掌握所有权和经营权，企业如何生产经营完全由企业主决定，享有收入分配权和利润获得权，承担无限责任，赢利归企业主所有，亏损用企业和企业主及其家庭的财产抵债。其优点是：自主经营，自负盈亏，产权明晰，适应市场经济的要求，而且有利于及时决策、灵活经营，比较容易经营管理；缺点是：规模小，管理能力有限，不适应大规模生产的要求。正是由于存在这样的缺陷，个人业主制发展到合伙制。

2. 合伙制

合伙制是由多个合伙人投资建立企业从事生产经营活动的企业制度，其主要特征是：所有者有所增加、是合资企业、两权合一、共同所有、共同经营、共负盈亏、承担无限责任。也就是说，合伙制企业有多个所有者，一般是多个亲朋好友共同投资建立的合资企业；实行所有权与经营权两权合一，投资者就是所有者即合伙人，共同掌握所有权和经营权，企业如何生产经营由合伙人共同决定，共同享有收入分配权和利润获得权，承担无限责任，赢利归合伙人所有，亏损用企业和合伙人及其家庭的财产抵债。其优点是：自主经营，自负盈亏，产权明晰，适应市场经济的要求，而且经营规模扩大，有助于达到规模经济，几个人的智慧和能力会超过一个人，管理水平有所提高；缺点是：规模仍然有限，也不十分适应大规模生产的要求，管理一般也达不到专业化水平，更重要的是经营不稳定，往往在创业阶段能够同甘苦、共患难、团结奋斗，成功后却难以同享乐，容易争权夺利、分裂散伙。正是由于存在这样的缺陷，合伙制进一步发展到公司制。

3. 公司制(现代企业制度)

公司制是通过发行股票由众多投资者入股建立企业从事生产经营活动的企业制度，其主要特征是：所有者众多、是合资企业、实行两权分离、企业法人制、有限责任制、委托代理制。也就是说，公司制企业是有众多投资入股者即所有者(股东)的合资企业，所有权与经营权发生分离，投资入股者拥有终极所有权、经营监督权和收益分配权，专业化的经营管理者(企业家)掌握经营权，企业成为法人，拥有企业法人所有权，自主从事生产经营活动，以企业资产承担盈亏责任，投资入股者只承担以出资为限的有限责任，企业实行委托专业化的经营管理者代理所有者进行经营管理的制度。公司制是在个人业主制、合伙制基础上形成的现代企业制度，是现代企业制度的主要形式。

公司制的优点是：能够分散风险，鼓励投资，大量且迅速地筹集资金，适应大规模生产的要求，带来规模经济效益、分工和专业化管理效益。虽然公司制企业的所有者众多（大公司的股东可以高达数以百万计），产权不只是属于少数个别人所有，但是公司制企业的产权是明晰的，不是模糊的。因为，不仅公司的资产是量化到个人和团体、属于股东所有，盈亏的责任最终由股东承担，而且公司制企业的不少职工也是本企业的股东，企业经营状况与股东的资产保值增值、职工就业和报酬有关，更与企业高管的职位、丰厚的收益（年收入最高可达数千万美元）和社会名誉地位紧密相连，尽管大量中小股东和大多数普通职工可能基于成本收益的考虑在关心干预企业生产经营活动方面会存在自己不管、让别人去管的“搭便车”不负责任的机会主义倾向，但是大股东、高管会非常关心负责企业的生产经营活动，所以公司制企业不仅是自主经营、自负盈亏，也能做到产权明晰，基本适应现代市场经济的要求。如此看来，公司制不仅适应市场经济的要求，而且基本克服了个人业主制和合伙制的缺陷，那是不是就完美无缺了呢！答案是否定的。世界上没有十全十美的企业制度，即使是曾经被人们大肆推崇的美国的企业制度、日本的企业制度，也概莫能外。公司制也存在不足，其最大的问题是存在委托代理风险。[①]

市场经济中的企业制度为什么会由个人业主制、合伙制发展成公司制、企业所有权与经营权合一为什么会演变成两权分离、所有者直接经营为什么会转换为所有者委托代理人经营呢？总的来说，这是社会化大

---

① 由于本书主题和篇幅所限，公司制存在的问题及其应对这里不再展开论述，详细分析参见简新华：《委托代理风险与国有企业改革》，载《经济研究》，1998年第9期；简新华、李雪：《新编产业经济学》，北京：高等教育出版社，2009年，第55～59页。

生产和市场经济发展的必然趋势。在社会化大生产和市场经济条件下，大规模的生产经营需要大量的投资，靠单个资本的积累和积聚很难满足这种要求，只能采取把分散的个人资本集中起来的方法筹集巨额资本，公司制、股份制正是这种组织形式，通过发行股票和投资入股，使个人资本变成社会资本，资本走向社会化。社会化资本属于较多的甚至众多的所有者，由于决策人太多不仅难以迅速有效地决策，而且会极大地增加经营成本（包括交易成本），使得所有者自己经营企业的代价超过因此得到的收益，得不偿失，所以他们不可能也不愿意都去直接经营企业，所有权与经营权必然发生分离。市场行情起伏波动、变幻难测，这种不确定性决定市场经济是风险经济，高投资必然伴随高风险，任何个人无法承受这种高风险，因而需要分散风险，保护投资者；而且个人投资者只是企业许多投资者中的一员，不能承担无限责任，只能承担有限责任，否则投资者得不到保护，也就不易有人愿意投资。因此，所有者承担无限责任的企业制度必须转变为所有者承担有限责任的企业制度，只能以在企业投资入股的数额来承担盈亏责任。两权分离和有限责任制又决定企业成为法人，拥有企业法人所有权，以企业资产承担盈亏责任。在上述情况发生的同时，生产经营日益多样化、专业化、复杂化，使得经营管理更复杂、更科学，只有经过专门训练的、具有各种经营管理才能的人员才能胜任企业的经营管理，经营管理走向专业化、职业化，形成以经营管理企业为职业的专门从事经营管理的企业家阶层，企业由企业家经营管理。但是，拥有企业资产的所有者不一定具有企业家才能，具有企业家才能的人不一定拥有企业资产；也就是说，所有者不一定是企业家，企业家不一定是所有者。这种情况也决定，所有权与经营权不可能合一，必须发生分离。正是在资本社会化、风险分散化、责任有限化、企业法人化、两权分离化和管理专业化的多重作用下，公司制应运而生，委托代理制成为必然。所有者众多或较多的企业，必然是由拥有资产所有权的所有者委托具有企业家才能的代理人经营管理，企业家作为代理人掌握企业资产的经营权。

二、市场经济不一定必须以私有制为基础，也能够与公有制相结合

（一）公有制与市场经济具有相结合的可能性，搞市场经济不一定要私有化

前面的分析说明，市场经济的有效运行要求企业必须自主经营、自负盈亏、产权明晰，市场经济只能建立在私有制基础之上、搞市场经济必须实行私有化的观点正是以此为依据，进一步提出市场经济的这种要求只有私有制企业才能够做到，公有制企业特别是国有企业则根本不可能达到。这种观点认为，只有私有制企业才能做到自主经营、自负盈亏、产权明晰、实现高效经营，因为只有企业资产量化到个人，由个人所有者承担盈亏责任，个人所有者才有动力去关心企业资产的保值增值、才会认真负责地进行经营管理，不会产生无人负责和“搭便车”的不负责任的现象，如何从事生产经营活动也才能完全由企业主全权自主决定。

笔者认为这种观点是不能成立的，虽然私有制企业必然能够做到自主经营、自负盈亏、产权明晰，天然符合市场经济的要求，但是不能由此断言只有私有制企业才能适应市场经济的要求，公有制企业绝对不可能适应市场经济的要求。因为，按照这种理论逻辑，只有个人业主制和合伙制企业才能做到自主经营、自负盈亏、产权明晰，而公司制企业虽然可以自主经营、以企业法人资产自负盈亏，但是难以做到产权明晰，因为公司制企业的资产并不都量化到个人，比如现代西方国家的养老基金的投资就是不量化到个人的，其掌握的公司制企业的股票自然也不量化到个人，而且众多的中小股东也会存在“搭便车”的不负责任的现象。实际情况并非如此，公司制企业的产权是明晰的，因为通过相应的制度安排、建立规范完善的公司治理结构，大股东和大多数企业高管会关心企业资产的保值增值、认真负责进行经营管理，大多数公司制企业经营有效的事实就是证明。按照这种理论逻辑，公有制的所有者更多、资产也不量化

到个人，公有制企业自然也就更不可能做到自主经营、自负盈亏、产权明晰，必然是产权模糊、无人负责、效率低下。实际情况也不是完全如此，公有制企业通过转机改制、实行现代企业制度、建立规范有效的治理结构和企业的民主管理，是能够做到自主经营、自负盈亏、产权明晰的（这一点本书将在公有制与市场经济相结合的途径中再专门论述），所以说，公有制企业包括国有企业能够适应市场经济的要求，因此公有制能够与市场经济相结合，市场经济并不是只能建立在私有制基础上，以市场经济只能建立在私有制基础上的看法推导出的中国发展市场经济必须实行私有化的结论也不能成立。

改革开放以来国内外流行着一种“私有产权神话”，认为资产越是少数个别人私有，所有权与经营权越是合一，产权就越明晰、效率就越高，从上述市场经济中企业制度由个人业主制向合伙制、公司制的演进过程来看，存在单个企业的经营规模越来越大、所有者越来越多、所有权与经营管理权越来越分离、经营管理越来越专业化的变动趋势。这种情况说明，并不是“个体户”的产权最明晰、制度最优越、效率最高、最适合现代经济的要求，企业的所有者不是朝着越来越少的方向变化，而是向着越来越多的方向演进；企业的所有制不是朝着少数人私有的方向变化，而是向着多数人共同所有、越来越具有公有制特征的方向演进。大规模经营、所有者众多、实行两权分离就是公有制企业的特征。这种变化趋势是否表明私有化不是世界潮流、公有化才是大趋势呢？的确引人深省！

（二）公有制与市场经济相结合的必要性

以上只是说明公有制能够与市场经济相结合，那么中国现在为什么要把公有制与市场经济结合起来呢？这是因为中国处于社会主义初级阶段，由于是社会主义，必须以公有制为基础、发展公有制经济；由于是初级阶段，还做不到全社会直接占有全部生产资料、还不可能也不应该实行单一的公有制，也不可能完全做到国民经济自觉地有计划按比例协调发展，而且迄今为止的实践也证明市场经济比传统计划经济更能有效地配置资源、推动社会经济发展，中国当然也必须发展市场经济。因此，中国现阶段既要发展公有制经济，又要发展市场经济，自然就需要把公有制与市场经济结合起来了。

必须清醒地认识到的是，两者的结合是有条件的，不是必然自动实现的，存在三种可能性：一是不能结合；二是结合好；三是结合不好。如果两者结合得好，就能够既发挥公有制的优越性，又实现市场经济的有效性；假若两者结合得不好，也有可能是既不能发挥公有制优越性，又实现不了市场经济的有效性，甚至是扬短避长、丢掉优点留下缺陷。中国现在面临的艰巨任务是，必须努力创造结合的条件、探索合理有效结合的方式。

（三）公有制与市场经济相结合的途径

公有制企业主要是国有企业如何才能适应市场经济的要求，真正做到自主经营、自负盈亏、产权明晰，是公有制能不能真正实现与市场经济相结合的核心问题。

的确，传统计划经济体制中的国有国营的企业制度是不能适应市场经济要求的。因为，在传统计划经济体制中由政府采用行政的方法对国有企业实行高度集中统一的直接管理，政企不分、政资不分、产权不清、权责不明，生产什么、生产多少、怎么样生产、为谁生产都由国家计划规定，供产销、人财物的权力都掌握在行政机关的手中，企业没有生产经营自主权，由国家统负盈亏，既不要也不能面向市场、根据市场需求进行生产经营活动，也不参与市场竞争、优不胜劣不汰。显然，这种企业制度不可能做到自主经营、自负盈亏、产权明晰，实行这种企业制度的公有制自然也不可能与市场经济相结合。但是，决不能以此断言公有制企业都不适应市场经济的要求、公有制根本不可能与市场经济相结合。

国有企业通过改革国有经济原来的管理体制、转换国有企业经营机制、改变国家所有国家直接经营的企业制度、实行现代企业制度、建立规范有效的治理结构和企业内部的民主管理、发挥企业职工主人翁的作用，是能够做到自主经营、自负盈亏、产权明晰的。具体来说，就是在国有企业普遍实行公司制，建立专门国有资产管理机构和经营公司代表国家掌握和经营国有资产，向国有企业派出国有资产代表履行所有者职权，实行政企分开、政资分开，明确企业所有者、经营者、职工三者之间的责权利关系，让国有企业拥有相对独立的经济利益（即经营得好，除了给国家上缴更多利税之外，企业管理者和职工也可以增加收入和福利；反之，企业管理者和职工的利益应该合理下降），让国有企业掌握经营自主权，以企业占用的法人资产承担盈亏责任，面向市场从事生产经营活动，参与竞争，切实做到优胜劣汰，充分发挥党委会、股东大会、监事会、职工代表大会和职工民主监督的作用，既建立合理的激励监督约束机制，让国有资产代表和企业高管关心企业经营状况、认真负责经营管理企业，又有效监督约束国有资产代表和企业高管的经营管理行为，防范委托代理风险，承担经营不善甚至失误失败的相应责任，以保障国有企业的持续高效发展。

实事求是地说，经过 30 多年的改革，中国公有制企业主要是国有企业已经在管理体制、企业制度和经营机制上发生了深刻变化，基本上都是面向市场、参与竞争的，大部分也初步做到了自主经营、自负盈亏、产权明晰，不再由国家统负盈亏，转变为以国有企业自身占有的资产承担盈亏责任，不再有生无死、优不胜劣不汰，而是有生有死、优胜劣汰，也有人关心国有企业的经营状况并承担相应的责任。一批国有企业在市场经济中经营成功、得到了相当大的发展，用事实证明了国有企业能够适应市场经济的要求、公有制能够与市场经济相结合。必须清醒地认识到的是，国有企业改革的任务还没有完成，还存在不少困难和问题。[①] 现在中国国有企业存在的主要问题是：国有经济的管理体制还不健全，初步建立的现代企业制度也不够成熟和完善，企业的治理结构也不规范，尤其是缺乏合理有效的监督约束机制，存在部分国有企业高管权力过大、

① 简新华：《论攻坚阶段的国有企业改革——国有企业深化改革必须正确认识的几个基本问题》，载《学术研究》，2012 年第 10 期。

收入过高，各种奢侈腐化甚至是转移瓜分国有资产、掏空国企的情况屡屡发生，以权谋私、侵吞国有资产的腐败现象依然存在，缺乏必要的监管，提供的产品和服务与价格不协调，行政垄断的特征比较明显，存在依靠垄断地位取得高额利润的现象，国有企业利润向国家上缴不多，应有的职责没有得到有效的履行，国家或全民的所有者权益没有得到有效体现，甚至在一定程度上变成企业所有、高管所有；国有企业高管与职工、垄断行业与非垄断行业的收入差距过大；国家投入过多，股权融资和银行信贷都向国有企业倾斜。但有些国有企业仍然存在投资决策严重失误的现象，投资效率不高，经济效益低下。由于国有企业存在的诸多问题，导致国有经济比重不断下降，主导作用特别是促进共同富裕的作用发挥不够。这一切都有待我们深入分析其产生的原因，有待我们深入思考深化国有企业改革，进一步完善国有资产管理体制和国有企业制度，更好地实现公有制与市场经济的有机结合。

疑难问题 10

社会主义市场经济理论
否定了社会主义计划经济原理吗?

分析把传统计划经济体制改革为社会主义市场经济体制的原因,反驳计划经济是已经失败的空想的观点,论证市场经济不是万能万岁、计划经济也不永远是无效空想,澄清社会主义市场经济理论包括邓小平关于计划与市场的论述违背马克思主义政治经济学的计划经济原理的看法,说明社会主义市场经济理论包括邓小平关于计划与市场的论述与马克思主义政治经济学的相容内洽性、不是完全否定而是发展充实了社会主义计划经济原理。

马克思主义政治经济学关于商品经济和社会主义经济运行特征的经典思想与社会主义市场经济理论是否相容内洽、社会主义市场经济理论是否违背了马克思主义政治经济学的社会主义经济计划性的基本原理？是社会主义市场经济提出以后一直面临的一个难题。正确认识和解决这个难题，具有重大理论和实践意义。因为，不仅私有化的主张与这个问题紧密相关，而且认为马克思主义政治经济学已经过时的观点也是以这个问题为重要依据的。如前所述，私有化的主张提出市场经济只能建立在私有制基础之上、公有制不适应市场经济的要求、所以中国要搞市场经济就必须实行私有化；私有化论者认为马克思主义政治经济学也提出私有制是商品经济存在的必要条件、社会主义经济是计划经济不是市场经济，社会主义市场经济理论的提出实际上否定了马克思主义政治经济学的计划经济理论。

一、社会主义市场经济理论与马克思主义政治经济学的相容性

笔者认为，社会主义市场经济理论与马克思主义政治经济学是相容内洽的，社会主义市场经济理论并不违背马克思主义政治经济学的商品经济和社会主义经济运行特征的基本原理，马克思主义政治经济学也没有过时，中国的改革开放依然要以马克思主义政治经济学为指导。这不是强词夺理、教条迷信，也不是不符合逻辑、不能自圆其说的牵强附会！道理何在呢？

（一）社会主义市场经济理论没有违背马克思主义政治经济学的商品经济的基本原理

要正确说明中国社会主义初级阶段为什么要搞市场经济或者说社会主义初级阶段的经济也是市场经济，首先必须明确市场经济与商品经济的内涵、外延、相互关系及其存在的必要条件是什么，再看中国社会主义初级阶段是否具备这些条件。假若具备，就必然是市场经济；如果不

具备，就不可能是市场经济。

马克思在《资本论》中指出，“商品生产和商品流通是极不相同的生产方式都具有的现象，尽管它们在范围和作用方面各不相同”[①]“分工是商品生产存在的条件，虽然不能反过来说商品生产是社会分工存在的条件。在古代印度公社中就有社会分工，但产品并不成为商品。或者拿一个较近的例子来说，每个工厂内都有系统的分工，但是这种分工不是通过个人交换他们个人的产品来实现的。只有独立的互不依赖的私人劳动的产品，才作为商品互相对立”。[②] 列宁也说过，“社会分工是商品经济的基础”。[③] 恩格斯在《反杜林论》中则进一步提出，“一旦社会占有了生产资料，商品生产就将被消除”。[④] 斯大林强调必须按照《反杜林论》全文的意思理解，恩格斯这里所讲的社会占有的生产资料应该是“一切生产资料”“全部生产资料”。[⑤] 根据这些经典论述及相关论著，我们理解马克思主义政治经济学关于商品经济和市场经济的含义及其存在的原因的基本原理，主要包括以下两个方面：

一是市场经济与商品经济的联系和区别。商品经济是与自然经济相对的概念，是以生产的直接目的的不同为标准划分的社会经济形式。自然经济是自给自足、自己生产自己消费的经济形式，生产的直接目的是为了满足生产者及其所在经济单位的生活消费需要，追求的是使用价值。自然经济是原始社会、奴隶社会和封建社会占统治地位的经济形式，是与生产力发展落后、社会分工不发达、劳动生产率低下的小生产相适应的低级经济形式。商品经济是以商品生产和商品交换为基本特征的经济形式，生产的直接目的是为了交换，追求的是价值。商品经济总

---

① 马克思：《资本论》第一卷，北京：人民出版社，1975年，第133页。

② 马克思：《资本论》第一卷，北京：人民出版社，1975年，第55页。

③ 列宁：《俄国资本主义的发展》，载《列宁选集》第一卷，北京：人民出版社，1975年，第161页。

④ 恩格斯：《反杜林论》，载《马克思恩格斯选集》第三卷，北京：人民出版社，1995年，第633页。

⑤ 斯大林：《苏联社会主义经济问题》，北京：人民出版社，1961年，第8页。

的来说是与比较高的生产力发展水平和劳动生产率、比较发达的社会分工相适应的高级经济形式。商品经济由来已久，早在原始社会末期就已经出现了萌芽，经历了简单商品经济和成熟的或发达的商品经济两大发展阶段。简单商品经济是以手工技术、个体劳动和私有制为基础的商品经济，存在于资本主义社会以前的社会形态里，在社会经济中不占统治地位的商品经济的最初形式。由于简单商品经济中的生产仍是小生产，所以又称之为小商品经济。小商品经济还不是市场经济，因为市场还很不发达，还没有在整个社会的资源配置中起基础性或者决定性作用。简单商品经济是在资本主义社会中才发展成发达的商品经济。发达的商品经济是以机器大生产为基础、在社会经济中占统治地位的商品经济的高级形式。由于市场已经很发达，在整个社会的资源配置中已经发挥着基础性或者决定性作用，所以发达的商品经济才是市场经济。市场经济是商品经济高度发展的产物，是高级形式的商品经济。市场经济与商品经济从本质上来说是一回事，都是以商品生产和商品交换为基本特征的经济形式，只是依据发展程度的差别特别是市场在社会资源配置中的作用不同来界定的同一种经济形式。只要有商品经济就必然有市场，但商品经济并不一开始就是市场经济，只是到了资本主义社会，商品经济成为占统治地位的经济形式，由市场对社会资源配置起基础性或者决定性作用的时候，商品经济才发展成为市场经济。

二是商品经济和市场经济存在的必要条件。商品经济的存在，必须具备两个前提条件：一是社会分工；二是产品属于不同的所有者。商品经济的本质特征是为交换而生产、必须实行等价交换，因为不为交换而生产就不是商品经济，不实行等价交换，商品经济就不可能持续存在。社会分工决定单个生产者只能生产一种或者几种产品，而生活需要是多方面的，所以为了满足自己生活的需要，生产者必须互通有无、交换产品，生产的直接目的是为了交换。没有社会分工就没有交换、没有交换就没有商品生产，但是仅有社会分工还不够，还必须要产品属于不同所有者、交换是有偿等价的，才是商品生产和商品交换。如果产品是大家共同占有的，或者不实行等价交换、能够无偿拿走或者无代价分配享有占用别人的产品，那就不是商品经济。这里的不同所有者不一定必须是私有者，因为公有者（公有企业）与私有者之间、不同的公有者之间也存在利益差别、也需要等价交换，基本要求是一致的。只有同时具备这两个缺一不可的必要条件，社会生产才能成为商品生产，交换才能成为商品交换，社会经济也才能成为商品经济。市场经济本质上是商品经济，所以商品经济存在的这两个前提条件自然也是市场经济存在的必要条件。

市场经济不是小商品经济，而是商品经济的高级形式，因此市场经济存在的条件除了商品经济存在的一般条件之外，还必须具备一些特殊的条件，这就是商品生产必须在社会生产中占统治地位，必须基本形成完整统一的市场体系，商品和生产要素能够在市场价格信号的指引下在全社会范围内自由流动。只有同时具备这些条件，市场才能在社会资源配置中发挥基础性或者决定性作用，市场经济也才能存在。毫无疑问，资本主义经济完全具备这些条件，是市场经济。

社会主义经济是否也可能是市场经济呢？笔者认为只要存在上述这些条件，社会主义经济也可能是市场经济。社会主义经济能不能具备这些条件呢？笔者认为这是完全可能的。因为，中国社会主义经济发展60多年的实践告诉我们，在相当长的历史时期内，社会主义社会都将存在社会分工和多种所有制形式，不同所有制经济之间必须实行等价交换、是商品经济，即使是在公有制经济（包括国有经济）内部，除了具有不同公有制形式（比如全民所有制和集体所有制）和多种不同公有制实现形式（比如国营制、集体经营制、公司制、股份制、合作制、承包制、租赁制、委托经营制等）、产品也属于不完全相同的所有者、必须实行等价交换、也是商品经济之外，即使是同类公有制经济（比如国有经济）内部的单个公有制企业（比如国有企业）或单位也具有相对独立的经济利益、产品也属于具有相对独立性的不同公有制企业或单位生产和占有，也不能无偿调拨，必须实行等价交换，因此公有制经济的生产必然也是商品生产，公有制经济也是商品经济，商品经济在社会经济中处于统治地位。而且，社会主义社会还能够建立完整统一的市场体系，让商品和生产要素在全社会范围内自由流动，市场也可以在社会资源配置中发挥基础性或者决定性作用，所以社会主义经济完全可以是市场经济。

中国社会主义初级阶段阶段的经济是商品经济或者市场经济的基本条件是存在社会分工和多种不同的所有制。在中国社会主义初级阶段的经济是商品经济或者市场经济的大背景下，即使在公有制经济内部，虽然全民所有制经济的产品或收益应该由全民共同享有，集体经济的产品或收益应该由集体成员共同享有，但是由于不同的公有制企业或者经济单位占用的资源数量、质量、品种不同，特别是职工努力的情况也有差别，所以产出和资源利用的效率不一样，为了鼓励企业提供更多更好产出、提高资源利用效率，必须允许公有制企业拥有相对独立的经济利益（即生产经营得越好获得的收益越多），社会不能无偿占用或者调拨拿走公有制企业的产出（产品和劳务），公有制企业相互之间也必须实行等价交换，否则就会挫伤企业和职工的积极性，造成资源的低效利用甚至浪费，所以公有制企业的生产和交换也是商品生产和交换，公有制经济也是商品经济或者市场经济。由此可见，社会主义市场经济是可能存在的，社会主义市场经济理论也并不违背马克思主义政治经济学关于商品经济和市场经济存在的必要条件的基本原理。

（二）社会主义市场经济理论没有否定马克思主义政治经济学计划经济的基本原理，而是发展了社会主义经济运行特征的理论

以上分析说明，从马克思主义政治经济学关于商品经济的基本原理中，得不出市场经济必须建立在私有制基础之上的结论，但是以全社会直接占有全部生产资料为基础的社会主义经济不是商品经济而是自觉地有计划地按比例发展的经济（即计划经济）也是马克思主义政治经济学的基本原理。社会主义市场经济理论是否违背了社会主义经济不是商品经济而是自觉地有计划按比例发展的经济这个马克思主义政治经济学的基本原理呢？张宇教授在《经济研究》2016 年第 6 期发表的《论公

有制与市场经济的有机结合》中已经作了很有说服力的论述，这里不再过多重复，只想进一步说明社会主义市场经济理论并不否定马克思主义政治经济学的计划经济的基本原理，而且发展、充实、完善了马克思主义政治经济学关于社会主义经济运行特征的基本理论。

社会主义市场经济理论对马克思主义政治经济学的社会主义经济运行特征理论的发展，主要是说明了在社会主义社会实现全社会直接占有全部生产资料、经济自觉地实行有计划按比例协调发展之前的相当长的历史时期内，社会主义经济还是市场经济。社会主义是人类社会制度极其复杂的根本变革的性质决定的，从最早的空想社会主义试验开始，迄今为止的现代社会主义 200 多年的发展实践也表明，社会主义是一个相当长的历史时期，社会主义公有制、按劳分配、计划经济等基本制度和运行特征都不是短期就能够完全形成和成熟完善的，将要经历一个漫长的发展过程，必然要经过向社会主义过渡的时期，社会主义自身发展的初级阶段、中级阶段、高级阶段等若干成熟程度不同的发展阶段，不同发展阶段经济运行的特征也必然不同或者不完全相同。马克思主义政治经济学的经典理论只是论证了成熟规范的高级阶段的社会主义经济或者说共产主义经济应该是计划经济，并没有说明在这之前的若干社会主义经济发展阶段中社会主义经济运行的基本特征，社会主义市场经济理论则回答了这个问题，提出了向社会主义过渡的时期、社会主义自身发展的初级阶段、中级阶段，能够而且需要搞市场经济。这是对马克思主义政治经济学突破性的重大发展。

的确，马克思曾经指出“在一个集体的、以生产资料公有为基础的社会中，生产者不交换自己的产品；用在产品上的劳动，在这里也不表现为这些产品的价值”[①]，恩格斯也说，“一旦社会占有了生产资料，商品生产就将被消除，而产品对生产者的统治也将随之消除。社会生产内部的无政府状态将为有计划的自觉的组织所代替”“社会的生产无政府状态就

① 《马克思恩格斯选集》第三卷，北京：人民出版社，1995 年，第 303 页。

让位于按照社会总体和每个成员的需要对生产进行的社会的有计划的调节"[①]。笔者理解，马克思、恩格斯所讲的商品生产消除、实行社会生产有计划的自觉的组织的经济，是全社会直接占有全部生产资料的高度成熟的社会主义经济或者共产主义经济，并不是处于向社会主义过渡的时期，也不是社会主义发展的初级阶段甚至中级阶段的经济运行特征，因为这些阶段还没有发展到全社会直接占有全部生产资料。社会主义市场经济只是中国社会主义初级阶段甚至可能还是中级阶段（实现社会主义现代化以后和达到共产主义之前的漫长时期）的经济形态。在社会主义经济发展成熟的高级阶段，当公有制经济发展到全社会直接占有全部生产资料以后，商品经济或者市场经济将走向消亡，社会经济将发展成为自觉做到有计划按比例协调发展的经济。社会主义市场经济理论并不否定社会主义经济发展到高度成熟发达的高级阶段、所有制演进到单一公有制（即全社会直接占有全部生产资料）的时候，将不再是商品经济或者市场经济的长远趋势。

市场配置资源以收益最大化为目标，即使是要考虑市场需要也要服从什么赚钱就生产什么的基本原则，存在自发性、盲目性、事后性和市场失灵，是事后纠错性的调节（即已经供过于求、生产过剩了、造成了资源浪费，才通过价格下跌的信号表现出来，然后再减少生产；是已经供不应求、短缺不足了，才通过价格上涨的信号表现出来，然后再追加生产，以达到供求平衡），不能事先直接按照社会需要来组织安排生产，市场调节在公共品的提供和自然垄断行业难以发挥有效作用，市场竞争优胜劣汰必然导致贫富两极分化。计划经济正是针对市场经济的这些缺陷，根据生产社会化的要求提出的一种新的经济运行状态。从理论上来说，计划经济的设想、社会经济自觉地有计划按比例协调发展是社会经济运行最理想的状态。社会化大生产是实行高度分工协作的大规模的生产、是要满足全社会需要的生产，如果由社会直接占有全部生产资料，事先根据

① 《马克思恩格斯选集》第三卷，北京：人民出版社，1995年，第630～633页。

社会需要在全社会范围内有计划按比例配置生产资料和劳动力，组织安排生产活动，就能减少甚至消除生产过剩、积压、闲置、浪费和短缺不足，更有效地利用生产要素，更好地满足社会需要。成熟完善的社会主义经济将不是传统计划经济那样的“短缺经济”，也不是资本主义市场经济那样的“过剩经济”，而是供求基本平衡协调的经济。计划经济能够在全社会范围内动员和集中必要的人力、物力和财力进行重大建设，自觉地调整经济结构和总量比例，消除“市场失灵”，从社会整体利益出发协调经济的发展，调节社会收入的分配，促进公用事业和基础设施的建设，注意保护自然资源和生态环境。但是，中外社会主义国家几十年搞计划经济的实践却表明，虽然取得了不可否认的成就，总的来说效率是不高的、成绩也是不理想的。理论设想这么美好，为什么在实践上却不太成功呢？为什么计划经济的理论设想与实际效果存在明显的不一致，使得社会主义国家都不得不进行市场化改革、由计划经济体制转向市场经济体制呢？从计划经济有效运行的要求来看，这主要是由于迄今为止的计划经济存在信息局限性和利益局限性，现阶段还不具备计划经济有效运行的必要条件。[①]

计划经济的有效运行，实际上存在两个隐含的前提条件：一是计划的制订者和执行者必须真正从实际出发，不能从主观意愿包括良好的愿望出发，这就需要及时、对称地掌握完全、充分、准确的信息，否则计划就会不符合实际、出现计划赶不上变化的情形，结果可能造成积压和短缺并存、经济效益低下，甚至导致经济增长大起大落；二是计划的制订者和执行者必须“出以公心”、从全社会的需要和总体利益出发，不能只考虑个人、家庭和所在团体的需要和利益，否则计划就有片面性、局限性，就不能得到全面准确的贯彻实施和落实，计划目标也难以实现。但是，在实际的计划工作中，由于信息局限性和利益局限性的存在，使得这两个前提条件难以具备。

① 简新华：《中国经济改革探索》，武汉：武汉大学出版社，2007 年，第 208～211 页。

所谓信息局限性是指国民经济中有众多的部门和企业、众多的商品和劳务、众多的消费者，特别是现代社会科学技术日新月异、新产品层出不穷、经济结构错综复杂、人们的需求也是极其纷繁多样、千变万化，存在不确定性，由此会产生巨量信息。在今天这种“信息爆炸”的时代，国家计划机构要全面、详细、准确、及时地收集和掌握广泛分散在各个方面的所有信息，即使是普遍采用电子计算机等现代科学技术手段，也几乎是不可能的；即使能够做到，巨量信息的收集、整理和传递的成本太高，代价过大；即使国家计划机构掌握了所有这些信息，也难以在短期内编制出符合实际的计划及时下达到基层单位执行，计划往往赶不上变化。信息局限性使得计划的制定者和执行者必须及时、对称地掌握完全、充分、准确的信息的要求至少在社会发展的现阶段无法达到。所谓利益局限性是指无论是计划制定者还是执行者，自身都处于特定的物质利益关系之中，都有自己的特殊经济利益，与社会整体利益并不总是一致的，加之掌握的信息很难完整、准确，也就有可能只看到眼前的、局部的利益和目标，看不清长远的、宏观的利益和目标，不能很好地考虑经济发展各个方面和各种经济规律的全面要求；就有可能只顾追求自身的局部的利益，忽视甚至损害社会的总体利益。利益局限性使得计划的制定者和执行者必须从全社会的需要和总体利益出发的要求至少在社会发展的现阶段难以做到。信息局限性和利益局限性的存在，而且迄今为止这两个局限性很难克服，使得计划难以具有科学性、准确性和有效性，往往引起计划决策失误，造成产需脱节、供销脱节、积压与短缺并存，导致经济增长大起大落、资源配置不当、经济效益低下，不能有效地满足社会需求。实事求是地说，马克思、恩格斯在提出计划经济设想的时候，没有看到和探讨这两个局限性，更没有找到克服这两个局限性的途径，他们提出的计划经济的设想的确需要完善。这也是社会主义国家传统计划经济体制不太成功而普遍实行市场化改革的重要原因。

其实，市场经济也存在信息不充分、不完全、不精确、不对称、事后性、盲目性的信息局限性和追求个人利益最大化的自发性和利益局限性，这也是造成市场经济存在缺陷和失灵的重要原因，而且是市场经济自身无法克服的。正是由于计划经济和市场经济都不是完美无缺的、更不是万能的，都存在严重缺陷，而且迄今为止的国内外实践证明市场经济比计划经济更有效，所以中国的社会主义市场经济是要使市场在资源配置中起决定性作用和更好地发挥政府作用。

计划经济的信息局限性和利益局限性是否永远都无法克服、计划经济是否只是一种美好的空想、是否不可能有效？笔者认为，未来随着科学技术的不断进步、发达繁荣，特别是大数据、云计算等信息网络技术的突飞猛进，订单生产、按需生产、以需定产趋势的出现，物质财富越来越丰裕、按需分配条件的逐步具备，教育水平的不断提高、人越来越全面的发展，工农、城乡、地区、体脑差别的不断缩小，民主监督制度越来越完善，思想境界和道德价值观的提高，人类处理信息的能力将极大地提高，人们将突破个人和小团体利益的狭隘眼界，计划经济的信息局限性和利益局限性也会逐步减弱，虽然现在不敢肯定会完全消除，但至少能够在更大的程度上克服，从而提高计划经济的科学性、准确性和有效性。因此计划经济具有实现有效运行的可能，只是现在甚至将来很长一段时期内还不能完全做到。

张宇教授正确地指出："计划性对于社会主义来说却不是可有可无的东西，而是公有制经济的本质属性之一。""公有制经济的发展不可能完全建立在自发市场的基础上，而必须依靠集体理性或社会的计划作为自己的实现形式。""对社会生产共同的控制就是社会主义经济中计划性的本质所在，社会主义市场经济中国家的宏观调控，就是以这种计划性为基础的，它与资本主义经济中的国家干预存在着本质区别。"[①]这说明，社会主义市场经济虽然不是计划经济，但既然也是社会主义经济，也应该具有计划性，按照社会生产有计划按比例协调发展的要求进行计划管理和调控，计划性也是社会主义市场经济的要求和特征，社会主义市场

① 张宇：《论公有制与市场经济的有机结合》，载《经济研究》，2016 年第 6 期。

经济与资本主义市场经济主要区别在于，前者以公有制为主体的多种所有制为基础、以按劳分配为主体和共同富裕为目标、经济运行和发展还要按照计划性要求实行政府的计划调节、宏观调控。社会主义市场经济之所以称之为"社会主义"市场经济，不是一般而言的市场经济，更不是资本主义市场经济，是因为其不仅在所有制和收入分配上具有社会主义的性质特征，而且在经济运行、资源配置方式上还具有"计划性"。这一点也说明社会主义市场经济理论并没有否定马克思主义政治经济学的计划经济原理，两者是相容内洽的。

二、邓小平关于计划与市场的论述没有违背而是发展了马克思主义政治经济学的计划经济理论

这里还有一个需要说明的重要理论问题，即计划经济是高度成熟的社会主义或者共产主义经济运行的基本特征和方式，与邓小平关于计划与市场的论述是什么关系，是否存在矛盾，邓小平的论述是否否定了马克思主义政治经济学的计划经济原理。邓小平指出："说市场经济只存在于资本主义社会，只有资本主义的市场经济，这肯定是不正确的。社会主义为什么不可以搞市场经济，这个不能说是资本主义。"[①]"计划多一点还是少一点，不是社会主义与资本主义的本质区别。计划经济不等于社会主义，资本主义也有计划；市场经济不等于资本主义，社会主义也有市场。计划和市场都是经济手段。"[②]笔者认为，邓小平关于计划与市场的论述并没有否定马克思主义政治经济学的计划经济原理，而是发展了马克思主义政治经济学关于计划与市场的理论。原因如下：

第一，邓小平明确指出了计划和市场都是经济手段，社会主义和资本主义都可以用，这是马克思主义政治经济学原来没有的符合实际的新看法，但同时也必须清楚地认识到，计划不等于计划经济、市场不等于市

① 邓小平：《邓小平文选》第二卷，北京：人民出版社，1994 年，第 236 页。

② 邓小平：《邓小平文选》第三卷，北京：人民出版社，1993 年，第 373 页。

场经济，计划经济和市场经济作为社会经济运行的方式或者资源配置的方式，都是在一定客观社会经济条件下才可能存在或者实行的，并不是只要有计划和市场就是计划经济和市场经济。计划经济只能以公有制为基础，市场经济一直以私有制为基础，在社会主义初级阶段也可以与多种所有制和内部存在利益差别的不成熟完善的公有制相结合，有计划并不必然就是计划经济（比如资本主义经济中的企业一开始就有微观计划，第二次世界大战后部分资本主义国家还有宏观经济计划，但都不是计划经济），有市场也并不必然是市场经济（比如传统计划经济体制中就有市场，但不是市场经济）。邓小平只是讲资本主义也有计划，并没有说资本主义经济是计划经济，因为马克思主义政治经济学所说的计划经济必须以社会所有制为基础，以私有制为基础的资本主义经济永远不可能做到整个国民经济自觉地有计划按比例协调发展、不可能是计划经济，即使有些资本主义国家比如日本、法国等也制定过社会经济发展计划并且也发挥了一定作用，但是并没有避免生产过剩经济危机的不断发生。

第二，邓小平所说的“计划经济不等于社会主义”“市场经济不等于资本主义”，笔者理解应该有两重含义：一是首先肯定了计划经济是社会主义经济的一个重要特征，并没有完全否定社会主义经济是计划经济，只是指出计划经济只是社会主义经济的一个特征，社会主义经济的基本特征还包括公有制、按劳分配等，所以社会主义不能与计划经济划等号，不能认为社会主义只能搞计划经济；同样，也肯定了市场经济是资本主义经济的一个重要特征，并没有否定资本主义经济是市场经济，只是指出市场经济只是资本主义经济的一个特征，资本主义经济的基本特征还包括资本主义私有制、雇佣劳动剥削等，所以资本主义不能与市场经济划等号，不能认为只要是搞市场经济就是搞资本主义（在实际中，国内外不少人包括著名经济学家都认为搞市场经济就是搞资本主义，这是误解）。二是邓小平这里讲的社会主义是指的社会主义初级阶段，强调的是社会主义初级阶段还不能实行单一公有制，只能在一定程度上做到整个国民经济自觉地有计划按比例协调发展，还要搞市场经济，社会经济运行在合理坚持实行计划调节(政府宏观调控)的同时还必须充分发挥市场调节的作用。只有到社会主义的高级阶段或者共产主义阶段才能实行完整意义上的计划经济。邓小平指出社会主义初级阶段可以搞市场经济、社会主义经济并非只能是计划经济、搞市场经济并不就是搞资本主义,这也不是完全否定计划经济理论,而是对马克思主义政治经济学计划经济理论的发展。[①]

① 简新华、余江:《市场经济只能建立在私有制基础上吗?——兼评公有制与市场经济不相容论》,载《经济研究》,2016年第12期。

疑难问题 11

社会主义市场经济与资本主义市场经济的异同和联系及其运行状态是什么？

说明社会主义市场经济与资本主义市场经济的异同和联系，指出资本主义市场经济运行的典型状态是生产过剩的经济危机周期性地发生、传统社会主义计划经济的常态是供给不足，提出社会主义市场经济运行的基本状态，既不能是过剩经济，也不能是短缺经济，而应该是供求协调平衡经济，探讨避免供给不足特别是生产过剩的途径。

社会主义市场经济与资本主义市场经济究竟有什么异同和联系，虽然已经有不少论著进行了论述，但是都不全面、深入，而且存在分歧，尤其是对社会主义市场经济运行的基本状态应该是什么，更是缺乏研究研究和论述，现在特别需要深入探讨和明确。

一、社会主义市场经济与资本主义市场经济的异同和联系

市场经济都是建立在社会基本经济制度基础上的，由于存在不同的社会基本经济制度，因此建立在不同社会基本经济制度基础上的市场经济，必然具有不同的社会性质和特征。现在世界上存在两种社会性质不相同的市场经济，即资本主义市场经济和社会主义市场经济，两者的基本特征及其区别、联系和发展趋势是：

1. 资本主义市场经济的内涵和基本特征

资本主义市场经济是与资本主义基本经济制度相结合的市场经济，即以资本主义私有制为基础的市场经济。由于是资本主义，必然存在生产社会化与资本主义私有制的基本矛盾及其派生的个别生产的有组织性与社会生产的无政府状态的矛盾、生产无限增长的趋势与劳动人民有购买力需求相对不足的矛盾，生产目的是追求剩余价值最大化即利润最大化，以按资分配为主体，剥削和贫富两极分化广泛存在，必然发生周期有长有短的生产过剩经济危机。自由资本主义时期的市场经济运行基本实行自由放任，垄断资本主义特别是国家垄断资本主义时期虽然存在国家所有制经济，实行国家干预、福利国家制度，但是资本主义的基本矛盾及其派生的矛盾只是有所缓和，并没有根本改变，以私有制为基础、社会生产无政府状态、剥削和贫富两极分化、生产过剩经济危机等基本特征也没有改变。

2. 社会主义市场经济的内涵和基本特征

社会主义市场经济是在社会主义初级阶段与社会主义基本经济制度相结合的市场经济，即以社会主义公有制为主体的多种所有制为基础

的市场经济。由于是社会主义，必然以公有制和按劳分配为主体、社会生产的根本目的是最大限度满足社会需求、按照社会主义经济计划性的要求实行国家的计划调节、宏观调控、最终要消灭剥削和贫富两极分化、实现共同富裕；由于是社会主义初级阶段，存在社会生产力发展不足与广大人民群众不断增长的物质文化需求的矛盾、必须发展多种不同的所有制经济、实行包括按要素分配在内的多种不同的分配方式、还不能完全实现计划经济、还会存在贫富差距、也不可能完全实现共同富裕。

3. 社会主义市场经济与资本主义市场经济的异同和联系

社会主义市场经济与资本主义市场经济存在以下的异同和联系：

由于两者都是市场经济，所以两者必然具有相同的基本特征，主要是：都要形成完整统一竞争开放的市场体系，主要由市场形成价格，在社会经济活动中发挥市场的决定性作用，即主要通过市场机制配置经济资源，既能够通过市场竞争优胜劣汰的作用，优化资源配置、促进科技进步和经济增长、提高经济效益，也可能导致贫富差距扩大、经济运行较大的起伏波动，都因存在市场失灵和剥削现象而需要国家干预、法治规范，市场有效发挥作用需要维持社会稳定，而维持社会稳定则需要建立社会保障制度。

由于两者的基本经济制度不同，所以两者也必然存在重大差别，主要区别在于：第一，两者的所有制基础不同，前者是以公有制为主体的多种所有制为基础、后者则是以私有制为基础；第二，两者的分配制度不同，前者实行以按劳分配为主体的多种分配方式、以消灭剥削和实现共同富裕为最终目标，后者以按资分配为主体、不存在按劳分配、始终存在剥削和贫富两极分化；第三，两者经济运行和发展的调节方式不完全相同，前者还要按照计划性要求，能够更为合理有效地实行国家的计划调节、宏观调控，市场作用受到的限制更多，克服市场失灵的可能性更大，后者社会经济运行的无政府状态突出，难以合理有效做到国家的计划调节、宏观调控、市场作用受到的限制更少，克服市场失灵的可能性更小。

江泽民指出："我们搞的市场经济，是同社会主义的基本制度紧密结合在一起的。”“‘社会主义’这几个字是不能没有的，这并非多余，并非画蛇添足，而恰恰相反，这是画龙点睛。所谓‘点睛’，就是点明我们的市场经济的性质。”[①]社会主义市场经济之所以称之为“社会主义”市场经济，而不是一般而言的市场经济，更不是资本主义市场经济，不仅在所有制和收入分配上具有社会主义的性质特征，而且在经济运行、资源配置方式上还具有“计划性”。

由于先有资本主义市场经济、积累了大量的市场经济发展和管理的经验教训，后有社会主义市场经济、怎样科学管理和有效发展还在探索之中，所以社会主义市场经济需要学习借鉴资本主义市场经济发展和管理的有效经验和方法。由于社会主义市场经济与资本主义市场经济具有不同的社会性质，存在同时发挥社会主义优越性和市场经济的有效性的可能性，能够更好地克服市场失灵、消除资本主义市场经济的缺陷。由于无论是资本主义市场经济，还是社会主义市场经济都存在自身难以克服的缺陷，从人类社会经济运行演进的大趋势来看，两者都只是过渡经济形态，即使社会主义市场经济能够优胜于资本主义市场经济，在相当大的程度上克服市场失灵，但是也不能从根本上消除市场失灵，难以最终完全实现共同富裕，必然都要趋向实行社会所有制、按需分配和人的自由全面发展的共产主义计划经济。

二、社会主义市场经济的运行状态[②]

社会主义市场经济的运行主要包括运行状态特征和运行机制，这里首先通过对资本主义市场经济运行的状态特征和传统计划经济运行的状态特征的比较分析，来探讨社会主义市场经济的运行状态。

---

① 江泽民：《社会主义市场经济体制是同社会主义基本制度结合在一起的》，载《论社会主义市场经济》，北京：中央文献出版社，2006年，第202、203页。

② 简新华：《发展和运用中国特色社会主义政治经济学引领经济新常态》，载《经济研究》，2016年第3期。

1. 资本主义市场经济的生产过剩

马克思主义政治经济学认为,从供求关系的角度看,资本主义市场经济运行的典型状态特征是“过剩经济”,即生产过剩危机会不断地周期性地出现或者说生产过剩是“常态”。造成这种“过剩经济”的原因:总的来说,生产过剩经济危机的根源是,生产社会化与资本主义私有制的基本矛盾及其导致的资本主义生产能力的巨大增长与广大劳动者有购买力的需求相对不足的矛盾、个别生产有组织性与整个社会生产无政府状态的矛盾;具体而言,是追求剩余价值(利润)的内在冲动和市场竞争的外在压力,必然推动资本积累、技术进步、生产发展、规模扩大,所以资本主义市场经济基本不用担心供给不足、不优,更需要担心的是由于私有制、利润最大化的追求和市场竞争优胜劣汰必然导致的贫富两极分化,因而引起广大劳动者的收入即购买力不足,会造成有购买力的需求不足,使得生产过剩。

资本主义市场经济是“过剩经济”,这可能是凯恩斯特别强调需求管理的重要原因。凯恩斯曾经明确指出“我们生存其中的经济社会,其显著缺点乃在不能提供充分就业,以及财富与所得之分配有欠公平合理”。[①] 即使第二次世界大战以后,西方国家普遍实行国家干预,也只是缓和了上述矛盾,并没有从根本上解决这些矛盾,生产过剩的经济危机或者说经济衰退还是不断发生。2008 年从美国开始的金融危机和经济危机是资本主义市场经济依然是“过剩经济”的最新证明。

2. 传统社会主义计划经济的短缺不足

虽然传统计划经济显著地改变了中国贫穷落后的面貌,但是其运行的典型状态特征是“短缺经济”,即普遍的生产不足、供不应求是“常态”,中国的突出现象是绝大多数消费品都要凭票供应、排队购买。造成这种“短缺经济”的基本原因,是否定市场竞争和实行高度集中统一管理的经济体制、比重高达 99%的公有制经济、国有国营(国家所有、国家行政机

① [英]凯恩斯:《就业利息和货币通论》,北京:商务印书馆,1977 年,第 317 页。

关采用行政办法直接经营管理企业）的企业制度、存在平均主义倾向的收入分配制度，使得企业和民众改进技术、发展生产的动力和压力不足，即使靠“政治激励”能够短期奏效，但是长期不可持续，经济运行丧失活力，造成生产严重不足，长期不能根本改变贫穷落后的面貌，新中国成立30年还有数以亿计的人缺衣少食、没有解决温饱问题，而且由于信息局限性和利益局限性，使得计划往往脱离实际、决策不断失误、供需脱节、产销脱节，导致供不应求普遍存在的同时出现部分产品的库存积压，这些正是中国进行改革开放的基本原因。

3. 社会主义市场经济的供求协调平衡

“过剩经济”和“短缺经济”都是不合理的社会经济运行状态，既造成资源的低效利用和破坏浪费，又不能更好地满足广大人民群众的需求。只有基本上没有严重过剩和短缺的供求基本协调平衡经济才是社会经济运行的最佳状态，既能够合理有效利用资源、减少甚至消除浪费，又可以尽可能地满足社会需求。

中国现在通过改革开放，已经基本上由传统计划经济体制转变为社会主义市场经济体制，市场在资源配置中由基本不起作用转向发挥基础性甚至决定性作用，市场竞争普遍存在，占60%以上的私有制经济的比重也大大超过公有制经济，财富和收入分配差距大幅度扩大，“短缺经济”的状况已经基本改观，甚至出现了相对过剩（产能过剩、库存积压）。那么，从供求关系的角度来看，中国社会主义市场经济运行的基本状态是什么或者是应该是什么呢？显然不应该是“短缺经济”，也不能是与资本主义市场经济一样的“过剩经济”。因为，中国社会主义初级阶段的基本经济制度和主要矛盾与资本主义社会存在本质区别。由于社会主义市场经济还在发展和过程中，还很不成熟，还没有基本定型，所以现在还难以准确界定中国社会主义市场经济运行的基本状态特征。但是，按照社会主义本质的规定，创新、协调、绿色、开放、共享的发展新理念，效率和公平统一兼顾的要求，社会主义市场经济既要消除“短缺经济”的不足，又要避免“过剩经济”的缺陷，中国社会主义市场经济运行的基本状态特征应该是“供求基本平衡经济”。

怎样才能使得社会主义市场经济真正成为“供求基本平衡经济”，这是一个前所未有的世界难题，特别需要中国特色社会主义政治经济学深入探讨和科学解决。根据目前中国社会主义市场经济发展的状况，特别是在私有制经济比重已经超过60%、贫富差距已经相当大、市场已经在资源配置中发挥基础性甚至决定性作用的情况下，更值得我们特别关注的是如何消除、防范、避免因需求不足特别是劳动者的消费需求不足而引起的生产过剩。

疑难问题 12

应该怎样正确认识

市场和政府在经济运行中的作用？

说明市场的决定性作用和政府的重要作用的必要性、内容以及两者发挥作用的方式，深入分析市场失灵和政府失灵的内容、原因、机理和应对措施，探讨市场与政府合理有效结合的途径。

社会经济是要通过一定的经济机制来运行的，所谓经济机制或者称之为经济运行机制是指经济运行（包括展开和调节）采用的机构、手段及其作用机理，是由社会经济的客观条件、基本特征和运行规律决定的，具有不以人的意志为转移的客观必然性。社会化大生产条件下的经济机制主要是市场机制和计划机制。所谓市场机制是指通过市场价格、供求、竞争及其变动的作用来反映和调节社会经济活动的机制，主要是价值规律、供求规律、竞争规律作用的方式；计划机制则是通过国家制定和执行经济计划来规划和调节社会经济活动的机制，是社会经济有计划按比例协调发展规律作用的方式。[①] 市场调节和计划调节只是市场机制和计划机制作用的体现。实践证明，这两种机制并不是水火不容、完全对立隔绝的，现实中两者可以相互结合，在市场经济中，不仅微观企业内部都要实行计划管理，在一定条件下宏观经济运行也能够实现市场机制与计划机制不同程度的结合。比如，现代资本主义市场经济中就存在国家干预、某种形式和程度的宏观经济的计划调节，传统计划经济中也存在一定范围一定程度的市场调节。

社会主义市场经济的运行机制是什么？由于既存在市场失灵也存在政府失灵，市场经济（包括现代资本主义市场经济）和传统社会主义计划经济都不是完美无缺的、更不是万能的，都存在严重缺陷，而且迄今为止的国内外经济发展的实践证明，市场经济比传统社会主义计划经济更有效，所以社会主义市场经济的运行机制既不能是单一的市场机制，也不能是单一的计划机制，而应该是市场在资源配置中起决定性作用和更好发挥政府作用的机制。现在需要进一步明确的是市场决定性作用和政府重要作用的基本内容、有效发挥作用的方式以及二者的协调配合。

---

① 这里需要说明的是，由于在存在国家的时代，社会经济计划主要是由政府制定和实施的，所以计划调节、计划机制和计划作用也可以说是政府调节、政府机制和政府作用，市场与计划的关系也可以说成市场与政府的关系；又由于国家是由政府代表和管理的，所以政府调节、政府机制和政府作用又可以说成是国家调节（国家干预）、国家机制和国家作用。这三组概念虽然并不完全相同，但是主要内容基本相同，而且理论界都在采用，为了简单明了，我们这里不加区别地通用。

一、市场的决定性作用

社会主义市场经济中市场为什么要在资源配置中起决定性作用?这应该是没有疑义的,因为这是市场经济的本质规定性,如果市场不在资源配置中起决定性作用,就不是市场经济。什么是市场的决定性作用、如何发挥市场的决定性作用?

所谓市场的决定性作用,主要是指:第一,社会经济资源主要由市场配置,不是由政府或者计划配置;第二,价格主要由市场决定,切实开展规范有序、优胜劣汰的市场竞争;第三,企业生产什么、生产多少、为谁生产、怎样生产主要由市场调节。必须明确的是,市场的决定性作用决不意味着市场在所有领域、任何时候和情况下都要发挥无限的作用,"决定性作用"决不是无限作用、万能作用,不能否定"市场失灵"的存在。

如何才能合理有效发挥市场的决定性作用?必须有效克服政府失灵和纠正市场失灵。因为,政府失灵会干预过多,制造各种障碍,严重干扰市场决定性作用的发挥,还可能监管缺失或者不到位,无法有效克服市场失灵;市场失灵本身就是市场的缺陷,也会使得市场的作用可能不合理,导致对生产力的破坏和经济资源的浪费,所以只有克服政府失灵和纠正市场失灵,才能合理有效地发挥市场的决定性作用。

二、更好发挥政府作用

社会主义市场经济为什么要更好发挥政府作用呢?这主要是由更有效克服市场失灵、社会主义的性质和中国特殊的国情决定的。

第一,发挥政府的作用是市场经济的普遍规律,任何市场经济都不可能完全离开政府的管理、政府的作用。市场这只"看不见的手"并非万能,总会存在市场失灵问题,必须由政府这只"看得见的手"进行适度的干预,弥补市场的缺陷,限制市场的消极作用。政府必然是"有为政府"、不能是“无为政府”，因为政府是必须要发挥作用的，不然建立政府干什么呢？即使政府像有人主张的那样只发挥“守夜人”的作用，也有“守夜”的作为，也不是“无为政府”；政府作用又只能是“有限的”、不能是“无限的”，因为政府不可能也不应该无所不包、无所不能、包打天下 。世界上没有政府丝毫都不干预或者调控管理经济的所谓完全的自由市场经济，即使是在资本主义市场经济中，也不是完全自由放任、政府丝毫不起作用的，也需要通过政府的作用在一定程度上纠正市场失灵。

第二，社会主义市场经济之所以要“更好发挥政府作用”，不仅有效纠正市场失灵是社会主义市场经济最重要、也是最困难的任务之一，要比资本主义市场经济更好地纠正市场失灵，而且是社会主义本质的要求。社会主义要消灭剥削、消除贫富两极分化、最终走向共同富裕，实现社会公平，促进人的自由全面发展。这既是市场经济本身做不到的，也是资本主义市场经济中的政府做不到的，而社会主义市场经济恰恰要通过政府的作用，更好地解放和发展生产力，做强做优做大公有制经济特别是国有企业，维护最广大人民的根本利益，调节社会的收入分配，最大程度地维护社会公平正义，促进社会和谐。为了实现社会主义经济发展的目的，政府还需要依靠国家经济实力，运用经济政策，调节社会经济的运行过程，体现社会主义经济关系的要求。社会主义市场经济中政府的作用是特别重要的，尤其需要“更好发挥”。

第三，中国特殊的国情也要求发挥政府的作用。中国的国情是国家大、人口多、底子薄，经济社会发展不平衡；中国是一个灾害比较频繁的国家，不仅在现代，就是在历史上，中国的各朝各代政府，也都要担负赈灾、治水、固边等职能。在这样的国情下发展市场经济，政府需要发挥更大的统筹协调作用：一是解决不平衡问题，如东中西部、沿海和内地、城市和农村发展不平衡的问题；城乡居民、高收入群体和低收入群体收入差距拉大的问题。二是解决不协调的问题，如调整不合理的经济结构特别是产业结构；实施国家发展重大战略工程、调整国家经济发展的比例和布局；制定和实施国家发展中长期战略规划，等等。三是应对重大自然灾害，发挥我国各级政府集中力量办大事的优势，在最短的时间内举全国之力抗灾救灾，救护人民的生命财产，将灾害造成的损失减少到最低程度，开展生产自救，迅速恢复重建。

上述这些情况决定了社会主义市场经济中政府要发挥自己重要作用，不仅要弥补市场的缺陷，推动经济和社会的持续协调高质高效发展，而且要巩固和完善社会主义制度，解放和发展生产力，实现社会主义和共产主义的最终目标。同时，也应当认识到，社会主义市场经济体制也不是一成不变的，它要随着生产力和生产关系的发展而变化，因此，政府的作用也应随之而变化。①

在社会主义市场经济中政府必须遵循以人民为中心、创新协调绿色开放共享的发展新理念，通过计划统筹、经济调节、市场监管、国有资产管理、社会管理、公共服务等途径，合理制定经济社会发展规划，不断改革完善经济制度，恰当有效地运用财政、金融、产业、人力(就业)、收入等经济政策，进行宏观经济调控，调整优化包括产业结构、城乡结构、地区结构在内的经济结构，节约资源和保护环境，促进社会经济持续稳定高质高效发展，更加重视搞好搞活国有企业、发展农村集体经济、真正做强做优做大公有制经济，不断改革完善收入分配制度、缩小财产和收入差距、有效防止贫富两极分化，建立和完善更加合理和可持续的社会保障制度，更好地实现社会公平和维持社会稳定。

如何才能合理有效发挥政府的重要作用？必须在合理有效发挥市场决定性作用的前提下，有效克服政府失灵。因为，政府的重要作用是要纠正市场失灵并且创造条件让市场更加合理有效发挥决定性作用，不能妨碍、干扰，更不能取代市场发挥决定性作用。

总而言之，真正做到市场在资源配置中起决定性作用的同时又更好发挥政府作用，关键是必须合理有效纠正“市场失灵”和克服“政府失灵”。

① 编写组:《马克思主义政治经济学概论》，北京：人民出版社，2017 年，第 360 页。

三、纠正市场失灵

1. 市场失灵的内容

市场在资源配置上具有优越性：第一，能够同时提供供求信息和激励，刺激或抑制生产和消费，自动调节商品的供求，在微观经济主体的经济行为的自我调整中求得供求的平衡，在一定程度上做到产需结合、供销结合，把有限的资源配置于最适宜的使用方面；第二，可以发挥优胜劣汰的作用，调动各方面的积极性，促进技术的进步和经营管理的加强，开发新产品，增加花色品种，改善产品和服务的质量，降低消耗，节约劳动，提高资源的利用效率。

虽然市场在资源配置中具有相当大的优越性，但是市场并不是万能的，市场作用的领域不是无所不包的，市场的作用不是无限的，存在多方面的失灵或者无效的缺陷。所谓“市场失灵”（又称“市场失效”“市场失败”），是指市场在某些领域中无能为力或勉为其难、在某些方面造成不利后果的情况。市场经济的缺点集中表现就是存在“市场失灵”，主要有：第一，由于市场调节存在盲目性（市场提供的信息并不完全、充分、准确、对称，可能导致经营决策失误）、自发性（追求个人利益最大化）、事后性（事后纠错性的调节），会引起经济发展的起伏波动，可能造成严重的生产过剩和企业的破产倒闭，导致经济损失和资源浪费；第二，市场竞争优胜劣汰会出现财产和收入分配的高低悬殊，可能导致贫富两极分化；第三，市场机制不能有效地解决自然垄断性的非盈利性公共产品的供给、外部不经济、维持生态平衡、保护自然环境和资源等问题。

2. 市场失灵的原因

有效纠正市场失灵，首先必须弄清造成市场失灵的原因，这样才能有的放矢、对症下药、药到病除。市场失灵产生的原因与市场经济优越性产生的原因一样，也是市场机制的作用机理和后果。

市场配置资源以市场主体个人的利益最大化为目标，通过价格波动影响企业的利益得失，进而间接地调节企业经济行为，以商品生产经营者追求自身局部利益为动力去实现其调节作用，虽然有很大的激励作用，也要考虑市场需求，但是必然会服从什么赚钱就生产什么的基本原则，存在自发性。即使是社会需要的如公共品，如果不能赚钱，商品生产经营者也不会生产提供；哪怕是对社会和民众有害的如毒品、假冒伪劣商品，只要能够赚钱，照样生产供应；如果市场上的商品供不应求、价格上涨、可以赚更多钱，大家就可能一拥而上，使得供给不足变成生产过剩；假若市场上的商品供过于求、价格下跌、可能亏本甚至破产，大家就可能纷纷退出，使得生产过剩变成供给不足；为了降低成本、赚更多的钱，即使污染环境、浪费资源、破坏生态，也不愿意治理、保护；为了收益最大化，必然展开激烈的竞争，而市场竞争优胜劣汰、毫不留情，还可能促使出现不择手段、尔虞我诈、坑蒙拐骗、假冒伪劣、以次充好、以劣从优、缺斤少两、欺行霸市、囤积居奇、大鱼吃小鱼、谋取垄断暴利、损害消费者和社会利益的现象；市场竞争还会导致垄断，如果对垄断不加以限制，可能引起生产和技术停滞的趋势。市场作用的这种自发性，可能导致资源的浪费和有害使用，市场调节在公共品的提供和自然垄断行业难以发挥有效作用，使得社会公共品的供给得不到保证，市场竞争必然优胜劣汰，市场调节的收入分配，会出现高低悬殊，无力防止贫富两极分化。

市场作用虽然能够给人们提供进行经济决策必要的信息，但是还存在信息局限性以及由此带来的盲目性、事后性。

首先，市场价格的涨落的确可以灵敏地反映供求情况及其变化，但是市场价格提供的供求信息也是不充分、不完全、不精确、不对称的，因为，价格上涨或者下跌，虽然表明供不应求或者供过于求，应该增加资源配置、扩大生产供应或者减少资源配置和缩小生产供应，但是没有提供供不应求到底缺多少、将会有多少厂家什么时候进入、增加多少资源配置、扩大多少生产供应、相应的价格上涨会使得市场需求将减少多少、总体来看应该增加多少供给为宜，从价格信号中也看不出来供过于求到底多多少、将会有多少厂家何时退出、减少多少资源配置、缩小多少生产供应、相应的价格下跌会使得市场需求将增加多少、总体来看应该减少多少供给为宜。恩格斯早就说过："谁也不知道，他的那种商品出现在市场上的会有多少，究竟需要多少；谁也不知道，他的个人产品是否真正为人所需要、是否能收回他的成本，或者是否能卖出去。"[①]市场行情反映的只是短期内的供求动态，不能反映供求情况的长期变化趋势。市场调节主要通过价格进行，价格波动只能表明供求变化的大致方向，不能准确地反映供求变化的具体数量。市场信息的这种局限性，使得企业虽然可能通过市场行情、价格信号，了解各种产品的供求情况，调整自己的生产经营活动，但这种自动的行为调整存在盲目性，并不能保证宏观总量的平衡和结构的合理。企业通过价格上涨，可以知道哪些生产是短线、哪些部门资金不足、哪些产品供不应求，但不能准确掌握短线究竟短到什么程度、不足的数量到底是多少、增加多少为宜、将有多少资金转移到这些部门来、将会增产多少，也不能准确了解需求将会发生什么变化；企业通过价格下跌，可以知道哪些生产是长线、哪些部门投资过多、哪些产品供过于求，但不能准确掌握长线究竟长到什么程度、过剩的数量到底是多少、减少多少为宜、将有多少资金转移到别的部门去、将会减产多少，也不能准确了解需求将会发生什么变化。市场机制的这种由于信息局限性造成的盲目性再加上追求盈利的自发性，往往会使资金大量撤离长线低利部门，一窝蜂地涌向短线高利部门，结果可能使短线变长线、长线变短线、不足成过剩、过剩成不足，引起新的比例失调、结构失衡，导致经济增长的起伏波动，造成资源的浪费和低效使用，使得社会需求得不到更好的满足。

而且，市场价格提供的供求信息往往是滞后的，也就是说资源已经配置过多或者过少、已经造成商品供过于求或者供不应求了，再通过价格反映出来，进行事后的纠错式的调整。市场机制的这种由于信息的不

① 恩格斯：《反杜林论》，载《马克思恩格斯选集》第三卷，北京：人民出版社，1973年，第312页。

及时而带来的事后性表明，市场作用是一种供求已经失衡情况下的事后纠错性作用（即已经供过于求、生产过剩了、造成了资源浪费，才通过价格下跌的信号表现出来，然后再减少生产；是已经供不应求、短缺不足了，才通过价格上涨的信号表现出来，然后再追加生产，以达到供求平衡），虽然有益，但毕竟已经存在了资源配置的过多或者过少，不能事先直接按照社会需要来组织安排生产，等到市场信息反馈，然后再抽走资金、减少生产时，这种滞后性已经存在无法挽回的损失，使得资源配置难以真正做到优化。

改革开放以来中国农业生产反复轮番出现卖粮难、卖肉难等与粮价、肉价等暴涨的现象，就生动地证明了市场调节的自发性、盲目性、事后性的缺陷。

以上分析说明，市场机制存在信息不充分、不完全、不精确、不及时、不对称的信息局限性和由此造成的盲目性、事后性以及追求个人利益最大化的利益局限性引起的自发性，这是造成市场经济存在缺陷或者说市场失灵的根本原因，而且是市场经济自身无法克服的。

3. 纠正市场失灵的原则和措施

市场失灵是市场经济自身无法克服的缺陷，是否就完全不能克服或者纠正呢？由于市场失灵是市场机制的作用机理必然产生的后果，所以只要是市场经济，市场失灵就不可避免，但是如果能够采取恰当的制度安排和措施，在一定程度和范围内是能够有效纠正市场失灵的，只有在实行计划经济条件成熟的未来社会中，市场经济走向消亡，才可能从根本上消除市场失灵。

针对市场失灵的表现和原因，在一定程度和范围内纠正市场失灵，可能应该遵循以下基本原则、采取以下主要措施：

（1）由于市场失灵是市场经济自身无法克服的缺陷，所以只能依靠政府和社会组织的作用、实行法治来纠正市场失灵。

（2）市场经济是利益激励型、自由选择型、自由竞争型经济，但是自由不是无条件的不受限制的绝对的自由，竞争必须有规则，决不是想怎么做就怎么做，必须是合理有序的，以不伤害他人利益为前提，国家必须合理制定和严格执行市场经济合理高效运行所需的完备的法律规章制度，并且根据情况的新变化不断修改完善，规范市场行为，维护市场秩序，处理市场纠纷，解决市场矛盾，合理维护市场经营主体、消费者和整个社会的利益特别是公共利益，克服追求个人利益最大化的市场利益局限性及其引起的自发性，保证市场经济合法有序运行。

(3)竞争、开放、完整、统一、规范、有序的市场体系是市场经济有效运行的必要条件，政府必须促进形成竞争、开放、完整、统一、规范、有序的市场体系，加强必要的市场监督管理，坚决打击取缔假冒伪劣、尔虞我诈、坑蒙拐骗、欺行霸市等非法行为，尽量减少甚至消除不正当竞争行为和不合理垄断现象，维护市场公平交易和合理合法竞争，提高市场作用的效果。

(4)市场机制存在信息局限性以及由信息局限性导致的盲目性和事后性，所以政府还应该尽可能及时收集、整理、发布市场信息，为市场交易各方提供信息等多方面的服务，克服市场的信息局限性及其盲目性和事后性，有效纠正市场失灵。

(5)市场无法难以很好地解决自然垄断性的非盈利性的公共产品的供给、外部不经济、维持生态平衡、保护自然环境和资源等问题，因此必须合理发挥政府和相关社会组织机构的作用，制定相关法规，进行必要的投资经营和监督管理，保证公共品的供给和自然垄断行业的有效发展，防止和治理环境污染，保护资源和生态。

(6)市场经济是风险型经济，市场竞争优胜劣汰毫不留情，市场不保护弱者，为了社会公平和稳定，国家必须建立合理适度的社会保障制度，保证社会全体成员特别是弱势群体的基本生活需要，需要社会救助和慈善机构等社会组织帮助市场经济中的失败者和无力生存者，同时必须注意防止出现所谓“福利国家”的弊端，避免过度保护和救助，防止形成不合理的依赖，过多地牺牲效率，避免在纠正市场失灵的时候又发生政府失灵。

四、克服政府失灵

1. 政府失灵的内容及其原因

政府作用的主要优点是:第一,政府调节经济运行的目的应该是最大限度地满足社会需要,能够自觉地规划短期增长和长远发展,调整经济结构和总量比例,从社会整体利益出发协调经济的发展,克服或者消除“市场失灵”,避免生产过剩的经济危机周期性地爆发;第二,“集中力量办大事”,在全社会范围内动员和集中必要的人力、物力和财力进行重大建设,更快更有效地突破重点和难点;第三,调节社会收入的分配,防止贫富两极分化;第四,更好地促进公用事业和基础设施的建设,注意保护自然资源和生态环境。

传统计划经济的实践证明,政府或者计划在资源配置中虽然能够发挥重要作用、具有市场没有的优点,但同样不是万能的,都会存在严重缺陷或者说失灵。所谓“政府失灵”或者“计划失灵”,是指政府或者计划在资源配置中失误、低效的情况。政府失灵的具体内容也就是传统计划经济的缺陷。传统计划经济的主要困难和不足是:第一,存在信息的局限性(不完全、不充分、不准确、不及时、不对称等),使得计划难以具有科学性、准确性和有效性,计划往往赶不上变化,计划决策容易失误,造成产需脱节、供销脱节,导致资源配置不当,不能有效地满足社会需求;第二,激励不足,预算约束软化,难以调动企业和职工的积极性、主动性和创造性,无法保证资源最有价值的利用,不可避免地会产生浪费现象;第三,采用行政的办法管理经济,存在利益的局限性(计划制定者和执行者会考虑自身利益,难以只从社会整体利益出发协调经济的发展),行政开支巨大,官僚主义可能比较严重,容易形成种种特权、产生腐败现象,还可能出现凭长官意志办事、主观臆断瞎指挥、脱离群众、脱离实际的情况,造成资源的错误配置和浪费;第四,可能繁琐僵化,统得过多,管得太死,扼杀企业领导和职工的创新精神和冒险精神,使企业丧失经济活力,导致技术进步缓慢、产品质量差、经济效益低下。

正是由于上述这些主要缺陷,使得世界上采取计划配置资源的国家无一例外地发生资源配置失误、结构比例失调、产品的普遍短缺与部分积压同时并存、效率低下、经济运行剧烈波动等严重问题。

2. 克服政府失灵的原则和措施

实事求是地说,由于现阶段甚至将来一个相当长的历史时期内,政府的信息局限性和利益局限性都会不同程度地存在,因此要想完全克服政府失灵是不可能的,能够做到的是尽可能减少、缓解政府失灵。针对政府失灵的表现和原因,尽可能减少、缓解政府失灵,应该遵循以下基本原则,采取以下主要措施:

(1)在市场经济条件下政府的主要经济职能,应该是尽可能纠正"市场失灵"。凡是经济发展和社会和谐稳定需要的市场无能为力的领域、解决不了的问题,政府需要发挥更多更大的作用;凡是市场能够有效发挥作用的领域、解决的问题,政府应该放手让市场发挥作用。只有作出这样的分工,政府和市场才能发挥各自的优势、避免各自的短处,真正做到两者扬长避短、优势互补,大大减少政府失灵的可能性、更加合理有效地发挥政府作用。如果政府掌控一切、大包大揽、无所不管、包打天下,政府失灵只会越来越多、越来越严重。

(2)政府在经济决策和调控管理的过程中,必须尽可能利用现代网络信息技术和先进的信息处理工具及方法,坚持开展调查研究,听取多方面的意见特别是不同观点甚至反面意见,充分了解实际情况,掌握更多的信息,最大限度地克服政府管理的信息局限性,并且先试验、再总结经验教训、成功后再推广,减少决策失误、干预失当。

(3)严格选拔国家经济管理工作人员,加强教育培训和民主监督管理,不断提高政府工作人员的素质和能力,形成有效的激励监督约束机制,保证其享有合理应得的利益,坚持不懈地惩治腐败,既治标又治本,从制度上形成反腐败的长效机制,最大限度地克服政府管理的利益局限性,有效减少政府失灵。

（4）政府的国民经济管理，既要进行需求管理，也要实行供给管理；既要注意质量、短期问题，更要考虑长期、结构问题；政府应该是服务型政府，主要是为市场经济的有效运行提供各种必要的服务，该管的事努力管好，不该管的事坚决不管；最重要的是尽可能调动企业、民间的积极性、主动性、创造性，放开搞活，不能管得更多、过宽、太死。

五、市场作用与政府作用的协调配合

真正做到市场在资源配置中起决定性作用的同时又更好发挥政府作用，不是一件容易的事，两者的作用都能发挥不是自然而然就能做到的，因为两者作用的目标不完全一致、作用的机理甚至完全不同、作用的后果也不完全一样，有可能产生矛盾甚至冲突，使得两者的作用都不能很好发挥，甚至出现“双失灵”，不是扬两者之长避两者之短、去两者之弊存两者之利，而是相反，扬两者之短避两者之长、去两者之利存两者之弊。比如，本来是市场能够有效解决的问题，政府却硬要插手，结果事与愿违、吃力不讨好，甚至造成腐败；本来应该是政府管的事，却硬要搞“市场化”，结果不仅事情没有做好，而且加重老百姓和社会的负担。所以说，要想真正有效发挥市场的决定性作用和政府的作用，两者必须协调配合。

市场作用与政府作用怎样才能协调配合呢？除了前面已经论述的纠正市场失灵和克服政府失灵的原则和措施之外，最重要的是明确政府与市场的功能，划分各自作用的领域，各司其职，两者既不能缺位也不能越位、换位、错位，只有这样才能去弊存利、扬长避短、优势互补。而且，市场是“看不见的手”，市场的作用是自发的、需要条件的，政府则是“看得见的手”，政府的作用是人为的、自觉的，政府既可以促进、保障市场作用的发挥，也可能限制、损害市场作用的发挥，所以市场作用与政府作用要协调配合。市场能够做到、做得更好的，必须尽量让市场去做；市场做不到的、做不好的，政府则义不容辞，必须尽力做好，政府还必须建立和完善市场体系、规范市场行为、维护市场秩序，为市场发挥决定性作用创造必要的、有利的条件，特别是提供制度保障。

还必须明确的是，手段是为了目的服务的，手段必须服从目的，市场机制和计划机制、市场作用和政府作用都只是手段，都不是目的，不能为了市场而市场、为了政府而政府，在社会主义市场经济中两者都要为推动社会主义经济持续高质量高效发展、最终实现共同富裕服务。

疑难问题 13

新发展理念对发展观有什么创新和发展?

回顾发展观从 GDP 发展观到可持续发展观、再到科学发展观的演进过程,论述发展新理念对发展观的充实和完善;指出强调“以人民为中心”、把创新放在首位、明确提出开放和共享,弥补了原有发展观的不足,丰富和发展了科学发展观,更符合当前世界和中国的实际,具有更大的国际意义和现实指导意义;说明发展新理念充实和完善了马克思主义政治经济学的经济发展思想。

改革开放以来，中国在经济发展取得举世瞩目的惊人成就的同时，对发展的认识也在不断深化、提高，提出了新的发展理念，形成了科学发展观，对中国经济的持续快速发展起到了重要指导作用。现在中国经济发展进入新常态，出现了许多新现象、新情况、新特点、新问题，为了适应和引领新常态，又进一步提出了创新、协调、绿色、开放、共享的五大发展新理念，再次充实完善了科学发展观，发展了发展经济学。

一、发展观的形成演进历程[①]

发展观是关于发展的本质、目的、内涵和要求的总体看法和根本观点，也是发展经济学的核心内容。由于发展理念是对发展各个方面的看法和理性追求，既有关于发展某个方面的理念、也有关于发展所有方面理念的集合，而发展观是对发展的总体看法，所以发展观并不完全等同于发展理念，两者既有联系又有区别，实际上发展观可以说是所有或者主要发展理念的集合。发展观和发展理念对经济社会发展具有重要的指导作用，反映实际和变化趋势的科学正确的发展观和发展理念，能够指导人们确定正确的发展方向和目标任务、制定合理有效的发展规划和战略方针、采取切实可行的对策措施、推动经济社会持续高效发展；不符合实际和变化趋势的不完全正确甚至错误的发展观和发展理念，则会使人们难以明确正确的发展方向和目标任务、无法制定合理有效的发展规划和战略方针、可能采取低效甚至错误无效的政策措施，极不利于经济社会的持续有效发展。

发展理念应该说早已有之，但是人类社会是在第二次世界大战以后发展经济学产生的时候，才形成对发展的比较明确、系统的看法，也才有了所谓发展观。在此之前，基本上只有财富增长或经济增长的思想观念，而经济增长只是经济发展的一个方面，经济发展还包括经济结构的

① 简新华，曾宪明：《论科学发展观的现成、贡献和落实》，载《经济学动态》，2005 年第 1 期。

演进、生活质量的提高，广义的发展除了经济发展之外，还包括社会公平和谐的实现、生态环境的改善等社会各个方面的改进，所以说在发展经济学形成之前，特别是没有明确认识经济增长与经济发展的区别和联系之前，还没有形成完整意义的发展观。发展观并非一成不变，而是随着经济社会发展的实践而不断变化演进，只是在对经济社会发展有了更为全面、深刻认识的基础上才提出了科学发展观。

从世界范围来看，发展观大致上经历了三个阶段的演进，形成了三类不同的发展观：20 世纪 70 年代以前的"GDP 发展观"，即以经济增长为核心的发展观；20 世纪 70 年代到 90 年代出现的"新发展观"，包括全面发展观、可持续发展观等；进入新的 21 世纪中国提出的"科学发展观"。

第一阶段即 20 世纪 70 年代以前的 GDP 发展观。从第二次世界大战后发展经济学产生开始到 20 世纪 60 年代，早期发展经济学对发展的看法较为简单、片面，认为发展就是经济发展，并且把经济发展等同于经济增长，即 GDP 的增长，"经济规模的扩大、数量的扩张、增长速度的提高"。在这种发展观指导下制定的发展中国家的经济发展战略，都以工业化作为发展目标，片面追求 GDP 或 GNP 的增长。结果形成了"有增长无发展"的局面，造成贫富两极分化、人口爆炸、农业衰败、粮食不足、资源短缺、环境污染等许多经济社会问题。正是在这样的背景下，发展经济学对发展的看法开始转变，从而进入第二阶段。

第二阶段即 20 世纪 70 年代到 90 年代的新发展观，主要包括全面发展观、可持续发展观。面对第二次世界大战 20 年后发展中国家出现的"有增长无发展"现象，发展经济学开始修正对发展的看法。

最先对"增长即发展"的观点提出疑问的"罗马俱乐部"的学者们尖锐地指出，片面追求增长使人类陷入困境，主张实行"零增长"。随着 20 世纪 70 年代世界石油危机的爆发，环境污染和粮食短缺的加剧，许多发展经济学家都开始意识到，发展的内涵不单是经济增长，还有经济结构改善、资源和环境的保护、生活质量的提高、社会公平和谐的实现；发展不仅仅是指经济发展，还包括社会、生态等各个方面的发展；发展的目的不只是收益最大化即经济效益，还要注重社会效益、生态效益。正是在这种背景下，发展经济学提出了多种“新发展观”。

首先形成的是“全面发展观”，即发展是包括经济增长和结构改善在内的以人为本的经济、社会、生态全面发展的观点。比如：美国经济学家金德尔伯格、赫里克提出“经济增长指更多的产出，而经济发展则既包括更多的产出，同时也包括产品生产和分配所依赖的技术和体制安排上的变革”①。吉利斯、帕金斯、罗默等指出：“经济发展，除了人均收入的提高外，还应含有经济结构的根本变化。”②保罗·斯特瑞腾强调：“我们决不应迷失经济发展的最终目的，那就是以人为本，提高他们的生活条件，扩大他们的选择余地。”③德布拉吉·瑞甚至具体地说明“发展可以是贫穷与营养不良的消除，人均寿命的提高，卫生条件的改善，获得干净的饮用水和医疗服务的可能性；发展也可以是婴儿死亡率降低，是知识水平和学校教育的提高，尤其是成人识字率的提高”④。日本经济学家速水佑次郎也认为，“经济发展所涉及的范围非常宽，通常要涉及主要的文化和社会变化”⑤。法国学者弗朗索瓦·佩鲁则把发展视为“为一切人的发展和人的全面发展”⑥。诺贝尔经济学奖获得者印度经济学家阿马蒂亚·森的独到见解是“扩展自由是发展的(1)首要目的和(2)主要手段”⑦。

“可持续发展观”是 20 世纪 80 年代由联合国提出和倡导的最有影

---

① [美]金德尔伯格、赫里克：《经济发展》中文版，上海：上海译文出版社，1986 年，第 5 页。

② [美]吉利斯、帕金斯、罗默：《发展经济学》中文版，北京：中国人民大学出版社，1998 年，第 7 页。

③ [美]吉利斯、帕金斯、罗默：《发展经济学》中文版，北京：中国人民大学出版社，1998 年，第 7 页。

④ [美]德布拉吉·瑞：《发展经济学》中文版，北京：北京大学出版社，2002 年，第 7 页。

⑤ [日]速水佑次郎：《发展经济学——从贫困到富裕》中文版，北京：社会科学文献出版社，2003 年，第 4 页。

⑥ [法]弗朗索瓦·佩鲁：《新发展观》中文版，北京：华夏出版社，1987 年，第 11 页。

⑦ [印]阿马蒂亚·森：《以自由看待发展》中文版，北京：中国人民大学出版社，2002 年，第 30 页。

响的新发展观。1980年3月5日联合国大会向全世界发出呼吁:“必须研究自然的、社会的、生态的、经济的以及利用自然资源过程中的基本关系,确保全球的发展[①]。”从此,联合国不断召开国际会议,通过宣言,发表声明,在全世界大力提倡既满足当代人的需要,又不对后代人满足其需要的能力构成危害的发展,即可持续发展的新模式。可持续发展观是经济、社会发展与人口、资源、环境互相协调的、兼顾当代人和子孙后代利益的、能够不断持续进行下去的发展观点。在可持续发展观的指导下,联合国制定了人类发展指数(HDI)这个包括寿命、教育、收入分配的综合指标,还有学者提出了绿色GDP指标体系、循环经济和低碳经济的发展方式。但是,无论是全面发展观还是可持续发展观,都没有全面、系统、综合地说明发展的本质、目的、内涵和要求,自然也就没有形成完整、准确的科学发展观。

第三阶段即新世纪中国提出的科学发展观。在跨入21世纪的时候中国面对国际国内经济、社会发展的实际和前景,在深刻总结国内外发展的经验教训的基础上,全面吸收和综合了人类社会发展研究的成果,提出了以人为本,全面、协调和可持续的科学发展观。科学发展观既纠正了GDP发展观的错误,又克服了各种新发展观的不足,无疑是迄今为止最科学最正确的发展观。

从中国来看,在对什么是发展、发展什么、为什么发展、为谁发展和怎样发展问题的认识上,也经历了一个逐步提高的过程。

在改革开放以前,虽然认识到社会主义生产的目的是要满足广大人民群众日益增长的物质文化生活需要、社会主义社会的根本任务是发展生产力,但是在什么是发展、为谁发展上,把发展生产力主要看成工农业总产值的增长,存在“重生产轻生活”“先生产后生活”甚至“为生产而生产”的偏差;在怎样发展上,总的指导方针是以阶级斗争为纲,强调政治挂帅,实际上把经济发展放在了次要的位置,甚至只算“政治账”,不算

① WCED. Our Common future, Oxford: *Oxford University Press*, 1987.

"经济账"，搞所谓"穷过渡"，实行的是重工业优先的赶超战略，片面追求增长的高速度和规模扩大，主要依靠投入人力物力、消耗资源发展生产，轻视质量和效益，更没有清醒地认识到在经济发展中必须节约资源、保护环境的重要性，发展观和发展模式都存在严重的缺陷。

改革开放以来，我们对发展的看法发生了很大的转变、认识有了很大的提高和深化。首先是纠正了以阶级斗争为纲的指导方针，提出了以经济建设为中心的基本路线，制定和实施了新的经济发展战略，工作重心由政治斗争转向经济建设，强调一切经济工作必须以提高经济效益为中心。20 世纪 90 年代初，在苏联东欧发生剧变、中国改革和发展遭受严重挫折的关键时刻，邓小平提出"发展是硬道理"，充分肯定了发展的重要性，极大地提高了对发展的认识，坚定了一心一意谋发展的决心。随后，在继承、丰富和发展邓小平的发展观，更加全面、深刻和准确把握发展规律的基础上，纠正了把"经济发展是硬道理"理解为"经济增长是硬道理"的偏差，进一步提出"发展是执政兴国的第一要务"，总结吸收了国内外"先发展后环境""先污染后治理"的深刻教训，形成了科学发展观。

二、科学发展观及其重大贡献

什么是科学发展观、为什么会提出、在哪些方面发展了发展观呢？

1. 科学发展观的内涵

科学发展观是以人为本，全面、协调、可持续的发展观。科学发展观认为，发展的本质是"以人为本"，发展的根本目的是为了人的生存和发展，发展的内容包括"经济、社会和人的全面发展"，发展的模式是"全面、协调、可持续"发展，发展的基本原则是全面统筹兼顾、协调发展，发展的主要要求是正确处理"七大关系"、实行"五个统筹"，即处理好经济发展与社会发展的关系，处理好城乡发展、地区发展的关系，处理好不同利益群体的关系，处理好经济增长同资源、环境的关系，处理好改革发展稳定的关系，处理好物质文明建设同政治文明建设、精神文明建设的关系，处理好国内发展同对外开放的关系，做到统筹城乡发展、统筹区域发展、统筹经济社会发展、统筹人与自然的和谐发展、统筹国内发展和对外开放。

2. 科学发展观提出的背景和依据

科学发展观的提出，决不是偶然的，也不仅是一种良好愿望、主观要求，而是具有深刻的必然性和客观的依据。从国际背景和经验教训来看，经济信息化、知识化、全球化、绿色化和竞争激烈化，人口、资源、环境问题的严重性，少数国家全面、协调发展的成功经验，大多数国家“为增长而增长”“有增长无发展”“高消耗高污染”“先污染后治理”、贫富悬殊、社会矛盾尖锐、民族冲突、政治动荡的深刻教训，都要求树立以人为本，全面、协调、可持续的科学发展观。从中国的国情和面临的任务来看，共同富裕的社会主义最终目标，GDP 达到人均 4000 美元以后面临的保持持续稳定发展或者陷入停滞衰退的两种不同的发展前景，严重的“三农”问题、就业问题、内需的不足、收入差距的扩大、资源的短缺、水土的流失、土地的沙化、环境的污染、产业结构的不优化、城乡结构的不合理、地区结构的不平衡、弱势群体的困难、社会稳定的保持等问题的有效解决，更是迫切需要树立科学发展观、转换增长方式、改变发展模式和调整发展战略。以人为本，全面、协调、可持续的科学发展观是中国站在现代的高度，在深刻总结国内外发展问题上的经验教训、全面吸收已有的经济和社会发展理论研究成果的基础上，提出的更新的发展观。

3. 科学发展观的贡献和意义

发展观理应是发展经济学的基本概念和核心内容，但大多数发展经济学的论著都没有明确提出发展观的概念，更缺乏对科学发展观的研究和论述。法国学者弗朗索瓦・佩鲁虽然写了一本名为《新发展观》的书，但他没有明确界定发展观的内涵，其“新发展观”也只是一种“总体的、内生的、综合的”发展观，缺乏统筹协调、可持续发展的重要内容，还没有提出完整、准确的科学发展观。因此，以人为本，全面、协调、可持续的科学发展观的提出，创新了发展的观念，丰富了发展经济学的内容，弥补了发展理论的不足，具有重大的理论和实践意义。

从理论角度而言，以人为本，全面、协调、可持续的科学发展观是对既有发展理论的完善和充实。

第一，科学发展观在发展的总体看法上完善了发展经济学。

对发展的本质、目的、内涵和要求的理解是发展观的主要内容。长期以来，发展经济学对发展的看法，虽然不断演进，逐步走向完善，但一直存在缺陷，始终没有明确地提出完整的科学发展观。GDP 发展观以物为本，不以人为本，缺乏全面、协调、可持续发展的内容；全面发展观没有明确提出可持续发展的要求；即使是可持续发展观虽然强调经济、社会发展必须与人口、资源、环境协调，但也存在没有明确指出经济、社会和人的全面发展及经济、社会发展互相协调的不足。科学发展观则正确地指出发展的本质是“以人为本”，发展的根本目的和内涵是“经济、社会和人的全面发展”，发展的基本要求是“全面、协调和可持续”，使人类社会对发展的认识更为完整、准确和深刻，无疑是发展经济学的新发展和突出贡献。

第二，科学发展观在发展的方式上充实了发展经济学。

科学发展观不仅在什么是发展和为什么发展方面完善了发展经济学，而且在怎样发展的问题上也发展了发展经济学。尽管发展经济学曾经先后总结和提出过初级产品出口、进口替代、出口导向、轻工业优先发展、重工业优先发展、产业平衡发展、产业不平衡发展、可持续发展等多种多样的发展道路、发展模式和发展战略，其中不少也在某些国家的发展中曾经发挥过一定的作用，取得过一定的成效，但始终没有提出更为完整和合理的发展道路或发展战略。在如何正确处理工业与农业、城市与农村、区域经济发展、经济与社会、国内发展与对外开放、人与自然和谐发展等一系列发展的重大关系和问题上，往往缺乏全局观、总体观、协调观，存在重大缺陷。不是突出工业化而轻视农业发展，注重城市而忽视农村；就是强调地区不平衡发展而轻视区域经济协调发展，重视地区和产业均衡发展而忽视其他方面的统筹协调发展；还有的是注重外向型经济发展而忽视内向型经济发展，或者是肯定自力更生而否定对外开放；即使是提出了可持续发展模式，更多地强调的也是社会、经济发展与人口、资源、环境的协调，也没有提出全面统筹兼顾、协调发展的模式。科学发展观克服了这些方面的缺陷，提出了完整的“全面、协调、可持续”发展的模式，明确了全面统筹兼顾、协调发展的基本原则，强调了发展必须正确处理“七大关系”、实行“五个统筹”，充实了发展经济学关于发展方式的理论。

以上说明，科学发展观在什么是发展、发展什么、为什么发展、为谁发展和怎样发展问题上，全面发展了发展经济学。

从现实上讲，以人为本，全面、协调、可持续的科学发展观不仅对当代中国有着紧迫的实践意义，也对解决人类社会共同面对的现实发展难题具有指导意义。科学发展观是现在中国发展最正确的行动指南，对中国经济、社会和人的全面发展都具有重要的指导意义。科学发展观使中国发展的实践有了明确的方向和必须遵循的基本原则，能够更正确地把握发展的本质、目标和内容，从而少犯错误，少走弯路，避免过多、过大的损失，特别是有利于纠正和防止我们在发展中曾经长期存在的重物不重人、重经济不重社会、重经济增长不重协调均衡、重短期目标不重长期持续、重 GNP 不重资源和环境、重数量不重质量、重速度不重效益、重经济效益不重社会效益和生态效益、重工业不重农业、重城市而不重农村的偏差，从而提高发展成效，保证发展的全面、协调和可持续。

三、五大发展新理念的内容和新发展

习近平同志指出：“古人说：‘理者，物之固然，事之所以然也。’发展理念是发展行动的先导，是管全局、管根本、管方向、管长远的东西，是发展思路、发展方向、发展的着力点的集中体现。发展理念搞对了，目标任务就好定了，政策举措也就跟着好定了。”[①]按照这种精神，2015 年中国

① 习近平：《关于〈中共中央关于制定国民经济和社会发展第十三个五年规划的建议〉的说明》，载《人民日报》，2015 年 11 月 4 日。

在制定国民经济和社会发展第十三个五年规划时，在科学发展观的基础上又进一步提出了坚持以人民为中心的发展思想的创新、协调、绿色、开放、共享的五大发展新理念，实现了发展观的新发展。以人民为中心的发展思想主要是发展为了人民、发展依靠人民、发展成果由人民共享的思想，是五大发展新理念的核心指导思想。五大发展新理念的具体内容和对科学发展观的发展和贡献如下：

1. 创新、协调、绿色、开放、共享的发展新理念的基本内容

五大发展新理念的具体内容是什么呢？

所谓创新，从经济社会发展的角度来说，主要是科学技术创新、产业创新、制度创新和组织管理创新。科学技术是第一生产力，科技创新是科学技术进步的根本途径，产业创新、制度创新和组织管理创新能够极大地解放和发展生产力，因此创新是发展的持久的强大动力，既能合理开发保护资源、又能高效节约利用资源，既能提高供给能力和经济效益、又能创造新需求。创新是无限的，能够不断地极大地提高生产要素的利用效果，克服自然资源、劳动力数量、投资、市场需求、进出口对经济发展的限制，从而推动经济社会持续高效发展。这可能也是在五大发展新理念中把创新放在第一的重要原因。

所谓协调，是指国民经济中各个产业、部门、领域、地区、城乡、环节、资源环境、国内外等各个方面的互相适应、配合、均衡发展，包括经济、社会、政治、文化、生态在内的广义发展的各个方面的比例关系协调、相互配合、合理推进。协调是持续健康发展的内在要求。只有协调，才能既消除积压、过剩、浪费，又避免短缺、不足、冲突，实现经济持续有效发展、社会和谐稳定和生态平衡优化。

所谓绿色，是指能够实现资源节约、环境友好、生态文明、人与自然和谐的可持续发展状态，要求保护、节约、高效利用资源，不断开发新资源，防止和治理环境污染，保护和美化环境。绿色是永续发展的必要条件和人民对美好生活追求的重要体现。

所谓开放，是指利用全球化的机遇，开放国内外市场，否定不合理的保护主义，推动国际人财物的合理流动，参与国际分工协作，引进来、走出去，发展国际贸易、投资、科技、文化、人才交流，充分合理利用国内外两个市场、两种资源，更好更快推动经济社会发展。开放是实现国家繁荣发展、促进世界分工合作、互通有无、取长补短、优势互补、互利共赢的必由之路。

所谓共享，是指发展成果由人民共享。抽象笼统地讲发展要"以人为本"，是有缺陷的。因为，少数人也是人，发展成果由少数人享有也可以说是"以人为本"。共享抓住了发展以人为本的实质要求，明确指出发展成果必须由全体人民共享，不能只是由少数人享有，必须合理缩小财富和收入分配的差距、防止贫富高低悬殊、两极分化，逐步走向、最终达到共同富裕。当然共享不是平均主义，也不意味着财富和收入分配完全没有差别。只有非平均主义的共享，才能实现社会公平、增进人民团结、维持社会稳定、调动各方面积极性、增强发展动力。共享是中国特色社会主义的本质要求，更是共产主义的主要特征。恩格斯曾经指出："通过社会生产，不仅可能保证一切社会成员有富足的和一天比一天充裕的物质生活，而且还可能保证他们的体力和智力获得充分的自由的发展和运用。"①列宁也说过："共同劳动所创造的财富为全体劳动者而不是为一小撮人造福。"②

2. 五大发展新理念对发展观的新发展

实事求是地说，科学发展观也不是完美无缺的，"五大发展新理念"实际上弥补了科学发展观的不足或者欠缺，不然就不能称之为新理念、新发展。以人为本，全面、协调、可持续的科学发展观中，虽然提出了要"以人为本"，但是没有明确指出这里的"人"是指"人民"或者绝大多数人，而以少数人为本也可以说是"以人为本"，共享是以人为本的核心，如果发展成果只是少数人独占，那只是以少数人为本，以人为本必须以多数人或者全体人民为本，不能只以少数人为本；虽然包含有协调、绿色的

① 《马克思恩格斯选集》第三卷，北京：人民出版社，1972 年，第 322 页。

② 《列宁全集》第七卷，北京：人民出版社，1957 年，第 185 页。

理念，因为可持续发展就是绿色发展，但是没有明确指出创新、开放、共享的理念，而这三个理念也是非常重要的发展理念；而且，没有创新、开放、共享，也难以做到协调、绿色，尤其是当前世界和中国经济社会发展在这三个方面问题更为突出，更需要强调这三个发展理念。

自从 2008 年美国发生金融危机和经济危机以来，世界经济一直萎靡不振，中国经济也是在 2010 年以后连续 6 年下行，都面临着结构不合理、贸易保护主义抬头、财产和收入分配不平等加剧等三大突出问题。

首先是结构问题突出。具体表现是：世界特别是发达国家金融业过度发展、虚拟经济膨胀、实体经济衰退、制造业“空心化”、基础设施老化，同时新科技革命和产业革命正在兴起；中国则是无效供给过多、有效供给不足、一般制造业产能过剩、高端制造业和新兴产业以及现代服务业不足、处于世界产业价值链的低端，不仅收入难以增加，而且难以维持中高速增长。

其次是贸易保护主义蔓延的问题。2008 年金融危机爆发后，为了保护本国企业、就业和增长，以美国为首的发达国家贸易保护主义抬头，结果损人也不利己，加剧了国际贸易的下降和经济增长的不景气，同时导致中国进出口增长也大幅度下降，甚至出现负增长，使得中国改革开放以来主要依靠出口推动经济增长的方式难以为继，必须转向创新和扩大内需。

更重要的是财产和收入分配不平等加剧、发展成果不能共享问题。从世界特别是西方发达国家来看，财产和收入分配不平等加剧是 2008 年金融危机发生的最重要原因，诺贝尔奖获得者美国经济学家约瑟夫·斯蒂格利茨指出，“金融危机给予了人们一种新认识：我们的经济体制不但没效率、不稳定，而且根本不公平”[①]。诺贝尔奖获得者美国经济学家保罗·克鲁格曼也说，“过去三十年间美国经济增长的最大成果落入了一小群富人的腰包，而且集中程度非常高，以至于都无法清楚判断，普通

① [美]约瑟夫·斯蒂格利茨：《不平等的代价》，北京：机械出版社，2014 年，第Ⅹ页。

家庭有没有从科技进步及其带来的生产效率的提高中获取一丁点利益”[①]。法国著名经济学家托马斯·皮凯蒂在《21世纪资本论》中通过对大量长期的相关历史数据的分析，得出资本主义历史上长期存在财富和收入分配的不平等的结论，提出“在财富积累和分配的过程中，存在着一系列将社会推向两极分化或至少是不平等的强大力量”，强调“自从20世纪70年代以来，收入不平等在发达国家显著增加，尤其是美国，其在21世纪头十年的收入集中度回到了（事实上甚至略微超过了）20世纪的第二个十年”[②]。埃及、利比亚、叙利亚等中东和北非国家发生的号称为“某某之春”的所谓“季节革命”，乌克兰等东欧国家发生的所谓“颜色革命”，虽然与以美国为首的西方国家竭力鼓动、推行“美国民主模式”有关，但内因是决定性的，其原因主要都是本国独裁者及其家族、少数腐败官员和暴发户掌握大量的财富资本，造成严重的贫富两极分化、高低悬殊，引起广大人民群众的强烈不满。由此可见，无论是西方发达国家，还是其他发展中国家，要有效应对、缓解、预防危机，非常重要的是必须想办法有效缓解财富和收入分配不平等的问题。就中国而言，除了供给结构不合理、层次低之外，由于财产和收入差距扩大、劳动收入偏低造成的有购买力的需求不足，也是中国经济连续6年下行的重要原因，要保增长，除了坚决进行供给侧结构性改革之外，还需要深化所有制、收入分配等相关制度改革，合理缩小财产和收入差距，从而提高人民群众有购买力的需求，进而推动经济稳定增长。

以上情况说明，无论是世界，还是中国，现在都迫切需要创新、开放、共享。世界特别是发达国家现在需要通过科学技术、产业和制度创新，规范和监管金融业的发展、抑制虚拟经济的膨胀、进一步发展高端制造业和高新技术产业，改变制造业“空心化”的态势，重建基础设施，振兴实体经济，在恢复和提高自身经济增长的同时，也带动世界的经济增长；克

① ［美］保罗·克鲁格曼：《美国怎么了——一个自由主义者的良知》，北京：中信出版社，2008年，第187页。

② ［法］托马斯·皮凯蒂：《21世纪资本论》，北京：中信出版社，2014年，第28、16页。

服贸易保护主义倾向，促进国际投资、国际分工、国际贸易、国际交流合作，以推动世界经济恢复和加快发展；调整财产和收入分配，缓解不平等的状况，让更多的人分享经济发展的成果，同时增加社会有购买力的需求，增强经济增长的动力。中国现在也需要通过全面深化改革特别是结构性改革，推动技术、产业、制度和组织管理创新，调整优化经济结构，大力发展高端制造业、新兴产业、现代服务业和新业态，进入世界产业价值链的高端，克服无效供给过度、有效供给不足的偏差，做强实体经济，改变经济下行的态势，维持中高速增长，为世界经济增长做出更大贡献；坚持融入、促进、引领经济全球化，实行开放、包容、合作、互联互通、互利共赢的方针，提倡自由贸易，反对贸易保护主义，促进国际投资、国际分工、国际贸易、国际交流合作，以推动中国和世界经济的持续稳定增长；深化所有制、分配制度等相关制度的改革，调整财产和收入分配，缩小收入和贫富差距，让全体人民分享经济发展的成果，同时增加社会有购买力的需求，增强经济持续增长的动力。

由此可见，创新、协调、绿色、开放、共享的发展新理念的提出，不仅弥补了原有发展观的不足，丰富和发展了科学发展观，使得发展观更加全面、系统、科学、合理，再次发展了发展经济学，而且更符合当前的世界和中国的实际，具有更大的国际意义和现实指导意义。

四、发展新理念充实和完善了马克思主义的经济发展思想

从马克思主义的经济发展思想的形成和发展过程来看[①]，我们可以发现，科学发展观的形成、以人民为中心的发展新理念的提出是中国特色社会主义政治经济学的重大创新，更是对马克思主义政治经济学经济发展思想的突出理论贡献。

① 王元璋：《马克思主义经济发展思想史》，乌鲁木齐：新疆人民出版社，2006 年。

1. 马克思、恩格斯的重要经济发展思想

由于马克思和恩格斯创立马克思主义政治经济学的时代，社会主义制度和社会主义经济还没有出现，经典马克思主义政治经济学主要是科学分析研究和揭示资本主义生产方式的矛盾运动和生产关系的演进规律，只是在此基础上提出社会主义和共产主义的必然趋势，其目的和任务并不是研究如何巩固完善资本主义制度、实现资本主义经济持续有效发展（资本主义制度怎样巩固完善、资本主义经济如何持续有效发展是西方经济学的主要任务），也没有而且不可能深入系统研究社会主义经济如何持续有效发展。当然，这并不是说经典马克思主义政治经济学中没有经济发展理论，事实上提出了一些经济发展的重要的经典思想，特别是一些反映社会经济发展普遍规律的基本原理。比如：

在为什么发展、发展什么、为谁发展方面，马克思指出，“没有需要，就没有生产。而消费则把需要再生产出来”“消费创造出生产的动力”“新的生产的需要”“没有生产，就没有消费，但是，没有消费，也没有生产，因为如果没有消费，生产就没有目的”[①]。马克思和恩格斯在《共产党宣言》中提出，共产主义将“尽可能快地增加生产力的总量”[②]。他们还多次强调，在未来社会“生产将以所有人的富裕为目的”[③]“所有人共同享受大家创造出来的福利”[④]。恩格斯在《共产主义原理》中指出：“在这种社会制度下，一切生活必需品都将生产得很多，使每一个社会成员都能够完全自由地发展和发挥他的全部力量和才能。”[⑤]这些论述均表明，马克思和恩格斯早已提出共享理念。

在怎样发展方面，马克思指出：“按一定比例分配社会劳动的必要性，决不可能被社会生产的一定形式所取消，而可能改变的只是它的表

---

① 《马克思恩格斯选集》第二卷，北京：人民出版社，1995 年，第 9 页。
② 《马克思恩格斯选集》第一卷，北京：人民出版社，1973 年，第 272 页。
③ 《马克思恩格斯选集》第八卷，北京：人民出版社，2009 年，第 200 页。
④ 《马克思恩格斯选集》第一卷，北京：人民出版社，2009 年，第 689 页。
⑤ 《马克思恩格斯选集》第一卷，北京：人民出版社，1973 年，第 217 页。

现形式，这是不言而喻的。”[①]恩格斯则指出在未来社会“社会的生产无政府状态就让位于按照社会总体和每个成员的需要对生产进行的社会的有计划的调节”[②]。马克思还指出，“真正的经济——节约——是劳动时间的节约(生产费用的最低限度——和降到最低限度)。而这种节约就等于发展生产力”[③]“时间的节约，以及劳动时间在不同的生产部门之间有计划的分配，在共同生产的基础上仍然是首要的经济规律。这甚至在更加高得多的程度上成为规律”[④]。恩格斯在《自然辩证法》中指出：“人则通过他所作出的改变来使自然界为自己的目的服务，来支配自然界。这便是人同其他动物的最后的本质的区别，而造成这一区别的还是劳动。但是我们不要过分陶醉于我们对自然界的胜利。对于每一次这样的胜利，自然界都报复了我们。”[⑤]从这些论述可见，马克思和恩格斯提出了最早的协调、绿色的理念。

2. 列宁、斯大林的重要发展思想

到了列宁和斯大林的时代，由于社会主义制度初步建立了、社会主义国家出现了，如何建立、巩固、完善社会主义制度、持续有效发展社会主义经济成为主要任务，所以列宁以后的马克思主义政治经济学重点研究了社会主义经济发展问题，列宁和斯大林在继承马克思主义的基本经济发展思想的基础上，重点探讨了苏联如何发展社会主义经济的新问题，提出了一些新的理论观点，充实和发展了马克思主义的经典经济发展思想。比如：

在为什么发展、为谁发展方面，列宁指出，“只有社会主义才可能广泛推行和真正支配根据科学原则进行的产品的社会生产和分配，以便使所有劳动者过最美好的、最幸福的生活。只有社会主义才能实现这一点。而且我们知道，社会主义一定会实现这一点，而马克思主义的全部

① 《马克思恩格斯选集》第四卷，北京：人民出版社，1973年，第368页。
② 《马克思恩格斯选集》第三卷，北京：人民出版社，1995年，第630页。
③ 《马克思恩格斯选集》第四十六卷下，北京：人民出版社，1980年，第225页。
④ 《马克思恩格斯选集》第四十六卷上，北京：人民出版社，1979年，第120页。
⑤ 《马克思恩格斯选集》第三卷，北京：人民出版社，1973年，第517页。

困难和它的全部力量也就在于了解这个真理”①“在这种社会制度里，共同劳动所创造的财富将归全体劳动者而不是一小撮富人享用”②。他强调：“劳动生产率，归根到底是使新社会制度取得胜利的最重要最主要的东西。资本主义创造了在农奴制度下所没有过的劳动生产率。资本主义可以被最终战胜，而且一定会被最终战胜，因为社会主义能创造新的高得多的劳动生产率。”③斯大林指出，“社会主义基本经济规律的主要特点和要求，可以大致表述如下：用在高度技术基础上使社会主义生产不断增长和不断完善的办法，来保证最大限度地满足整个社会经常增长的物质和文化的需要”“社会主义生产的目的不是利润，而是人及其需要，即满足人的物质和文化的需要”④。

在发展什么、怎样发展方面，列宁指出“共产主义是苏维埃加全国电气化”“只有当国家实现电气化，为工业、农业和运输业打下了现代化大工业的技术基础的时候，我们才能取得最后的胜利”⑤，还提出“社会主义的唯一物质基础，就是同时也能改造农业的大机器工业”⑥。斯大林也提出，“工业是社会主义和社会主义建设的基础、开端和终结，而要发展工业就必须从农业开始”“工业与农业的相关关系问题、无产阶级与农民的相互关系问题，乃是建成社会主义经济问题的根本问题”“资本主义国家实现工业化，通常主要是靠掠夺其他国家，靠掠夺殖民地和战败国，或者靠借多少带有奴役性的巨额外债”，我们“靠本国节约来发展工业的道路，即社会主义积累的道路。列宁同志屡次指出这条道路是我国工业化唯一的道路”。他强调，“工业化的中心，工业化的基础，就是发展重工业（燃料、金属等等），归根到底，就是发展生产资料生产，发展本国的机器制造业”“没有重工业，便无法保持国家的独立；没有重工业，苏维埃制度

① 《列宁全集》第三卷，北京：人民出版社，1995年，第546页。
② 《列宁全集》第八卷，北京：人民出版社，1995年，第193页。
③ 《列宁选集》第四卷，北京：人民出版社1995年第16页。
④ 斯大林：《苏联社会主义经济问题》，北京：人民出版社，1972年，第31、62页。
⑤ 《列宁选集》第四卷，北京：人民出版社，1995年，第364页。
⑥ 《列宁选集》第四卷，北京：人民出版社，1995年，第542页。

就会灭亡。因此我国共产党也就排斥了'通常的'工业化道路,而从发展重工业开始实行国家工业化"。他还指出,在社会主义建设中"技术决定一切""干部决定一切""人才,干部是世界上所有一切宝贵资本中最宝贵最有决定意义的资本""必须赶上并超过发达的资本主义国家的先进技术""要建设,就必须有知识,必须掌握科学。而要有知识,就必须学习。顽强地、耐心地学习。向所有的人学习,不论向敌人或朋友都要学习,特别是向敌人学习。咬紧牙关学习,不怕敌人讥笑我们,笑我们无知,笑我们落后"。[①]从这些论述可见,列宁和斯大林对社会主义经济发展特别是产业结构的演进作了更为具体深入的研究,继承了马克思和恩格斯的共享理念,可以说也初步提出了创新的理念,但是协调、绿色的理念不很明确。

3. 毛泽东、邓小平的重要发展思想

第一个社会主义国家苏联的经济发展模式或者称之为"斯大林模式",即以传统计划经济体制和重工业优先的赶超战略为主要特征的发展道路,虽然曾经取得过惊人的成就,但是存在重大缺陷、不可持续。中国应该是最早发现苏联经济发展模式的缺陷的国家之一,实际上从毛泽东就开始了中国特色社会主义经济发展道路的探索,到邓小平实行社会主义改革开放时期,中国逐步形成了具有中国特色的社会主义经济发展的新道路,进一步极大地充实、完善了马克思主义的经济发展思想。比如:

在为什么发展、为谁发展方面,毛泽东 1957 年在《正确处理人民内部矛盾》中指出:"我们的根本任务已经由解放生产力变为在新的生产关系下面保护和发展生产力。"[②]他还明确提出"要巩固工农联盟,我们就得领导农民走社会主义道路,使农民群众共同富裕起来"[③]。邓小平进一步

---

① 斯大林:《斯大林论工业化》,北京:人民出版社,1955 年,第 55、19、147、60、57、337、300、162、143 页。

② 毛泽东:《毛泽东选集》第五卷,北京:人民出版社,1977 年,第 377 页。

③ 中共中央文献研究室:《建国以来重要文献选编》第 7 册,北京:中央文献出版社,1993 年,第 308 页。

指出，“走社会主义道路，就是要逐步实现共同富裕”“社会主义的本质，是解放生产力，发展生产力，消灭剥削，消除两极分化，最终达到共同富裕”[①]。他强调，“贫穷不是社会主义，发展太慢也不是社会主义”“发展才是硬道理”“坚持社会主义，首先要摆脱贫穷落后状态，大力发展生产力，体现社会主义优于资本主义的特点”，甚至断言“不坚持社会主义，不改革开放，不发展经济，不改善人民生活，只能是死路一条”[②]。

在发展什么、怎样发展方面，毛泽东指出，“我们要调动一切直接的和间接的力量，为把我国建设成为一个强大的社会主义国家而奋斗”[③]，必须正确处理经济、政治、社会发展中的十大关系：重工业和轻工业、农业的关系，沿海工业和内地工业的关系，经济建设和国防建设的关系，国家、生产单位和生产者个人的关系，中央和地方的关系，汉族与少数民族的关系，党和非党的关系，革命和反革命的关系，是非关系，中国和外国的关系。

邓小平指出，“社会主义和市场经济之间不存在根本矛盾”“只搞计划经济会束缚生产力的发展。把计划经济和市场经济结合起来，就更能解放生产力，加速经济发展”“我们在改革中坚持了两条，一条是公有制经济始终占主体地位，一条是发展经济要走共同富裕的道路，始终避免两极分化”“我们发挥社会主义固有的特点，也采用资本主义的一些方法（是当作方法来用的），目的就是要加速发展生产力”[④]。他还提出：“经济发展得快一点，必须依靠科技和教育。我说科学技术是第一生产力。”[⑤]他强调：“我们的政策是让一部分人、一部分地区先富起来，以带动和帮助落后的地区，先进地区帮助落后地区是一个义务。我们坚持走社会主义道路，根本目标是实现共同富裕，然而平均发展是不可能的。过去搞

---

① 邓小平：《邓小平文选》第三卷，北京：人民出版社，1993年，第373～377页。

② 邓小平：《邓小平文选》第三卷，北京：人民出版社，1993年，第255、224～225、370页。

③ 毛泽东：《毛泽东选集》第五卷，北京：人民出版社，1977年，第268～288页。

④ 邓小平：《邓小平文选》第三卷，北京：人民出版社，1993年，第148～149页。

⑤ 邓小平：《邓小平文选》第三卷，北京：人民出版社，1993年，第377页。

平均主义，吃‘大锅饭’，实际上是共同落后，共同贫穷，我们就是吃了这个亏。改革首先要打破平均主义，打破‘大锅饭’，现在看来这个路子是对的。”[①]

应该说，毛泽东和邓小平的经济发展思想，重点探讨了促进中国社会主义经济发展的基本经济制度和体制机制，不仅继承了马克思主义的重要经济发展思想，而且更符合处于社会主义初级阶段的中国实际。

以上简短的回顾和介绍说明，马克思主义政治经济学在经济发展特别是社会主义经济发展理论方面，只是在为什么发展、为谁发展、发展什么、怎么样发展上提出了许多重要的经典思想，有的还只是适应当时的情况提出的主张，并没有明确提出全面系统的经济发展观，更没有形成完整的马克思主义的社会主义发展经济学，应该说中国在改革开放过程中形成的科学发展观、提出的新发展理念，首次创立了全面系统的马克思主义的发展观，极大地发展了马克思主义的经济发展思想，为创建中国特色发展经济学或者说马克思主义的社会主义发展经济学打下了坚实的基础。同时也说明，以人民为中心，树立创新、协调、绿色、开放、共享的发展新理念并不是凭空产生的，而是马克思主义政治经济学长期探索的结果，是全面继承、创新和发展马克思主义的经济发展思想的结晶。

（本部分原载于《当代经济研究》2017 年第 9 期）

① 邓小平：《邓小平文选》第三卷，北京：人民出版社，1993 年，第 155 页。

疑难问题 14

中国经济连续六年下行，如何看、为什么、怎么办？

面对中国经济增长连续六年下行，评述中国现阶段经济发展的思路之争，说明对中国经济下行的正确评价、造成的原因和合理应对的措施，指出经济下行的主要的直接原因是无效供给过多、有效供给不足、有效需求特别是消费需求不足，间接的深层次原因是相关制度缺陷，主张通过全面深化结构性改革、创新完善制度、调整优化经济结构、改善供给和扩大有效需求等措施应对。

“十三五”规划期间，要确保到2020年实现国内生产总值和城乡居民人均收入比2010年翻一番的目标，2016年至2020年经济年均增长必须保持在6.5%以上。但是，中国经济目前呈现下行态势，增长速度从2010年的10.6%逐年下滑到2011年的9.5%、2012年的7.7%、2013年的7.7%、2014年的7.3%、2015年的6.9%和2016年的6.7%，6年总共下降3.9个百分点、年均下降0.65个百分点。中国经济增长的现状和前景，不仅直接关系到本国国民的就业、投资和收入、生活，而且越来越影响世界的经济增长，2016年中国对全球经济增长的贡献率超过30%。应该怎样正确认识和评估中国经济增长的这种下行态势、有何利弊得失、为什么会出现、前景将如何、应该怎样应对，如何才能保持“十三五”规划期间经济年均增长6.5%以上，是中国现在面临的重大问题，也是目前国内外普遍关注的焦点。现在理论界出现的运用凯恩斯主义经济学的需求理论和方法、里根经济学的供给学派的理论和方法分析得出的种种看法和主张，本书认为都不够全面、深入、准确，存在值得商榷的观点。为了求得正确的认识，本书首先比较说明对当前经济走势的三种不同分析方法的利弊，然后借鉴西方经济学的相关理论和方法，主要运用马克思主义政治经济学的供求关系综合分析和制度分析方法，具体分析中国经济发展的现状和走势，正面回答中国经济连续6年下降，如何看、为什么、怎么办？能否和怎样保持2017年至2020年经济年均增长6.5%等问题，提出相应的政策措施。

一、中国经济走势及其应对的思路之争

面对中国经济增长连续六年下行，人们再次提出了中国经济向何处去的问题，新常态下中国经济将会如何发展、应该怎样发展，近期如何才能稳增长？从经济运行的供求关系特征和经济下行的原因来看，现在发生了思路之争。

有的学者认为，经济下行的主要原因是供给存在缺陷，主要表现是

产能过剩与有效供给不足并存，根本出路是深入进行供给侧结构性改革，调整优化经济结构，改善供给状况，消除无效供给，增加有效供给，更好地满足不断变化升级的需求。比如，“权威人士”提出“当前及今后一个时期，供给侧是主要矛盾，供给侧结构性改革必须加强、必须作为主攻方向。需求侧起着为解决主要矛盾营造环境的作用，投资扩张只能适度，不能过度，决不可越俎代庖、主次不分”[①]。贾康也认为，“从应对亚洲金融危机和世界金融危机冲击的实践来看，我国在‘反周期’总量调控为主的需求管理轨道上，继续可用的调控手段和作用空间已明显受限，仅以短中期调控为眼界的需求管理已不能适应客观需要，亟须注重在整个经济体系的供给侧”“当前，我国经济仍面临严重的供给约束和供给抑制，是我们在改革深化中所必须解决的、实质性供给侧创新的‘攻坚克难’”。[②]

也有的学者认为，经济下行的主要原因是有效需求不足，中国经济增长的潜力还很大，基本建设的任务还远远没有完成，即使是创新创业、增加有效供给也离不开投资，因此在调整优化经济结构、改善供给的同时，仍然要依靠投资推动经济增长，特别是加大必要的基本建设投资，更好地发挥那些具有潜在需求的过剩产能的作用，实现结构优化和稳定增长的双赢。比如，姚洋提出，“我国的实际增长率低于潜在增长率，供给能力不是制约我国经济增长速度的约束条件，需求不足才是真正的原因。”“如何提振需求呢？压缩产能在一定程度上能够达到提振需求的目的”，但是“在需求不足的约束下，压缩产能所产生的需求是有限的”“希冀通过进一步提升消费来推动经济增长速度，是不现实的”“投资是在短期内提振需求的最有效手段”[③]。林毅夫也认为，“要实现收入持续增长，必须提高劳动生产率水平，或者是降低交易费用，这两者都是需要投资

① 龚雯等：《开局首季问大势——权威人士谈当前中国经济》，载《人民日报》，2016 年 5 月 9 日。

② 贾康：《为何今天中国要搞供给侧改革》，载《环球时报》，2015 年 12 月 16 日。

③ 姚洋：《稳定 2016 年经济增长须提高有效需求》，载《环球时报》，2015 年 12 月 16 日。

的。在这种情况下，政府扩张需求的措施中还是要以投资为主。当然，这个投资是必须能提高劳动生产率水平，或者是能降低交易费用的投资”。[1] 余永定还强调，“不少经济学家认为中国经济增长放缓的关键不是有效需求不足，而是有效供给不足，或结构性错配。对此我不敢苟同，事实上产能过剩即马克思所说的生产过剩是市场经济中经常发生的现象，即便所有产品都适销对路，不存在结构性错配，在市场经济中，周期性的出现产能过剩也是不可避免的。”“面对严重产能过剩和经济的持续减速，中国应该如何对付？一种观点是关停并转，用减少产能的办法来消灭过剩产能，通过淘汰僵尸企业，减少产量，PPI 就有可能回升，企业生产效率将会得到提高。另一种做法是，通过扩张性的财政政策，适度的货币政策，用刺激有效需求的办法来消灭过剩产能。”“我个人认为，根据中国目前的情况，有必要进一步加强宏观经济管理的重要性，因为现实经济增长速度低于潜在经济增长速度，这种现象本身就是对资源的巨大浪费”“为了减少过剩产能，在坚持结构改革的同时，中国政府绝对有必要通过支持基础设施投资，抵消房地产投资增速下降对经济增长的抑制作用”“如果中国不抓住目前的大好时机，不大力增加基础设施投资，中国有可能错过一次难得的历史机遇”。[2]

究竟应该如何科学正确地分析和认识中国经济走势、提出更加合理有效的对策建议呢？下面首先比较中国经济走势三种不同的主要分析方法的特点和优缺点，然后再运用笔者认为更正确、更科学的方法进行实际情况的分析。

① 林毅夫：《经济增长需要有效投资》，载《经济日报》，2016 年 1 月 4 日。

② 杨志锦：《余永定：加大基建投资 否则将错失机遇》，载《21 世纪经济报道》，2016 年 5 月 21 日。

二、中国经济走势三种不同分析方法的比较[①]

在经济体制改革过程中，人们更多的是借鉴凯恩斯主义的需求理论和需求分析方法来分析中国经济状况和走势，相应提出需求管理的应对之策，这种做法在一定时期和范围内能够起一定的作用，但是存在严重缺陷，主要是：只重视总量平衡，忽视结构合理优化；只分析经济现象，不深入剖析生产关系实质和制度根源；只强调需求管理，轻视供给管理；开出的药方只治标不治本，只能短期奏效，不能长期见效、从根本上解决问题，甚至可能陷入“滞涨并发症”（经济停滞与通货膨胀并存）。凯恩斯主义虽然在第二次世界大战后给西方发达国家带来了 20 年经济增长的“黄金时期”，凯恩斯也被尊称为“战后繁荣之父”，但是 20 世纪 70 年代西方发达国家陷入了“滞涨”的泥潭，患上了以前没有的“摩登病”，凯恩斯主义也陷入了“破产”境地。

现在中国经济进入“新常态”，有部分学者提出，需求分析只是总量、短期分析，有局限性，已经不行了或者不够了，需求管理也难见成效，而供给分析是结构、长期分析，更重要、更符合中国现在的实际，主张转向借鉴“里根经济学”的供给学派理论、采用供给分析方法，提出供给管理对策，这样才能实现中国经济的持续中高速增长、提高质量和效益。应该说这种看法和主张是有价值的，对于克服以往的片面性也是有帮助的。但也需要避免完全照抄照搬，也不能照搬里根经济学。“里根经济学”的供给分析和供给管理同样存在严重缺陷：只重视供给、结构分析，忽视需求、总量分析；只分析经济现象，不深入揭示生产关系实质和制度根源；只强调供给管理，轻视需求管理，基本否定需求分析和需求管理的必要性和有效性；开出的药方同样只治标不治本，只能短期见效，不能长期有效、从根本上解决问题。里根经济学的实践结果本身就证明了这一

① 简新华、余江：《马克思主义经济学视角下的供求关系分析》，载《马克思主义研究》，2016 年第 4 期。

点，虽然里根经济学为美国20世纪90年代“三低一高”(低通货膨胀率、低失业率、低赤字率和高增长率)的所谓“新经济”的出现打下了基础，但是2008年还是出现了严重的金融危机和经济危机。

供求关系是基本的经济关系，马克思主义政治经济学也要分析供求。这里所说的马克思主义政治经济学的分析包括当代中国马克思主义政治经济学、中国特色社会主义政治经济学的分析，决不是与凯恩斯的需求分析、里根经济学的供给分析毫无共同之处、得出的结论也完全不一样，这种绝对化的理解是不符合实际、不科学的。因为，西方经济学的研究对象是资本主义市场经济，马克思主义政治经济学的研究对象首先也是资本主义市场经济[①]，由于中国现在要发展社会主义市场经济，当代中国马克思主义政治经济学的研究对象还应该包括社会主义市场经济，同样都要研究市场经济的普遍现象和一般规律。因此，无论是经典的还是现代的马克思主义政治经济学，与西方经济学在理论和方法上必然会存在相同的东西，但是由于两者的基本立场、观点、方法不同，所以又存在本质区别；从经济学说史上来看，马克思主义政治经济学不是凭空产生的，以亚当·斯密为代表的西方古典政治经济学就是马克思主义政治经济学的来源，当代马克思主义政治经济学也不是与当代西方经济学完全不同的经济学，同样也要与时俱进，吸收借鉴现代西方经济学有价值的理论和方法。马克思主义政治经济学分析与凯恩斯主义和里根经济学分析的不同主要在于以下四个“更要”：不是只单方面分析或强调需求或者供给，而是在分别分析需求和供给的同时，更要重点综合分析两者的相互关系；不只是分析经济现象，更要深入揭示问题的实质；不只是分析供求的现状表现及其直接原因，更要从生产力与生产关系、基本经济制度的角度深入分析供求关系状况的深层次原因特别是制度根源；不只是片面强调需求管理或者供给管理的重要性，更要重视的是相关制

① 尽管马克思的时代还没有提出“市场经济”的概念，《资本论》中虽然分析的是商品生产和流通，没有“商品经济”“市场经济”的概念，但是所谓“商品经济”“市场经济”，主要内容就是商品生产和流通，分析商品生产和流通，实质上也就是分析“商品经济”“市场经济”。

度变革和创新。

笔者认为,无论是凯恩斯主义,还是里根经济学,都有很大的局限性,都只能参考借鉴,不能用以指导中国现在的改革和发展。只有主要运用马克思主义政治经济学的理论和方法,对中国经济走势的分析才能更全面、深刻、准确、科学,得出的结论才能更符合实际、更正确,提出的对策建议才能更合理有效。的确,现代市场经济与马克思时代的市场经济相比,出现了许多新情况、新现象、新特点、新问题,马克思不可能研究和提出相关理论,现代西方经济学进行了研究,提出了一些新理论,值得我们像马克思在创立马克思主义经济学时认真参考借鉴当时的资产阶级经济学那样,在创新发展马克思主义政治经济学时认真参考借鉴现代西方经济学。但是决不能本末倒置、弃而不用,甚至完全否定马克思主义政治经济学。我们不能只是口头上说要坚持、发展、运用马克思主义政治经济学,用当代中国马克思主义政治经济学的理论和方法分析和解释中国经济发展和改革中存在的现象和问题,实际上却在碰到经济问题时,只是到西方经济学中找工具、方法,只是搬用西方经济学来分析和说明中国问题。正确的做法应该是在尽量合理借鉴西方经济学的需求分析和供给分析的理论和方法、凯恩斯主义的需求管理和“里根经济学”的供给管理政策主张的同时,主要采用与时俱进的当代中国马克思主义政治经济学的理论和方法。

特别需要注意的是,运用马克思主义政治经济学的理论和方法,分析研究中国经济走势,必须从实际出发、以问题为导向,不能只是喊口号、标签化、空泛化、抽象化,更不能只会批评别人不对,自己提不出有针对性的正确主张、具有建设性和可操作性的对策建议。因为,如果只注重空洞抽象的基本理论、不关心重大实际问题、不肯下苦功夫运用马克思主义政治经济学的立场观点方法深入调查分析研究中国经济面临的实际问题特别是产生的原因,提出的对策建议往往会不太符合实际、主观臆断、粗略空泛、缺乏针对性、难有成效,也就可能从根本上导致马克思主义政治经济学的边缘化。

具体而言，本书对中国经济走势的马克思主义政治经济学分析的框架结构和方法是：按照马克思主义政治经济学分析资本主义社会资本再生产和经济运行周期的基本原理和方法，从生产力与生产关系的状况及其相互关系、从供给和需求的状况特别是相互关系及其制度根源上进行更为全面综合的深入分析。由于国民经济由供给和需求两个方面构成，分析经济走势也就是从总体上全面分析供求情况及其原因和变动趋势。本书首先定量、定性分析经济下行的直接原因，开始是从供给的角度分析，既借鉴要素供给分析的方法，又进行了产品和劳务的供给分析；然后从需求的角度分析，在借鉴“三驾马车”分析方法分析经济下行的直接原因的同时，还分析了投资、消费和出口中的主要部分，并且从收入分配的角度重点分析了有购买力的消费需求不足的原因；本书还采用马克思主义政治经济学全面综合分析供求关系的方法，综合对比分析了中国近年来的供求关系情况，找出了导致中国经济下行的供求方面的主要直接原因是无效供给太多、有效供给不足、需求特别是有购买力的消费需求不足，希望能够弥补仅仅借鉴西方经济学、孤立地进行需求分析或者供给分析存在的不足；更重要的是，本书试图克服西方经济学对经济走势分析普遍存在的不深入分析制度根源和生产关系本质的缺陷，没有停留在浅层次的现象分析上，进一步深入具体地分析了导致中国经济下行的深层次原因即制度根源，也就是引起无效供给太多、有效供给不足、需求特别是有购买力的消费需求不足的包括所有制、分配制度、经济体制机制在内的制度缺陷；在此基础上，本书最后提出更有针对性、更为全面合理的对策建议。

本书是在吸收借鉴西方经济学中合理理论和有效方法的基础上，主要运用马克思主义政治经济学的理论和方法，分析当前中国经济状态和走势的尝试。必须说明的是，不能认为本书分析的具体内容和得出的结论只有与学术界现有的供给分析或者需求分析完全不同，才是真正的新的马克思主义政治经济学分析，这种要求如前所述是不符合实际、不科学的。本书力求做出的贡献是要运用马克思主义政治经济学进行更为全面深入的分析，指出现有分析的缺陷，弥补现有研究的不足，得出更符合实际的结论。当然，毕竟是进行现在缺乏的尝试，笔者能力也有限，不当之处，还要请经济学同仁和读者批评指正。

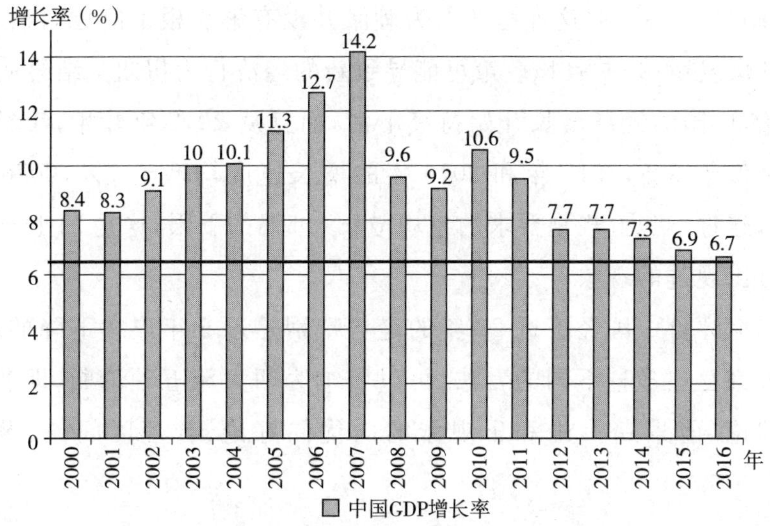

图1　中国21世纪以来的经济增长（2000—2016年）

资料来源：2000—2015年的数据来自中国国家统计局网站，2016年数据来自《中华人民共和国2016年国民经济和社会发展统计公报》，加粗横向线表示6.5%的增长率。

三、如何看：经济发展态势判断[①]

中国从2000年开始以来的经济发展走势如上图所示。图1表明，中国21世纪以来的经济增长可以分为两个阶段：2000—2007年，中国的经济增长呈快速上升趋势，从2000年的8.4%持续上升到2007年的14.2%，该时期年均增长超过10%，属于高速增长时期；第二阶段从2008年开始至今，表现为经济增长速度快速下降。由于2008年的金融

① 因为本书使用的数据较多，如无特殊说明，文中使用截至2015年的统计数据均来自中国国家统计局网站提供的公开数据或根据该公开数据进行计算得出，2016年的数据均来自2017年2月28日国家统计局公开发布的《中华人民共和国2016年国民经济和社会发展统计公报》。

危机，国际市场需求大幅下降，中国规模庞大的出口贸易受到巨大冲击，2008年和2009年经济增长大幅度下滑接近5个百分点，其后在4万亿投资的刺激下才勉强遏制住增长持续下滑的势头，2010年的增长稍有起色，超过10%。但这种短期人为刺激并没有解决根本问题，仅仅是将问题的爆发后移，并且该政策可能导致新的经济行为扭曲。结果从2011年开始，中国的经济增长开始持续下滑，而且从2012年开始，年经济增长率都低于8%，2015年和2016年的增长速度均低于7%，2016年为6.7%，逼近十三五规划要求的年均增长6.5%的下限，这是21世纪前十年没有出现过的现象。

如何评价中国经济近20年的走势特别是近6年连续下降的现状，国内外都存在多种不同的看法，可以归纳为两大派五种论断，即悲观派的崩溃论、前景黯淡论和乐观派的向优向好论、合理区间论、潜力巨大论。

(一)悲观派

所谓悲观论是对中国经济走势不看好，认为发展前景黑暗，甚至面临崩溃。

1. 崩溃论(硬着陆)

这种观点认为，经济连续6年下降，表明中国经济情况越来越糟糕，会是猛烈下降的“硬着陆”，将陷入严重衰退，走向“崩溃”。这种评估只看到了中国经济不利和下行的一面，没有看到有利向好的另一面，像改革开放以来多次出现的“中国经济崩溃论”一样，不符合中国的实际。改革开放以来，西方国家特别是美国，从美国华裔律师章家墩2001年在美国出版《中国即将崩溃》，到美国华盛顿大学教授沈大伟2015年3月6日在《华尔街日报》上发表文章《中国即将崩溃》，不断有人提出“中国经济崩溃论”。事实一次又一次证明，中国经济不仅没有崩溃，反而更强大。

2. 前景黯淡论

这种看法则认为，经济下行表明中国经济有利条件减少，不利因素增加，困难重重，问题多多，以往的发展方式已经失效、新的方式还没有找到，虽然不太可能崩溃，但是发展前景黯淡，很可能难以摆脱“中等收入陷阱”。这种评估虽然对中国经济走势恶化程度的判定要轻一些，但同崩溃论一样，也是高估了中国经济的困难和问题，低估了有利条件和因素，否定了中国经济走向光明的可能性。实际上，无论是事物发展的普遍规律还是国际经验都表明，任何一国的经济增长都不可能长期保持高速增长不变，改革开放以来中国经济已经持续高速增长了30多年，增速有所下降是不奇怪的。但是，这种下降并不意味着中国经济形势很不好、问题无法解决、前景黯淡，还要看其他方面反映经济增长状况的指标是否也比较差。

（二）乐观派

乐观派与悲观派相反，认为中国经济尽管连续6年下降，但是前景依然光明。

1. 向优向好论（软着陆）

这种看法认为，尽管中国经济现在呈现下滑态势，但属于平稳适度减速的“软着陆”，与此同时，经济结构演进向优，经济增长质量向好。具体表现是：(1)产业结构通过调整趋向优化。从2012年开始，第三产业的增长速度近几年都超过第二产业、发展最快；从2013年开始第三产业的增加值在全国GDP中所占的比重超过第二产业，达到46.1％，成为第一大产业，实现了历史性突破；2015年第三产业的比重更是提高到50.2％，高于第二产业9.3个百分点；2016年第三产业的比重再提高到51.6％，高于第二产业11.8个百分点。高新技术产业比重也不断提升，2014年装备制造业和高技术产业现价增加值占规模以上工业增加值的比重分别达到30.4％和10.6％，比2010年提高0.8和1.7个百分点，2015年高技术产业增加值占比提高到11.8％，7个战略性新兴产业规模快速扩大，占工业主营业务收入比重提高到14.8%。到2015年，中国粮食生产保持“12连增”，2016年虽然未能实现“十三连增”，但这是由于主动实行农业供给侧结构性改革将农业生产从追求数量向追求质量和结构优化转变的结果。上述变化都是产业结构通过调整趋向优化的可喜现象。(2)科技和消费的推动作用增大，对经济增长的科技贡献率和消费贡献率都在提高。2016年科技进步贡献率提高到了56.2%，消费需求对增长的贡献率占比接近2/3;[①]资源消耗相对下降，能源消费结构趋好，污染排放相对减少，2011—2014年单位国内生产总值能耗累计下降13.4%，2015年单位GDP能耗下降了5.9%，2016年单位GDP能耗同比下降5%，2015年清洁能源消费量占能源消费总量的比重为17.9%，比2010年提高4.5个百分点，2011—2015年全国化学需氧量排放量累计下降11.05%，二氧化硫排放量累计下降16.18%。(3)财政收入不断增长。2011年公共财政收入突破10万亿大关，2016年15.95万亿，比2010年增长92%，年均增长15.3%;物价基本稳定，2016年CPI全年上涨2.0%，2012—2016年CPI年均增长2.1%。(4)就业不仅没有因为经济增长的下行而减少，反而有所增加。2015年末全国就业人员达到77451万人，比2010年末增加1346万人。(5)全国居民人均可支配收入增长速度超过经济增长速度。2015年全国居民人均可支配收入达到21966元，扣除物价因素比上年增长7.4%，比人均GDP增速快1个百分点;2016年全国居民人均可支配收入达到23821元，扣除物价因素比上年增长6.3%，比人均GDP增速快0.2个百分点。(6)货物贸易进出口总额自2013年起稳居世界第一位，进出口贸易结构也在趋向优化。2016年中国外汇储备虽然有较大幅度下降，但仍然连续10年位居世界第一位、超过3万亿美元，2014年实际使用外商直接投资规模1196亿美元，首次跃居世界第一位，2016年实际吸收外资1260亿美元，仍然增长4.1%。与此同时，中国的对外投资也高速增长，2012年起稳居世界第

① 数据来自2017年1月20日中国国家统计局发布的《国家统计局局长就2016年全年国民经济运行情况答记者问》。

三位，在“一带一路”倡议的推动下，2016 年中国对外投资达到 1707.1 亿美元，同比增长 44.1％。而且，中国现在对全球经济增长的贡献率也是最大的，2016 年达到 33.2％，成为世界经济增长的第一“火车头”。

2. 合理区间论

这种观点认为，尽管中国经济由 10％以上下滑到 6.7％，但仍然是世界上的高速度。2008－2016 年中国年均经济增长 8.36％，而发达国家中的美国、日本、德国年均经济增长分别只有 1.1％、0.1％、0.7％，新兴经济体中的俄罗斯、南非、巴西、印度年均经济增长分别也只有3.6％、3.0％、1.3％、6.9％；[①]而且 6.5％以上的增长速度也能够实现国内生产总值和城乡居民人均收入 2020 年比 2010 年翻一番的第一个“100 年”的宏伟目标，就业也没有因为经济下行出现下降，因此中国经济增长仍然处在合理区间，并不一定会出现经济严重衰退的“硬着陆”。不过，虽然这种下降仍然处在中国经济增长的合理区间，并不一定会出现经济严重衰退的“硬着陆”，但决不能掉以轻心、任其进一步继续大幅度下滑，必须想方设法合理“保增长”。因为，要确保到 2020 年实现国内生产总值和城乡居民人均收入比 2010 年翻一番的第一个“100 年”的宏伟目标，2016－2020 年经济年均增长必须保持 6.5％以上，而且若低于 6.5％，不少经济社会问题可能难以解决。

3. 潜力巨大论

这种看法认为，从近期来看，中国经济的确出现下行态势，但是市场经济是靠需求推动的经济，只要有市场需求，经济迟早都会恢复增长，从长期看，中国需求潜力巨大，经济增长潜力自然也巨大，主要表现在以下方面：城镇化率还要提高 10～20 个百分点，还有数以亿计的农民要转移到城镇，还要建更多、更好甚至更大的城市；上亿人居住的“棚户区”还要改造，交通运输、邮电通讯、农田水利、国土整治、环境保护美化等多方面

① 数据根据世界银行网站提供的公开数据计算得出，http://data.worldbank.org.cn/。

的基础设施建设的任务还远远没有完成[①]；十几亿国民的生活还要由小康水平向全面小康和富裕水平提升；此外，国防现代化的任务也十分艰巨，这些都会产生巨大的投资需求和消费需求。因此中国经济至少还可以保持10～20年的中高速增长。

笔者赞同合理区间论、潜力巨大论，属于谨慎乐观派。之所以乐观，是因为中国正处于经济能够实现较快经济增长的工业化中期向后期转变的发展阶段，拥有许多有利条件和因素，经济发展潜力巨大；之所以谨慎，是由于中国现在面临不少困难和问题，如果不能有效克服和解决，经济发展前景就是黯淡的，假若能够有效克服和解决，经济发展前景就光明。

四、为什么：经济下行的主要原因

中国经济增长连续6年下降的局面是多种因素综合作用的结果，特别需要防止简单化、单一片面化的分析和认识。为了使得分析更加准确、全面、深入，本书尝试尽量借鉴凯恩斯主义的需求分析和“里根经济学”供给学派的供给分析的理论和方法、主要运用马克思主义政治经济学的基本原理和科学方法，从生产力与生产关系的状况及其相互关系，从供给和需求的状况特别是相互关系及其制度根源上，特别是按照前述马克思主义政治经济学的分析与单纯借鉴西方经济学的需求分析或者供给分析不同的四个“更要”的特点，依次全面综合具体地分析中国经济下行的各种原因。本书对中国当前经济走势的供求综合分析和制度分析的基本逻辑框架是：经济下行——直接原因：产能过剩、有效供给不足、需求不足——主要原因：供给过剩、有购买力的消费需求不足——间接的深层次原因：制度缺陷。

① 仅以地铁建设为例，地铁是发展公共交通、缓解城市交通拥堵、提高城市通勤效率的最好选项，尤其人口众多的中国更是如此，欧美发达国家连中等城市都有几条地铁，而中国不少大城市都没有地铁，中国城市地铁的建设任务还十分艰巨。

（一）直接的原因

首先，本书采用综合分析供给和需求的状况特别是相互关系的方法，具体分析导致中国经济下行态势的供求两大方面的直接原因：

1. 供给过剩与不足并存

现有的供给分析往往只分析要素供给，其实，按照马克思主义政治经济学全面分析的理解，供给包括要素供给、产品和劳务供给两大部分，因此本书从这两大部分来分析产能过剩、有效供给不足和存在缺陷等三个方面如何影响中国经济下行态势的形成。

要素供给方面，现在中国要素供给的主要特征是，劳动力总量庞大过剩[①]，达 9 亿多，而且总体素质不高、结构不优（人口老年化、高级技工短缺）；资本相对充足或者说供给相对过剩，外汇储备 3 万多亿美元，银行存贷差额高达 20 万亿至 30 万亿；技术总体不先进，高精尖技术不足，关键技术、核心零部件和设备依赖进口，而且西方发达国家严格限制高新技术对中国的出口，使得中国的后发优势减弱；此外，中国经济增长还面临一系列困难：如自然资源短缺，石油、铁矿石等重要资源越来越依靠进口，以能源为例。中国 2000 年以来原油进口数量大幅度增加，2016 年 1—8月中国原油净进口达到 2.5 亿吨，同期石油对外依存度接近 65%；天然气也从 2006 年开始进口，2007 年开始成为天然气净进口国，2016

① 中国现在劳动力是过剩还是短缺、是供过于求还是供不应求，这是一个争议很大的问题。笔者认为，中国劳动力总量现在虽然开始下降，但绝对量仍然庞大、高达 9 亿多，相当于 2014 年美国（3.18 亿）和欧洲（除俄罗斯，5.84 亿）的人口总和，而 2016 年中国的 GDP 只有 10.8 万亿美元，2015 年欧美 GDP 的总量（美国 18 万亿美元、欧洲除俄罗斯外为 16.3 万亿美元）为 34 万亿美元（数据来自世界银行网站提供的公开数据，http://data.worldbank.org.cn/），是中国的 3 倍多，由此可见，中国经济增长面临的主要问题不是劳动力不足，而是技术不先进、管理不科学、劳动生产率不高。中国的就业形势依然严峻，“保增长”主要就是为了“保就业”。中国现在的确存在“民工荒”现象，但不能以此断定中国现在劳动力总量已经供不应求，因为现在的民工荒是结构荒（非总量短缺，而是结构性短缺即特殊部门、岗位、地区、时间段的短缺），具体而言主要是技工荒（技术工人短缺）、地区荒（东部等先进地区）、季节荒（春节前后）。

年中国天然气对外依存度达到34%。人资环成本上升(工资上涨[①]、资源价格上升、环境治理成本提高)。劳动力成本方面,中国城镇单位就业人员平均工资从2000年的9371元上涨到2015年的62029元,年均增长13.49%。资源价格一直呈现上涨态势,只是近几年由于国内外经济呈现下行态势,世界上石油、粮食等大宗商品才出现大幅度下降。在环境治理成本增长方面,2015年中国的环境污染治理投资总额达到9615亿元,其中治理工业污染的投资达到773亿元。从2000年开始,中国污染治理投资占当年国民总收入比重持续上升,到2013年已经超过1.6个百分点,其后略有下降,但污染治理投资占比仍超过1.3%。

从中国的全要素生产率(TFP)变化来看,2000年以来,以同时期美国全要素生产率为1的标准,中国的全要素生产率从0.27上升到2011年的0.37,生产中的技术因素有了一定上升,但2011年中国的生产效率仍然只相当于美国37%。同时期横向比较可以发现中国的生产效率差距仍然很大,日本和韩国的TFP虽然有轻微相对下降,但仍然在0.7左右,即日韩两国的生产效率大约为美国的75%,高出中国一倍多。而世界均值在0.7左右,欧洲国家如德国都在0.8～0.9之间,比中国低的国家大部分集中在非洲地区[②]。

以上这些要素供给的特征对中国经济增长的影响是,两个最基本的生产要素劳动力和资本的供给总体上都相对过剩,这是导致总体生产过剩(产能过剩)的重要条件,因而也是造成经济下行的影响因素;另外两个生产要素自然资源和技术都是供给不足,而这两个要素特别是技术的供给(即技术创新)是中国现在保增长和实现未来持续高效增长的重要条件。如果不改善这两个条件,经济下行的态势也很难改变。

---

① 为什么在劳动力总量庞大过剩的情况下劳动力成本(工资水平)会上升呢?笔者认为,这是由于劳动力严重过剩的情况在缓解、弱化,社会收入总水平有了相当大的提高,而劳动收入比重偏低,工资待遇太低,劳动者强烈要求提高工资,不增加工资农民工宁可回家种地,政府的收入分配调节政策(如最低工资标准的提高等)等多种因素综合作用的结果。因此,也不能依据工资(劳动力价格)在上涨而认定中国劳动力总量短缺。

② 数据来自宾夕法尼亚大学国际比较中心编制的佩恩表(Penn World Table)8.0版。

产品和劳务供给方面，高素质劳动力和技术供给不足（劳动力素质不高还是技术供给不足的重要原因）的要素供给缺陷，使得高新技术产业、高端制造业、装备制造业、技术密集型产业等难以较快发展，造成产业结构不优化，只能处于世界产业价值链低端，难以向两端延伸、进入高端，结果造成无效供给太多（产能过剩）、有效供给不足（关键零部件、核心技术装备、高档消费品等依赖进口），也导致经济效益低下、收入不高，从而引起消费需求不足。中国的人力资本虽然从 2000 年以来有所增长，但其指数在 2.5 左右，而同时期日本和韩国的人力资本指数大约在 3.2 左右，美国达到 3.6 左右，中国的人力资本水平大约是日本和韩国的 78%，美国的 70%。[①] 与此同时，中国还需要大量进口高技术产品，2015 年中国进口高技术产品 5493 亿美元，年均增长为 12.4%，同时期中国高新技术产品进口占全部进口比重平均为 32.7%。

由于大部分行业产能过剩，无效供给超过有效供给，劳动力总量庞大、资本相对充足过剩，所以导致中国经济下行的供给原因主要是供给过剩。

2. 需求不足，推动经济增长的“三驾马车”乏力

需求包括产品（生活资料和生产资料即资本品）和劳务的需求、要素的需求两大部分。一般而言，生活资料和生活服务需求是最终需求，决定要素（劳动力、资本、生产资料含物质资源、技术）的需求，比如正是有电视机的消费需求，才产生用于电视机生产的劳动力、资本、资源和技术的需求。从需求方面看，主要是出口、投资和消费等三个方面的需求不足造成中国经济下行的态势。

出口方面，由于世界经济的不景气、国际竞争的加剧、资源环境和劳动力等要素成本上升，使得中国原有的依靠劳动力充足价廉的竞争优势大大减弱，低成本、数量扩张的外贸发展方式已经难以为继，出口增幅大幅下跌，进出口增速已连续三年未完成年初的计划目标，出口推动经济

① 数据来自宾夕法尼亚大学国际比较中心编制的佩恩表（Penn World Table）8.0 版。

增长的作用大大减弱。从图 2 中可以看出，中国出口增长在经历了 2003 年和 2004 年的高峰后开始下降，到 2008 年金融危机前已经从 2004 年的最高值 35.39%下降到 2008 年的 17.23%，4 年降幅超过 18 个百分点，2009 年出口更是大幅度下降了 16%。虽然经济刺激使得出口短暂回升，但 2011 年后随着刺激效应逐渐减弱，2012 年到 2014 年中国出口增长都低于 8%，2015 年的出口情况更为糟糕，同比下降 1.8%，2016 年出口再次下降 1.9%。可见，把出口贸易作为中国经济增长的重要引擎已经不可持续。

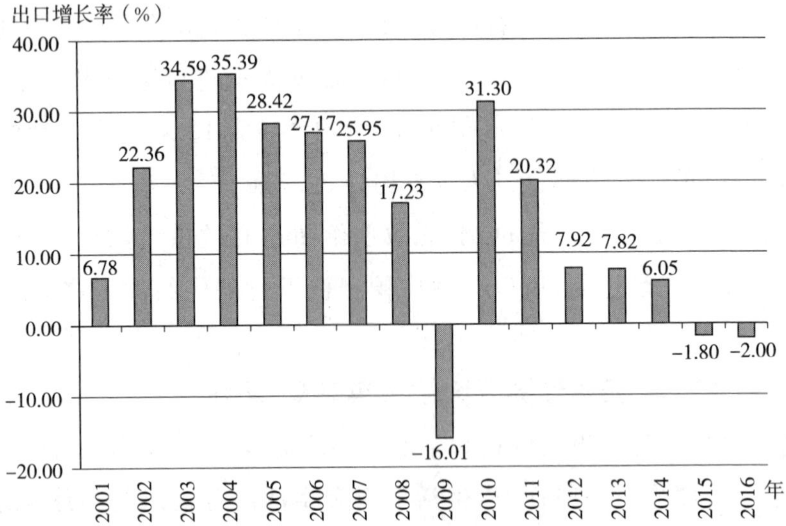

图 2　中国出口增长情况（2001—2016 年）

资料来源：2000—2015 年的数据来自中国国家统计局网站，2016 年数据来自《中华人民共和国 2016 年国民经济和社会发展统计公报》。

投资方面，由于依靠投资推动经济增长受到资源限制、不可持续、效益也不高，特别是中国现在虽然资金比较充足，有能力增加投资，有效供给不足也需要增加投资，但无效供给太多、大大超过有效供给不足，导致产能严重过剩，而且投资增加的结果必然增加供给、可能加剧产能过剩。此外，无差别的投资还会加剧经济结构特别是产业结构的不合理，使得主要依靠投资推动经济增长的方式必须改变，投资增长不能过多过快，与以往相比，总的投资需求不足，投资推动经济增长的作用也在减弱。

从图 3 中可以看出，中国的固定资产投资增长变化趋势和出口基本一致，在经历了 2002 年的高峰后开始下降，2005 年后有小幅度回升。与出口不同的是，经济刺激对投资的影响更为显著，投资增长至 2009 年达到最高点 29.95%。但经济刺激的影响也更为短暂。2010 年中国的投资增长从 2009 年接近 30%的年增长率大幅降低为 12.6%，一年内固定资产投资降幅接近 18 个百分点。其后持续出台的各种经济刺激政策效果非常短暂，2011 年后中国投资增长继续下滑，尤其是 2012 年后，年均下滑幅度接近 5%。2016 年全年固定资产投资（不含农户）比上年名义增长 8.1%（扣除价格因素实际增长 8.8%），不仅为 21 世纪以来最低水平，还降低为个位数水平。可见，作为中国经济增长的重要拉动力，以外延式增长为主的投资方式已经难以为继。

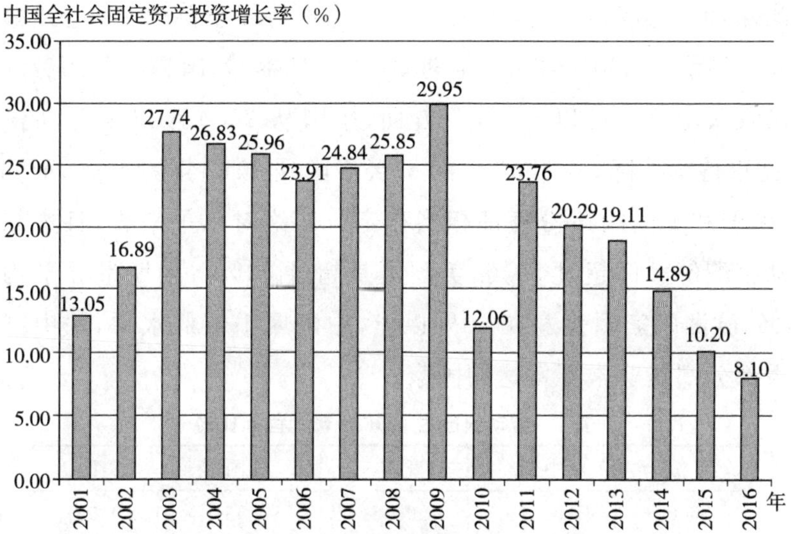

图 3　中国全社会固定资产投资增长情况（2001—2016 年）

资料来源：根据中国国家统计局网站数据计算得出。

消费方面，由于收入分配不合理、收入差距过大、劳动收入占国民收入分配的比重偏低，导致大多数劳动者有购买力的需求不足，使得消费对经济增长的推动作用也乏力。20 世纪 90 年代以来，中国人均实际 GDP 增长迅速从 1990 年的 1664 元人民币增加到 2016 年的 53980 元人民币。与此同时，中国收入差距也在持续扩大，尤其是进入 21 世纪以来，中国的基尼系数在大部分时候持续攀升。从2000年开始，中国官方公布的基尼系数均高于0.4的国际公认警戒线，2008年和2009年更是达到0.49，逼近0.5的收入差距悬殊线。虽然从2010年开始有小幅度下降，但2016年基尼系数仍然处在0.465的高位。

与此同时，中国居民收入的城乡差距和行业差距也很大，以城乡差距为例。21世纪以来中国城乡居民家庭收入差距在2009年以前持续扩大。2000年城镇居民家庭人均可支配收入为6280元，农村居民家庭人均纯收入为2253元，城乡收入比例为2.79:1；2009年城镇居民家庭人均可支配收入为17175元，农村居民家庭人均纯收入为5153元，城乡收入比例扩大为3.33:1。此后虽然通过各种收入分配政策进行调节，但到2016年中国城乡收入比例仍然在2.72:1，城乡收入差距十分明显。

此外，中国劳动收入占国民收入的比重持续下降，已经达到偏低水平。表1显示了2000—2011年期间中国、日本、韩国和美国的劳动收入占国民收入比重。可以看出，一方面，中国从2000年以来劳动报酬占GDP比重持续下降，从2000年的51%下降到2011年的42%，而同时期日本、韩国和美国的该份额都相当稳定。从绝对水平来看，日本和韩国的劳动报酬份额都超过50%，美国更是超过60%。同期世界平均水平为54%，欧洲国家则普遍在60%以上，中国属于偏低水平，比中国低的国家大部分都是非常不发达的国家。

表1　劳动报酬占GDP份额的国际比较

年份	中国	日本	韩国	美国
2000	0.51	0.55	0.53	0.66
2001	0.50	0.55	0.53	0.66
2002	0.49	0.54	0.53	0.66
2003	0.47	0.53	0.54	0.65
2004	0.47	0.52	0.54	0.65
2005	0.45	0.52	0.54	0.64
2006	0.44	0.52	0.55	0.64

续表

年份	中国	日本	韩国	美国
2007	0.42	0.52	0.54	0.63
2008	0.42	0.52	0.54	0.64
2009	0.42	0.52	0.55	0.63
2010	0.42	0.52	0.55	0.62
2011	0.42	0.52	0.55	0.62

资料来源：数据来自 Penn World Table(version 8.0)。

如果综合三大需求中最终消费支出和资本形成总额对中国 GDP 的拉动作用，通过表 2 可以看出，2000 年中国最终消费支出对 GDP 增长的贡献率达到 78.2%，而到 2014 年已经降到 50.2%；资本形成总额对 GDP 的贡献率则整体呈快速增长趋势，2014 年仍然贡献了接近 50%的份额。可见，消费对 GDP 的拉动在逐渐下降。尽管 2015 年和 2016 年中国消费对经济增长的贡献率大幅度提升，那主要是由于出口是负增长、投资增幅下降造成的，并非消费需求本身增加很多[①]。

① 从消费增长率来看，按照中国国家统计局、商务部和海关总署公布的最新数据，2015 年和 2016 年上半年中国社会消费品零售总额扣除价格因素实际增长均为 10.6%，相对 2014 年下降 0.4 个百分点。2010－2014 年该指标实际增长率分别为 15.7%、13.6%、12.5%、11.8%和 11.0%，从这一指标来看，中国的消费增长速度实际是逐年下降。从投资来看，2015 年和 2016 年上半年全国固定资产投资(不含农户)扣除价格因素实际增长 12%和 9%。而 2010－2014 年全国固定资产投资(不含农户) 增长率分别为8.5%、17.2%、19.2%、18.8%和 14.2%，投资增长速度下降相对更快。出口方面，2015 年和 2016 年上半年分别下降 1.8%和 2.3%，而 2010－2014 年中国出口增长分别为 31.3%、20.3%、7.9%、7.8%，可见出口增长速度下降最为明显。因此，从最终消费增长速度来看，实际上 2015 年和 2016 年上半年的消费增长速度相对也是下降的，只不过同时期的出口和投资增幅下降更明显，造成 2015 年和 2016 年上半年最终需求对 GDP 的贡献率相对大幅度增长。

表 2　三大需求对中国 GDP 的拉动和贡献率

单位：%

年份	GDP 增长率	三大需求对 GDP 增长的拉动			三大需求对 GDP 增长贡献率		
		最终消费支出	资本形成总额	货物和服务净出口	最终消费支出	资本形成总额	货物和服务净出口
2000	8.4	6.6	1.8	0	78.2	21.4	0.4
2001	8.3	4.1	5.4	−1.2	49.3	65.3	−14.6
2002	9.1	5.2	3.5	0.4	57.6	38.1	4.3
2003	10	3.6	6.9	−0.5	35.8	69.6	−5.4
2004	10.1	4.4	6.2	−0.5	43.5	61.9	−5.4
2005	11.3	6.4	3.6	1.3	56	33	11
2006	12.7	5.4	5.4	1.9	42.7	42.6	14.7
2007	14.2	6.5	6.2	1.5	46.1	43.6	10.3
2008	9.6	4.3	5	0.3	44.7	51.8	3.5
2009	9.2	5.3	8	−4.1	57.7	87.1	−44.8
2010	10.6	5	7	−1.4	46.9	66	−12.9
2011	9.5	6	4.3	−0.8	62.7	45.2	−7.9
2012	7.7	4.4	3.2	0.1	56.7	42	1.3
2013	7.7	3.7	4.2	−0.2	48.2	54.2	−2.4
2014	7.3	3.7	3.6	0.1	50.2	48.5	1.3
2015	6.9	4.1	2.9	−2.5	59.9	42.6	−0.1
平均	9.5	4.9	4.8	−0.4	52.3	50.8	−2.9

资料来源：数据来自中国国家统计局网站。

由于中国是大国，需求以内需（特别是国内消费需求）为主，出口下降受国际因素影响大，本国难以完全控制，大部分行业产能过剩导致投资需求不足，虽然有效供给不足需增加投资，会减弱投资需求不足，但增加有限，不改变投资需求不足的大势，所以需求不足主要是国内消费需求不足，是中国经济下行的重要直接原因。

3. 主要直接原因

按照马克思主义政治经济学分析的要求，只是分别单独分析供给和需求情况还不够，还需要综合分析比较供求两方面的直接原因，笔者认为，中国经济连续6年下降的主要直接原因，从供给方面看是生产过剩，从需求方面看是需求不足特别是消费需求不足。与手心、手背是手不可分割的两面、共同构成手一样，供给、需求是整个国民经济不可分割的两个方面、共同构成整个国民经济运行的状况，从一方面看是供给过剩，从另一方面看就是需求不足。而且，从上述需求原因和供给原因的分析表明，总体供给过剩、总体需求不足也就是总供给大于总需求，主要表现为绝大多数生活资料和大部分生产资料生产过剩、劳动力总量和资本供给相对过剩、社会有购买力的市场需求不足(出口下滑、投资需求有限、主要是国内消费需求不足)。

产能过剩的衡量指标一般为产能利用率，国际经验表明一般产能利用率正常在80%左右。中国的产能利用率没有非常系统的数据，散见于各部门的公开资料中。从各个不同行业的情况来看，最突出的是部分传统行业产能利用率很低、产能过剩严重。目前中国的水泥、粗钢、平板玻璃、电解铝等行业的产能利用率分别为都在74%左右，而造船业则为65%。其他部分重化工业如电石、焦炭等行业产能利用率大部分都低于75%，甲醇、聚氯乙烯等产能利用率都低于60%。更为突出的是，不仅传统产业产能严重过剩，而且部分新兴产业也存在生产过剩，光伏、风电设备等产能利用率也较低，仅在70%以下，光伏利用率都不到60%。[①] 根据HIS Automotive公司的分析显示，中国汽车行业的产能利用率会从2010年的91%，下降至2015的68%。此外，依据国家统计局的数据，2016年11月末，商品房待售面积13.58亿平方米，部分三、四线城市商品房更是过剩严重，有的楼盘积压几年卖不掉，即使卖掉的，不少也无人居住。

为什么经济下行的主要直接原因不只是供给不足和缺陷？这是因为，供给过度(产能过剩)的产业多于供给不足的产业、无效供给超过有

① 纪志宏:《我国产能过剩风险及治理》，载《新金融评论》，2015年第1期。

效供给不足。虽然有效供给不足和供给缺陷，也是收入低、收入差距扩大进而造成需求不足的重要因素，但不是最主要的因素，最主要的是分配制度和与分配相关的所有制等制度的缺陷；虽然近几年劳动收入在增加、收入差距开始在缩小，但收入差距过大的总体分配格局并没有改变；虽然国内消费需求也有所增加，消费需求对经济增长的贡献率也在提高，但消费需求不足的总体状况并没有根本改变。

现在多数学者都认为中国经济下行的主要原因是供给问题、不是需求问题，笔者运用马克思主义政治经济学的理论和方法，得出的结论与现在流行的看法不完全一样。现在经济下行的主要直接原因是产能过剩，也就是生产过剩、相对应的就是有购买力的需求不足。虽然也存在有效供给不足的问题，但是主要是产能过剩，而且过剩的产品有煤炭、粗钢等这样的绝对过剩，但不少并不是没有潜在需求的绝对过剩，而是有潜在实际需求的相对过剩，比如家电产能过剩的同时，不少贫困家庭仍没有或者仅有部分家电。甚至过剩的有的是高新技术产业的产品，主要是缺乏购买力，而有购买力的需求不足的主要深层次原因则是相关制度有缺陷。

(二)间接的深层次原因

上文从供给和需求两个方面综合分析了导致经济下行的直接原因，更重要的是还要按照马克思主义政治经济学分析的要求，进行制度(特别是生产关系方面的基本经济制度)分析，探求深层次原因。所谓间接的深层次原因就是直接原因的原因，主要是造成供给过剩不足并存和缺陷进而引起经济下行的原因，造成收入差距过大、劳动收入偏低进而引起消费需求不足、导致经济下行的原因，特别是制度根源，说明这些深层次因素具体是如何影响供求、最终导致产能过剩、无效供给过度、有效供给不足、需求不足的。这是现有仅仅借鉴西方经济学的需求分析或者供给分析的论著中比较欠缺的。

1. 造成供给过剩不足并存和缺陷的间接的深层次原因

造成供给过剩不足并存和缺陷的间接的深层次原因，主要是相关制度的缺陷，具体来说是：

第一，教育结构、教育制度不健全、不完善。偏重于高等教育特别是研究生和大学本科教育、轻视职业教育、技能培训的不合理教育结构，教育资源特别是优质教育资源向大城市的过度集中、学校教学科研的行政化、商业化管理偏向、重数量轻质量、重理论轻实践的教育制度和教学方法缺陷，不利于提高全体劳动力的素质和就业能力、难以优化劳动力供给结构。

第二，鼓励保护技术创新和促进研发和科技进步的制度不完善。技术市场不完善，科研管理体制不健全，科研与开发应用脱节，创新机制不健全，创新激励不足，知识产权保护不得力，通过假冒伪劣、欺行霸市、垄断经营、官商勾结、炒房炒股、资金运作、低人资环成本等可以轻而易举获利甚至牟取暴利，因此不愿意搞困难、辛苦、高风险的创新和研发，再加上西方国家对中国实行高精尖技术出口的严格限制，引进困难，使得技术供给不足。

第三，资本市场和投融资管理体制不健全完善。间接融资多直接融资少，民间资本投资渠道少，股票市场很不规范，违规操作现象突出，政府投资管理有缺陷，投资效率不高，对金融业必要的监管不强而且存在不必要的行政干预，使得投资过剩与投资不足并存，造成无效供给（产能）严重过剩与有效供给不足并存。

第四，合理开发资源、高效利用资源的制度有缺陷。中国人均资源占有量本来就大大低于世界平均水平，由于资源保护开发制度不健全，特别是执法不严、相关要求和措施不落实，使得乱开滥采和低效使用浪费资源的现象屡禁不止，加剧了资源供给短缺。

第五，惩治和防止环境污染、保护美化环境的制度有不足。相关法规制度不健全，污染防治管理不严格，相关要求难以落实到位，近些年虽然有较大进步，但是总体来说还不理想。

第六，社会主义市场经济体制不健全。这是导致供给过剩不足并存和缺陷的基本原因，主要是市场机制不健全、政府经济管理体制不完善、职能不完全合理，特别是各级政府更加重视以GDP、速度、财政收入、投资为目标的政绩，国有企业制度不完善、公司治理结构不健全，不利于转变经济发展方式、更加有效地调整优化经济结构。除了赚钱有利就一拥而上、亏本无利则纷纷退出的市场调节和民间投资的自发性、盲目性之外，相当部分产能过剩也是政府部门和国有企业为了追求短期财政收入、政绩业绩而盲目直接投资造成的，有的也是地方政府和腐败官员鼓励推动民间投资甚至参股谋利导致的，这也是现在产能难压并且相当程度上要靠各级政府来压产能的重要原因。

2. 造成需求不足的主要间接的深层次原因

造成需求不足的间接的深层次原因，主要是分配制度以及与分配相关的所有制等制度存在缺陷，具体来说是：

第一，所有制的缺陷，主要是所有制结构存在问题。马克思主义政治经济学认为公有制是全体人民走向共同富裕的经济基础，完全的私有制必然导致贫富两极分化。改革开放以来，中国的所有制结构已经发生了巨大的变化，私有制已经成为主体，在国民经济中的比重占60%以上，公有制比重太低，只有30%多，这是现在收入差距过大、作为发展中国家的中国在千万亿万富翁排行榜上的数量位居世界前列、增长速度更是世界排名第一位、劳动收入偏低的重要原因[①]。根据胡润研究院发布了“2016年度中国胡润百富榜”，2016年中国大陆十亿美金富豪达594位，

---

① 需要特别说明的是，这里是在实事求是地分析现实经济问题，寻找贫富差距过大的真实的深层次的制度原因。虽然进入世界富豪排行榜的都是民营企业家，决不是说改革开放以来中国不应该发展私有制经济，也不是说今后不要再发展私有制经济了，更不是仇富、要再来一次社会主义改造运动消灭私有制和富豪，而是主张在市场公平竞争的前提下，在继续毫不动摇地发展私有制经济的同时，更要切实想方设法合理有效解决公有制经济存在的各种问题，真正做强做优做大国有企业和农村集体经济。因为公有制经济是保证全体人民走向共同富裕的不可缺少的经济基础，不能越来越少、甚至完全消失。在所有制结构调整过程中，既不能采用行政的方法人为地公进私退、国进民退，也不能用行政的方法人为地私进公退、民进国退。

继 2015 年后再次超越美国(2016 年美国十亿美金富豪为 535 位),仍居世界第一位。

第二,分配制度有缺陷。在改革开放以来的前 20 多年时间内,在收入分配上更多的是强调效率激励,实行的是让一部分人、一部分地区先富起来、拉开收入差距、重点克服平均主义的收入分配政策,而且优胜劣汰必然引起贫富差距扩大的市场竞争机制在财产和收入分配中的作用越来越大。由于资本严重短缺、企业家人才难得、劳动力充足过剩,因而无论国有企业还是民营企业、外资企业,收入分配都更多地向资本和企业高管倾斜。这种制度安排,虽然功不可没,调动了企业、资本、企业家的积极性,但也存在对公平重视不够、职工收入偏低、合法权益保护不力、压低拖欠克扣职工特别是农民工工资的现象,甚至要国务院总理帮助农民工讨工资,这也是收入差距扩大、工薪收入偏低的重要制度原因。

第三,市场制度的缺陷。市场特别是金融市场、房地产市场、劳动力市场不健全、运行不规范,市场机制不完善,存在不正当不充分竞争、垄断(包括国有企业存在的行政垄断),违规经营暗箱操作,加剧市场失灵,导致市场暴利,通过炒房、炒股、走私、贩私、炒买炒卖暴富,普通股民在股市中损失惨重,少数大户和违规者更加暴富,高房价鲸吞工薪阶层多年的储蓄,少数房地产商快速成为亿万富翁,加剧收入高低悬殊,引起贫富两极分化。

第四,社会主义市场经济体制不健全。社会主义市场经济体制不健全的主要表现,除了市场制度的缺陷之外,还有政府的经济管理职能和宏观调控也不完善,个别行政机构掌握的权利太大和资源太多,该管的没管好,不该管的还在管,而且有效监督不足,使得腐败现象相当严重;特别是那些贪官污吏侵占了相当多的财富和收入,在一定程度上造成投资的低效和浪费、收入差距扩大、劳动收入偏低。

社会主义市场经济体制不健全是供给和需求两方面都存在缺陷的共同的深层次原因,前面是讲体制不完善怎样造成产能过剩、无效供给太多、有效供给不足,这里是说体制不完善如何导致需求不足,并不重复。

此外，高地价、高房价、高税费、高物流成本、多流通环节使得流通费用畸高，根据国家发改委公布的《2015 年全国物流运行情况通报》，2015 年中国物流费用为 10.8 万亿元，相当于当年 GDP 的 16%，2016 年预计物流费用占 GDP 比率有望下降到 15%以内，但仍然远高于同时期发达国家平均水平，大大降低了生产者的收入和消费者的实际购买力，既不利于改善和增加有效供给，也不利于增加有效需求，甚至把国内有效需求引向国外。

五、怎么办：稳增长的主要对策

由于经济增长下行是多种因素综合作用的结果，包括供给因素、需求因素及其相关的多种包括基本经济制度在内的制度缺陷，既有直接原因，也有间接的深层次原因，既有短期因素，也有长期因素，既有总量因素，更有结构因素，因此“稳增长”(维持年均增长不低于 6.5%)非一日之功、难以立竿见影、一招几招见效，需要对症下药、坚持不懈、长短期结合，各方面兼顾、多管齐下、综合治理、全面深化改革。

具体而言，包括国家正在采取的全面深化改革特别是结构性改革、扩大内需、改善供给、优化结构的一系列重要战略方针和措施：积极稳妥推进新型城镇化、合理增加投资、继续进行基础设施建设、适度扩大总需求、重点进行供给侧结构性改革、实施《中国制造 2025》行动纲领、发展教育事业、提高劳动力素质、鼓励创新创业和“互联网＋”、推动技术进步、调整优化经济结构、加快推进农业现代化和制造业强国建设、使供给结构适应需求结构的变化、大力发展服务业和高新技术产业、提高供给体系的质量和效率、实施“一带一路”倡议、尽可能增加出口、提高投资和出口这“两驾马车”的推动力，完善市场和市场机制、转变政府职能、惩治腐败、发挥市场决定性作用和政府重要作用，抓好去产能、去库存、去杠杆、降成本、补短板，打好精准扶贫和脱贫攻坚战等。

由于以供给侧结构性改革为主线、调整优化经济结构已经有很多论述，所以这里着重说明应该怎样适度扩大总需求。

由于消费需求不足特别是劳动者有购买力的需求不足是经济持续下滑的主要直接原因之一，消费需求不足的主要原因又是收入差距过大、劳动收入偏低，收入分配不合理产生的原因则主要是分配制度以及与收入分配紧密相关的所有制等制度的不合理，所以除了供给侧结构性改革之外，"稳增长"的重要措施，还应该包括加快深化收入分配制度及其他相关制度的改革，缩小收入差距，提高劳动收入在国民收入分配中的比重，增加广大劳动者有购买力的需求，扩大消费需求，这也是"稳增长"的关键、要害（这一点现在并不被高度重视，特别是借鉴西方经济学的需求分析或者供给分析的论著中基本没有提出来），也是现在"稳增长"成效不显著的重要原因。如果不同时抓住这一点，未来几年要保持年均增长 6.5%以上，将会相当困难。

由于收入差距扩大、劳动收入偏低是由不同所有制经济发展的巨大差别及其对收入分配的极大影响、财产和收入的分配制度不健全、企业制度不完善、市场失灵、垄断存在、劳动力的数量太多和素质较低、资本曾经严重短缺、经济政策有偏差、经济结构不优化、农业现代化滞后、处于世界产业价值链的低端、发展方式不科学、政府的权力太大、掌握的资源太多、腐败严重等多方面的原因造成的①，因此，缩小收入差距、增加劳动收入也需要对症下药、多管齐下，全面深化改革，采取相应措施②。

这里特别想说明的是，由于财产和收入分配的调整和相关制度的改革涉及社会各阶层的切身经济利益，必然会遭到既得利益集团的反对、阻扰甚至破坏，因此收入分配改革是最难进行的改革，而要提高处于弱势地位的劳动者所占的收入比重、降低处于强势地位的资本和政府所占

---

① 为什么说这些因素导致了收入差距扩大、劳动收入偏低，这些因素又是如何造成收入差距扩大、劳动收入偏低，由于篇幅所限，这里不能展开论述，需要另写长文进行全面深入分析和具体说明。

② 具体内容可以参见本书疑难问题 8 的论述和笔者在《当代经济研究》2015 年第 5 期发表的文章《节制资本，缩小贫富差距》，这里不再重复。

的收入比重，更是难上加难。邓小平在1992年的南方谈话中曾经指出："走社会主义道路，就是要逐步实现共同富裕。共同富裕的构想是这样提出来的：一部分地区有条件先发展起来，一部分地区发展慢点，先发展起来的地区带动后发展的地区，最终达到共同富裕。如果富的愈来愈富，穷的愈来愈穷，两极分化就会产生，而社会主义制度就应该而且能够避免两极分化。解决的办法之一，就是先富起来的地区多交点利税，支持贫困地区的发展。当然，太早这样办也不行，现在不能削弱发达地区的活力，也不能鼓励'吃大锅饭'。什么时候突出地提出和解决这个问题，在什么基础上提出和解决这个问题，要研究。可以设想，在本世纪末达到小康水平的时候，就要突出地提出和解决这个问题。"[①]中国进入21世纪以后，就提出要进行收入分配的改革，但是收入分配改革方案曾经8年难产，后来产出的也只是一个原则方案，不是具有可操作性的切实可行的方案，其原因可能就是如此。所以分配改革，既不能操之过急，又不能视而不见、回避退缩、消极应付；既要坚定积极，又要稳妥有序、合理推进。

还想指出的是，国际知名慈善组织乐施会2016年1月18日发布的年度报告披露，全球1%的富人掌握的财富与剩下99%的人一样多，而最富的62人的财富可抵36亿穷人之和。这表明世界财富分配不平等情况加剧，贫富人群的收入分配比例在恶化，财富更多地向资本集中，劳动力收入相对越来越少，资本收益越来越多[②]。美国皮尤研究中心的最新调查也显示，美国中等收入家庭占所有家庭比例已从1971年的61%减少到2016年的49.4%。与此同时，低收入家庭已从25%增加到29%，高收入家庭的比例从14%增加到21%[③]。这可能是造成当前世界经济不景气的重要原因，世界银行前首席经济学家、诺贝尔经济学奖得主约瑟夫·斯蒂格利茨就认为，目前在全球范围内，发生的恰恰是需求

① 邓小平：《邓小平文选》第三卷，北京：人民出版社，1993年，第373～374页。

② 青木等：《惊人贫富分化令世界担忧》，载《环球时报》，2015年1月20日。

③ 丁刚：《美国中产萎缩的亚洲效应》，载《环球时报》，2015年1月22日。

侧的下滑。[1] 这是值得我们分析中国经济走势时深思的。

总而言之，由于无效供给过剩（产能过剩）、有效供给不足、需求不足的根本原因是社会主义市场经济体制还不健全完善，所以必须全面深化改革、完善社会主义市场经济体制，这是稳增长的根本途径；由于导致经济下行的原因包括供给和需求两方面因素，所以必须同时进行供给侧和需求侧两端的改革；由于导致经济下行的原因包括供求两方面的结构因素，所以必须同时进行供求两侧的结构性改革；由于结构不优是引起经济下行的直接原因，所以必须调整优化结构；由于结构不优的原因是相关制度有缺陷，所以调整优化结构必须深化改革相关制度，所谓结构性改革本身不是结构调整优化的内容，而是要改革与结构调整优化有关的制度；由于中国经济下行的重要的直接原因之一是收入差距太大、劳动收入偏低导致有购买力的消费需求不足，所以需求侧结构性改革的重要性决不亚于供给侧结构性改革、保增长的主要措施也应该包括深化分配制度以及与分配有关的包括所有制在内的多种制度的改革。

2017年中国经济增长止跌回升，增长速度提高了0.2个百分点，由2016年的6.7%上升到6.9%，之所以会如此，其原因除了供给侧结构性改革初见成效之外，通过合理增加投资、精准扶贫脱贫、提高城乡居民收入、鼓励消费等扩大了市场有效需求也是重要因素，特别是精准扶贫和脱贫、反腐败等有力措施，对缩小贫富差距、促进经济增长也发挥了明显的作用。事实证明，以结构性改革为主线、供需两端发力、双管齐下的对策正确有效。

（本部分的英文稿《Political Economic Analysis of China's Economic Trends: Reasons and Solutions for Successive Declined Growth for5 Years》发表在 *World Review of Political Ecnomy* Volume 8 Number 4 Winter 2017.）

---

① 李琳，2016：《诺奖得主：只重视供给侧却忽视需求侧，问题也会很严重》[EB/OL]，http://www.guancha.cn/economy/2016_01_11_347673.shtml .

疑难问题 15

如何正确认识中国经济发展新常态？

针对对中国经济发展新常态的不同解读，指出中国经济发展的新常态与外国的新常态不是一回事；说明新常态不只是中高速增长，更不是去 GDP；论述新常态是动态不是静态、不能自然形成，需要经过艰苦努力才能形成；明确新常态不是只由创新和消费驱动、不要投资和出口；强调新常态专指经济发展，不宜泛化。

2014年底召开的中央经济工作会议强调，要“科学认识当前形势，准确预判未来走势，必须历史地、辩证地认识我国经济发展的阶段性特征，准确把握经济发展新常态”，习近平同志特别提出“认识新常态，适应新常态，引领新常态，是当前和今后一个时期我国经济发展的大逻辑”。①但是现在对新常态出现了不同的理解、存在认识上简单化、静态化、片面化、绝对化、泛化的偏差：不是历史、动态地而是固定、静态地理解，以为新常态就是经济发展的各方面保持静止不变的状态、增长速度就是年年固定不变的中高速度；不是全面、准确、辩证地而是简单、片面、绝对地认识，以为新常态只是增长速度新、能够自然而然出现和保持的状态，可以心安理得、消极等待、无所作为、无须作出艰苦努力；以为新常态不是只指经济发展的态势，而是泛化到其他领域。这些偏差，极不利于正确把握中国经济发展的态势、采取合理的对策，甚至成为有些人从GDP崇拜的一个极端走向“去GDP”的另一个极端的借口，得过且过、不思进取、止步不前、“为官不为”的挡箭牌，必须予以澄清、纠正。②

一、中国的新常态与外国的新常态不是一回事

用“新常态”(new normal)来概括新的经济发展状态，是2008年世界金融危机和经济危机后在国外首先开始时兴起来的，中国则是在2014年5月习近平同志考察河南的行程中第一次提出中国经济发展新常态以后才开始流行，并且成为研究的热点问题。习近平同志当时说：“中国发展仍处于重要战略机遇期，我们要增强信心，从当前中国经济发展的阶段性特征出发，适应新常态，保持战略上的平常心态。”

国内外对经济发展新常态的理解各不相同。这种不同，首先表现在对国外经济发展新常态的认识不一致。从世界经济的角度来说，西方媒体出现的“新常态”是“后危机时代全球(主要是占主导地位的发达经济

① 新华社：《中央经济工作会议在北京举行》，载《经济日报》，2014年12月12日。

② 简新华：《“新常态”不能静态化、绝对化和泛化理解》，载《经济要参》，2015年第12期。

体)经济新特征的专用名词”,其经济特征被概括为“低增长、高失业以及投资的低回报”。在李扬、张晓晶看来,旧常态“指的是20世纪80年代中期至本世纪全球金融危机之前长达20余年的那一段时期”发达经济体的经济状态,“旧常态以持续高增长、低通胀、低失业率和经济周期波动并存为基本特征”。[①] 李稻葵则认为,“西方发达国家新常态的主要特征是:在全球化的压力下,经济社会体制和政策‘向左转’,更加强调分配的公平性,强调对市场机制尤其是金融市场的约束,同时,对社会高收入人群的税收也会有所加强”。[②]

国内外对经济发展新常态的理解的不同,还表现在对中国经济发展旧、新常态的认识不一样、对西方发达国家的旧、新常态与中国的旧、新常态的差别的看法也不相同。什么是中国经济发展的旧常态和新常态呢?国内的理解并不完全一样。

厉以宁提出,“怎么理解‘新常态’呢?,这是相对于我国前一段时期超常的经济高速增长而言的,意指经济应逐步转入常态”“经济的超高速增长是‘非常态’的,它不符合经济发展规律,是不能持久的”[③]。这种界定实际上是把“旧常态”等同于“非常态”“新常态”等同于“常态”,而且只是从经济增长速度上去理解新常态。吴敬琏认为,“所谓旧常态,就是高投资支撑高速度”,这种理解主要从高投资、高速度两方面把握旧常态[④]。

李稻葵提出,“许多分析家认为,中国经济新常态的基本点就是增长速度的逐步下降,以及债务水平的逐步调整。在我看来,这些分析不一定全面,原因在于这些分析过多地关注宏观经济的表现,而我们需要更加深入地分析中国经济新常态的一些内涵,即哪些潜在的非常重要的经

---

① 李扬、张晓晶:《论新常态》,北京:人民出版社,2015年,第2~7页。

② 李稻葵:《什么是中国与世界的新常态》,载《新常态改变中国》,北京:民主与建设出版社,2014年,第10~12页。

③ 厉以宁:《当前经济形势的六大前沿问题》,载《中国2015:看清新常态》,北京:民主与建设出版社,2015年,第11页。

④ 吴敬琏:《旧模式难以为继,新常态下要记住这几点》,载《中国2015:看清新常态》,北京:民主与建设出版社,2015年,第3页。

济、社会现象将决定中国宏观经济的新常态表现”[①]。这种理解把新常态的内容、特征、表现与决定新常态的原因混为一谈，不利于准确把握中国经济发展新常态的内涵、外延和成因。

李扬认为，“何以有旧、新之别？旧、新是如何转换的？理解这些问题有四个要点。第一个要点是‘新常态’是相对于‘旧常态’来说的”“‘新常态’是以全球危机为界”“第二个要点是这是一个常态，常态的概念告诉我们，这个事情不是周期性事件，不会很快就过去”“第三个要点是新常态蕴含着发展的动力，但这种动力只是一种可能性，并不必然导向我们希望的结果”“第四个要点是在全球化背景下，新常态具有普遍性、全球性特征”[②]。他还提出，“如果在全球范围内说新常态，那就意味着供应链重组、重新塑造分工体系、经济结构调整、智力体系重塑、大国关系再造。就中国的新常态而言，除了作为全球经济的一部分具有上述共性之外，新常态还意味着中国经济的浴火重生：我们要完全脱离过去的发展方式，进入一个新的发展轨道；要完全调整旧的经济结构，进入一个新的经济结构；要完全摆脱过去的动力结构，找到新的动力结构”[③]。这种理解虽然指出了正确认识中国经济新常态必须注意的要点和部分重要内容，但是“新常态具有普遍性、全球性特征”的观点可能不太准确，全球范围内的新常态的说法显得过于笼统，是否存在各国具有共同特征的全球新常态也值得推敲，因为发达国家的旧、新常态与新兴国家以及其他发展中国家的旧、新常态差别很大，中国则更加特殊。

郎咸平说，“众多迹象表明，中国经济已开始步入新常态。我注意到很多学者和官方机构对新常态所做的阐释，告诉各位，他们都是就现象论现象，并没有抓住新常态的本质。我的理解，中国经济新常态的本质，

---

① 李稻葵：《什么是中国与世界的新常态》，载《新常态改变中国》，北京：民主与建设出版社，2014 年，第 12 页。

② 李扬：《理解新常态、适应新常态》，载《解读中国经济新常态——速度、结构与动力》，北京：社会科学文献出版社，2015 年，第 11 页。

③ 李扬：《理解新常态、适应新常态》，载《解读中国经济新常态——速度、结构与动力》，北京：社会科学文献出版社，2015 年，第 9～10 页。

就是透过改革，逐步使中国成为一个正常的市场经济国家，从而实现国家经济治理能力的现代化”。[①] 这是一种更加独特的对中国经济新常态的见解，实际上是从完善市场经济体制的角度来理解新常态。的确，深化改革、完善社会主义市场经济体制是中国经济发展新常态形成和演进的关键，但并不是新常态本身，也不是新常态的本质。我们认为，改革的新情况、新任务、新举措与经济发展的新常态不是一回事，新常态的本质是中国经济发展由高速而不平衡、不协调、不可持续、质量和效益不高的状态逐步转向速度合理而且发展比较平衡、协调、能够持续、质量和效益较高的状态，简单地说就是“提质增效”，而深化改革、完善社会主义市场经济体制，只是实现这种状态的根本途径。

张占斌等认为，新常态的新特征和新趋势主要是：增长速度由高速向中速转换，发展方式从规模速度型粗放增长向质量效益型集约增长转换，产业结构由中低端水平向中高端水平转换，增长动力由要素驱动、投资驱动向创新驱动转换、资源配置由市场起基础性作用向起决定性作用转换，经济福祉由非均衡型向包容共享型转换。[②] 这是从经济发展状况的表现和经济发展方式、体制机制等方面全面理解的新常态。

为什么国内外对世界和中国经济发展的旧、新常态的理解会存在这么大的差别呢？主要原因在于用于衡量经济发展状态的指标和方法很不一致，大多数都只是从一个或少数几个方面去说明新常态，虽然有其合理性，但是很不全面，而且有的对新常态的理解也不准确，往往把经济发展状态的表现（如速度、结构、水平、成效、宏观经济状况等）与经济发展状态形成的原因即影响经济发展的因素和发展途径（要素条件、发展方式含动力和体制机制、制度等）混为一谈。从现有对经济发展新常态的理解来看，虽然存在只从发展状态的表现方面理解的狭义新常态，也有从发展状态与影响因素和发展途径两个方面理解的广义新常态。笔

① 郎咸平：《中国经济的旧制度与新常态》，北京：东方出版社，2015年，第1页。

② 国家行政学院经济学教研部：《中国经济新常态》，北京：人民出版社，2015年，第47～82页。

者认为，虽然可以从广义上理解经济新常态，也可以从狭义上界定新常态，但是发展状态与发展方式不能混为一谈，衡量经济发展状态的指标最好只应是经济发展的各方面的表现。即使是广义新常态，在全面分析其特征时，最好能从两个方面进行分析归纳，不要不加区别地混在一起，因为把经济发展状态的表现和原因混为一体，就不能准确地判断和把握经济发展的状态、正确地认识状态与原因之间的因果联系、采取针对性更强的合理有效的对策。明确区分经济发展状态与经济发展的影响因素和方式，可能更有利于准确把握经济发展的状态和形成的方式、更好地应对新常态。

二、新常态不只是中高速增长，更不是去 GDP

什么是中国经济发展的新常态？“新”是相对“旧”而言的，而且来源于“旧”，要准确把握新常态，首先必须明确什么是旧常态。

笔者认为，经济发展的状态主要体现在经济增长速度、经济结构状况、经济发展的水平、成效、宏观经济状况等五大方面，以此为标准来分析，中国 2012 年以前 30 多年经济发展的状态就是“旧常态”，其主要特征简单地说就是：1. 在经济增长速度方面，10%左右的高速增长，起伏波动较大；2. 在经济结构状况方面，低层次、产业结构与城乡结构及地区结构不平衡、不协调、不可持续；3. 在经济发展水平方面，中低收入水平、技术水平、居民生活水平（生活质量）；4. 在经济发展成效方面，经济效益、生态效益和社会效益不太高，资源消耗过多、环境污染较重，贫富差距扩大、发展成果共享不够；5. 在宏观经济状况方面，就业增加较多、物价起伏波动较大、财政收入增长较快、财政收支不平衡、财政赤字和政府债务呈现增加趋势、国际收支不平衡、国际贸易顺差、外汇结余过多、人民币呈现升值趋势。

旧常态之所以会是如此，主要是由于：1. 劳动力充足价廉、资本短缺、技术和管理落后，更适合发展劳动密集型产业，只能主要采用粗放经营、外延扩大、数量扩张、低消费、高积累、高消耗的方式发展经济，再加上数量庞大的人口必然产生巨大的消费和排放，因此资源消耗必然多、环境污染自然严重；2. 经济全球化、国际分工协作变化和产业转移为中国发展提供了引进国外资本、先进技术和管理，发展加工贸易和一般制造业，依靠出口带动经济增长的机遇；3. 当时中国经济发展面临的主要任务是解决缺衣少食的温饱问题，迫切需要加快发展工农业生产，尽快提供尽可能多的消费品以满足广大人民群众的基本物质生活需要，还顾不上更好地提高生活质量和美化生态环境；4. 实行改革开放、制度创新、经济结构调整、经济体制和发展战略转变，抓住了经济全球化的机遇，发挥了比较优势和后发优势，形成了低成本带来的低价格的竞争优势和大规模生产的大国规模优势，实现了高速增长，但由于改革开放的任务还没有完成、社会主义市场经济体制还不成熟不完善、经济发展方式还不科学、经济结构还在调整优化过程中、主要依靠投资和出口推动、处于世界产业价值链低端，所以经济发展水平、经济结构层次和经济效益都不高。

国外的新常态是指 2008 年世界金融和经济危机以后的时间段，为什么说中国经济发展新常态是从 2012 年开始的时间段呢？这是因为，中国从 2012 年的 GDP 增速由 2011 年的 9.3%下降到 7.7%，随后再下降到的 2014 年的 7.4%，表明中国经济开始告别 10%左右的高速增长，进入中高速增长阶段；而且，在多重因素的作用下，中国服务业出现新的发展势头，2012 年全国的 GDP 第三产业增长 8.1%，超过了第二产业的 7.9%，2013 年第三产业的增长速度也最快，达到 8.3%，比第二产业的 7.8%快 0.5%，在全国 GDP 中所占的比重达到 46.1%，首次超过第二产业，实现了历史性的突破，2014 年第三产业在全国 GDP 中所占的比重继续上升到 48.2%，在三大产业中保持最高，增长速度为 8.1%，也保持最快，表明中国从 2012 年开始由以制造业为主导的工业化中期进入向以服务业为主导转变的工业化中后期，2011 年中国城镇化率首次超过 50%。基于这三个方面的实际情况笔者认为，中国经济发展新常态应该是从 2012 年开始的中国经济发展新阶段的新状态。之所以没有以

2011年或者2013年为起始时间点，是因为经济增长速度的转变以2012年为标志，而经济增长速度的变化是新常态的第一表现。经济增长速度、服务业比重和城镇化率这三个重要指标，之所以在2011—2013年几乎同时发生标志性变化，决不是偶然的，表明中国经济发展的确进入了一个新阶段。

相对于旧常态而言，从已经初步显现和可能出现的趋势来看，中国经济发展新常态的主要特征是：1. 在经济增长速度上，5%～7%的中高速增长，起伏波动较小；2. 在经济结构状况上，产业结构优化升级，进入中高层次，基本实现高质量的健康的新型城镇化，城乡差距和地区差距逐步缩小，城乡、地区基本实现协调平衡发展；3. 在经济发展水平上，达到中高收入水平、技术水平、居民生活水平（生活质量）；4. 在经济发展成效方面，经济效益、生态效益和社会效益较高，资源节约、环境友好，贫富差距缩小、发展成果共享；5. 在宏观经济状况方面，就业稳定增加、物价起伏波动较小、财政收入增长合理、财政收支基本平衡、财政赤字和政府债务呈现减少、国际收支基本平衡、国际贸易基本平衡、外汇结余适度、人民币币值合理变动。

本来"新常态"指的是新阶段中国经济发展的新状态特别是新的发展趋势，表现在多个方面，不仅是经济增长速度放缓，但是人们往往过多的是看速度，这是不利于全面准确把握新常态的。不能认为前30年的"旧常态"是高速增长、GDP至上、年均增长10%左右，新阶段新常态就可以不考虑经济增长、甚至不要GDP，年年都将稳定在7%左右。实际上，旧常态中虽然多数年份是增长10%左右，但个别年份出现过大起大落的经济增长速度，最高1984年达到15.2%，最低1990年下降到3.8%，新常态也不能完全排除特殊情况的出现。比如，有可能个别年份由于突发的或难以预见的天灾人祸、国际环境的严重恶化，可能导致经济增长大幅度下降，也可能因为新出现的有利因素，使得经济增长又达到两位数的高速度。新常态更不是不要GDP，而是要以人民为中心、成本更低、经济社会生态效益更好、成果公平共享的GDP。这样的GDP，越多越好！

三、新常态是动态不是静态，也不能自然形成

从语义上来看，所谓常态，《现代汉语词典》解释为“正常的状态（跟‘变态’相对）”，变态则是“不正常的的状态”，这种理解可能不是十分准确。因为，常态仅仅是对事物状态的客观界定，不存在对这种状态是否正确合理的主观价值判断，而正常不正常则不仅是对事物状态的客观界定，更是对这种状态是否正确合理的主观价值判断，人们往往认为正常的是正确合理的、不正常是不正确不合理的。常态应该是通常（平常、经常、时常）存在（出现、发生）的状态，即在一定时期内持续稳定存在的状态和变化发展的态势；非常态（也称反常态）则是偶然出现的少数情况或者状态。无论是常态还是非常态，都只是指事物存在的客观状态，本身并不包含对事物状态好坏、对错、褒贬的价值判断。旧常态（也称老常态）是以往的一段时期内持续稳定存在的状态和变化发展的态势，新常态则是今后的一段时期内持续稳定存在的状态和变化发展的态势。旧、新常态也只是指事物在一段时期内存在的客观状态，本身也不包含对事物状态好坏、对错、褒贬的价值判断，不一定旧常态就肯定不好、新常态就肯定好，两者的区别只在于旧常态是指事物在以往的一段时期内持续稳定存在的状态，新常态则是今后的一段时期内持续稳定存在的状态。

从上述关于“常态”内涵的说明可知，常态是指在一个时期内事物所处的比较稳定的状态和变化趋势、表现出基本相同的特征。常态里的状态是一种“态势”，是存在一定幅度起伏波动和一定程度变化的“动态”，不是年年都一样、一成不变的“静态”，不能把常态理解为固定不变的凝固状态。当然，常态里的变动一般不会很大、变化的方向基本相同，否则就不成其为常态了。

常态不是现在或者将来每一个时间点的经济状况，而是一个时期（即时间段、时间区间，比如 20 年左右）的经济状况。郎咸平也指出，“新

常态不是一个'点',而是一个'域'"。[①] 在常态存在的时期内,每一年的经济发展状况不可能都是完全一样的、一成不变的,多少都会有一些差别和变化,只是基本特征差不多、变化趋势也大致相同而已。而且常态的基本特征也非一日之功,而是逐步形成的。

新常态不是自然形成的,特别是经济发展的比较合理的新常态,更需要经过艰苦努力。中国新常态受许多因素的影响,需要具备许多必要的条件,有利的因素需要去利用和发挥,不利因素需要努力去改变,不具备的条件需要去创造。新常态是要通过我们的工作努力才能出现和保持的,"双中高"(经济发展的中高速度、中高水平)不是不用费力就能够自动实现的,相反可能比仅仅追求高速度更困难、要花更大的气力。因为新常态不只是增长速度新,更重要的是结构新、水平新、成效新、宏观经济状态新,还需要发展条件新、方式新、动力新、制度新、体制机制新,难度更大。

四、新常态不是只由创新和消费驱动、不要投资和出口

旧常态主要依靠投资、出口推动经济增长,新常态经济增长的根本之策是扩大内需、将主要依靠创新驱动,但是决不能因此就认为新常态中投资、外需出口已经不重要、可以忽视,只要抓住扩大内需(主要是国内消费需求)和创新、创业就行了。因为,创新、创业都需要投资,如果完全没有投资的增长是不可能实现的;内需不仅是国内消费需求,还包括投资需求,中国新阶段城镇建设和基础设施建设的任务还远远没有完成、仍然非常艰巨,由此产生的投资需求巨大,而且消费需求的满足也离不开投资,也需要增加投资、生产更多更好的消费品和提供更多更好的生活消费服务;中国劳动力数量十分庞大、就业形势长期内都是严峻的,保持出口的稳定和适度增长,能够更好地解决就业问题,更有利于促进就业和收入的增加;由于中国人多地少、人均资源占有量大大低于世界

① 郎咸平:《中国经济的旧制度与新常态》,北京:东方出版社,2015 年,第 5 页。

平均水平，实现现代化不能完全依靠本国资源，不得不合理进口必要的国外资源和包括石油、铁矿石、粮食在内的大宗商品，甚至进口量还可能不断增加，另外还需要从国外进口中国还没有的先进技术专利、机械设备、关键零部件和其他各种产品，如果不稳定甚至适当扩大出口，很难保证进口或者到国外开发资源所需要的外汇资金。因此，新常态下也要合理重视和适度增加投资和出口。

需要特别指出的是，新常态的形成和演进，如果只是由主要依靠投资、出口推动经济增长转向主要依靠创新驱动、以扩大内需为根本之策，是远远不够的。因为，这只是转变经济发展方式的一个重要方面，并不是全部，更包括由粗放型、外延型、追求高速度、数量扩张、高积累、高投入、高消耗、高污染、低消费、低效益、不可持续的传统经济发展方式转向集约型、内涵型、速度实在、质量优先、积累与消费协调合理、节约资源、保护环境、高效益、可持续的科学发展方式；还需要由市场不成熟规范、作用发挥不够和过度并存，政府掌握资源太多、调控过度（越位）和不合理与该管的没管或没管好（缺位）并存的经济体制机制转向市场成熟规范、作用合理充分发挥，政府恰当掌握资源、调控合理适度、该管的管好、不该管的坚决不管的经济体制机制。新常态的形成和演进，要真正实现新阶段中国经济持续稳定的中高速增长、经济结构的中高端化、经济发展水平再上一个更大的台阶、资源环境的状况明显改善、生活质量的显著提高，必须全面深化改革、转变经济发展方式。

五、新常态专指经济发展，不宜泛化

正如有学者指出的，现在还出现了把新常态扩展到其他领域的泛化现象，认为新阶段中国所有的方面都出现了“新常态”，提出所谓“政治新常态”“社会新常态”“文化新常态”“生态新常态”等，[①]也需要予以澄清、

① 常修泽：《中国改革发展的四个问题之我见》，凤凰大学问第 195 期，2015 年 3 月 9 日。

纠偏。虽然从常态的语义上看，任何变化着的事物都会存在旧常态、出现新常态，但是新阶段中国是不是所有的方面都出现了“新常态”，这需要经过深入科学研究以后才能准确断定和说明，不是简单地套用一下新常态的概念就能了事的。我们认为，这些“某某新常态”至少现在还很难准确科学界定。比如，现在很难判定中国目前政治有无新常态与旧常态之分、是否开始出现新常态，无法清楚准确说明政治旧常态与新常态中的腐败、民主、法治、党的领导等是什么状况、有什么区别；什么是“生态新常态”，更是说不清、道不明。生态平衡被破坏之前的状态，就是其自然状态或者说是生态的常态，能够讲生态平衡被破坏的状态是生态旧常态、恢复生态平衡的状态是生态新常态吗？显然说不通，因为恢复生态平衡就是恢复生态原来的常态，无所谓“新”。而且，追求时髦、形式主义地到处套用“新常态”，会造成“新常态”概念泛滥，引起思想混乱和反感，干扰对具有特定内涵的、专指经济发展态势的“新常态”的正确理解和合理应对。

而且，如前所述，“旧、新常态”是客观地指过去的状态、现在和将来的状态，都是一个中性名词，既不是一个褒义词，也不是一个贬义词，本身不存在好坏、对错之分。如果对旧、新常态进行价值判断，都可能得出好或者坏、不全好或者不全坏的结论，旧常态不一定必然是坏的，新常态也不一定必然是好的。比如，20 世纪 90 年代美国出现了“三低一高”（低通货膨胀率、低失业率、低赤字率、高经济增长）的经济发展状态，被称为从来没有过的“新经济”，相对于现在的美国经济发展状态，被称为“旧常态”；而 2008 年金融和经济危机发生以后，美国经济进入了经济衰退、失业严重的所谓“新常态”。如果对美国的经济发展状态作出判断，显然 20 世纪 90 年代的“旧常态”比 2008 年以来的“新常态”要好得多！可见，旧常态并不肯定不好，不一定都要转变为新常态，只有不好的旧常态才需要转变为好的新常态。所以，不能认为中国的各个方面的状态都要像经济发展一样，由旧常态转变为新常态。

疑难问题 16

怎样全面准确理解供给侧结构性改革？

针对“供给侧结构性改革”的不同解读，说明“供给侧结构性改革”的准确内涵，指出供求两侧都存在总量、结构、长短期的问题，不仅是供给侧需要进行结构性改革，需求侧也存在结构性改革的问题，纠正混淆经济结构调整与经济结构改革的偏差，提出合理有效应对经济下行、切实做到“三去一降一补”的困难和对策。

习近平同志2015年11月10日在中央财经领导小组会议上强调，“在适度扩大总需求的同时，着力加强供给侧结构性改革，着力提高供给体系质量和效率，增强经济持续增长动力，推动我国社会生产力水平整体跃升”。2015年11月18日，习近平同志在亚太经合组织（APEC）工商领导人峰会发表演讲时表示：“要解决世界经济深层次问题，单纯靠货币刺激政策是不够的，必须下决心在推进经济结构性改革方面做更大努力，使供给体系更适应需求结构的变化。”2017年中共十九大习近平同志还进一步提出：中国“由高速增长转向高质量发展阶段”必须“以供给侧结构性改革为主线”。正确理解和贯彻这个新的提法和重要战略方针，必须进一步明确的问题是，什么是“供给侧结构性改革”和“经济结构性改革”、与经济结构调整是什么关系、怎样合理有效推进供给侧结构性改革等。现在经济理论界对“供给侧结构性改革”存在多种不同的解读，特别需要深入探讨、澄清误解、形成正确的共识。

一、什么是“供给侧结构性改革”？

“供给侧结构性改革”现在成了中国经济讨论的热词、高频词，与“供给侧结构性改革”有关的目前有5种说法，即“供给侧”“供给侧改革”“供给侧结构性改革”“供给侧经济结构性改革”“经济结构性改革”。

供给和需求（简称供求）是经济活动的两个基本方面，也可以说是供求两侧、供求两端、供求两方面。所谓“供给侧”也称“供给端”，笔者理解就是指供给方面，与“需求侧”或者“需求端”对应。“供给侧改革”则是与供给有关的制度改革，“供给侧经济结构性改革”也就是与供给有关的经济结构方面的制度改革，“供给侧结构性改革”则是“供给侧经济结构性改革”的简称。

供给包括两个重要方面：一是产品和劳务的生产供应；二是资本、劳动力、自然资源和技术等生产要素的供给情况。需求也包括两个重要方面：一是产品和劳务的需求；二是资本、劳动力、自然资源和技术等生产要素的需求。供求都既有总量、短期问题，也有结构、长期问题，都存在相关制度改革问题；供求两侧都既要进行总量、短期分析，也要进行结构、长期分析。说需求只是总量和短期问题、供给才是结构、长期问题，只有供给侧才有结构性改革问题，是片面的。既有总需求，也有总供给；既有长短期需求即需求情况的短期现状、长期变动，也有长短期供给即供给情况的短期现状、长期变动；既有由消费、投资、出口构成等“三驾马车”构成的需求结构，也有由不同产品（包括生产资料和消费资料）和劳务构成的产品劳务供给结构和由劳动力、资本、自然资源和技术构成的要素供给结构；供求两方面都存在与其总量、结构、长短期有关的制度改革问题，优化供给需要供给侧结构性改革，需求合理也需要需求侧结构性改革。

因此，“供给侧改革”应该既包括供给总量方面的制度（比如导致供给总量过剩或者不足的制度）变革和创新，又包括供给结构方面的制度（比如造成供给过剩与不足并存、档次低、质量差、技术含量低、加工度低、附加值低、效益低的制度）变革和创新即供给侧结构改革。所谓“经济结构性改革”，我们理解是指的与经济结构调整优化有关的制度改革或者说是经济结构领域的制度改革。广义的经济结构，不仅包括主要从生产力方面看的由产业结构（含产品和劳务结构）、投资结构、流通结构、消费结构、供求结构、城乡结构、地区结构、技术结构、外贸结构等构成的国民经济结构，而且还包括主要从生产关系方面看由所有制结构、分配结构等构成的社会经济结构；同样，广义的经济结构调整，也不仅包括从生产力方面看的国民经济结构调整，而且包括从生产关系方面看的社会经济结构调整。因此，经济结构性改革不仅是供给侧结构性改革即供给方面的结构改革，而且包括需求侧结构性改革即需求方面的结构改革，不仅是国民经济结构方面的改革，而且包括社会经济结构方面的改革即基本经济制度方面的结构改革，比如所有制结构方面的结构性改革、收入分配结构方面的结构性改革。仅仅把经济结构性改革看成供给侧经济结构性改革，这种看法是不全面的。

二、经济结构调整与经济结构改革的区别和联系

“经济结构性改革”或“经济结构改革”是与经济结构调整优化有关的制度改革，不是经济结构本身的改革。“经济结构改革”与“经济结构调整”是两个不同的概念，说的不是一回事，如果内涵和外延指的是一个意思，就没有必要再发明一个新词了。两者的区别和联系是：“经济结构调整”是经济结构本身的变革优化，“经济结构改革”则是促进经济结构调整优化的相关制度的改革，经济结构改革是要清除经济结构调整的制度障碍、为经济结构优化提供制度保障。改革的对象只是制度，国民经济结构不是制度、本身不存在改革的问题，只有演进、调整、优化升级的问题。

现在有的学者在分析中国经济下行的原因、寻找保持中高速增长的途径、论述经济结构性改革（主要是“供给侧结构性改革”）时，不仅没有全面清楚具体地说明哪些制度缺陷导致经济结构不优、供给侧结构性改革到底要改革以及怎样改革哪些与经济结构调整优化有关的制度，而且没有严格区分“经济结构改革”与“经济结构调整”，把两者混为一谈，讲到经济结构改革的具体内容时，不少是经济结构调整本身的任务，不是与经济结构调整有关的制度如何变革。比如，有专家在解读“供给侧改革”（即“供给侧经济结构性改革”）的内涵和路径时，提出“供给侧改革最终还是要落到结构改革上，结构改革最原始的意义就是通过比例的调整，实现改善效率的目的”（张军）；“供给侧结构性改革首先要在减产能方面切实加大力度，并且取得实质性进展”（刘世锦）；“供给侧结构性改革是强调在供给角度实施结构优化、增加有效供给的中长期视野的宏观调控”（贾康）[①]。还有学者不是从需要改革什么制度来说明供给侧结构性改革的内容，而是把供给侧结构性改革能够增加要素高效投入、促进

① 马常艳：《权威专家解读“供给侧改革”内涵和路径》，http://www.ce.cn/，2015年11月20日。

要素升级、培育新产业和新产品等五个方面的作用，说成是供给侧结构性改革的“五个方面的内容”[①]。而且多数人都认为中国经济下行的主要原因是供给问题，不是需求不足，保增长主要应该是进行供给侧结构性改革，改善供给。这种认识不利于正确把握经济结构改革和经济结构调整、更好地全面深化经济结构改革以促进经济结构调整优化，也不利于从供求的结合上全面分析把握中国经济下行的原因、同时进行供给侧和需求侧的改革、更好地促进经济持续稳定增长，需要予以澄清。

三、供给侧改革和需求侧改革要双管齐下

的确，经济结构调整优化是现在中国经济发展的主攻方向，“十三五”时期中国经济发展的重点不是扩张经济总量，而是优化经济结构、提高经济增长的质量和效益，因此经济结构性改革是中国现在最重要的改革，但是为了“稳增长”，实现第一个“100 年”的宏伟目标，中国现在需要着力加强的结构性改革，不仅是供给侧结构性改革，同样重要的是需求侧结构性改革，不仅是与产业结构、城乡结构、地区结构、技术结构有关的制度改革，更是与所有制结构、分配结构有关的制度改革。

如果从稳增长的角度和供求两侧来看，由于导致经济下行的主要直接原因是无效供给过度、有效供给不足和消费不足，所以减少无效供给、增加有效供给（包括通过新供给创造新需求、增加总需求）、增加有效需求，都非常重要、都不可偏废。中国现在要实现供求平衡，既需要减少过剩产能、增加有效供给、优化供给结构，同时也要合理增加需求、以扩大内需特别是国内消费需求为主、优化需求结构。

怎样实现总供给与总需求的协调平衡？是主要增加或者减少总供给、还是主要增加或者减少总需求、或者双管齐下？我们认为，无论什么情况下，都应该双管齐下即同时调节总供给和总需求，因为这样效果会

① 林火灿：《结构性改革：改什么、怎么改——访国务院发展研究中心资源与环境研究所副所长李佐军》，载《经济日报》，2015 年 11 月 23 日。

更好；至于是主要调节总供给还是总需求，则应该具体情况具体分析，可能没有一个完全一样、固定不变的答案，需要根据不同情况作出不同选择。当总供给大于总需求即生产过剩而且需求潜力巨大时，主要应该增加总需求，而不是主要通过减少总供给来达到总的供求平衡，更不能像资本主义生产过剩经济危机发生时那样通过销毁过剩产品来减少总供给，因为这时候的需求更可能是合理需求，应该尽可能增加；当总供给大于总需求即生产过剩而且需求潜力不大时，主要应该合理减少总供给，而不是主要通过增加总需求来达到总的供求平衡，因为这时候增加总需求可能不合理；当总供给小于总需求即供不应求而且需求潜力巨大时，主要应该增加总供给，而不是主要通过减少总需求来达到总的供求平衡，因为这时候的需求更可能是合理需求，应该通过增加供给尽可能满足；当总供给小于总需求即供不应求而且存在需求过度、不合理时，主要应该减少总需求，而不是主要通过增加总供给来达到总的供求平衡，因为这时候的需求是应该减少的不合理的过度需求。

中国现在的情况是总供给大于总需求即生产过剩而且需求潜力巨大，正确的政策选择应该是扩大需求和压缩过剩产能、增加有效供给双管齐下，特别是增加有购买力的总需求。如前所述，无效供给过度、有效供给不足只是经济下行的重要直接原因之一，经济结构调整优化和相关的供给侧结构性改革非常重要，但仅此不够，同样重要的是全面深化与需求和收入分配有关的制度改革。因为：消费需求不足特别是劳动者有购买力的需求不足也是经济下行的直接原因，消费需求不足的主要原因又是收入差距过大、劳动收入偏低，而收入分配不合理产生的原因，则主要是分配制度以及与收入分配紧密相关的所有制等制度的缺陷。

从一般经济学原理来看，市场经济是依靠有购买力的需求推动的经济，没有市场需求，市场经济不可能发展。总体而言，在市场经济条件下，决定需求的主要不是供给，而是购买力即收入。的确，在一定条件下供给虽然可以创造新需求，但是一般情况下供给是为了满足需求，供给是为需求服务的，最终还是需求决定供给。马克思早就指出“没有生产，就没有消费，但是，没有消费，也就没有生产，因为，如果这样，生产就没有目的”[①]。正是由于发明和生产出了手机，所以才产生了对手机的需求，表面上看好像是供给能够完全独立地创造需求，实际上最终还是因为人们有更快捷更好地传递信息的需求，而手机正好能满足这种需求，说到底还是需求决定供给[②]。所谓有效供给就是有现实市场需求或者说供不应求的供给。如果需求不足，即使通过供给侧结构性改革实现了经济结构的优化升级、现代化、供给改善，经济仍然难以合理有效增长，甚至有可能出现生产过剩经济危机，比如经济结构现代化的美国和西欧国家；如果需求充足，即使供给达不到要求、不能有效满足需求，也会刺激供给改善和增加，从而促进经济增长。所以，强调供给侧的重要性不能否定需求侧的最终决定作用。

总而言之，由于无效供给过剩（产能过剩）、有效供给不足、需求不足的根本原因是社会主义市场经济体制还不健全完善，所以必须全面深化改革、完善社会主义市场经济体制，这是稳增长的根本途径；由于导致经济下行的原因包括供给和需求两方面因素，所以必须同时进行供给侧和需求侧两端的改革；由于导致经济下行的原因包括供求两方面的结构因素，所以必须同时进行供求两侧的结构性改革；由于收入差距太大、劳动收入偏低导致有购买力的消费需求不足，是中国经济下行的重要的直接原因，所以保增长和结构性改革应该包括深化分配制度以及与分配有关的所有制等多种制度的改革。

三、合理有效应对经济下行，切实做到“三去一降一补”

中国经济目前呈现下行态势，增长速度从 2010 年的 10.6%逐年下滑到 2016 年的 6.7%。去产能、去库存、去杠杆、降成本、补短板（即“三去一降一补”）是中国现在进行供给侧结构性改革，应对经济下行、调结

① 马克思、恩格斯：《马克思恩格斯选集》第二卷，北京：人民出版社，1973 年，第 94 页。
② 贾康：《为何今天中国要搞供给侧改革》，载《环球时报》，2015 年 12 月 25 日。

构、稳增长的五大任务。虽然只要努力去完成这五大任务，肯定能够促进经济结构向优、保持经济中高速增长，但是必须清醒地认识到“三去一降一补”的艰巨性，难以保证马上就能立竿见影、止跌回升，甚至可能继续下行一段时间。因为：

第一是去产能、去库存只是减少已经过剩的产能、积压的库存，特别是像资本主义国家以往应对生产过剩经济危机那样，采用人为销毁的方式（如强行关闭企业、拆除机械设备、低价抛售或毁坏过剩产品等），并不能增加生产、直接带来新的经济增长。

第二是如果不采取人为销毁的方式去产能、去库存，真正要做到去产能、去库存，多数必须有新需求或潜在的有购买力的需求，所以更重要的是还要看总需求是否能够有效扩大，只有总需求扩大，总供给才不会过剩并且才能扩大，经济也才能止跌回升。

第三是去产能、去库存的任务，不是短期就能完成的。如果产能过剩部门通过转产、进入短缺部门和新兴产业来实现去产能，不是想转就能转的，必须具备相应的资金、技术、人才条件，需要有一个过程，短期还会增加投入成本、造成资产损失；采用向国外转移过剩产能和销售库存的方式，虽然可以促进经济增长，这也不是轻而易举、一蹴而就的，也需要措施得当、经过一个努力的过程。

第四是真正实现“三去一降一补”，困难不少、阻力不小、难度很大、任务艰巨。去杠杆、降成本虽然可以减轻企业负担、轻装上阵、更好发展生产，增加盈利，但是并不容易。在产能不足、产品短缺的产业部门，由于增加生产需要增加投资，而直接投资有可能不是减少债务而是增加债务；在产能过剩、产品积压的产业部门面临的任务是去产能、去库存，不是增加生产，经营必然困难，可能无力偿还债务、降低成本；补短板虽然能够实现瓶颈产业的发展、增加有效供给、促进经济增长，但是这需要相应的资金、技术、人才和制度条件，否则难以做到，而且现在短板是少数，更多产业是产能过剩，即使补齐短板，总的状况可能还是过剩。

更重要的是，造成产能过剩、产品积压的原因是多方面的，除了赚钱有利就一拥而上、亏本无利则纷纷退出的市场调节和民间投资的自发性、盲目性之外，相当部分产能过剩也是有的政府部门和国有企业为了追求短期财政收入、政绩业绩而盲目直接过度投资造成的，有的也是地方政府参与支持保护鼓励推动民间投资甚至是少数官员参股操控谋利导致的，而去产能、去库存可能会造成经营亏损、资产贬值报废、既得利益受损，导致部分企业关闭、破产清算、相关债务难以偿还、加剧银行风险、减少地方政府财政税收、相关职工转岗下岗失业、相关企业高管的升降去留，所以很可能会受到地方保护、产能过剩部门的企业、投资者、少数利益相关的官员和部分相关职工、相关银行和金融机构的阻碍，这是去产能、去库存已经提出几年而成效不十分显著的重要原因，也是现在产能难压并且相当程度上要靠各级政府来压产能的重要原因。

基于以上情况，去产能、去库存主要应该是创造条件，合理增加有购买力的需求，以消化过剩产能和库存，向新兴产业、供给不足产业和国外转移，还可以降价销售，尽量不要采用销毁的方式。无论是国有的还是民营的过剩产能，首先都应该尽可能发挥市场的决定性作用、通过市场机制优胜劣汰、自然淘汰压缩，但是国有企业、政府投资、地方政府参与支持保护和少数官员参股操控的过剩产能的压缩，还必须发挥政府的调控作用，采取坚决、果断、有力的措施，真正做到壮士断腕断臂，同时坚持惩治与产能、库存、杠杆化有关的腐败，适当增加相关财政支出，建立专项基金，鼓励创新创业，广开就业门路，给予必要的补偿，切实安置好相关职工。

综上所述，应对经济下行，非一日之功、难以一招几招见效，必须迎难而上、坚持不懈、全面协调配套深化改革、供给与需求两端发力、长短期结合兼顾、对症下药、多管齐下、综合治理，才能奏效。

疑难问题 17

什么是现代化经济体系、应该如何构建？

比较分析关于现代化经济体系的几种不同的代表性观点，指出其中不准确、不全面的偏差，提出对现代化经济体系的主要内容和特征的新看法，说明新时代中国建设现代化经济体系的必要性，论述中国现在的经济体系存在的问题及其原因，根据中共十九大的总体安排，归纳说明建设现代化经济体系的主要路径，强调根本途径是全面深化改革、完善相关制度。

中共的十九大提出，从全面建成小康社会到基本实现现代化，再到全面建成社会主义现代化强国，是新时代中国特色社会主义发展的战略安排，而经济是基础，社会主义现代化最基本的是经济现代化，经济现代化主要就是经济体系现代化，所以建设现代化经济体系是全面建成社会主义现代化强国的首要任务。因此，必须深入思考什么是现代化经济体系、中国特色社会主义新时代为什么要建立现代化经济体系、怎样建设现代化经济体系。

一、现代化经济体系的主要内容和特征

建设现代化经济体系，首先需要明确什么是"现代化经济体系"，但是目前对现代化经济体系的理解，众说纷纭、莫衷一是，存在较多的混乱和误解，需要予以澄清、求得正确的认识。

有的学者提出，现代化经济体系至少包括如下几方面：一是高质量的经济发展，二是高效益的经济水平，三是中高速的经济增速，四是高水平的农村发展，五是更平衡的地区发展格局，六是更完善的市场经济体制，七是更全面的对外开放。[①] 这种观点指出了现代化经济体系的一些内容和特征，比如高质量、高效益、高水平的农村发展、地区平衡发展等，但是不全面，比如，产业结构优化(合理化和高度化)应该是现代化经济体系最重要的内容和特征，是不能缺少的；而且，有的概括也不准确，比如，中高速的经济增速不应该是现代化经济体系的内容和特征，因为现代化经济体系的经济增长并不必然是中高速，无论是在中国还是外国的传统落后经济体系还是现代化经济体系中，不同时期的经济增长速度都可能不一样，都可能出现高中低三种情况，中国从现在到 2050 年实现社会主义现代化的时期内，从经济上看都是建设现代化经济体系的时期，在这么长的时期内经济增长速度不可能始终都是中高速。另外，完善的

① 胡鞍钢、张新：《现代化经济体系：发展的战略目标》，载《经济日报》，2017 年 10 月 27 日。

市场经济体制、全面的对外开放是中国建设现代化经济体系的制度保障和战略措施，不应该说成是现代化经济体系本身的内容，否则，经济体系就等同于社会经济、无所不包、涵盖与经济有关的所有方面，经济体系就是社会经济的同义反复，也就成了一个多余的概念。

也有论者强调，必须准确把握现代化经济体系的科学内涵，一是坚持质量第一、效率优先推动现代化经济体系建设，二是加快建设实体经济、科技创新、现代金融、人力资源协同发展的产业体系，三是着力构建市场机制有效、微观主体有活力、宏观调控有度的经济体制。[①] 这种看法并没有说清什么是现代化经济体系的科学内涵，只是说明了建设现代化经济体系的部分任务和原则要求，而且也不全面。

另有学者指出，现代化经济体系“指一种可以定性和定量地描述的经济发展水平的状态、目标和结构；它是指整个国家的相互联系、相互影响的经济系统，在发展总量和速度、发展水平和质量、体制机制运行、开放发展程度等诸多方面的现代化水平和状态”。还认为新时代我国现代化经济体系的基本框架主要由以下要素构成：一是经济总量和发展速度，二是发展水平和发展质量，三是现代化产业体系和结构，四是现代化空间布局结构和协调程度，五是现代市场经济的体制机制，六是高水平的开放经济体系。[②] 这种对现代化经济体系的理解应该说更为清晰、准确，但是有两点也需要进一步推敲：一是经济发展目标可能不应该是现代化经济体系本身的构成要素，因为现代化经济体系只是客观的经济状况，而经济发展目标则是主观追求的目的或者希望实现的愿望，是影响经济体系的状况及其变化的因素；二是现代化经济体系主要应该是从生产力发展状况的角度来衡量判断国民经济发展的状况（包括经济结构和发展水平等），可能不应该包括主要与生产关系和上层建筑有关的经济运行的体制机制的内容，生产关系和上层建筑应该是影响经济体系的重

① 宁吉喆：《建设现代化经济体系，实现新时代高质量发展》，载《经济日报》，2017 年 11 月 30 日。

② 刘志彪：《现代化经济体系的要素是什么》，载《北京日报》，2017 年 11 月 30 日。

要因素。

还有学者认为，“现代化经济体系是由目标体系、经济主体体系、动力支撑体系三部分构成的。其中，经济主体体系又包括行为主体体系、产业体系、区域体系；动力支撑体系又包括创新体系、制度体系、开放体系。总的逻辑是：经济主体体系按照发展目标体系的要求，在动力支撑体系的推动和支撑下，建成现代化经济体系”。① 这种理解也存在问题：一是把发展目标体系也作为现代化经济体系的构成部分，可能不准确，因为经济体系是客观的经济状况，虽然建设现代化经济体系是新时代中国发展的战略目标，但是经济体系本身不应该包括主观的经济发展目标；而且，建设现代化经济体系是中国发展的目标，如果是说现代化经济体系中又包含经济发展目标，就是目标中又包含目标，可能是同义反复，从逻辑上说不通。二是“经济主体体系又包括行为主体体系、产业体系、区域体系”的说法，可能有误，主体与主体的行为或者活动是两回事，经济主体只是经济活动或者行为的主体，主要是企业、企业家、创业者、职工、科技人员、农民和政府机构，不能把经济活动、产业、区域也看成经济主体，主体是相对于客体而言的，如果把经济的各个重要方面都看成经济主体，那什么是经济客体呢？而且，把经济主体也看成现代化经济体系的构成部分可能也不准确，因为经济主体的状况是决定经济体系状况的重要因素，但其本身并不直接反映经济体系和经济发展的状况；三是创新、制度、开放是建设现代化经济体系的路径、制度保障、战略措施，把创新体系、制度体系、开放体系也看成现代化经济体系的组成部分，可能也不严谨科学，因为这样实际上是把现代化经济体系本身的内容和特征与建设现代化经济体系的路径、制度保障、战略措施等同起来，其实两者并不是一回事。

更有学者撰写长篇文章论述建设现代化经济体系，提出“一国的经济体系一般指的是这个国家的经济主体结构、三次产业结构、技术结构

① 李佐军：《适应新时代需要建设现代化经济体系》，中国经济新闻网，2017年11月13日。

及相应的自然资源、资本、人力资源、管理等生产要素配置结构的总和”。现代化经济体系应该呈现以下九个方面的主要特征：首先，现代化经济体系是“虚实共生、以实为主”的经济体系；其次，现代化经济体系是“创新驱动发展”的经济体系；第三，现代化经济体系是“协调平衡发展”的经济体系；第四，现代化经济体系是“绿色低碳发展”的经济体系；第五，现代化经济体系是“开放共赢发展”的经济体系；第六，现代化经济体系是“共享共富发展”的经济体系；第七，现代化经济体系是“劳动关系和谐”的经济体系；第八，现代化经济体系是“多元包容”的经济体系；第九，现代化经济体系是“两手互济发展”的经济体系。[①] 这种认识尽管内容更全面丰富，但是与前面几种看法一样，也存在类似的问题，对经济体系内容的概括也不准确，过于宽泛且又不全面：一是经济体系不仅包括三次产业结构，而且包括产业价值链在内的整个产业体系和构成、城乡结构、地区结构等；二是没有具体说明什么是经济主体结构、为什么也是经济体系的组成部分；三是也把许多生产关系和上层建筑的因素归结为经济体系的构成部分和主要特征，比如“开放共赢发展”“共享共富发展”“劳动关系和谐”“多元包容”“两手互济发展”等，西方发达国家现在的经济体系应该是现代化经济体系，但是并不一定具备这些特征。

上述这些关于现代化经济体系的观点，虽然都有正确的一面，但是都存在值得商榷的问题。主要是有两方面的缺陷：一是过于宽泛、不准确、不全面、不具体、不清晰。这些对现代化经济体系的理解，实际上是把社会经济的生产力、生产关系和相应的部分上层建筑都看成经济体系本身的内容或者组成部分，把现代化经济体系本身的内容和特征与建设现代化经济体系的方法和途径不加区别地混同起来，无所不包、失之于宽、这是不准确的。二是基本上不分析说明现代化经济体系的不同社会性质，可能也是不全面深刻的。因为，就像资本主义国家和社会主义国家都可以实现现代化一样，这两类性质不同的国家也都可以建立现代化

① 韩保江：《多维度把握建设现代化经济体系的目标要求和实现路径》，载《经济日报》，2017 年 10 月 27 日。

经济体系，但是从生产关系上来看，资本主义现代化经济体系与中国要建设的社会主义现代化经济体系，无论是社会性质还是建设路径都存在本质差别。中共十八大以来，习近平同志一再强调要学好用好政治经济学，所以，我们现在分析研究新时代中国建设现代化经济体系，不能只是参考、借鉴、运用现代西方经济学的理论和方法，必须特别注意要以马克思主义政治经济学尤其是中国特色社会主义政治经济学为指导，运用历史唯物主义和辩证唯物主义的基本原理和方法。本书特做以下尝试，希望经济学同仁和读者批评指正。

主要从生产力及其发展来看，所谓“经济体系”，也就是国民经济体系，主要内容包括：1. 产业结构、城乡结构、地区经济结构，2. 实体经济与虚拟经济的构成情况，3. 社会生产交换分配消费等经济活动的状况，4. 科学技术基础和构成、运用情况，5. 对外经济联系的客观状况，6. 经济发展水平等。虽然这些内容中也包含有生产关系的因素，比如对外经济联系等，但主要反映的是生产力或者国民经济发展的状况。

必须进一步指出的是，尽管经济总量、规模和增长速度也是反映经济发展状况的指标，但是不应该把经济总量、规模和增长速度看成经济体系的内容，因为同样经济体系的国家可以有不同的经济总量、规模和增长速度，比如同样是建成现代化经济体系的美国与英国、瑞典等，经济总量、规模和增长速度却差别可能很大；尽管经济体制机制是影响经济发展状况的重要因素，但是经济体制机制的内容、性质和特征本身并不反映经济发展的状况，比如同样是市场经济国家的经济体系，既有现代化经济体系，也有传统经济体系；尽管对外经济联系的客观状况是经济体系的内容，但是对外开放的战略和政策却不是经济体系的组成部分，因为对外开放的战略和政策是主观的应对措施，只是影响对外经济联系状况的重要因素。

人类社会不同历史时代和发展阶段，经济体系具有不同的特征，反映国民经济发展的不同状况和水平。从生产力的发展状况来看，当代的“现代化经济体系”，就是现代化实现阶段的经济体系，相对于传统落后经济体系或者说非现代化经济体系而言，现代化经济体系的基本特征或者说主要标志应该是：1.产业结构以服务业为主体（服务业在国民经济中所占的比重达到70％以上）、现代服务业和高新技术产业为主导、基本实现优化（合理化和高度化），工业和农业都实现现代化，制造业处于世界产业价值链的高端，农业综合机械化率达到80％，工农差别基本消失；2.城市化率达到70％以上，城乡差别基本消除，实现城乡经济一体化；3.地区经济分工合作、协调发展，差别基本消失或者差别不大；4.以现代化的实体经济为基础，虚拟经济合理发展；5.国际经济联系比较紧密；6.社会经济活动普遍采用先进科学技术和现代经营组织方式，创新力和竞争力强；7.社会经济发展呈现出资源节约、环境友好、高质量、高效益、可持续的特点，人均国民年收入达到12000美元以上。

需要明确的是，就像中国要实现的现代化不是资本主义现代化而是社会主义现代化一样，中国特色社会主义新时代要建设的现代化经济体系，不是与西方发达国家完全一样的现代化经济体系，而是社会主义现代化经济体系。虽然西方发达国家的现代化经济体系，从生产力的角度来看，在内容和特征上，与中国所要建设的社会主义现代化经济体系具有许多共性，但是从生产关系的角度来看，在目的、性质、作用和建设路径上，西方发达国家的现代化经济体系与中国的社会主义现代化经济体系又存在本质的差别。中国的社会主义现代化经济体系不是为了实现资本的利润最大化，而是要为实现共同富裕和人的自由全面发展服务，不能主要是资本或者少数人获利、不能以牺牲广大劳动者的利益为代价，目的是要建成社会主义、最终实现共产主义。虽然市场机制优胜劣汰、竞争的外在压力和追求赚钱发财的内在冲动，有助于促进经济发展和产业结构优化，但是资本主义私有制与社会化大生产的矛盾难以避免结构失衡、生产过剩的经济危机；为了防止或者减少现有固定资产的贬值损失，资本也可能人为扼杀或者限制高新技术的发明和使用、阻碍经济结构的调整优化；金融资本的主宰控制和暴利，使得虚拟经济膨胀难以避免。而社会主义公有制和政府的合理调控管理则有利于避免资本主义国家的这些不利情况的发生，更有利于建设社会主义现代化经济体系。[1]

二、新时代建设现代化经济体系的必要性

新时代中国为什么要建设现代化经济体系呢？党的十九大报告强调，“我国经济已由高速增长阶段转向高质量发展阶段，正处在转变发展方式、优化经济结构、转换增长动力的攻关期，建设现代化经济体系是跨越关口的迫切要求和我国发展的战略目标”。

第一，建设现代化经济体系是解决新时代的社会主要矛盾的必要条件。

中国特色社会主义新时代的社会主要矛盾是人民日益增长的美好生活需要和不平衡不充分的发展之间的矛盾。人民的生活需要总是要不断变化的、要求也会不断提高。由于中国现在已经稳定解决了十几亿人的温饱问题，总体上实现小康，不久将全面建成小康社会，绝大多数人都过上了丰衣足食的生活，因此无论是生活需要的种类结构还是水平质量，人民的生活需要都跟着发生了重大变化。在需求结构上人民的生活需要日益广泛，不仅对物质文化生活提出了更高要求，而且在民主、法治、公平、正义、安全、环境等方面的要求日益增长；在生活水平上由衣食无忧的较低水平转向美好生活的高水平。与此同时，生产落后的情况虽然已经根本改变，社会生产力水平总体上显著提高，社会生产能力在很多方面进入世界前列，但是发展还不平衡，还不能适应人民生活需要的结构变化和新的要求，发展还不充分，还不能很好满足人民日益增长的美好生活需要。要有效解决这个社会主要矛盾，真正满足人民日益增长的美好生活需要，就必须改变发展不平衡不充分的状况，而要实现平衡充分的发展，就必须建设现代化经济体系，否则无法做到。

① 简新华：《建设现代化经济体系是跨越关口的迫切要求》，载《光明日报》，2017 年 11 月 7 日。

第二，建设现代化经济体系是建成社会主义现代化强国的战略目标。

中国特色社会主义新时代需要完成的历史任务是全面建成小康社会、再基本实现现代化，最后全面建成社会主义现代化强国，而现代化经济体系的形成是现代化实现的主要标志之一。因此，实现现代化的主要任务或者说战略目标之一就是建设现代化经济体系，实现现代化的过程也是建设现代化经济体系的过程。可以说，现代化经济体系建成了，经济现代化也就实现了。

第三，建设现代化经济体系是转方式、优结构的迫切要求。

中国特色社会主义新时代要转变经济发展方式、优化经济结构、实现高质量、高效益、持续稳定的发展，把中国建成富强民主文明和谐美丽的社会主义现代化强国，现在已由高速增长阶段转向高质量发展阶段，正处在转变发展方式、优化经济结构、转换增长动力的攻关期，建设现代化经济体系是跨越关口的迫切要求。只有转变经济发展方式、优化经济结构，才能建成富强民主文明和谐美丽的社会主义现代化强国。建设社会主义现代化强国的过程，既是建设现代化经济体系的过程，也是转变经济发展方式、优化经济结构的过程。建设现代化经济体系与转变经济发展方式、优化经济结构，两者相辅相成。不转变经济发展方式、优化经济结构，不可能建成现代化经济体系；不建设现代化经济体系，经济发展方式不可能最终转变，经济结构也不可能优化，社会经济也不可能实现高质量、高效益、持续稳定的发展。

三、中国现在的经济体系存在的问题及其原因

新时代中国怎样建设现代化经济体系呢？为了选择正确有效的路径，首先必须弄清中国现在的经济体系存在的问题和不足及其造成的原因，这样才能有的放矢、对症下药，提出更符合实际、更有针对性、更合理有效的对策措施。

1. 中国现在的经济体系存在的问题和不足

总体而言主要是发展不平衡不充分。发展不平衡不充分的主要表现是：经济、政治、文化、社会、生态文明等“五大建设”之间的发展不平衡，突出的表现是社会建设、文化建设、生态文明建设相对落后，“五大建设”特别是经济建设内部的各个环节和方面也存在发展不平衡不充分，具体表现是，产业结构不优，无效供给过剩，有效供给不足，高新技术产业和现代服务业还需要加强，产业价值链的地位还有待提升；“三农”问题突出，农业现代化滞后，城镇化的数量和质量也有待提高，城乡和区域发展的差距仍然较大；实体经济大而不强、不优，发展水平、质量和效益还不高，创新能力不够强，存在“去实就虚”、片面追求虚拟经济发展的现象；环境污染比较严重，生态环境保护任重道远；财产和收入分配差距依然较大，脱贫攻坚任务艰巨；民生领域还有不少短板，群众在就业、教育、医疗、居住、养老等方面面临不少难题。

2. 中国经济体系现在存在的问题和不足产生的原因

造成这些问题和不足的主要原因是包括所有制、土地制度、财产和收入分配制度、市场经济制度、政府调控制度、企业制度、农业经营制度、金融制度、财政制度、投资制度、就业制度、教育制度、科学技术保护促进制度、户籍制度、社会保障制度、资源环境保护制度等在内的制度不完善。比如，产能过剩的主要原因是企业制度、投资制度、市场调节制度和政府调控制度存在不足；“三农”问题突出的主要原因是农地制度和农业经营方式还不完善；农民工不能实现市民化的主要原因是户籍制度和社会保障制度还有缺陷；财产和收入分配差距较大的基本原因是收入分配制度还不完善、公有制经济还需要做强做优做大、非公有制经济还有待规范引导、市场失灵和政府失灵还需要合理有效克服；创新能力不够强的主要原因是教育制度和科学技术保护促进制度还不完善。

四、建设现代化经济体系的路径

新时代中国应该如何建设现代化经济体系，党的十九大做出了总体安排，制定了一系列战略措施，主要是：

1. 贯彻新发展理念，统筹推进经济建设、政治建设、文化建设、社会建设、生态文明建设，坚定实施科教兴国战略、人才强国战略、创新驱动发展战略、乡村振兴战略、区域协调发展战略、可持续发展战略、军民融合发展战略。

2. 建设现代化经济体系，必须把发展经济的着力点放在实体经济上，把提高供给体系质量作为主攻方向，坚持质量第一、效益优先，以供给侧结构性改革为主线，推动经济发展质量变革、效率变革、动力变革，提高各种要素的生产率，显著增强我国经济质量优势。

3. 着力加快建设实体经济、科技创新、现代金融、人力资源协同发展的产业体系。

4. 创新是引领发展的第一动力，是建设现代化经济体系的战略支撑，必须深化科技体制改革，建立以企业为主体、市场为导向、产学研深度融合的科技创新体系，加快建设创新型国家。

5. 突出抓重点、补短板、强弱项，特别是要坚决打好防范化解重大风险、精准脱贫、污染防治的攻坚战，使全面建成小康社会得到人民认可、经得起历史检验。

6. 加快完善社会主义市场经济体制，着力构建市场机制有效、微观主体有活力、宏观调控有度的经济体制，不断增强我国经济创新力和竞争力。

7. 以“一带一路”建设为重点，坚持“引进来”和“走出去”并重，遵循共商共建共享原则，加强开放合作，形成陆海内外联动、东西双向互济的全面开放新格局。

必须特别强调的是，由于导致现在经济体系存在问题和不足的主要原因是各种制度的缺陷，所以建设现代化经济体系的根本途径，应该是全面深化改革，完善所有制、土地制度、财产和收入分配制度、市场经济制度、政府调控制度、企业制度、农业经营制度、金融制度、财政制度、投资制度、就业制度、教育制度、科学技术保护促进制度、户籍制度、社会保障制度、资源环境保护制度等。

疑难问题 18

中国农地为什么不能私有化？

全面归纳主张中国应该实行农地私有化的理由：实现农民“耕者有其田”的愿望，保护农民的根本利益，优化土地资源配置，使得农民富裕，从根本上解决“三农”问题，促进工业化和城镇化，消除土地管理和征地拆迁上的腐败、暴利和矛盾冲突，维护社会稳定，适应市场经济的要求，再造中国经济政治制度的产权基础；批驳农地私有化谬误，指出历史事实证明土地私有制并非万能、土地私有化可能严重损害农民利益、不能保证“耕者有其田”、不可能使得大部分农民通过卖地致富、会使中国农民丧失最后一条保障线、不一定能消除土地抛荒和有利于规模经营和基础设施建设、不能完全消除与土地有关的腐败现象、可能提高工业化和城镇化的成本、导致城市贫民窟化、有害于土地配置效率提高、不能从根本上解决“三农”问题、不利于保障中国的粮食安全、不利于维持社会稳定和坚持社会主义方向。

中国改革开放又进入了一个关键时期，坚定不移推进改革开放应是绝大多数人的共识，但对改什么、朝着什么方向改、怎样改？理论界和社会上却存在较大的分歧，甚至完全相反的看法。这种情况最突出地表现在对农村土地制度改革的看法或主张上。改革开放以来特别是近些年来，国内外一直有人或明或暗、或公开或私下地主张中国应该实行土地私有化(主要是农地私有化)。中国现在或者将来究竟应不应该实行土地私有化？这是一个关系如何正确把握中国农村改革和发展方向，有效解决"三农"问题，保护农民利益，提高土地利用效率，合理推进工业化、城镇化和农业现代化，维持社会稳定和谐的重大问题，甚至涉及对中国根本经济制度和政治制度演进趋势的认知，要合理地进行改革的顶层设计和总体规划，不能不公开深入讨论清楚，求得正确的认识。尽管《中华人民共和国宪法》规定"农村和城市郊区的土地，除由法律规定属于国家所有的以外，属于集体所有；宅基地和自留地、自留山，也属于集体所有。"吴邦国委员长2011年在十一届全国人民代表大会第四次会议上所作的全国人民代表大会常务委员会工作报告中也明确指出，"不搞私有化"。2013年习近平同志在中央农村工作会议上强调，"农村土地制度改革是个大事""不管怎么改，不能把农村土地集体所有制改垮了，不能把耕地改少了，不能把粮食产量改下去了，不能把农民利益损害了"。[①] 但是，对主张搞土地私有化的理由何在、是否成立、中国为什么不能搞私有化、土地私有化为什么是错误的、会产生什么样的后果、为什么土地私有化不是"三农"的根本出路、解决"三农"问题的途径是什么、怎样正确认识中国现行农地制度和经营方式的利弊及其演进的趋势、如何做到党的十八大提出的坚持和完善农村基本经营制度、构建新型农业经营体系等问题，缺乏系统深入论述，更没有形成共识，仍然有人不断提出土地私

① 中共中央文献研究室：《习近平关于社会主义经济建设论述摘编》，北京：中央文献出版社，2017年，第177页。

有化问题，[①]特别需要从理论和实践的结合上予以正确全面的回答，作出有说服力的论证。

一、主张土地私有化的理由

改革开放以来，国内外一直有人主张土地私有化，虽然在国内主要报刊和相关著作中很少有人公开提出中国应该实行土地私有化，但在各种理论研讨会和网络上、教学研究过程中和社会思想交流中，特别是在境外学者的有关论著中，总可以听到、看到有人认为，中国现行的土地集体公有制存在许多弊端：不能形成全国统一的土地市场，“越来越和市场经济不相适应”“是城乡收入差距愈益恶化的制度性障碍”“使广大农民难以分享城市化和工业化带来的巨大好处，难以分享沿海和城市的繁荣”“城市化变成了对农民的剥夺”“没有避免农民相对境遇的每况愈下，又没有避免无地农民的大量涌现”，导致“耸人听闻的当代圈地运动”，大量侵占农民土地，土地纠纷急剧上升，激起农民越来越频繁的群体性抗争，“严重威胁社会的和谐稳定”；中国现在之所以“三农”问题严重、土地征用和房屋拆迁中损害农民利益的问题突出，根源在于土地的公有制，“三农”的根本出路是实行土地私有化；农民没有土地所有权，不能自由买卖土地，造成土地抛荒现象严重，无法用土地作抵押，农村金融难以发育，农地租赁市场难以发育，土地规模经营难以实现，落后的农业结构难以调整，农村基础设施常年忽视，生态“必然发生凋零”，农民收入也难以提高[②]。也有人认为，农村土地集体所有制存在“产权残缺”“所有者缺位”、难以解决的所有权集体共有与保持承包权稳定的矛盾，使得侵害农

① 美国三一学院的文贯中教授2014年在东方出版社出版研究专著《吾民无地：城市化、土地制度》，书中写道“希望中国尽快允许土地私有”（第259页），认为“人们将会看到，农地私有化不但不会阻碍中国的城市化和工业化，反而会在增强农业活力的同时，使城市化成为一个内生化和良性化的过程”（第111页）。

② 文贯中：《解决三农问题不能回避农地私有化》，中国经济学教育科研网，2006年5月22日。

民土地权益的现象严重、农民群体抗争事件频发，导致“土地征用和出让成为孳生腐败行为的三大温床之一”“地方政府土地财政膨胀”、农业规模经营无法实现，不能满足农民对土地所有权的诉求、真正做到“耕者有其田”。[①] 另有人认为，土地承包制只是不彻底的改革，农民只是拿到了土地的使用权或经营权，还没有所有权，还没有真正做到“耕者有其田”，有学者提出“改革要彻底，就应该采取俄罗斯在土地制度方面的做法，在明确土地使用权的基础上给予农民自由的转让权和买卖权”，[②]这实际上就是要给农民个人完全的土地产权[③]，即实行土地私有化。还有人认为，如果说实行土地承包制是改革开放过程中的“第一次土改”，现在深化农村改革，就是要进行“第二次土改”[④]“新土地革命”，即实行土地私有化。国内有媒体甚至宣扬报道说：“农民宣告土地私有，第二次土地革命爆发。”[⑤]

什么是土地私有化？所谓“化”，是指事物具有某种特征的变化过程和结果，绝对地说是指事物彻头彻尾、彻里彻外变成为某种同一性质的东西，一般是指事物的某种变化趋势。土地私有制是指由私人掌握土地的所有权、经营权、处置转让权、收益权等完全产权的土地制度。所谓土地私有化，极端的说法就是所有土地都实行私有制，更多人的看法可能是指存在土地多种所有制的情况下主要实行私有制。本书理解的土地私有化是指农村土地（主要是耕地和宅基地）实行私有制的过程和结果。

---

① 蔡继明：《中国土地私有的分步改革方案》，载《论中国土地制度改革》，北京：中国财政经济出版社，2009 年，第 151 页。

② 《新土地革命》，载《财经》，2002 年第 19 期。

③ 完全的土地产权应该包括使用权或经营权，收益权、处置权（含通过买卖或赠送的转让权、损毁权等）。

④ 也有第四次土地改革的说法：第一次是 1949 年将地主、富农的土地分给无地和少地的贫下中农；第二次是 20 世纪 50 年代中后期通过合作化和人民公社化运动，将农民所有的土地集中起来改变为集体所有；第三次是 1978 年开始实行的家庭承包经营责任制，分田单干，把集体所有土地的使用权或经营权交给农民家庭；第四次是有人主张的土地私有化改革，从农村土地公有完全退回到私有。

⑤ 蔡继明、邝梅：《论中国土地制度改革》，北京：中国财政经济出版社，2009 年，第 154 页。

如果土地私有制不是主体，就不能说是土地私有化了。

中国为什么应该实行土地私有化？归纳笔者所看到的相关文献和听到的相关议论的观点，除了主张土地私有化的学者认为中国现行的土地集体公有制存在上述种种弊端之外，他们提出的土地私有化的理由或者说土地私有化的好处主要有以下几个方面：

1. 实现农民的愿望，保护农民的根本利益

土地私有化能够消除现行农村土地集体所有制的弊病，满足农民对土地的要求，完全实现“耕者有其田”，让农民真正成为土地的主人，拥有完全的土地产权特别是自由买卖权（包括转让权、谈判权、定价权等），从根本上维护农民的土地合法权益。有学者说，“中国农村的根本问题却是‘乡村社会的官权过剩，民间权力衰落’。导致这种局面又是由于两方面原因：不受限制的行政权力、所有财产（包括土地）公有”，应该“还产于民”“还权于民”。[①] 还有学者说：“土地私有制下平均地权和零地租也是做得到的，甚至可能做得更好。”[②]

2. 优化土地资源配置，实现农民富裕，从根本上解决“三农”问题

土地私有化能够发挥市场在土地配置中的作用，提高土地资源配置效率，使得农村土地可以自由买卖、转让流转，农民能够自己决定土地用途、消除土地抛荒，在买卖中还可以讨价还价，适合于作为工商业用地的可以通过高价出售，获取土地增值收益（级差地租），发财致富，甚至成为百万富翁，地价上升还有助于促进土地节约和高效使用；普通农地可以向种田能手集中，能够实现农业规模经营、土地集中高效利用，更好地发展农村经济，增加农民收入；农民还可以实现土地资本化，以土地作为抵押获得贷款和入股，增加农业投入或从事其他生产经营活动，扩大增加收入的途径；也有利于资本下乡，农民也愿意增加农业投入，加强农田水

---

① 陈志武：《农村土地私有化后结果不会比现在糟》，载《财经时报》，2005 年 10 月 8 日。

② 文贯中：《现行土地制度已成中国现代转型的桎梏》，载《东方早报》，2012 年 1 月 18 日。

利基础设施建设，促进农业生产经营规模化、集约化、机械化、绿色化、多样化、特色化、现代化，从根本上解决“三农”问题。比如，有学者说：“中国现在的土地公有制正是农业机械化的障碍，它不可能兼顾公平和效率。”①“中国农业要真正搞起来，土地一定要私有化，要自由买卖。”②也有学者说：“可自由买卖的土地比不可自由买卖的同样土地市价高得多，土地私有化只会使现在相对贫穷的农民变得更富。”③

3. 促进工业化和城镇化

土地私有化使得农民可以自由买卖土地和转变农地用途，既解除了土地对农民的束缚，使得农民能够随心所愿出卖或出租土地，获得一笔可观的资金，进城务工经商，还有利于清除工业化和城镇化的障碍，更好地满足工业化和城镇化的土地需求，促进工业化和城镇化。比如，有学者说，集体所有的土地制度“是把农民束缚在土地上，阻碍城市化和工业化的制度”。④ 也有学者说：“我认为中国问题的症结在土地，而土地私有化是其他国家在城市化过程中的必经之路，中国也不例外，中国还需要一场土改。”⑤

4. 消除土地管理和征地拆迁上的腐败、暴利和矛盾冲突，维护社会稳定

以公有制为基础的现行土地制度造成中国大量的“圈地运动”，带来严重的寻租、侵权、腐败和暴利，加剧贫富差距的扩大（中国亿万富翁大部分是房地产商），是征地拆迁过程中事故不断、层出不穷的根源。土地私有化明晰农地产权，从根本上保护农民土地权益，保证农民出让土地能够得到合理补偿，防止对农民各种形式的剥夺，遏制圈地运动，制止乱占耕地、低价补偿、土地闲置、抛荒、开发商暴富、各级政府侵占土地转让费、“三无农民”产生等不合理现象的发生，有效消除乡村干部在农村土

① 杨小凯：《中国土地所有权私有化的意义》，学者社区网站，2007 年 7 月 20 日。

② 杨小凯：《论土地私有化问题》，新浪博客，2006 年 8 月 7 日。

③ 杨小凯：《中国土地所有权私有化的意义》，学者社区网站，2007 年 7 月 20 日。

④ 杨小凯：《中国土地所有权私有化的意义》，学者社区网站，2007 年 7 月 20 日。

⑤ 文贯中：《中国应实行土地私有化》，载《亚布力观点》，2008 年 11 月 6 日。

地转让、征用、拆迁、使用和承包权调整分配中的侵权谋私行为，防止在土地方面的官商勾结、城镇政府官员的贪污腐败、房地产开发商的暴利，缓和农村干群矛盾及土地方面的各种矛盾，减少社会冲突和突发群体事件，维持社会稳定。有学者说，“土地公有不仅没削弱官权，反而加强了，使官权掌握了更多的物质基础”“农村土地私有化的制度收益是，农民会更富有了；其制度成本是，那些掌权者少了捞钱、捞权的基础”“解决官员权力过大的最起码的办法，是减少他们手中能控制的资源，把土地权还给农民”。[①] 也有学者说，“私有化只会化掉村干部定期按人口变化调整土地分配的特权，因而减少此特权引起的贫富分化”“土地所有权私有化不但对经济发展有重大意义，而且对减少社会纠纷、安定社会、稳定地方财政有重大意义”。[②]

5. 适应市场经济的要求，再造中国经济政治制度的产权基础

国内外都有人认为“只有私有化、市场化、自由化和西方多党议会民主化才是最好的经济政治制度、才能实现经济持续有效发展”[③]“市场经济只能以产权明晰的私有制为基础”，强调这是“经济学的常识”、国际惯例和普世价值，断言土地私有化是“优良的制度遗产”、现代经济学的“基本结论”“全人类的智慧结晶”，中国不能也不应该例外。因此，中国必须实行私有化，不仅国有企业要进一步私有化，土地也要私有化，只有这样，才能做到产权明晰，适应市场经济的要求，中国改革的任务才能最终完成，才能建立与欧美发达国家一样的经济政治制度，也才能成为发达的现代化国家。甚至存在极端形式的农地产权神话：“只要土地私有化，中国一切问题都可以迎刃而解。”[④]在主张土地私有化的人看来，土地私有化是灵丹妙药、一举多得：农民权益能够得到有效保护，农业规模经营

---

① 陈志武：《农村土地私有化后结果不会比现在糟》，载《财经时报》，2005 年 10 月 8 日。

② 杨小凯：《中国土地所有权私有化的意义》，学者社区网站，2007 年 7 月 20 日。

③ 这是所谓西方主流经济学和“华盛顿共识”的理论观点。

④ 贺雪峰：《地权的逻辑——中国农村土地制度向何处去》，北京：中国政法大学出版社，2010 年，第 10 页。

和现代化才能实现，土地利用效率会大幅度提高，农民收入将大量增加并通过卖地而致富，“三农”问题可以从根本上解决，征地拆迁中的矛盾、侵权和腐败问题都将消失，市场经济能够顺利发展，工业化和城镇化可以更好推进，政治民主化有了更好的经济基础，更加有利于社会稳定的维持。何乐而不为?!

比如，有学者说：“看看今天成功的国家，有哪个是以公有制成功的呢？答案不言自明。”①也有学者说：“没有理由拒绝继承包括土地私有制在内的本国优良的制度遗产，没有理由无视现代经济学关于产权和要素配置的基本结论，更没有理由挑战各国在产权问题上的历史教训和全人类的智慧结晶。”②还有学者说：“土地私有产权制度的建立，是建立市场经济和实现‘现代化’的必要条件”“是有效解决三农问题，加快中国城市化进程从而保证基本现代化目标实现的一个必要条件。”③

总而言之，土地私有化论者按照他们认为的现代西方主流经济学的基本原理推导出的土地私有化的理论逻辑是，土地私有化、自由化、市场化必然带来多方面的现代化效果：

一是土地私有化可以形成全国统一的土地市场、使得土地能够自由买卖、合理流转、资本化（卖地、入股、抵押贷款获资本）、转变用途，促进资本下乡，实行土地兼并集中，调整优化农业结构、实现农业规模经营、机械化和现代化，从而高效配置利用土地，导致土地增值，增加农民收益，达到农村繁荣，从根本上解决“三农”问题。

二是土地私有化解除土地对农民的束缚，促进农民进城务工经商，实现农民非农化，有效转移农村剩余劳动力，有利于转变农地用途，实现农地非农化，从而满足工业化和城市化对土地和劳动力的需求，更好推

---

① 陈志武：《农村土地私有化后结果不会比现在糟》，载《财经时报》，2005年10月8日。

② 文贯中：《解决三农问题不能回避农地私有化》，中国经济学教育科研网，2006年5月22日。

③ 蔡继明：《中国土地私有的分步改革方案》，载《论中国土地制度改革》，北京：中国财政经济出版社，2009年，第160页。

进工业化、城市化和现代化，同时让农民分享工业化和城市化带来的巨大好处。

三是土地私有化能够“还产于民”“还权于民”，把官方控制的资源特别是最重要的资源——土地减到最小，铲除官权、特权、专制、腐败产生的经济基础，从根本上防止在土地问题上各种侵犯农民权益的行为，建立“宪政民主”制度的经济基础，消除特权腐败引起的贫富两极分化，使相对贫穷的农民致富，防止社会贫富不均，从而实现政治民主化和现代化，维护社会稳定。

有学者总结道，“现行土地制度有如此多的弊病，土地私有又会有如此多的好处，有什么理由拒绝试验和推广呢”，并且断言“农地私有化和城市化、全球化的结合，必然是一个多赢的结果”。[①]

二、土地私有化的谬误

在人类社会发展的不同历史阶段，不同的私有制特别是土地私有制，在其兴起和发展的时期，都曾经促进了社会经济的发展，无论是奴隶社会早期和中期的奴隶主私有制，还是封建社会早期和中期的地主私有制，特别是资本主义社会的资本家私有制，都曾经带来生产力的新发展，有时甚至是巨大的发展，但是在这些社会的后期或晚期，私有制无不成为生产力进一步发展的桎梏，严重阻碍了社会经济的发展，原有的私有制无不逐步被新的私有制取而代之。按照马克思主义的研究，资本主义私有制最终将会被社会所有制即公有制取代。笔者认为，正确判断中国现在到底应不应该实行土地私有化（主要是农地私有化），首先需要明确马克思主义经济学关于所有制和人类社会经济制度演进的大趋势的基本原理仍然具有科学性，并没有过时，以公有制为基础的社会主义和共产主义仍然是人类社会长远的发展方向。虽然私有制在包括中国在内

① 文贯中：《解决三农问题不能回避农地私有化》，中国经济学教育科研网，2006 年 5 月 22 日。

的全世界，在相当长的历史时期内，还拥有存在的合理性、还有生命力、也具有不能完全替代的作用，但私有制必然存在的剥削、不公平、贫富两极分化、与社会化大生产矛盾等自身无法克服的根本性缺陷决定，私有制不会是永恒的，不可能是人类社会的终极所有制形式，最终还是会走向消亡，被本质上能够消灭剥削、实现共同富裕和社会公平、更好适应社会化大生产要求的、新的更先进、成熟、完善和优越的社会所有制或公有制逐步取而代之。不能因为私有制已经存在了几千年、现在世界上绝大多数国家实行的都是私有制、传统计划经济中的公有制经济发展不理想、以前实行公有制的大多数社会主义国家也私有化了，中国在相当长的历史时期内要毫不动摇发展公有制经济的同时也要毫不动摇发展私有制经济，现行的公有制也存在许多缺陷和问题、很不成熟、很不完善，就认为只有私有制才能适应市场经济的要求、才能实现资源的合理配置和高效利用、是唯一具有优越性的所有制形式，而公有制毫无优越性、已经失去了存在的理由，甚至本来就完全不应该搞，现在都应该私有化。

有学者振振有词地说，私有制带来了发达资本主义国家经济的发达繁荣，公有制却没有带来任何一个国家的发达繁荣！的确，迄今为止还没有一个主要实行公有制的国家实现了发达繁荣，但是私有制已经实行了几千年，才在近百年的时间内带来了世界上少数国家的发达繁荣，而且对许多别的国家的侵略掠夺也是这些国家实现发达繁荣的重要因素，这些国家在走向发达繁荣的过程中还给人类社会造成包括两次世界大战在内的巨大灾难！从 1917 年俄国十月革命算起，近现代的公有制还只存在了不到一百年的时间，相对已经存在数千年的私有制，还是一个初生的婴儿，还很不成熟、很不完善，怎么就能断言逐步走向成熟和完善的公有制永远不可能给实行公有制的国家带来发达繁荣呢！

正确判断中国现在到底应不应该实行土地私有化，同时还必须清醒地认识中国人口、土地和“三农”的特殊性。主张土地私有化的学者特别反感人们以中国国情为依据反对土地私有化，认为这只是一个借口、站不住脚，“是在幻想用‘国情’来对抗经济规律”[①]，强调土地私有化是“必然趋势”“普遍规律”“国际惯例”“普世价值”，中国不可能也不应该例外。实际上，任何国家的土地制度像其他任何制度一样，都要受到各个国家国情的影响，都会打上国情的烙印。中国农村发展面临的突出矛盾和问题主要是：人地矛盾（人多地少）、小生产与大市场的矛盾、小规模分散经营与规模经济的矛盾、农业的弱质性与自然条件和农民致富的矛盾、农业落后与现代化和全球化的矛盾、工业化和城镇化与“三农”问题严重的矛盾。中国的国情决定，中国的现代化（包括农业现代化）必须走具有中国特色的发展道路。不能只是从“只有私有化、市场化、自由化和西方民主化才是最好的经济政治制度、才能实现经济持续有效发展”的理论教条出发，依据西方发达国家在工业化过程中主要都是在土地私有化基础上实现工业化、城市化和农业现代化，成为发达工业化国家的历史事实，简单地推论出中国现在实行土地公有制不合理，也应该实行土地私有化。新中国60多年的发展实践证明，中国既不能照搬“斯大林模式”，也不能“全盘西化”、照套欧美国家的模式。

中国为什么不能实行土地私有化？土地私有化的主张为什么是错误有害的呢？

1. 历史事实证明土地私有制并非万能

私有制不是万能的包治百病的灵丹妙药，土地私有化不是“三农”的出路！因为，中国实行了几千年的土地私有制，农村始终没有改变贫穷落后的面貌，农民始终没有富起来！长期陷入“新朝代轻徭薄赋、均田兴农、经济发展→贪污腐败、苛捐杂税、横征暴敛、土地兼并集中、地主残酷剥削、贫富两极分化、民不聊生→农民起义、改朝换代”的治乱循环之中。在中国封建社会，名义上是“普天之下，莫非王土；率土之滨，莫非王臣”，好像土地全是皇帝国王所有的，而国家是皇帝国王的家天下，所以皇帝国王所有似乎也就是“国家所有”，实际上，中国封建社会实行的是以封

① 文贯中：《土地私有化才符合经济规律》，载《经济观察报》，2008年6月21日。

建地主、官僚所有为主要特征的土地私有制，皇家有专门的地产，民间有地契（土地所有权证书），就是证明。土地主要由封建地主、官僚占有的土地私有制，从总体和长期来看，不仅没有让中国农民富裕、农村繁荣，相反恰恰是中国近代贫穷、落后、挨打的所有制根源，这不仅是共产党领导搞土地革命和土地改革的原因，也是孙中山先生提出的“三民主义”的平均地权诉求的基本依据。这是谁也不能否定的、胜过雄辩的历史事实。

有学者认为，几千年的土地私有制始终没有改变农村贫穷落后的面貌、农民始终没有富起来的论断，不符合中国几千年灿烂辉煌的文明史。他们反驳说，怎么解释像“清明上河图”所描绘的兴旺繁荣、道不拾遗、夜不闭户的景象！好像实行土地私有制的封建社会曾经经济繁荣、歌舞升平、社会和谐、农民富裕乐生、过着小桥流水、田园牧歌式的幸福生活。如果封建社会真是这么美好，为什么会灭亡、被资本主义社会取而代之呢？封建制度的确比奴隶制先进，更有利于生产力发展，曾经带来封建时代相当的经济繁荣，出现过所谓“太平盛世”的文景之治、贞观之治、康乾盛世。但是，农业经济时代的生产力总体水平低下，封建社会的某些时期出现的所谓繁荣，主要是封建王朝和地主阶级的富裕繁荣，对农民而言至多不过是基本解决温饱问题的繁荣，广大农民是谈不上富裕的。“清明上河图”并不表明农民曾经富裕。这些学者没有看到，即使是在“清明上河图”描绘的所谓“太平盛世”中，也可以看到，既有宏伟壮丽的宫殿，又有更多的简陋平房和茅草屋，街上还有武装巡逻人员。从总体上和长期来看，农业经济社会毕竟是比工业经济时代落后贫穷得多的经济形态，最终并没有带来社会经济的发达繁荣，更不谈广大农民的富裕幸福。可能有人会说，那是生产力和科技落后的结果，不是私有制的结果？但是生产力和科技为什么落后、长期得不到根本改变呢？难道与土地私有制以及建立在这种私有制基础上的封建王朝的统治没有关系？

还有学者提出“导致王朝倾覆的大规模‘民变’起因除了天灾就是‘官逼民反’”，认为中国历代“农民战争”或“民变”（“农民起义”可能被认为是“左”的说法，这些学者不使用了）、社会动乱主要是政府官僚欺压鱼肉百姓造成的，不是土地兼并引起的，似乎也与土地的地主私有制无关，[①]这种观点值得商榷。的确，土地兼并有可能主要不是民间土地买卖引起的，而主要是“政治性特权”掠夺造成的，但土地向官僚地主手中集中，难道不是普通农民日子难过、不满的基本原因之一吗？的确，繁多的苛捐杂税、沉重的徭役负担、封建的严刑酷法、横征暴敛、经济统制、穷兵黩武、吏治腐败、官僚地主的残酷剥削压迫是农民起义的主要原因，但这一切产生的根源又是什么呢？难道仅仅只是由于皇帝官僚掌握着政权和滥用权力吗，作为上层建筑的政权的经济基础又是什么呢？难道与封建地主官僚的土地私有制完全无关吗！我们既不能简单地认为土地兼并导致了农民起义，也不能把农民起义简单归结为官僚压迫。

2. 中国土地私有化可能严重损害农民利益

土地私有化不仅不能保护农民的根本利益，相反可能导致新的贫富两极分化，严重损害农民的根本利益，使得农民的处境甚至可能更悲惨。有学者反对这种观点，说“‘土地私有化会加剧贫富分化，造成社会不稳定’”“此论似是而非，完全不合经济学逻辑。”[②]笔者认为这种反驳是无力的。

中国人多地少、农村剩余劳动力数量庞大，在农业落后、工业化和城镇化提供的农民转移就业和居住条件有限、社会保障制度不健全的情况下，土地私有化会很快导致农民贫富两极分化，造成“三无农民”（无地、无业、无社会保障的农民）大量增加，从而使得农民总体状况的恶化。这种判断绝不是主观臆断、危言耸听！历史上已有先例，新中国成立初期中国土地改革后就出现过这种情况。通过土地改革，无地和少地的农民都分到田地，在中国历史上第一次真正做到了耕者有其田，但在人多地少、农业落后的情况下，农村很快就开始出现了两极分化，天灾人祸、生

① 秦晖：《“优化配置”？“土地福利”？——关于农村土地制度的思考》，载《新财经》，2001年第9期。

② 杨小凯：《中国土地所有权私有化的意义》，学者社区网站，2007年7月20日。

老病死、劳力缺乏等原因使得不少农民不得不卖地救急求生，重新失去土地，[1]又由于缺乏能力和就业机会而无法进城务工经商，只有再次沦为无地雇农或等待国家救助的穷人。这正是中国农村走向社会主义集体经济道路的重要原因之一。而且，分散的小规模的小农经济，无法独立抵御自然风险、市场风险、经营风险和家庭生活风险，难以开展农田水利等基础设施建设。在人多地少、工业化和城市化水平极低的中国，农业合作化、集体化是唯一出路。虽然中国在农村合作化、集体化过程中存在过急、过快、过猛、经营管理体制不合理等严重缺陷，但合作化、集体化的大方向是不能全盘否定的。至于说目前已经存在的"三无农民"，主要是现行土地征用补偿制度不合理、社会保障制度不健全、农地非农化与农民非农化不协调等原因造成的，并不是土地公有制的结果。实行土地私有化，只可能增加而不可能减少或消除"三无农民"，解决的办法只能是深化改革，完善土地征用补偿制度、社会保障制度等制度，推进工业化和城镇化，为农村剩余劳动力提供更多就业机会，实现农地非农化与农民非农化的协调合理。

在基本实现工业化和城镇化，城镇化率达到70%，城乡统一、覆盖全社会的社会保障制度建立起来以后，中国农地私有化是不是就不会导致农民贫富两极分化、造成大量"三无农民"，是否就可以实行农地私有化了呢？笔者认为依然不行。因为在城镇化率达到70%时，中国人口也将至少达到14亿，也就是说农村人口仍然还有4.2亿，比现在美国全国的人口还多1亿。2011年中国总人口13.5亿，15～64岁劳动年龄人口10.4亿，占总人口的比重是74.4%。[2] 考虑人口老年化的影响，按照劳动年龄人口占总人口的比重60%计算，基本实现工业化和城镇化后的中国农村劳动力还有2.52亿。2010年，美国拥有可耕地24.45亿亩，农业

① 这里不考虑因为喝酒赌博、好吃懒做、"二流子"卖地的情况。

② 资料来源：2012年中国统计年鉴。

就业人口只有284.6万，从事农业生产经营的劳动力的人均耕地859亩[①]。中国按照18亿亩耕地和2.52亿农村劳动力计算，每个农业劳动力平均耕地只有7亩，美国现在是中国未来的129倍。如果按照美国的农业现代化方式，建立以私有制为基础的家庭农场，搞农业规模化、集约化、机械化经营，中国把18亿亩耕地通过私有化、市场化集中到种田能人手中，只需要200多万农业劳动力就可以了，2.5亿农村剩余劳动力将成为无地农民，也不可能到私人农场去打工，因为务农的200多万农业劳动力中已经包含有被雇用的农工，再加上工业化和城镇化已基本实现，城镇也不可能再提供很多的非农就业机会，失地农民也难以大量进城务工经商，成为难以转移的农村剩余劳动力。[②] 他们到哪里去、干什么、如何生存？他们很可能无地可去、无事可干，只能靠社会保障。虽然他们不是“三无农民”而是“二无农民”（无地、无业），但数以亿计的“二无农民”长期靠社会保障过日子，社会保障负担得起吗？能够持续吗？又怎样致富？土地私有化将使他们没有出路！笔者认为，只有坚持和完善土地公有制及其经营方式，建设社会主义新农村，才能解决还要留在农村的数以亿计农民的生存和致富的问题，具体途径将在疑难问题19中展开论述。

有学者提出，既然资本可以私有化，由企业主掌握资本，工人被雇用进企业做工，不仅解决了工人的就业问题，而且带来了制造业的大发展，合理、合法、有益，为什么就不能让农地私有化，从而使得土地向种田能人手中集聚，再由他们雇用农民种地，进行农业规模经营和集约经营，大大提高农业劳动生产率，实现农村经济繁荣呢？他们认为这是对农民的歧视和不公。[③] 问题是实行土地集中大规模集约经营的私人农场或种田

---

① 数据来源：2012年世界银行世界发展指数2012（World Bank World Development Indicators）。

② 这里，笔者特别诚恳地希望主张中国农地私有化的学者一定冷静、清醒、实事求是地思考一下笔者提供的上述一组数据所反映的国情！

③ 文贯中：《现行土地制度已成中国现代转型的桎梏》，载《东方早报》，2012年1月18日。

能手雇用不了数量庞大的失地农民，更不谈私人农场或种田能手会实行效率更高的农业生产经营的机械化、信息化、自动化、社会化，会大量减少对农业劳动力的使用和需求，卖地或失地的农民哪儿去、干什么、怎么安置？私有化解决不了这些问题。而且，资本私有化与农地私有化是不一样的，中国的资本私有化，虽然存在通过各种改制等合法或非法途径把部分公有资本转变成私有资本的现象，但是主要不是通过将公有的资本分配给个人实现的，而主要是允许、鼓励民间投资和引进外资而形成的，资本也不是全部私有化了，而是部分私有化，还有相当一部分资本是公有制的，以国有企业为主体的公有制经济仍然处于整个国民经济的主导地位；而农地私有化则只能是将公有制的农地重新分配给农民个人，而且农地必须全部实行私有化，因为农地私有化必须对所有农民一视同仁，必须让集体内的每一个农民都能分配到同样数量的土地。农地私有化将会使得中国农村公有制经济完全变成私有制经济，会造成多重严重的经济社会后果。

3. 土地私有化不能保证“耕者有其田”

什么是“耕者有其田”？就是耕者（即种田者或务农者）拥有自己的土地，耕种的是自己所有的土地，所谓“自己所有的土地”，可以是耕者个人或家庭拥有的土地，也可以是耕者共有所有的土地。耕者如果耕种的是别人所有的土地，包括租种别人的地或者被雇用到别人的土地上或农场里种地等，就是“耕者无其田”。土地是农业生产经营最主要的生产资料，是农民的命根子，是农民的根本利益之所在，是农民不受剥削的根本条件，耕者有其田是农民世世代代的追求。几乎所有主张土地私有化的论者都认为只有土地私有化才能做到耕者有其田，但是实际情况恰恰相反。土地私有制不能做到耕者有其田，甚至有可能使土地集中在少数不种地的人的手中，造成耕者无其田，中国几千年封建社会中许多农民少地或无地的历史事实就是明证。即使是通过土地改革把地主的土地私有制转变为农民个人或家庭的土地私有制，也不可能保证耕者有其田，因为农民可能因为自然风险、市场风险、经营失败、人身家庭变故等原因而破产失地。土地地主私有制中的雇农、佃农，以土地私有制为基础的资本主义农场或家庭农场中的农业雇工，都是耕者，都无其田；相反，土地耕者集体所有或共同所有的公有制却能保证耕者有其田，因为耕者耕种的是他们自己共有的土地，除了国家必要的合理的征用和有人非法剥夺的特殊情况之外，农民一般不可能失去共有的土地。

4. 中国土地私有化不可能使得大部分农民通过卖地致富

实行土地私有化，的确使得农民有了完全的土地产权，能够按照自认为最有利的方式自由使用、处置和转让，有人据此认为土地私有化能够保障农民的合法权益，使得农民得不到高额补偿就可以不转让，甚至能够要高价，通过卖地而致富。曾经听有人极不负责任地说，“现在只要土地私有化，中国大部分农民都会成为百万富翁”。这是典型的土地私有化产权神话。他们只从神圣的所谓“经济学常识”出发，闭眼不看下面这样的实际情况：农民是弱势群体，分散、组织化程度低，没有政府和制度的保证，即使土地私有化，也缺乏定价权和自由买卖权，土地转让价格不可能由农民说了算，甚至连转不转让都要受制于人，在强力之下有时不想转让也得转让；中国大多数农地远离城市和交通线、不少是穷乡僻壤、难以改变用途，大多数农地并不那么值钱，特别是中国农民人均土地少，大多数农民出售私有土地的收益有限，不足以保证其生存，更谈不上发财致富。所以中国大部分农民，更何况全部农民，都不可能通过土地私有化、实现自由买卖和改变农地用途，获得巨额土地增值收益，成为百万富翁。

的确，工业化和城镇化能够使得土地大幅度增值，大城市郊区的农地价格可能上涨到上百万元人民币一亩，可能给土地被工业化和城镇化占用的农民带来巨额的土地增值收益、通过拆迁卖地发财，据说深圳市就曾经拆迁出不止一个亿元户。但是，大部分农民不可能卖地致富。因为，不是什么土地都存在增值收益，不是大部分农地，更不是全部农地都能产生大量增值收益，只有工业化、城镇化已经和将要开发和占用的那部分土地才能有较多的增值收益，即使是由于土地的稀缺性，土地价格可能存在上涨趋势，但这种上涨是长期的、缓慢的、有限的，所以大部分农民，更何况全部农民都不可能通过改变农地用途、卖地致富，获得巨额土地增值收益，成为百万富翁。如果土地私有化真有能使全部或大多数农民变为百万富翁的神奇力量，为什么这么简单灵验、轻而易举的事，我们的政府不去做，反而还费尽心思、伤透脑筋、想方设法去增加农民收入，效果还不理想呢？难道只有少数个别天才精英才能发现这种灵丹妙药，我们各级政府的官员都是傻瓜！

而且，土地增值收益不应也不能完全由失地农民独享。像深圳等大城市那样拆迁出千万富翁、亿元富翁，笔者认为是不合理、不公平的现象。土地增值收益的分配，首先必须考虑土地为什么会大幅度增值、如何兼顾相关利益者的权益、怎样才能更有利于经济社会的发展。工业化和城镇化占用的土地之所以能大幅度增值，主要是因为国家和其他投资者大量投资进行了"七通一平"（通路、通水、通电、通气、通邮、通讯、通航，平整土地）等基础设施的建设和城市及工商业项目的建设，推进了工业化和城镇化进程，工业化和城镇化既增加了土地的需求又改变了土地的用途，而工商用地的经济效益远远高于农业用地，土地因此而大幅度增值，地价因此而大幅度上涨，主要不是由于失地农民改良了原来占用的土地或改变了土地的地理区位而增值的。所以，土地增值收益必须在国家、相关投资者和土地被征用的农民之间合理分配。首先当然要保证处于弱势地位的失地农民的合理权益，而且要给国家和相关投资者必要的补偿或回报，使国家更有能力、投资者有积极性进行基础设施和城镇及工商项目的建设。[①] 目前在征地拆迁方面最突出的问题是土地增值收益国家和开发商拿到的太多，失地农民获得的太少，严重影响发展和稳定。造成这种状况的主要原因，不是土地公有制，而是其他相关制度和管理存在缺陷，特别是征地制度和补偿制度不合理、不完善。解决的办法不是土地私有化，而应该是深化改革，完善相关制度法规和严格执法，

① 因此，笔者认为土地财政是有一定合理性的，适当的土地转让费应该是地方财政收入的来源之一，政府得到的合理的部分土地增值收益是对政府整治国土、进行基础设施投资的必要的回报，这有利于地方的建设和发展。

加强监督和管理，确定土地增值收益分配的合理原则和比例，真正保障失地农民得到应有的补偿。什么是失地农民应得的合理补偿呢？笔者认为合理补偿，应该是以保证失地农民的就业和基本生活无忧为最低标准。

5. 土地私有化会使中国农民丧失最后一条保障线

在城乡统一的社会保障制度还没有建立起来的条件下，土地是农民的最后一条保障线，土地私有化和自由转让有可能使农民丧失最后一条保障线。因为，天灾人祸、生老病死、妇幼伤残、务工经商和农业经营失败、丧失生产能力，使得农民都有可能卖地救急、丧失最后一条保障线，会造成严重后果。而保持农地的公有制，农民一般不会丧失土地这一条最后保障线，使得农民在城镇务工经商失败以后，还有一条退路——回家种田。2008 年美国和世界金融危机和经济危机发生时，数以千万计的农民工回流，若无地、无退路，后果将不堪设想！当时国外媒体就预言中国要发生大动荡，结果基本平安无事。

有学者认为土地私有化会使中国农民丧失最后一条保障线的说法是非常荒谬可笑的，保障农民本来就应该是政府的职责，在政府每年拿走几万亿的土地转让费的情况下，怎么还要农民用自己的土地保障自己呢？怎么能以此作为反对土地私有化的理由？这是要"以'土地保障'代替社会保障、把国家的责任推给农民"，是要农民"不能卖地求医，只能等死"。[①] 笔者认为，他们在这方面不仅有误解，而且存在着偷换概念的错误。这里所说的"保障线"不是"社会保障线"，保障与社会保障是两个有区别的不同的概念，是不能等同和混淆的。我们这里所说的"保障"是指社会居民（包括农民）的生活（主要是生存）保障，即人们衣食住行、生老病死、婚丧嫁娶、教育、就业、收入等方面的基本需要的满足或保证。谁来保障呢？个人、家庭和社会。首先应该由自己个人和家庭来保障，因为不这样，人们就可能自己不努力，完全依赖政府来保障，躺在社会保障

① 秦晖：《农民地权六论》，载《社会科学论坛》，2007 年第 9 期。

里过日子，而完全依靠政府或社会保障是不可能的，也是不合理的；然后才是由社会来实行保障即社会保障，尤其是在个人和家庭自身无法保障的情况下，更是要由社会来保障。社会保障是社会组织机构主要是政府的责任，政府的确应该努力建立全社会统一合理完善的社会保障制度，但这种社会保障的费用很高，短期内难以做到。在全社会统一合理完善的社会保障制度建立健全之前，人们还得主要依靠自己和家庭保障，农民还得以自己拥有或共有的土地作保障。社会保障制度建立起来以后，就不一定需土地保障了。说在全社会统一合理完善的社会保障制度建立健全之前，土地还是中国农民的“最后一条保障线”，有什么错呢？讲土地私有化可能使得农民失去土地从而丧失“最后一条保障线”，又有什么不正确呢？怎么能说这是要农民“不能卖地求医，只能等死”呢？

的确，农民在改革开放前后都为新中国的工业化、城镇化和经济发展作出过巨大贡献和牺牲，现在“三农”问题突出、农业还比较落后、农民收入低而且增加困难、农村比较贫穷，在这种情况下，建立农民的社会保障制度主要应该是政府的责任，不能长期靠土地、靠农民自己保障，但是中国有 8 亿农民（包括两亿多农民工），需要的农民基本社会保障基金是一个庞大的数字，是短期内难以筹集起来的，更何况现在政府财力仍然有限，所以在全面建设小康社会阶段，农民在相当程度上还得依靠土地保障。土地私有化则使得农民有可能丧失这条不能没有的保障线，可能带来严重的不良后果。

6. 土地私有化不一定能消除土地抛荒、有利于规模经营和基础设施建设

中国现在存在土地抛荒现象，虽然与农地的公有制和不能自由买卖有一定关系，但主要原因不是农地的公有制和不能自由买卖，而是种田的比较收益太低、外出务工经商收入一般比种地高而且比种地轻松、把承包地租给别人的租金太少或租不出去。即使是土地私有化了，虽然土地可以自由买卖，如果卖价太低，农民一般会等待涨价而不卖；假若要价太高，又会没人买；如果还是种田的比较收益太低、外出务工经商收入比种地高而且轻松、把私有的土地租给别人的租金太少或租不出去，一样也会出现土地抛荒。

改革开放以来，中国农村不少地方之所以农田水利基础设施退化、不仅年久失修而且新建很少，靠吃改革开放前30年农田水利基础设施建设的老本，近年来不得不由国家加大这方面的投入，其主要原因在于实行家庭承包经营制、分田单干以后，集体经济实力大大削弱，往往无人也无力关心负责公共基础设施建设了。[①] 如果土地私有化，这种现象只会更严重！虽然土地私有化和自由买卖，能够促进资本下乡，实行土地兼并，有利于土地向种田能手集中，有助于实现农业规模经营和机械化，有实力和动机开展农田水利基础设施建设，但这样会在提高农业劳动生产率的同时减少农业对劳动力的需求，造成大量农民失地、失业。如果种田的比较收益依然太低、农民卖地要价太高或待价而沽，农地同样分散在大量小农户手中，不能实现集中规模经营，仍然会出现土地抛荒现象。实际上，在中国农民数量庞大、人多地少、土地极其分散在数量巨大的小农户手中的情况下，土地公有制更有利于在集体内部实现土地连片规模经营和集中力量进行农田水利等基础设施建设，中国现在像华西村、刘庄、南街村等先进的农村都是这样做的。相反，实行土地私有制在这方面只会更困难。

有学者指出，“世界上仅有不超过10个大农场国家，能够有条件实现土地规模经济、产生农业规模收益，它们几乎全部是在殖民化进程中大规模杀戮当地土著、开疆拓土的产物。除此之外，老欧洲那些发达国家虽然市场化了几百年，却都没有实现教科书中才有的‘规模经济’，至今还是以小农场为主，而且2/3的农业经营者还是兼业化的”“即使实现土地规模经济的美国，其农业也没有完全按照自由市场的教条化理论运作。众所周知，美国大农场得到的政府补贴，比任何一个发展中国家都

① 贺雪峰:《地权的逻辑——中国农村土地制度向何处去》，北京:中国政法大学出版社，2010年，第132、331页。

多得多”。[1]

7. 土地私有化不能完全消除与土地有关的腐败现象

虽然土地私有化可以让农民获得完全的土地产权,使得各方面各种侵犯农民土地权宜的行为更加困难,有助于从根本上避免农村干部利用权力在集体土地征用、流转和分配使用中谋取私利,但是土地私有化不能完全消除与土地有关的腐败现象。土地是一种关系人口生存而又不可再生的有限的具有空间垄断性、不可流动性和地理区位不可替代性的基本资源,其用途不可能完全市场化,许多国家包括西方发达国家对土地的使用都会有程度和内容不同的管理和限制,为了公共利益也要征地。[2] 只要有征用、管理和限制,就可能产生官僚主义,出现行贿受贿、寻租腐败现象,即使是实行土地私有制和多党议会民主制的国家也不可避免,有的甚至很严重。

8. 土地私有化提高工业化和城镇化的成本,有害于土地配置效率提高

土地私有化和自由买卖不仅可能导致土地向少数人手中集聚,产生土地食利阶层,还可能发生漫天要价与贱卖轻甩的现象,[3]贱卖轻甩会造成土地资源的浪费、损害农民的利益,漫天要价则会提高土地转让价格,使土地所有者获得不应该得到的土地增值的全部收益,从而加大工业化和城镇化的成本,难以合理获得工业化和城镇化必要的土地,不利于提高土地配置效率(因为土地的工业化和城镇化利用的效率远远高于农用),无益于工业化和城镇化的推进,因而也有害于“三农”问题的有效解决,因为推进工业化和城镇化是解决“三农”问题的根本途径之一;土地私有化还可能像印度等国那样,形成真正的“钉子户”,使得必要合理的征地拆迁搞不成,严重妨碍国家的基础设施和城市建设。

不能把农地非农化都称之为不合理的“圈地运动”,只有利用特权和

---

① 温铁军:《我国为什么不能实行农村土地私有化》,载《红旗文稿》,2009年第2期。

② 秦晖:《关于农村土地制度的思考》,载《经济观察报》,2004年11月13日。

③ 秦晖:《农民地权六论》,载《社会科学论坛》,2007年第9期。

暴力，强行剥夺或低价大量征收、圈占农民土地的行为，才是所谓“圈地运动”。必要的合理合法的、给失地农民合理补偿的、又不闲置浪费的征地，是在保护了农民利益的前提下有利于推进工业化、城镇化和经济社会发展的行为。

9. 土地私有化可能导致城市贫民窟化

土地私有化的确可以起到逼农民进城、加快城镇化的步伐，因为土地出卖以后，他们在农村已无立足之地，再加上土地集中、机械化耕种、农业规模化集约化经营，只需要很少的劳动力，大量失地农民只能迁移到城镇谋生。但是这种不是工业化和经济发展带来的水到渠成的城镇化，只可能是过度城镇化、病态城镇化，会像印度、拉美国家那样在城市形成大面积的贫民窟，成为所谓“城市贫民窟化”。有学者指出，“如果任由土地私有化和自由买卖，结果非但不是快速、低成本地实现工业化和农业现代化，反而一方面农村凋敝，小农破产，无地则反；另一方面，失地农民大批涌进城市而难以就业，实现的不是城市化而是城市贫民窟化”。①

10. “三农”问题存在的根本原因不是土地公有制、出路也不是土地私有化

目前中国存在的严重的“三农”问题的根源不在土地公有制，农业分散、小规模经营、土地抛荒、难以合理流转、土地征用和补偿不合理、部分“三无农民”出现、各种涉农腐败问题的产生、农民利益受损害等现象产生的原因也不是土地没有私有化，这些问题存在的主要原因是土地使用、流转、征用、补偿的制度有缺陷、经营管理有问题，户籍制度、就业制度等改革的任务还没有完成，城乡统一的社会保障制度还没有建立，最根本的还是工业化和城镇化还没有实现、能够转移的农村剩余劳动力还有相当部分没有转移、农业也还没有实现现代化、社会主义新农村还在建设之中。这些问题及其原因并不是土地公有制的必然，也不是不可克

① 温铁军：《我国为什么不能实行农村土地私有化》，载《红旗文稿》，2009 年第 2 期。

服的。因此,中国“三农”问题的根本出路不是土地私有化。“三农”问题不是土地私有化而能一化了之的。那太简单、太天真、太幼稚了。

如何实现土地合理规模经营、农业现代化,提高土地利用效率,有效保护农民的利益,让农民分享改革发展的成果和土地增值的收益,从根本上解决“三农”问题呢?笔者认为,解决“三农”问题基本途径应该是“三化一新加反哺”,即推进工业化、城镇化、农业现代化(即农业的产业化、机械化、信息化、特色化、绿色化、优质化、多业化、高效化)和社会主义新农村建设,实行工业反哺农业、城市支持农村。在制度上,主要是坚持和完善农村集体所有制及其经营方式,改进和完善家庭承包经营制,建立和健全农地合理流转、占用、补偿制度,进一步改革户籍制度和劳动就业工资制度,尽快建立城乡统一的社会保障制度(“三农”问题的根本出路,本书在疑难问题19:中国解决“三农”问题的根本途径是什么?还将进一步展开论述)。

11. 土地私有化不利于保障中国的粮食安全

有人认为“当今全球粮食安全的最大威胁恰好就是自给自足的政策。相反依靠贸易和交换(国内的和国际的)才能保证粮食供给的安全”。[①] 市场完全可以解决粮食问题,依靠国际市场更安全,在经济全球化和市场化条件下,粮食短缺必然引起粮价上涨,刺激世界各国扩大粮食生产,依靠国际市场完全可以满足中国的粮食需求,根本不用担心。但是,他们没有看到,中国有13亿人,粮食需求量巨大。2010年中国全年粮食总产量达到54641万吨,2010年全世界粮食出口总量为27554.5万吨,[②]由此可见,即使把世界各国出口的粮食全部卖给中国,也远远不能满足13亿人的需求。中国粮食需求的满足依靠任何别的国家或世界市场都是没有保证、不可持续的,而且吃饭的问题依靠别人是非常危险的事情,只能主要依靠自给。即使土地的工业化和城镇化利用的效率远远高于农用,也要合理保护耕地特别是种粮用地。而土地私有化让农民

① 茅于轼:《为什么市场能够保障粮食安全?》,载《中国发展观察》,2010年第7期。
② 刘忠涛、刘合光:《世界粮食贸易现状与趋势》,载《农业展望》,2011年第5期。

获得完全自由使用、转让、改变用途的权利，使得政府难以调控土地的使用、有效实行严格的耕地保护，从而影响粮食安全的保障。

12. 土地私有化不利于维持社会稳定和坚持社会主义方向

上述11个方面的分析说明，土地私有化可能产生多重危害：会使中国农民丧失最后一条保障线，导致土地向少数人手中集聚，加剧农村贫富两极分化，大量增加“三无农民”，无法待在农村，必然涌向大中城市，引起过度城市化，造成大面积“贫民窟”、城市环境的脏乱差和治安恶化，严重危害社会稳定；增加合理农地非农化的成本和困难，不利于工业化和城镇化的有效推进；造成农村公共基础设施的退化和建设困难，加剧中国粮食风险，无益于社会主义新农村的建设和“三农”问题的最终解决。

世界经济发展史表明，在工业化和城镇化快速推进和经济社会发生巨大变革的时期，往往会发生激烈的社会矛盾冲突和剧烈的社会动荡。改革开放以来，在工业化、城镇化、经济市场化、全球化大规模加速推进、经济社会发生巨大变革和转型的情况下，在工农、城乡、地区、收入差别扩大、农村剩余劳动力数量特别庞大的条件下，中国之所以保持了社会的基本稳定，没有出现严重的过度城镇化和大面积的城市“贫民窟”，没有发生剧烈的社会动荡，一个重要原因是没有实行土地私有化，给全体农民保留了最后一条保障线。基本保持农地的公有制性质和不能自由转让的制度安排，功不可没！土地非私有化是中国现阶段发展、改革、稳定的重要条件。

当然不能说土地私有化并非一无是处、一点作用也没有，土地私有化可以让农民获得完全的土地产权，使得各方面各种侵犯农民土地权宜的行为更加困难，有助于从根本上避免农村干部利用权力在集体土地征用、流转和分配使用中谋取私利，可能有利于资本下乡、土地资本化、刺激农民增加农业投入、实行土地集中规模经营，但弊大大地多于利，会造成上述许多严重后果。有人认为，中国之所以反对土地私有化，完全是出于政治制度和意识形态的需要考虑，其实不然。经济决定政治，中国土地之所以不能私有化、农地必须坚持集体所有制，首先是从根本上维护农民利益、解决“三农”问题、实现农业现代化、促进工业化和城镇化、防止农村贫富两极分化、最终走向共同富裕的经济需要，其次才是坚持社会主义和共产党领导、维持社会稳定的政治要求。如果土地私有化，再加上国有企业私有化，社会主义、共同富裕和共产党领导将失去其存在的所有制基础。

（本部分以《中国土地私有化辨析》为题发表在《当代经济研究》2013 年第 1 期）

疑难问题 19

中国解决"三农"问题的根本途径是什么？

分析中国现行农地制度和经营方式的利与弊，说明中国农地制度和经营方式演进的趋势，指出中国"三农"问题的根本出路，强调必须高度重视和落实邓小平的"两个飞跃"理论，评述塘约村的新探索与"塘约道路"之争，提出塘约村股份合作集体经营面临的问题和完善的途径。

中国既然不能实行土地私有化，那么现行的农地集体所有的制度和家庭承包的经营方式是否已经健全完善，只要坚持这种制度和方式，就能有效解决“三农”问题、成功实现农业现代化、让农民富裕、农村繁荣起来呢？应该怎样按照中共十九大提出的要求，深化农村土地制度改革，巩固和完善农村基本经营制度，发展多种形式适度规模经营，加快推进农业农村现代化？这是在明确不能实行土地私有化之后，特别需要实事求是、深入探讨的极有价值的重大问题。

一、中国现行农地制度和经营方式的利与弊

为了正确回答这些问题，必须实事求是地分析中国现行农地制度和经营方式的利弊得失。中国现行的农地制度和经营方式，简单地说就是农地集体所有、实行农户家庭承包经营。这种农村经济制度和组织经营形式既有利和得，也有弊和失。

1. 中国现行农地制度和经营方式的利

20世纪70年代末，中国改革了农村人民公社制度，在坚持农地集体所有的前提下，全面推行家庭承包经营责任制，极大地促进了农村经济的发展，实践证明中国现行的农地集体所有的制度和家庭承包的经营方式基本适合中国人多地少、农业落后、工业化和城镇化进程加速的国情特别是“三农”的现状，克服了人民公社制政经不分、统得过多、管得过死、平均主义倾向严重、农民丧失生产经营自主权和积极性、不符合“三农”实际情况、效益低下等缺点，具有许多有利的作用或优点，适合农业生产的现状和特点，保证了耕者有其田，满足了农民对土地经营使用权的要求，使农民拥有了比较充分的生产经营自主权，形成了农地经营得越好农民家庭收入越多的激励机制，极大地调动了农民生产经营的主动性和积极性，有利于农户增加农业短期投入，能够降低生产经营成本，使农业生产适应市场需求，有效地促进了农业生产的发展，基本上保证了城乡农产品的供应，以较低成本满足了工业化和城镇化对土地的基本需

求，有力地支持了工业化、城镇化和整个国民经济的发展，同时具备一定的保障功能，给农民提供了最后一条保障线，避免了农村大量“三无农民”的产生、严重的贫富两极分化和大面积的城市“贫民窟”出现，维持了包括农村在内的社会的基本稳定。

2. 中国现行农地制度和经营方式的弊

但是，中国现行的农地制度和经营方式也存在许多不足或缺陷：经营分散，规模狭小，应对自然风险、市场风险、经营风险和家庭生活风险的能力差，不易解决人地矛盾（人多地少）、小生产与大市场的矛盾、小规模分散经营与规模经济的矛盾、农业的弱质性与自然条件和农民致富的矛盾、农业落后与现代化和全球化的矛盾、工业化和城镇化与“三农”问题严重的矛盾，难以实行农业的规模经营和集约经营；在农地在农业内部的流转制度不健全的情况下，现行承包制也不利于农地的合理转让、实行集中规模经营；承包周期的有限性，容易导致农民生产经营行为短期化，使得农业的长期投入、大型机械化、产业化和技术改进的能力和动力也不充足，农户分田单干以后，集体经济实力往往大大削弱，无人也无力关心负责公共基础设施和大型农田水利建设，主要靠吃以往的“老本”和政府帮助来维持，农业劳动生产率和农民收入难以大幅度稳定提高，不能从根本上解决小农经济生产分散、小规模、效率低的缺陷；现行农地承包经营制，一方面要求农地承包关系几十年不变、保持稳定、“减人不减地、增人不增地”，否则农地难以有效利用，另一方面农地集体所有的性质又决定集体成员应该人人都平等分配承包地、必须随着农村人口变动不断调整承包地的分配、减人应该减地、增人应该增地，否则就不公平，承包关系需要保持稳定与农村人口变动和集体成员人人应该平等享有土地承包权的这种矛盾，使得公平和效率难以兼顾；集体经济和土地的村镇行政化管理和民主监督的缺失，使得农村政经难以真正分开，村镇干部侵犯农民权益、贪污腐败的现象难以避免。应该说，中国现行的农地制度和经营方式这些缺陷的存在，是现在“三农”问题特别突出的重要原因。如果说中国现行的农地制度和经营方式完美无缺，仅靠现行的农地集体所有制和家庭承包经营制就能不断地促进农村经济的大发展，也就不会出现如此严重的“三农”问题。国际经验和中国实践都表明，长期依靠现行的农地制度和经营方式已经不行了，必须深化改革、逐步完善。

2008年10月，中国共产党十七届三中全会通过《中共中央关于推进农村发展若干重大问题的决定》，强调“农村土地集体所有制的性质不得改变”，规定“现有土地承包关系长久不变”。之所以要作出这样的决定，是由于中国现行的农地集体所有的制度和家庭承包的经营方式在现阶段还具有重要作用；之所以没有提出现有土地承包关系“永久不变”，则是因为中国现行的农地集体所有的制度和家庭承包的经营方式存在问题或缺陷，不足以根本解决“三农”问题和最终实现农业现代化、农民的富裕、农村的繁荣。

二、中国农地制度和经营方式演进的趋势

中国既然不能实行土地私有化，现行的农地集体所有的制度和家庭承包的经营方式又不健全完善，存在种种缺陷和问题，仅靠这种制度和方式，还不能从根本上解决“三农”问题、成功实现农业现代化、让农民富裕、农村繁荣起来，那么中国农地制度和农村经济的组织形式、经营方式演进的趋势是什么，或者说深化中国农村改革的任务、方向和途径应该是什么呢？笔者认为，主要任务就是克服现行的农地制度和经营方式不足或缺陷、完善农地集体所有制和经营方式，如果用一句话概括方向和途径，笔者认为就是建设以集体经济和合作经营为基础的社会主义新农村。

首先回顾西方发达国家工业化过程中和新中国成立以来以土地制度为基础的农村经济制度和生产经营方式的演变历程，将会给我们许多

有益的启示。[1]

1. 西方发达国家工业化过程中农村经济制度和生产经营方式的演变

一般来说，多数西方发达国家工业化过程中农村经济制度和生产经营方式经历了三个阶段的演变过程。第一个阶段是工业化开始前，农村主要依靠人力、畜力，运用手工技术进行分散、小规模的自给自足的农业生产，实行的是地主庄园与个体农户并存、以地主庄园为主体的经济制度，这是极为落后的农村经济制度和生产经营方式。第二个阶段是工业化初期，随着机器大生产和雇佣劳动制度的出现及其向农村和农业的扩散和渗透，农村经济开始由以人力、畜力和手工技术为主向以化学、物理学动力（石化能源）和机械技术为主转变，农业实现初步机械化，使得农业劳动生产率提高，生产规模扩大，逐步走向规模经营，与此同时农业也开始雇工经营，出现了大量的资本主义农场，即由农场主（农业资本家）租用地主（可能也包含他们自己拥有的一部分）土地，雇佣农业工人进行耕种，以取得农业利润，资本主义农场制逐步取代地主庄园制，成为占主导地位的农村经济制度。第三个阶段是工业化中、后期，首先由于社会分工的深化、生产经营专业化和协作程度的提高、农业高度机械化的实现，使得农业劳动生产率进一步大幅度提高，即使耕种大面积的土地（比如美国的家庭农场耕种成千上万亩土地），也不需要很多劳动力，少量的劳动力就可以耕种大量的耕地，家庭农场就能实现农业的规模经营；其次由于农业生产时间的季节性、空间的广阔性和分散性，使得农业对劳动力的需求也具有农忙时多、农闲时少的季节性特点，常年雇佣大量农业工人，会加大用工成本，农业生产的空间广阔性和分散性，又造成劳动监督困难、内部管理成本过高，使得农业生产经营不是耕种的土地、雇佣的农业工人越多越好，而是相反，耕种的土地、雇佣的农业工人过多，经济效益反而会下降；再加上农业生产的过剩，雇佣较多农业工人的资本

① 简新华：《社会主义新农村的经济制度和生产经营方式》，载《理论动态》，2006年12月10日。

主义农场利润下降，这些都使得许多资本主义大农场解体变形，资本主义农场制度走向衰落，取而代之的是以家庭成员为主的家庭农场制度，家庭农场制度成为西方发达国家现代农村的主要经济制度。与此同时，又由于农业生产经营受自然条件特别是气候的影响较大，即使实现了农业规模经营的家庭农场，相对广阔的大市场甚至是国际市场而言，经营规模仍然有限，再加上农业生产经营的分散性，农业的这种弱质性使得家庭农场面临巨大的自然风险、市场风险、经营风险，单家独户难以应对，因此西方发达国家的家庭农场为了应对自然风险、市场风险、经营风险，通过建立行业协会、供产销合作组织等，实行多方面、多形式的经营合作。与此同时，为了保持农业生产经营的稳定性，西方发达国家普遍对农业实行扶持政策，给予农业大量财政补贴。[①] 由此可见，合作经营和政府扶持是现代农村经济发展的普遍趋势，西方发达国家的现代农村经济制度和生产经营方式，主要是以家庭农场为基础的合作经营。这是我们在探讨现代农村的经济制度、组织形式和生产经营方式时，尤其值得关注的重要现象。

2. 中国农村经济制度和生产经营方式的演变

新中国的农村经济制度和生产经营方式到目前为止，大致上经历了四个阶段的演变过程。第一个阶段是新中国成立前，同多数西方发达国家工业化过程中的第一个阶段的情况相类似，农村主要依靠人力、畜力，运用手工技术进行分散、小规模的自给自足的农业生产，实行的也是地主庄园与个体农户并存、以地主庄园为主体的经济制度，这是中国农村长期贫穷落后的主要制度根源。第二个阶段是新中国成立后至 1958 年以前，土地改革消灭了在中国农村存在了几千年的封建地主所有制，实现了中国农民“耕者有其田”的多年的愿望。由于中国农业生产极为落后、技术水平特别低，而且人多地少，人均耕地大大低于世界平均水平，农户占有的耕地大多数都很少，务农的收入极为有限，难以抵御天灾人

① 樊亢、宋则行:《外国经济史》，北京:人民出版社，1983 年；文礼朋:《19 世纪末 20 世纪初西方国家农业资本主义的失败》，载《发展经济学论坛》，2006 年第 1 期。

祸、伤残疾病的打击,不易渡过生老病死的变故。土地改革之后,中国农村许多地方马上就出现了贫富两极分化,不少农民因水旱灾害、贫病交加,不得不把刚分到手的土地卖掉,重新陷入“赤贫”状态。为了发展农村经济、应对天灾人祸,在党和政府的提倡和支持下,中国农村走上了合作化道路,形成了以集体经济为基础的农业合作社制度,实行集体所有集体经营的方式。第三个阶段是 1958 年以后到改革开放开始,尽管农村生产力水平没有多大提高,但在片面追求社会主义公有制“一大、二公、三纯”(即公有制的规模越大越好、公有化的程度越高越好、公有经济越纯粹越好)、农村集体所有制应该尽快向全民所有制过渡、甚至不惜搞“穷过渡”的错误倾向的左右下,中国农村的合作社制度转变成为人民公社制度。在不具备技术条件的情况下,人为硬性地扩大农业的经营规模,对农业生产实行不符合农业特点的集中统一管理,结果不仅使农民没有经营自主权,而且使农民缺乏生产经营的积极性,也加大了农业的生产成本和交易成本,使农村经济长期得不到较好的发展,不得不改革。第四个阶段是改革开放开始以后,为了遵循农业发展的客观规律,调动农民的积极性,加快农村经济的发展,中国改革了人民公社制度,在坚持土地集体所有制的前提下,农村普遍实行家庭承包经营责任制,极大地促进了农村经济的发展。在进入新世纪以后,中国又提出要建设社会主义新农村。现在需要探讨的问题是,社会主义新农村与农村现行土地制度、组织形式和经营方式是什么关系,社会主义新农村的经济制度、组织形式和生产经营方式是什么。

3. 中国现行农地集体所有制和家庭承包制的发展前景

由于中国现行的农地集体所有的制度和家庭承包的经营方式存在种种缺陷和问题,所以必须深化农村改革,进一步进行制度创新,寻求更加完善的农村经济制度、组织形式和经营方式。这里并不是说要取消或完全改变农地集体所有制和家庭承包制,而是指要发展、完善这种制度,并且要创造新的制度、组织形式和经营方式。社会主义新农村经济制度、组织形式和经营方式是现行集体所有制和家庭承包制的发展、完善和创新。

中国实行承包经营责任制的农户的发展前景，不应是私有制家庭农场，而应是以实行适度规模经营的集体经济为基础的社会主义新农村。中国农地制度、农村经济形式和经营方式，为什么不应是私有制家庭农场，而应是以实行适度规模经营集体经济为基础的社会主义新农村？中国现代农村为什么不能像发达工业化国家那样实行以私有制为基础的家庭农场制度？笔者认为主要原因在于：中国人多地少，人多决定农村劳动力即使在工业化和城市化实现之后还可能长期保持在20%到10%以内，不可能像美国那样农业劳动力不到总劳动力的2%，还会有相当数量的农民不能非农化；由于要非农化的农民的数量十分庞大、数以亿计，不可能全部市民化，即使是非农化的农民，也会有相当部分只能是“离土不离乡，进厂不进城”；地少决定农户占有的耕地也不可能很多，更不可能像美国家庭农场那样耕种成千上万亩土地，经济实力也不易增强，只有重新联合起来才更有力量应对市场风险、自然风险和经营风险，所以中国的现代农村也不能像美国那样建立在私有制的家庭农场基础之上；而且，在人多地少的情况下，即使实现农业机械化、现代化，农户仅靠种地也很难致富，要增加农民的收入，使得工业化和城镇化实现以后还要留在农村的数以亿计的农民生存和致富，必须延长农业的产业链，发展农产品的深加工，增加农业的附加值，同时还要发展各种特色农业、绿色农业、高加工度和高附加值农业、优质农业、高效农业和农村服务业，实行产业多元化、兼业化经营和分工协作专业化，这也是只有少量劳动力的家庭农场很难办到的；即使采取“公司加农户”的生产经营方式，深加工的收入主要也会落入公司手中，农民收入增加有限，所以必须探讨更适合中国的现代农村的经济社会制度和组织形式。

4. 中国社会主义新农村的所有制、组织形式和经营方式

建设社会主义新农村并不是现在才提出来的新目标，早在20世纪50年代中国就提出了建设社会主义新农村的任务，但是现在要建设的社会主义新农村，并不是那时提出的社会主义新农村的简单重复，两者的具体内容并不完全相同，现在提出的社会主义新农村具有新的含义。

20 世纪 50 年代提出的社会主义新农村的内涵和标志主要是：在生产力方面，是要实现农业机械化；在生产关系方面，是实行人民公社制度；在生活方面，则是要使农民丰衣足食，过上比较富裕的生活，当时形象的说法就是："楼上楼下、电灯电话，瓦罐炖肉、枯枯拉拉"。按照这个标准衡量我国现在农村发展的状况，从生活方面来看，我国相当一部分农民已经过上了丰衣足食的比较富裕的生活，但从生产力方面来看，大部分农村农业机械化程度还不高，人民公社制度也普遍被家庭承包经营制取而代之。现在看来，这种对社会主义新农村的理解和界定存在重大缺陷，需要予以修改和完善。

新世纪初，在全面建设小康社会和实现社会主义现代化的中国经济社会发展新的历史阶段，在"三农"问题严重、城乡差别和收入差距扩大、社会问题和社会矛盾突出的情况下，重提建设社会主义新农村，不仅具有重要意义，而且具有新的内涵和特征。中国共产党十六届五中全会通过的《中共中央关于制定国民经济和社会发展第十一个五年规划的建议》提出，要按照"生产发展、生活宽裕、乡风文明、村容整洁、管理民主"的"20 字"要求建设新农村。这个要求只是对社会主义新农村面貌的简单描述，还不是对新的历史阶段社会主义新农村新的内涵和标志的全面、准确的界定，并没有明确地指出社会主义新农村的制度特征和组织形态，体现不出新农村的社会主义性质和生产力发展所要达到的水平，也看不出中国的社会主义新农村与韩国的"新农村"、美国的现代农村有什么区别，所以社会主义新农村新的内涵还需要深入探讨。正确的社会主义新农村的内涵和标志，应该从生产力、生产关系、物质文明、精神文明、政治文明、生态文明等多方面进行全面的概括和界定，既要包括目标要求，又要有达到目标的制度保证和基本途径，还要能反映社会主义新农村与非社会主义新农村的本质区别。根据江苏华西村、河南刘庄、南街村等中国现在先进农村发展的经验和以往社会主义新农村建设的教训，笔者认为，社会主义新农村应该是以集体经济为基础、实行集体或者合作经营、基本实现农业机械化和现代化、农村经济比较繁荣、农民生活宽裕、村容整洁、基础设施健全、生态平衡、乡风文明和谐、管理民主的农村。为什么应该这样界定社会主义新农村呢？除了上述中国现代农村不能像西方发达工业化国家那样实行以私有制为基础的家庭农场制度的原因之外，还因为，以集体经济为基础是新农村社会主义性质的主要体现，中国的现代农村如果是以私有制家庭农场为基础的农村，就不能称之为社会主义新农村，与现代资本主义农村就没有什么区别；之所以强调提出要实行合作经营，是由于农业的产业特征特别是其弱质性，为了应对自然风险、市场风险、经营风险，连发达工业化国家私有制家庭农场都要实行多方面、多形式的经营合作，更何况中国的社会主义新农村，自然更应如此，实现农业机械化、产业化、现代化需要合作，抵御风险、降低成本、共同富裕也需要联合；之所以提出要基本实现农业机械化和现代化，则是因为中国农村也只有实现农业机械化和现代化，才能达到规模经营，提高农业劳动生产率和经济效益，农民才能减少，收入才能增加，也才能生活宽裕。而且，只有"以集体经济为基础、实行集体或者合作经营、基本实现农业机械化和产业化"，才能真正做到"生产发展、生活宽裕、乡风文明、村容整洁、管理民主"。

社会主义新农村的集体经济可以采取多种实现形式和具体经营方式，既可以坚持集体所有集体经营，也可以实行集体所有农户经营，允许采取承包制、合作制、股份合作制、股份公司制等多种集体经济的实现形式和经营方式，只要能使集体经济发展、壮大就行。中国的社会主义新农村在建设过程中可以采取多层次的生产经营方式，具体包括：(1)农户可以仍然实行家庭承包经营，但要通过工业化和城市化的发展，使农民不断减少，从而扩大农户经营规模，提高经营水平，发展、完善家庭承包经营制。(2)农户与农户之间，主要通过新农村实行合作经营，同时也利用其他各种行业协会、供产销合作组织开展经营合作。(3)农户与新农村之间，实行统分结合、分层经营的方式，农户参与新农村的建设和经营，新农村为农户提供各种服务。(4)农户之外的集体经济（含乡村企业），可以像国有企业实行现代企业制度一样，实行内部的公司化或企业化管理、外部的市场化运作。实行公司化管理这种现代企业管理制度，使农民具有所有者和职工的双重身份，既有利于调动农民生产经营的积极性，又有利于激励和监督新农村的经营管理者，防范委托代理风险，提高经营绩效；在社会主义市场经济的大背景下，只有实行市场化运作，才能够使新农村适应市场经济的外部环境，在国内外激烈的市场竞争中求得生存和发展。

这里有几个问题必须说明，一是实行家庭承包经营制的农村经济还是不是集体经济？笔者认为，实行家庭承包经营制的农村经济还是集体经济，因为最基本的生产资料——土地是集体所有，还有集体所有的其他资产，也有集体经营的各种产业和企业。二是集体经济参与建立的合作制、股份合作制、股份公司制经济体，如果其中包含有私有资产，就是不完全的集体所有制。三是社会主义新农村的集体经济的实现形式和经营方式的演进方向和主体形式，应该是逐步改变家庭承包经营，在集体内部实行分工协作专业化基础上的集体所有集体企业化经营。因为，只有这样，中国现行农地制度和经营方式的缺陷才能真正有效克服。

5. 中国农地集体所有制的性质、特征、实现形式和发展前景

有学者接连发表文章，置疑中国农地集体所有制，认为"所谓'集体'和'私有'的对立很可能是个假问题""各市场经济国家民法体系关于产权的规定中并无'集体所有制'提法""世界上从来没有非官非民的'集体'"，不是以私有制为基础的民间合作社、股份制，就是"政府所有"，中国的所谓"集体所有"是"人人都有，人人都没有"，实际上成了政府官员侵犯农民利益的借口；并且提出，"什么叫'集体'？我自己干叫'单干'，大家一起干叫'集体'"，集体成员应该能够自由进出，中国集体所有中的成员不能自由进出，"不能退出的'集体'是什么意思？那在逻辑上等值于监狱"，如同奥斯维辛集中营一样；奇怪的是，他还说"农民集体拥有地权是很好的。现代'小农'能够在市场竞争中生存和发展，就是依托了合作制。”①

笔者认为这种观点存在不少逻辑混乱和错误：

第一，误解了中国农地集体所有制。实际上，中国农地集体所有制的性质和特征是十分明确的，实行集体所有制的土地属于集体内的农民共同所有，每个成员都享有平等的土地权益，能够保证“耕者有其田”，决不是什么“人人都有，人人都没有”，也不是变相的官员所有制，更不是“大家一起干叫‘集体’”。无产者是既无自己私人（包括家庭）的资产，又没有与别人共同所有的资产，集体成员拥有共同所有的资产，享有相应的权益，怎么能说是“人人都没有”呢！私有制企业的雇佣工人也是一起干活的，能说这个企业是雇佣工人“集体”的企业吗？显然不能。

第二，混淆了集体制和合作制。所有制中的合作制也是合伙制，其资产量化到个人，合作者或合伙人在合作经济体中拥有的资产份额不一定相同，而且能够带着自己的那份资产自由进退，这是集体制与合作制的主要区别。集体所有制中的成员拥有的财产权利是平等的、不量化到个人，也不能带着相应份额的土地自由进退。集体土地为什么不能量化到个人、集体成员为什么不能带着相应份额的土地自由进入或退出、是否合理？笔者认为，集体土地之所以不能量化到个人，是因为以私有制为基础的合伙制或股份制的资产是量化到个人的，而公有制是劳动者共同平等所有的，不能量化到个人。如果量化到个人，实际上就不是公有制，而成为以私有制为基础的合伙制或股份制，公有制中的成员的平等财产权利就可能得不到保障，新增人员也就没有平等的公有财产权利。集体成员之所以不能带着相应份额的土地自由进退，是因为集体土地不能量化到个人，而且土地在空间上是固定连片的，带走多少、带走哪块地，难以确定，还会给集体生产经营带来损害。当然，应该采取恰当的方式给退出集体所有制的成员必要的合理的补偿。

① 秦晖：《什么是“集体所有制”?》，光明网，2008 年 2 月 28 日；《关于农村土地制度的思考》，载《经济观察报》，2004 年 11 月 13 日；《农民地权六论》，载《社会科学论坛》，2007 年第 9 期；《十字路口的中国土地制度改革》，载《南方都市报》，2008 年 10 月 7—8 日。

第三，对农地集体所有的看法自相矛盾。既否定农地集体所有制，又说“农民集体拥有地权是很好的”，“农民集体拥有地权”不就是农地集体所有制吗？之所以“农民集体拥有地权是很好的”，不仅是农地的农民集体所有制具有合作制的优点，使得“‘小农’能够在市场竞争中生存和发展”，而且更有利于克服中国存在的人地矛盾（人多地少）、小生产与大市场的矛盾、小规模分散经营与规模经济的矛盾、农业的弱质性与自然条件和农民致富的矛盾、农业落后与现代化和全球化的矛盾、工业化和城镇化与“三农”问题严重的矛盾，是农民避免贫富两极分化、最终走向共同富裕的所有制基础。

第四，中国的集体所有制的成员并不是不能“退出”的。中国农民完全可以自愿退出农村集体经济体，还应该得到合理的补偿，一部分进城务工经商、实现了非农化和市民化的农民，就成功退出了农村集体经济，只不过没有带出一部分属于集体共有的土地退出而已。而且，如上所述，不带农地退出是合理的。把中国农村集体所有制的所谓“逻辑”说成如同奥斯维辛集中营一样的“监狱逻辑”，是极不负责任的非科学语言。

第五，不能以西方市场经济国家没有“集体所有制”作为理由否定中国的农地集体所有制。西方市场经济国家没有的，中国就不能有吗？外国没有、中国特有的经济政治制度多得很，不能说都不正确、不合理吧！以此作为否定中国集体所有制的理由是不能成立的。

的确，中国现行农地集体所有制的实现形式不是完美无缺的，不仅曾经存在相当严重的问题，而且现在也不完善。计划经济时期实行的农地集体所有制的实现形式——人民公社制，不符合中国“三农”的实际情况，存在政经不分、统得过多、管得过死、平均主义倾向严重、农民丧失生产经营自主权和积极性、经济效益低下等缺点。家庭承包经营制虽然在相当大的程度上克服了人民公社制的缺陷，但也存在前述种种问题和不足，特别是农村集体经济和土地的村镇行政化管理和民主监督的缺失，使得农村政经难以真正分开，村镇干部侵犯农民权益、贪污腐败的现象难以避免。笔者认为，中国农地集体所有制的实现形式深化改革和完善的方向，应该是在社会主义新农村内部实行政经分开，就像城镇里的工业生产经营要实行政企分开一样，农村里的农业生产经营也要实行政经分开，农村村镇政府主要执行政府行政职能，不再代表农民执掌集体土地的所有权，从根本上杜绝村镇干部侵犯农民权益、贪污腐败、官僚主义、包办代替的行为；通过新农村全体农民选举的方式，组建独立于村镇政权机构的经济管理委员会或类似于工业企业一样的农业企业，执掌农地的所有权、确定农地的经营使用和收益分配，实行民主化、企业化管理和群众监督，重大决策和经济管理委员会主要成员或农业企业高管的调整、撤换必须经集体内全体成员大会讨论、投票决定。

6. 新农村内部实行合理分工协作专业化基础上的集体经营是解决家庭承包制矛盾的根本途径

现行农地家庭承包经营制，存在自身难以解决的矛盾：一方面要求农地承包关系几十年不变、保持稳定、“减人不减地、增人不增地”，否则农地难以有效利用；另一方面农地集体所有的性质又决定集体成员应该人人都平等分配承包地、必须随着农村人口变动不断调整承包地的分配、减人应该减地、增人应该增地，否则就不公平。承包关系需要保持稳定与农村人口变动和集体成员人人应该平等享有土地承包权的这种矛盾，使得公平和效率难以兼顾。笔者认为，在土地私有化存在多重弊端和严重后果的情况下，解决这个矛盾的根本途径，只能是在新农村内部实行分工合作专业化的同时，因地制宜，采取多种方式集中承包地，变农户家庭承包为农业作业小组专业化承包经营，其他劳动力从事其他生产经营活动，这样也就不存在承包地调整的问题，也就没有了承包关系需要保持稳定与农村人口变动和集体成员人人应该平等享有土地承包权的这种矛盾，而且有利于促进农业的产业化、规模化、集约化、机械化、现代化。

7. 中国农业规模经营的特点和途径

什么是农地或农业的规模经营?[①] 单个农业经营单位(农户、农场、农业经营公司、新农村)经营多少土地才能形成规模,才能称之为规模经济?实际上,农地的规模经营很难有一个全世界统一的准确的数量测度标准。单个农业经营单位是经营100亩农地,还是经营1000亩或10000亩农地,才能说是实现了规模经营呢?其实很难判定。而且不同的国家人均耕地数量不同,经济发展、国民收入和技术水平、农业发展程度的差别也很大,农业规模经营的情况不可能完全一样。比如,美国是公认农业实现规模经营和现代化的国家,2010年美国拥有耕地24.45亿亩,主要由家庭农场耕种,而家庭农场有214.3万家,农业就业人口284.6万,每个家庭农场平均使用农业劳动力不到2人,[②]每个家庭农场平均可耕地有1000多亩、每个农业劳动力平均可耕地有500多亩。如果以美国单个家庭农场经营耕地1000亩为农业规模经营的衡量标准,中国18亿亩耕地、即使城市化率达到90%,也有数以亿计的农民,永远也实现不了农业规模经营。笔者认为,可以把一个国家农户收入能够达到本国比较富裕或中产阶级平均收入以上水平所必须经营的农地数量、农业经营单位农业经营收入达到社会平均利润以上必须经营的农地数量作为标准,来判断本国农业是否实现规模经营的标准。根据有关学者的调查研究,中国现在的中部地区,"若一家有20亩田,那日子就很小康了"。[③] 如果要达到比较富裕的水平,每家农户就需要经营30~40亩地。

上述这种农业规模经营,在18亿亩耕地分散承包给几亿农民、不实行集体经营的条件下是很难实现的,所以必须实行农地流转。如果实行农地所有和使用的私有化和完全市场化,虽然可以促进资本下乡和农地

---

① 由于农地是农业生产经营的基础,农业经营的规模主要由土地规模决定,所以农业规模经营主要就是农地的规模经营。

② 资料来源:美国农业部农业资源管理调查2010(USDA Agricultural Resource Management Survey)。

③ 贺雪峰:《地权的逻辑——中国农村土地制度向何处去》,北京:中国政法大学出版社,2010年,第259页。

流转、使农地向大农场和种田能手集中，实现农业的规模经营，提高农地资源的配置效率，但是如前面所述，在存在数以亿计的农民的情况下，中国农地私有化和完全市场化，农地向少数人手中流转集中，会造成许多严重的经济社会后果，使数以亿计的农民生存和致富以及粮食安全没有保障，可能导致更为严重的贫富两极分化，所以中国不能通过农地私有化和完全市场化来实现规模经营。那么，中国主要应该通过什么途径来实现农地在农业内部的合理流转、规模经营和优化配置呢？[①] 笔者认为可以通过新农村内部和外部两个层次的流转和集中来实现。一是在新农村内部实行合理的分工协作专业化，通过承包地回收、转让、转租等途径集中起来，组建专门从事农业生产机构，聘请新农村内外的种田能手耕种。二是地理位置相邻的新农村自愿合并，由小规模新农村转变为大规模新农村，从而实现农地和农业的更大规模的经营。华西村、刘庄、南街村等先进的农村就是这样做的，实践证明是有效的，既能够实现农业的机械化、产业化、规模化、集约化、现代化，又可以避免农地私有化和完全市场化带来的危害。

三、中国“三农”问题的根本出路[②]

“三农”问题即农业落后，农村贫穷，农民收入低的问题，是中国经济发展中面临的最大的深层次问题。发展农村经济，增加农民收入，是缩小城乡差别、改善农民生活、提高农民购买力、扩大和培育内需的重要途径，关系到国民经济发展和社会稳定的全局，中国政府把解决“三农”问题作为重中之重。怎样才能解决“三农”问题呢？除了土地私有化的主张之外，有的人说要做“加法”，增加农业投入，发展农业生产，振兴农村

---

① 由于农地向农业外部的流转即农地非农化不属于农地本身的所有制和经营方式问题，再加上篇幅有限，本书只讨论农地在农业内部的合理流转、规模经营和优化配置问题。

② 简新华：《新农村与城镇化协调并举——解决“三农”问题的新思路》，载《中国改革报》，2007年1月30日。

经济;也有的人认为要跳出农业这个小圈子,靠工业化和城镇化才能解决“三农”问题;还有的人主张在“三农”问题上要做“减法”,最根本的是要减少农民,让农民非农化,到第二、三产业去就业。笔者也曾经提出用“三化”解决“三农”问题①,即用农业产业化解决农业落后的问题、用农村城市化解决农村贫穷的问题、用农民非农化解决农民收入低的问题。现在看来上述这些观点,虽然都有正确的一面,但都不全面。

的确,大力发展农村经济是解决“三农”问题的重要途径,但仅靠这一条是远远不够的;就是发展农村经济,也还有一个怎样发展的问题,特别是通过什么农村经济社会制度和组织形式才能发展的问题。20 世纪 80 年代,我国通过推行家庭承包经营制,极大地调动了农民生产经营的积极性,促进了农村经济的大发展,但是实践证明现在主要还是依靠这一点已经不行了。家庭承包经营制不能从根本上解决农业生产分散、小规模、效率低的缺陷,难以克服小生产与大市场的矛盾。如果仅靠家庭承包经营制就能不断地促进农村经济的大发展,也就不会出现如此严重的“三农”问题。因此,必须进一步进行制度创新,寻求更加完善的农村经济社会制度和组织形式。这里并不是说短期就要取消或改变农村家庭承包经营制,而是指要发展、完善这种制度,并且要创造新的制度和组织形式。

的确,工业化、非农化、城镇化是解决“三农”问题的根本途径。解决“三农”问题,仅仅局限于农业这个小圈子是不够的,仅仅依靠农业本身来挖掘增收潜力也是有限的,必须在“三农”问题上做“减法”,只有转移农村剩余劳动力,减少农村人口数量,实现农业规模经营,农业劳动生产率才能提高,农民的收入也才能大幅度增加,如果始终是好几亿农民,农民永远富不起来,“三农”问题永远解决不了。如何才能减少农民?出路只能是工业化、非农化,使大多数农民到第二、三产业去就业。而且农民的非农化要更稳定、更持久、更多、更好,又需要非农化农民的市民化,也

① 简新华:《解决“三农”问题的根本途径》,载《中国经济热点问题探索》,北京:经济科学出版社,2002 年,第 453 页。

就是说要实现城镇化，让大多数非农化的农民“离土又离乡，进厂又进城”，既当职工又是市民。这种看法虽然抓住了解决“三农”问题的根本、要害，但是，却没有清醒地看到中国人多地少、人地矛盾突出的国情，即使工业化和城镇化实现以后，还会有数以亿计的农民要留在农村，现代化的农业也不需要这么多的劳动力，他们如何生存和致富。由于认为工业化、非农化、城镇化是解决“三农”问题根本途径的观点没有注意到上述这些情况，也就没有深入研究和提出怎样解决数以亿计不能离开农村的农民的问题。

究竟如何解决数以亿计不能离开农村的农民生存和致富的问题，应该建立什么样的能够进一步推动农村经济发展的新的制度和组织形式、经营方式？建设社会主义新农村任务的提出，使这些问题有了答案，社会主义新农村就是解决这些问题的途径。社会主义新农村实际上提出了全面解决“三农”问题的新思路，那就是工业化、城镇化、农业现代化与新农村协调并举、多管齐下、共同推进。只要我们在加快推进工业化、城镇化的同时，大力建设以集体经济和合作经营为基础的社会主义新农村、推进农业现代化和产业多样化，并且实行工业反哺农业、城市支援农村，以工促农、以城带乡，就能够实现城乡、工农协调发展，全面解决“三农”问题。

四、必须高度重视和落实邓小平的“两个飞跃”理论

邓小平在20世纪90年代提出了发人深省的中国农村改革和发展的“两个飞跃”理论，指出“中国社会主义农业的改革和发展，从长远的观点看，要有两个飞跃。第一个飞跃，是废除人民公社，实行家庭联产承包为主的责任制。这是一个很大的前进，要长期坚持不变。第二个飞跃，是适应科学种田和生产社会化的需要，发展适度规模经营，发展集体经

济。这是又一个很大的前进，当然这是很长的过程”。[①] 也就是说，中国农业在实行家庭承包经营制以后还是要走集体化、规模化的道路，搞适度规模经营、发展集体经济。从中国农业的“第二个飞跃”的内容可见，“第二个飞跃”是生产力和生产关系及其结合方式三个方面的“三重飞跃”，科学种田是生产力方面的“飞跃”，生产社会化和规模经营是生产力与生产关系结合方式方面的“飞跃”，发展集体经济则主要是生产关系方面的“飞跃”。笔者认为，这是真正实事求是、富有远见、坚持社会主义方向的科学论断，是近 40 年中国农村改革的指南，也应该是现在全面深化农村改革的指南。

1. 中国社会主义农业的改革和发展经过“两个飞跃”的客观必然性

中国社会主义农业的改革和发展为什么需要经过“两个飞跃”呢？这是邓小平按照马克思历史唯物主义和辩证唯物主义的基本观点和方法，依据生产力决定生产关系、生产关系反作用于生产力、生产关系必须适应生产力发展要求的普遍规律，科学深入地分析中国实际情况以后，得出的具有预见性的正确结论。

首先说明中国社会主义农业的改革和发展实行“第一个飞跃”的必然性。改革开放前，为了应对自然风险（主要是水旱灾害等）、家庭生活风险（主要是生老病死孤寡残疾等），防止在土地改革以后农村重新贫富两极分化，中国农村在土地改革以后逐步走上由互助组开始到初级合作社、高级合作社直至人民公社的社会主义集体化道路，土地集体所有、实行集体经营是这种集体化道路的主要内容。一方面，由于中国还是“一穷二白”的极其落后的农业国，工业化和城镇化的水平极低、大部分农村处于自给难以自足的小农经济发展阶段，农业社会化程度和机械化水平也非常低，农业的生产经营更适合采用家庭个体分散经营的方式，不适合实行人民公社那样的大规模集中统一的集体经营管理，再加上人民公社制度存在政社合一、政经不分、国家对公社、公社对农民统得过多、管

① 邓小平：《邓小平文选》第三卷，北京：人民出版社，1993 年，第 355 页。

得过死、农民缺乏生产经营自主权、分配存在平均主义倾向等缺陷，结果是难以调动农民生产经营的积极性和主动性、经营管理成本高、经济效益比较低、长期解决不了农产品严重短缺的局面，没有根本改变大部分农村贫穷落后的面貌；另一方面，由于农村集体所有制是社会主义公有制的重要组成部分，本质上是适应农村生产力发展的社会主义的基本经济制度，是保证农民根本利益、防止农民贫富两极分化、最终走向共同富裕的经济基础，因此这是不能根本改变的。所以，为了适应当时中国农村生产力发展的基本状况、调动广大农民生产经营的积极性和主动性、适应市场经济的要求、更好发展农业生产，大多数村庄在不根本改变农村土地集体所有制的前提下、实行以“废除人民公社，实行家庭联产承包为主的责任制”为主要内容的“第一个飞跃”，而且在实行过程中也是符合大多数农民愿意的和得到大多数农民拥护的，实际成效也是比较显著的。

尽管有少数自然条件较好（比如平原地区）、经济发展水平比较高、社队企业办得比较好、村庄领导有眼光有能力的村庄坚持了集体经营、发展了集体经济，而且成效是突出的，基本不需要实行“第一个飞跃”之外[①]，大多数村庄则需要实行“第一个飞跃”。那种认为只有人民公社道路才是真正的社会主义道路、改变人民公社制度、实行“包产到户”“分田单干”本质上就是要根本改变农村集体所有制、实行私有化、把社会主义农业改变成资本主义农业、复辟资本主义的看法，是全盘否定近40年来中国农村改革的必要性、合理性和显著成就的观点，既不符合历史唯物主义和辩证唯物主义，也不符合实际情况。因为，“废除人民公社，实行家庭联产承包为主的责任制”的改革，虽然赋予了农民集体土地的承包

---

① 比如，河北省的周家庄（被称之为从1958年建立至今存在近60年的“中国最后一个人民公社”）、江苏省的华西村、河南省的刘庄、南街村等。其中，有的村庄是始终都没有实行家庭承包经营制，有的则是开始实行了一段不长的时间后，又把家庭承包经营制改变为集体经营制。

经营权、收益权，但是保留了农地的集体所有权和处置转让权[①]，没有从根本上改变农村土地集体所有制，而且实现双层经营体制，部分保留了集体统一经营的方式[②]，为中国农村坚持社会主义方向、农业在条件具备以后再由家庭承包经营转向集体经营，保留了必备的根基，所以不能认为中国农村已经把社会主义农业改变成了资本主义农业。

中国社会主义农业的改革和发展特别是现在为什么要实行“第二个飞跃”呢？这是因为，在中国现在已经开始进入工业化后期、城镇化率2017年也达到58.5％、几亿农村剩余劳动力基本实现非农化和转移到城镇、生产社会化和农业机械化的水平有了很大提高的情况下，“三农”问题突出和农业现代化滞后，表明实行小规模分散经营的家庭承包经营制已经不能适应生产社会化、农业现代化、机械化的要求，必须进一步改革完善，所以我们认为，中国已经发展到了开始逐步实现邓小平提出的实现社会主义农业“第二个飞跃”的阶段。改革开放以来，按照马克思历史唯物主义揭示的生产关系必须适应生产力发展水平规律的要求，中国农村实现了“第一个飞跃”；现在，中国则同样要按照这个规律的要求，开始努力去实现“第二个飞跃”。

实事求是地说，农地集体所有制和家庭承包经营制功不可没，克服

---

① 虽然现在在进行农民承包地经营权一定期限内的流转（转让、出租、抵押等）的改革，但是流转的是承包地经营权，不是所有权，更不是土地永久性买卖。

② 在改革人民公社制度以后，中华人民共和国宪法规定，中国“农村集体经济组织实行家庭承包经营为基础、统分结合的双层经营体制”。所谓双层经营体制，是指农村经济分为集体统一经营的主导层次和家庭分散经营的基础层次，这两个层次有机结合，形成双层经营的体制。从动态的角度来看，集体统一经营和家庭分散经营的发展完善并非齐头并进；从双层经营的产业领域来看，农业主要实行家庭承包经营，非农产业（包括农产品加工在内的工商业和服务业，主要乡镇集体企业）主要实行集体统一经营；从双层经营的比重来看，在不同地区不同条件下，集体统一经营的层次和家庭分散经营的层次在双层经营结构中的比重并不完全相同，大体上有三种情况：一是统分结合以统为主，二是统分结合以分为主，三是统分结合，集体统一经营与家庭分散经营的比重相当。从双层经营的实际情况（包括我们多年从事农村经济调查所了解的情况）来看，绝大部分农村实行的是以分为主的双层经营体制，甚至连乡镇集体企业也大部分通过改制转变成非集体所有的股份制企业、私营企业。

了人民公社制的缺点，适合了当时农业生产落后的现状和特点，满足了农民对土地经营使用权的要求，使农民拥有了比较充分的自主权，形成了农地经营得越好农民家庭收入越多的激励机制，调动了农民生产经营的积极主动性，有利于农户增加农业投入，降低生产经营成本，使农业生产适应市场需求，有效地促进了农业生产的发展，基本上保证了城乡农产品的供应，绝大多数农民不仅解决了温饱问题，也基本达到小康生活水平；而且，农地的集体所有制以较低成本满足了工业化和城镇化对劳动力和土地的基本需求，有力地支持了工业化、城镇化和整个国民经济的发展，并且缓解了人多地少、通过务农增加收入困难的矛盾，使农民也获得了进城务工经商增加收入的第二条渠道，同时还给农民提供了最后一条保障线，避免了农村大量“三无农民”（无地、无业、无社会保障）的产生、严重的贫富两极分化和大面积的城市“贫民窟”出现，维持了包括农村在内的社会的基本稳定。①

但是，中国现行的农地制度特别是家庭个体经营方式也存在许多不足或缺陷：个体经营、单打独斗，经营分散，规模狭小，应对自然风险、市场风险、经营风险和家庭生活风险的能力差，不易解决人地矛盾（人多地少）、小生产与大市场的矛盾、小规模分散经营与规模经济的矛盾，难以实行农业的规模经营和集约经营，不能从根本上解决小农经济生产分散、小规模、效率低的缺陷。应该说，中国现行的农地制度和经营方式这些缺陷的存在，是现在“三农”问题特别突出的重要原因。如果说中国现行的农地制度和经营方式完美无缺，仅靠现行的农地集体所有制和家庭承包经营制就能不断地促进农村经济的大发展、有效实现农业现代化，也就不会出现如此突出的“三农”问题。现在中国农村除了包括“城中

---

① 这里还需要特别说明的是，改革开放以来，中国农业发展取得突出成就，不能只是归结为以“废除人民公社，实行家庭联产承包为主的责任制”、调动农民生产经营积极性为主要内容的农村改革即“第一个飞跃”，还包括重工业优先发展战略和产业结构的调整、乡镇企业的大发展、工业化和城镇化吸收了大量农村剩余劳动力、农产品的价格和流通体制的改革、农业投入的增加、农业技术和设备的改进、国家各项加强农业和支农惠农的政策等多种因素综合作用的结果。

村”“城边村”在内的依靠征地拆迁富起来和拥有独特自然资源优势或者严重自然灾害之后主要依靠国家支持重建的村庄之外，几乎找不到一个完全不搞集体经营、发展集体经济、仅靠实行家庭承包经营制、单家独户、单打独斗富裕起来的村庄。相反，从江苏的华西村、西塘村，河南的刘庄、南街村，河北的周家庄，浙江的滕头村、航民村，湖北的官桥村八组、洪林村等先进富裕繁荣、共同富裕做得相对较好的中国农村，几乎都是坚持村庄集体规模经营、实行产业多样化、发展壮大集体经济的村庄。

改革开放近40年的实践表明，长期依靠现行的农地制度和经营方式已经不行了，正如一句流行语所说的“一夜跨过温饱线，三十年未进富裕门”，现在必须深化改革、逐步完善现行农地制度和经营方式，实现邓小平所说的“第二个飞跃”[①]。

2. 实现邓小平所说的“第二个飞跃”基本途径

到底应该如何实现“第二个飞跃”、搞农业适度规模经营、发展农村集体经济呢？

从农业规模经营来看，必须合理解决两个问题：一是农地应该向谁流转、怎样流转，二是采取什么方式实行规模经营。要想实现规模经营，首先必须把分散在千家万户手中的碎片化、小块化的承包地集中起来，这样才能进行大面积连片耕种经营，而要做到土地集中，又必须允许土地流转（主要是承包地经营权在一定期限内有偿转让）。现在出现了几种不同的主张和实际做法，普遍流行的做法是，首先实行土地确权，然后采取出租、入股、抵押等多种形式转让承包地经营权，从而进行农地流转以实现农业规模经营，更多提倡、鼓励、支持的是农地向个人或者出资者手中流转，发展种田大户、家庭农场，资本下乡办农业企业，建立多种内

① 简新华：《中国农村改革和发展若干有争议的重大问题》，载《学术月刊》，2015年第7期。

容和形式的农业生产经营合作社[1]。这些经营方式现在看来，虽然能够实现不同程度的农业规模经营，短期内也能够增加农民的收入（普通农民往往可以获得两份收入即农地租金或入股分红和打工的工资），有助于“三农”问题的解决，但是这些经营方式存在根本性的缺陷，不可能从根本上解决“三农”问题。因为：第一，这些经营方式主要是农地向少数人手中集中、实行的是个体经营或者私营、赢利由少数人占大头，只能是让少数人富起来，甚至可能导致贫富两极分化，很难保证全体农民走向共同富裕。第二，这些形式虽然可能实现中国农业的规模经营甚至实现农业现代化，但是不能从根本上解决农业实行个体或者私人规模经营以后，数以亿计的失地农民的就业和致富问题。

如前所述，美国农业是实行高度机械化大规模经营的现代化农业，2010 年，美国拥有可耕地 24.45 亿亩，农业就业人口只有 284.6 万，从事农业生产经营的劳动力的人均耕地 859 亩[2]，一个家庭农场、3～5 个劳动力可以耕种几千上万亩耕地，就这样，为了保证农民收入，美国政府还要给农业大量补贴。按照美国的农业规模经营和农业劳动生产率水平，中国 20 亿亩耕地，只需要 200 万农业劳动力就足够了，即使是中国由于地少人多只能搞适度规模经营、农业劳动生产率也不可能像美国那么高，假定只有美国的十分之一，耕种 20 亿亩耕地也只要 2000 多万农业劳动力。问题是中国在实现工业化和城镇化、城镇化率达到 70%以后，中国人口也将至少达到 14 亿，也就是说农村人口仍然还有 4.2 亿，考虑到人口老年化的影响，按照劳动年龄人口占总人口的比重 60%计算，实现工业化和城镇化后的中国农村劳动力还有 2.52 亿，比耕种 20 亿亩耕地所需的 2000 万农业劳动力多出 2.3 亿，而且除非在大中城市形成大

---

① 中国农村现在出现的多种多样的农业生产经营合作社基本上是互助合作性质的协作组织，往往由大户和资本操控，并不是实行集体所有、集体经营的农村集体经济性质的合作社，虽然对发展农业生产、增加农民收入有一定帮助，但对解决“三农”问题的作用有限，有的甚至成为骗取国家支农惠民资金的工具。

② 数据来源：2012 年世界银行世界发展指数 2012（World Bank World Development Indicators）。

面积贫民窟，这些农民基本上不能进城务工经商了，这多出的2.3亿农村剩余劳动力在农村怎么办、出路何在、怎么就业、如何致富？即使是城乡统一、覆盖全社会的社会保障制度建立起来了，无地农民可以获得社会保障，但是2.3亿农民完全靠社会保障度日，能持久吗、能致富吗？显然不能。上述那些经营形式都无法解决这个重大问题。

实际上，与上述各种经营方式同时存在的中国农业规模经营方式，还有也实现了农业规模经营甚至更大规模经营的、实践也证明是最成功的农村集体经营方式，这应该是在农业规模经营上实现“第二个飞跃”的主要方式。因为，农村集体经营方式不仅能够做到农业规模经营，而且集体经营比农民个人单家独户更有实力、更具有组织性、更能实行分工专业化协作、更有效率地从事各种非农产业的经营，进行农田水利、道路桥梁、电力通信等公共基础设施建设，更重要的是能够有效解决上述那些经营形式都无法解决的两大难题。

现在有些令人困惑的是，农业由家庭承包经营方式向集体经营方式转变似乎不被肯定和重视、也没有得到大力提倡和推广，好像实行农业集体经营方式是人民公社特有的经营方式，如果肯定、支持、提倡，就是要走回头路、退回到人民公社制度，就是否定近40年中国的农村改革。其实，这种认识和做法是不正确的。虽然废除人民公社、实行家庭联产承包为主的责任制的“第一个飞跃”，把绝大多数农村经济的集体经营方式转变为以家庭经营方式为基础的双层经营体制，但是这决不是说集体经营是完全错误的，中国农村将永远不再采用集体经营方式。因为，集体经营是社会主义的经营方式，并不是人民公社特有的经营方式，之所以要改革人民公社的集体经营方式，是由于人民公社的集体经营方式存在上述严重缺陷，不适合当时中国严重落后的农村状况和农业生产发展的要求；而且，改革后的农村经济实行的是以家庭经营方式为基础的双层经营体制，其中包含有集体统一经营方式，特别是在非农产业领域还要坚持集体统一经营。

“废除人民公社，实行家庭联产承包为主的责任制”的农村改革，不是要根本否定农村集体所有制和集体经营方式，而是要克服人民公社制度存在的缺陷，完善农村集体所有制和农业经营方式，建立更符合当时中国农村实际、更有利于农业生产发展的集体所有制经济的经营方式。而且，农村集体经营也不是在中国所有农村和所有经济领域都废除了，普遍实行了双层经营体制，部分保留了集体统一经营方式，还有少部分村庄把农业和非农产业的集体经营都保留下来了，一直坚持到现在，成效也不错，即使是大部分实行家庭承包经营制的村庄，在非农产业领域比如乡镇企业，部分还是坚持实行多种形式的集体经营方式。所以现在把家庭承包经营转变为集体经营，决不是要否定农村改革、退回到原来的人民公社制度，而是要在中国农村各方面的情况都发生巨大变化的新的历史条件下，实行更适合生产社会化、农业现代化（包括机械化、科学种田、规模经营等）要求、更有利于农村集体经济发展的经营方式。而且必须认识到的是，人民公社制度本质上还是社会主义性质的制度，因为实行的是农村集体所有制，这是不能根本否定的，改革是要克服人民公社制度的缺陷，完善农村集体所有制和农业经营方式。就像中国现在已经把国有国营的国有企业制度改变为实行现代企业制度的国有企业制度，不能因此而从根本上否定社会主义国家所有制一样；也像中国现在已经把传统社会主义计划经济体制改变为社会主义市场经济体制，不能因此就根本否定社会主义经济的计划性和最终发展到高度发达繁荣的社会主义阶段即共产主义阶段时还是要搞计划经济一样。

从发展农村集体经济来看，怎样实现邓小平提出的“第二个飞跃”，情况更是令人担忧。不仅是不少地方的农村集体经济实际上是名存实亡，村里的各种开支都要依靠各级财政支持，而且对于如何发展集体经济，许多地方往往停留在口头上说说而已，缺乏总体规划、完整配套的指导方针和政策、切实有效的支持扶植措施。

究竟应该怎样实现邓小平的“第二个飞跃”？笔者的主张是，由于中国农村地域广阔、农民众多、地区差别巨大、发展极不平衡，所以农业经营方式不能搞“一刀切”，必须实行多样化经营、发展多种所有制经济，但是，农地主要应该是向集体流转集中而不是向私人或者少数人流转集中、主要应该实行集体经营而不是个体或者私人经营、主要应该发展集体经济而不是个体或者私有制经济。因为，只有实行集体所有集体经营、发展集体经济，才能坚持社会主义方向，才能既实现农业规模经营和现代化，有效解决中国在实现工业化和城镇化以后还要留在农村的数以亿计的农民的就业问题，又保证所有农民逐步走向共同富裕，这才是有效扶贫、持久脱贫的根本之路。

现在已经走在实行集体经营、发展集体经济、初步实现共同富裕道路上的先进村庄，要进一步实现农业现代化和共同富裕，应该说没有多大困难，但是先进村庄只是少数，大多数村庄现在还相当贫穷落后，从根本上解决“三农”问题现在面临的最大挑战是，怎样使实行了近 40 年家庭承包经营制的大多数还没有富起来的、特别是中西部地区贫穷落后的村庄，由个体小规模分散家庭承包经营合理有效转向集体规模经营，真正发展壮大集体经济、保证全体农民一个不少地走向共同富裕。近年来似乎还没有找到由个体小规模分散家庭承包经营合理有效转向集体规模经营的途径、也没有发现这方面的成功典型。

五、塘约村的新探索与“塘约道路”之争

可喜的是，人民出版社 2017 年 1 月出版了著名报告文学作家王宏甲同志撰写的 77000 字的长篇报告文学《塘约道路》，详细介绍了贵州省安顺市塘约村在遭受大洪灾导致全村成为一贫如洗的废墟后，如何“把改革开放初分下去的承包地，重新集中起来，全村抱团发展，走集体化的路”的感人事迹。塘约村在极其困难的情况下，开始了实行近 40 年家庭承包经营制的大多数还没有富起来的、特别是中西部地区贫穷落后的村庄，如何通过把农业家庭承包经营方式转变为集体经营方式、发展集体经济、走向共同富裕的道路的艰难探索，这是非常值得关注的新情况。在由北京到武汉的高铁上，笔者满怀惊喜地一口气读完了《塘约道路》这

本书，深受鼓舞，特别振奋，颇受启发，但是同时也觉得塘约道路毕竟还只走了3年多时间，还需要不断健全完善，也感到从农地制度到经营方式方面还不是很成熟、还有一些疑难问题需要深入探讨，很有进一步调查研究的必要，所以笔者于2017年7月8—12日对贵州省塘约村和另外两个村进行了农地制度和农业经营方式改革、重点是股份合作制和集体经营的专题调查研究，特别是与塘约村的左文学进行了直接的交谈和探讨，感到非常有收获。

1. 塘约村的有益新探索

2014年6月3日，处于“村穷、民弱、地荒”状态的塘约村遭遇百年未见的大洪水，田和路都毁了，部分房屋倒了，本来村里人主要靠传统农业勉强度日，这场大水又把很多农户冲得一贫如洗。怎么办？不能再单家独户、单打独斗、各顾各、一盘散沙了，必须重新组织起来、抱团取暖、自救发展。如何抱团自救求发展？在安顺市市委书记的提示和支持下，塘约村决定走把家庭承包分散经营改变为集体统一经营的道路。怎样走这条道路？鼓励村民把土地作价入股，把身份转变为合作社社员，“把全村办成一个合作社，把分下去的责任田全部集中起来，由合作社统一经营”[①]。怎样集中统一经营？进行股份合作制改造，“七权同确”，按照“入社自愿、退社自由”原则，由农户自愿把承包地或者说土地承包经营权流转给合作社即“入股”到社，成立“塘约村合作社”，实行“村社一体，合股联营”，由村集体统一经营管理。集体经营如何组织领导实行？由党支部和村委会组织领导，采取现代企业管理制度，由社员代表选举产生合作社经营班子（理事会、监事会），进行企业化经营管理，重大事项由村民代表大会公决，实行民主的“村民自治”，村里再组建多个包括农业和其他产业在内的专业队直接从事生产经营活动，村民自己可以选择在什么专业队干活、选举专业队队长，报村里认定，队长不称职可以罢免。具体发展什么农业和其他产业？进行什么农产品生产和农产品深加工，经营

① 王宏甲：《塘约道路》，北京：人民出版社，2017年，第16页。

和发展什么非农产业，综合考虑市场需求、发展前景、自身的条件基础和优势、可以借助的外部因素、国家支持鼓励的产业项目等，因地制宜，因势而定。这就是左文学说的，“要踩出一条路来，第一步就是要成立合作社，把全村的地都集中起来，搞规模经营，实现效益最大化。第二步就是调整产业结构”，建立各种非农产业的专业队，搞多种产业经营。资金缺乏怎么办？自筹资金、滚动发展、争取政府的各项支农惠农扶贫建设的资金援助和银行贷款、合理吸引社会投资。

左文学在给我们介绍塘约村走把家庭承包分散经营改变为集体统一经营道路的起步情况时说，“合作社建立时面临两个问题，一是土地集中耕种，风险大；二是村民对合作社经营不放心，希望能先支付土地流转价的费用。然而，现实问题是村里没有钱，只有每年 3 万的办公经费和经营木材的几千块钱；而农村信用社只能贷款给个人、不贷款给集体。村委会通过多次开会讨论决定，除了一位女同志，其他 10 位班子成员以个人名义贷款，共贷款 125 万。125 万的贷款，其中 40 多万支付给农户做土地的保证金，40 多万用于购买农机，余下的留做其他生产资料的投入。合作社以学生营养餐的蔬菜供应为起步，11 位班子成员有序分工，8 位负责蔬菜的配送、3 位负责蔬菜的生产。在创业初步的阶段，11 位班子成员艰苦奋斗，克服了千难万苦，在 8 个月的时间内将贷款还清后，班子成员分文未取，将剩余的 24 万元全部转入集体账户”。

什么是“七权同确”？所谓“七权”是指土地承包经营权、农民宅基地使用权、林权、集体土地所有权、集体建设用地使用权、集体财产权、小水利工程产权等。为什么要“七权同确”，是为了摸清家底、做到心中有数、明确集体和个人的权利和责任，以便更好地进行经营管理、确定合理的分配方式。左文学总结“七权同确”塘约村得到的好处是“全村实现了‘一清七统’。一清是集体和个人产权分清了。七统是：全村土地统一规划，产品统一种植销售，资金统一使用管理，村务财务统一核算，干部统一使用，美丽乡村统一规划建设，全村酒席统一办理”。[①]

收入如何分配？左文学说，“除管理人员、生产人员的报酬外，纯收入按照‘334’的比例分配，是指每年利润的40%分给股东、30%分到合作社账户作为原始积累，30%分到村集体账户。同时，在村集体的账户，拿出20%作为合作社的公积金”。男女村民都可以在各个专业队上班，按月领取工资；村民入股到合作社的土地经营权，按每亩一年的约定价领取资产性底线收入，村民年底还能分红。按股份分红的部分，只是合作社土地经营的利润、森林经营的利润、房产经营的利润；其他集体资产（比如村办的建筑公司、运输公司等，还有我们马上要办的水厂、木材加工厂、蔬菜深加工等）经营产生的利润按照每年年终现有人口进行分配。这两类分配方式是为了防止拉大贫富差距。而且，为了避免财产和收入分配差距过大，塘约村不提倡个人资金入股。一个家庭的收入主要包括三个部分：财产性收入、经营性收入、劳务性收入。财产性收入是指入股的那部分，经营性收入是指村集体按人口数分配的部分，劳务性收入是指劳动收入，在建筑公司、运输公司以及合作社土地上劳动的收入（工资）。在村办企业上班，按照计件制（包括土地耕种）发放工资。当前塘约村合作社管理办法是，理事会“包厂子”，制订盈利目标，按照盈利多少调节管理层收入；如果出现亏损，管理层还需要进行抵扣（类似于押金制）；中层管理“包产量”，每亩制定产量目标，超产部分则给予奖励。

在不到3年的时间里，塘约村走把家庭承包分散经营改变为集体统一经营、发展集体经济道路的成效显著：左文学介绍说，“2014年是创业初期，村集体收入还不足4万元；2015年，村集体收入84万元；2016年，村集体收入实现202.4万元。两年多，贫困人口从2014年的138户、645人减少到2016年初的26户、82人，截至2016年底，贫苦人口只有19人（多为残障人员）”。塘约村不仅经济发展、收入增加，而且其他各个方面也都有很大的变化，加强了党的建设，实行“党支部管全村、村民

① 王宏甲：《塘约道路》，北京：人民出版社，2017年，第64页。

管党员”，坚持“三会一课”制度和党员的学习活动，通过党员评价表让村民给党员的表现打分，强化了对党员和干部的监督，更好地发挥了党的领导和党员的模范带头作用，外出务工经商的劳动力绝大部分返乡，改变了“空巢家庭”“空巢老人”“留守儿童”“妻离子散”的状况，刹住了吃喝风、赌博风等不良风气，加强了道路、环境等基础设施建设，生态环境、村容村貌、社会风气也都发生了很好的变化。

2. 塘约道路的不同评价和笔者的见解

《塘约道路》出版发行半年多来，引起了广泛的关注、强烈的反响、热烈的研讨，尽管塘约村的探索得到了中共中央政治局常委、全国政协主席俞正声的肯定，但仍然出现了多种不同的看法，甚至完全相反的评价。根据报刊和网络上看到的文献资料，归纳起来说大致上存在以下评价和疑问：有的认为，塘约道路是在市场经济条件下重走集体化的光明大道，是重新组织起来搞集体经营、发展集体经济、同步实现小康、走向共同富裕的道路；也有的认为，塘约道路就是人民公社道路，证明包产到户、分田单干的农村改革方向错了，不应该取消人民公社制度，现在应该退回去；更有的则认为，塘约道路是否定家庭承包经营责任制，要走回头路，反对近 40 年来的农村改革，是与改革背道而驰、逆潮流而动；还有的认为，塘约道路是在特定条件下依靠个别能人带领才能走的路，不可复制；另有的认为，塘约道路不是什么自力更生、艰苦奋斗之路，而是依赖政府扶持和投入的道路；甚至有的认为，塘约道路的本质是资本主义的不归路，是土地私有化的“阴谋”。

究竟应该如何认识和评价“塘约道路”？这是非常值得深入研究探讨的问题，我们认为，对“塘约道路”既不应该轻视，更不应该否定，也不应该人为拔高，而应该实事求是肯定、鼓励、提倡、支持、完善。为了更好地帮助包括塘约村在内的广大农村至今还没有富起来的村庄探索致富和共富之路，本书根据《塘约道路》等大量论著的详细介绍和笔者的实地调查访问，特对以下几种不同的主要代表性观点作出评论，以求得正确的共识。

(1)塘约道路决不是资本主义的不归路。有的人认为，这种“塘约道路”下的集体所有制，并非真正的集体所有制，而只是以政府为主的资本主义私有制，是以剥削和压迫劳动者为基础，以雇佣劳动为前提，这种“集体”并非劳动者集体，而是资本家集体；在这里，集体所有的土地，变成了承包农民的私有“财产”，农民可以借此入股，获得利润分成收入，从而变成了新式“红色”资本家！所以“塘约道路”本质上是姓“私”、其本质是资本主义的。笔者觉得这种对塘约道路的武断评价是极不负责任、极不严谨科学的。的确，塘约村在走把家庭承包分散经营改变为集体统一经营、发展集体经济道路时，首先进行了“七权”确权登记颁证，把农地部分产权明确到了个人家庭并且参加收入分配，对原来的集体经济进行了股份合作制的改造，但是决不能由此断定塘约村把公有的集体所有制变成了资本主义私有制，不是在走社会主义的金光大道，而是走上了资本主义的不归路。因为，塘约村现在实行的与社会主义市场经济相适应的股份合作制，农地所有权并没有量化到个人，所有者都是本村的农民，都是劳动者，决不是什么新式“红色”资本家，虽然不是完全意义上集体所有制，但是决不是资本主义私有制，而是现阶段农村集体所有制的还有待发展完善的一种实现形式。究竟应该如何正确分析认识现在塘约村实行的股份合作制的性质、作用和问题，下面将具体展开说明。

(2)塘约道路也不是要走回头路。有一种观点认为，塘约道路就是人民公社道路，塘约村将承包地重新流转到村集体、由集体统一经营，实际上是取消了家庭承包经营制，从实践上证明了包产到户、分田单干的农村改革方向错了，不应该取消人民公社制度，现在应该退回去；与此同时，还有另外一种担心或者顾虑，害怕塘约村这样做，会否定近 40 年来中国农村改革的必要性和正确性；甚至有的认为，塘约道路是否定家庭承包经营责任制，要走回头路，实质上是反对近 40 年来的农村改革，是与改革背道而驰、逆潮流而动。如前所述，我们认为这三种看法都不准确，也不符合实际。塘约道路虽然是实行集体经营、发展集体经济的道路，与人民公社道路在本质上是一致的，但是塘约道路能够弥补人民公社道路的不足，所以不能简单地把塘约道路等同于人民公社道路，更不能认为“废除人民公社，实行家庭联产承包为主的责任制”的农村改革犯了方向性错误、现在应该退回去。因此，也不用担心害怕塘约道路会根本上否定近40年来中国农村改革的必要性和正确性，更不能指责塘约道路是要搞倒退、反对农村改革。我们现在既要看到近40年来中国农村改革取得的巨大成就，因而不能认为农村改革方向错了、“第一个飞跃”是不应该的；又必须承认“三农”问题突出，现在需要进一步深化改革、努力实现“第二个飞跃”。《塘约道路》介绍说，有人提出疑问：“把分下去的承包地重新集中起来，是不是走回头路啊?”左文学回答说：“我想过了，以前那叫改革，我们这叫深化改革。”改革和深化改革都是必要的、正确的。

(3)塘约道路更不是依赖政府扶持之路。还有人提出，塘约村是政府大量输血、精准扶贫的典型，不是自力更生走集体化道路的模板。从《塘约道路》的详细介绍到许多去塘约村考察的各界人士从多个方面的了解和我们当面对左文学的询问，都得知，塘约村并不是政府出钱扶植起来的所谓“先进典型”。塘约村是从自己痛定思痛、决心艰苦奋斗、抱团发展开始的，甚至在他们最需要得到启动资金支持时，并没有得到任何一方的资金援助，而是10个领导班子成员做好家属的工作以个人的名义向农村信用社贷款给集体用，作支付土地流转费用、购买农机、种子、化肥的启动资金，亏损了集体不负责，由个人承担，所以他们一开始就面临着偿还贷款的压力，不得不日夜拼命干。左文学讲到这个情况时颇为伤心，语音都有些哽咽了。受灾以后的3年来，塘约村的确得到了政府拨付的部分资金，但都没有超出应得的救灾款、扶贫款、所有农村都能得到各种支农资金、种粮补贴、新农村建设补助基金等的范围，并没有得到特殊照顾。左文学说，“我们得到的政策都是贵州省内的普惠政策，没有得到特殊政策”。

(4)塘约道路是在社会主义市场经济条件下把家庭承包分散经营改变为集体统一经营、发展集体经济的新路。

从《塘约道路》的详细介绍、各类媒体上的采访报道和笔者的实地调查访问了解到的实际情况来看，塘约村的确是重新组织起来了，改变了单家独户、单打独斗的困难局面，把村民的承包地流转到了村集体，把家庭个体经营改变成了村集体经营，按照市场经济运行的要求，实行民主决策、企业化管理，进行以农为主的多样化产业的生产经营，而且集体经济发展成效显著，真正是走上了把家庭承包分散经营改变为集体统一经营、发展集体经济的新路。实质上，塘约道路是要在新的历史条件下，适应生产社会化的程度大幅度提高、农业生产技术和机械化水平也大幅度提高、实行市场经济的条件下，探索中国社会主义新农村实行集体经营、发展集体经济、实现共同富裕的新途径。

(5)塘约道路具有普遍意义，是可复制可持续之路。也有人认为，塘约村是干得不错，但是这是在特定条件下、有一个能人带领的特例，不具有普遍意义，不可复制，难以持久。塘约村之所以能够走把家庭承包分散经营改变为集体统一经营、发展集体经济的道路，并且取得明显成效，的确是在大灾大难之后、人们走投无路、迫切需要抱团取暖的情况下，重新走上集体经营道路的，也的确是在左文学这样一个有眼光有能力的好领路人和好党支部(好领导班子)的坚强有力领导下，重新走上集体经营道路的，但是，不能因此断言塘约道路是不可复制、不可持续的。因为，全国大多数实行家庭个体经营的农户都还没有富起来，都迫切要求致富，而种田大户、家庭农场、资本下乡办农业企业等经营方式都只能使少数人富起来，如果塘约村走把家庭承包分散经营改变为集体统一经营、发展集体经济道路，使得全体村民真正走向共同富裕，榜样的力量将是无穷的，必将产生巨大的示范效应，将会有许多村庄仿效，现在许多省市农村干部、群众和学者成群结队去塘约参观考察，就是证明。而且我们坚信坚持社会主义方向的党和国家也一定会大力提倡和支持；任何地方都会有乐于奉献的能干人，关键是要有合理的制度安排、形成有效的激励监督约束机制，让这些乐于奉献的能干人能够走上领导岗位，而且不蜕化变质，即使是老的能人退休了，也会有新的能人接上来，现在加强党的建设、改善党的领导、反腐倡廉、建立健全农村民主监督制度等，就是为了能够做到这一点。当我们问到“塘约的红旗能打多久”时，左文学的回答是：“我有信心，关键在两个方面：一是培养一批一心为公、一心为民的干部，实现公平、公正、公开和廉洁自律；二是加大党内民主建设，扩大党外民主建设，加强村民自治，通过村民自治来规范村庄的生产生活。只要做到这两条，塘约村的发展道路完全可以复制、能够可持续。”

六、塘约村股份合作集体经营的面临的问题和完善的途径

塘约村走把家庭承包分散经营改变为集体统一经营、发展集体经济的新路，首先进行了股份制改造，把原来的集体所有家庭承包经营制改变成了股份合作集体经营制，这种新的制度究竟是不是真正的集体所有制、有什么合理性、存在什么问题、应该怎样发展完善呢？笔者的基本看法是：

1. “塘约村合作社”是“新型的社会主义合作社”

笔者认为，塘约村合作社不是某个大户、能人或者资本牵头办的农村专业合作社，而是集体办的综合性农村合作社，实际上实行的是不完全的股份合作制，其本质是在社会主义市场经济条件下农村集体所有制的具体实现形式，既不同于完全意义的股份合作制，也不同于成熟完善的集体所有制，其发展趋势应该是成熟完善的集体所有制。因为：

第一，完全的股份合作制应该是所有资产的所有权都必须量化到个人、家庭和入股的其他公私经济单位（公有企业、私营企业、集体所有经济体等）、实行由大股东掌控的股份经营，不是集体经营，利润完全按股分配，而塘约村合作社只是把承包地的经营权量化到个人或者家庭，作价入股，包括土地在内的所有资产的所有权依然是集体的即左文学所说的“全体村民所有”，实行集体经营，纯收入既按股分配，更要按全体村民人头分配，所以塘约村合作社实行的不是完全的股份合作制，只是带有部分股份合作制的因素而已。之所以要将承包地的经营权作价入股，是

因为家庭承包经营制已经实行了30多年，现在又还是市场经济，想要村民无偿将承包地交回到村集体很难办到，必须给予相应的补偿，作价入股、参与纯收入分配，就是一种更容易被接受而且简便易行的方式。

第二，成熟完善的集体所有制，应该是包括土地在内的全部资产都属于集体所有，也就是由所有集体成员平等地共同所有，所有权所包括的占有权、经营使用权、收益权、处置转让权在内的所有权利都不量化到个人和其他经济体，集体成员在集体内共同劳动，实行集体经营和单一的按劳分配，而塘约村合作社，一方面由于实行包括土地在内的资产集体所有制和集体经营，所以是一种与实行家庭承包经营制不同的新型集体所有制；另一方面又由于还实行承包地的经营权作价入股和部分经营性资产入股①，部分纯收入要按股分配，所以又是带有股份合作制色彩的不完全、不成熟的集体所有制。

第三，建成成熟完善的农村社会主义集体所有制是中国特色社会主义发展的方向，也是中国农业的"第二个飞跃"的目标，适应这个要求，塘约村现在正在实行的带有股份合作制色彩的集体所有集体经营制，还必须不断创新改进，逐步发展成为成熟完善的集体所有集体经营制。只有这样，才能最终消灭剥削、消除贫富两极分化、走向共同富裕。

2."塘约道路"是社会主义市场经济条件下实现中国农业"第二个飞跃"的有效途径

从以上分析可见，塘约村现在走的实行集体经营、发展集体经济的道路，既不同于实行家庭承包经营制的现行集体所有制，也不同于人民公社式的集体所有制，是农民更容易接受、更适应市场经济发展要求的新型农村集体所有制，既能够克服家庭承包经营制的不足，又能避免人民公社制度的缺陷，而且更有能力实行产业多样化经营和规模经营，克服小生产与大市场的矛盾、小规模分散的家庭个体经营与规模经营的矛盾、人多地少的矛盾，更有利于应对市场风险、经营风险、自然风险、家庭生

① 塘约村不提倡个人资金入股，左文学说，"现金入股它会拉大农村的贫困差距，他有钱占股多，分红就多""如果没有钱发展，我们去贷款"。

活风险，是现在实现邓小平提出的中国农业“第二个飞跃”的有效途径。

3.“塘约道路”可能面临的困难和问题及其应对途径

“塘约道路”毕竟只是走了 3 年多，股份合作集体经营的制度还不健全、不完善，还面临许多问题和困难，主要是以下四大问题：

(1)组织领导问题。实践证明，特别是先进村庄发展的成功经验表明，如果没有党的正确领导和一个廉洁能干的领导班子，中国农村的社会主义集体经济不可能得到持续稳定的发展。塘约村之所以能够走把家庭承包分散经营改变为集体统一经营、发展集体经济的新路，并且在 3 年时间内就取得明显成效，首先归功于以左文学为书记的有眼光、得力、能干的村两委领导班子，塘约村要在正确的道路上成功地走下去，首要问题还是长期保持有一个廉洁能干的领导班子，不仅要保持现有领导班子不蜕化变质，而且要在左文学为书记的领导班子退休以后，后继有人。为此，除了继续坚持和完善塘约村已经采取的一些有效措施之外，还必须进一步加强党的建设，改善党的领导，发挥党员的先锋模范带头作用，特别是要坚持完善和强化村民民主监督制度，既有效防止干部搞特权腐败、多吃多占、蜕化变质、官僚主义、瞎指挥，又能够及时有效地让德才兼备、廉洁奉公的能人走上领导岗位，从而保持领导班子廉洁能干。

(2)产业发展选择问题。“无农不稳、无工不富、无商不活”，农村经济要达到富裕繁荣并且持续稳定、农民要真正走向共同富裕，特别是在人多地少的中国，仅靠农业的发展哪怕是实现了农业现代化，也是远远不够的，必须发展非农产业，而且由于科学技术的不断进步，发展任何产业都不可能是一劳永逸、一成不变的，特别是在市场供求不断变化、存在激烈市场竞争的市场经济条件下，更是存在经营失败的风险，因此塘约村要想持续稳定有效地发展集体经济，面临的一个关键问题是，必须小心谨慎、坚忍不拔地因地制宜、合理选择发展产业，不断调整优化产业结构。

(3)制度完善问题。由于塘约村现在实行的是带有股份合作制色彩的集体所有集体经营制，还不健全完善，需要不断创新改进，逐步发展成为成熟完善的集体所有集体经营制。具体而言，还有以下几个制度方面的主要问题必须逐步合理妥善解决：

一是雇工经营问题。塘约村搞多种产业特别是非农产业经营，如果发展壮大了必然也会像华西村、南街村、官桥村等先进农村主办的企业那样，由于本村劳动力不够，不得不雇佣外地民工，按照马克思主义政治经济学的基本原理，这些雇佣外地民工的村集体主办的企业的纯收入中，必然多少也会有外地民工创造的价值，也就是多少会有剥削的存在。在社会主义初级阶段、包括私有制以及混合所有制在内的多种所有制并存和市场经济条件下，还不可能实行纯粹单一的公有制，存在剥削的情况难以避免，而且应该适当允许合法存在，为了坚持公有制经济的基本原则，可能的做法应该是尽可能给予外地民工更合理优厚的报酬和待遇，除了得到必要劳动创造的价值以外，提高他们的待遇，也能在一定程度上分享剩余劳动创造的价值，尽量减轻其受剥削的程度。需要指出的是，不能因为这些主要实行集体所有、集体经营的村庄还存在雇工经营，就全盘否定这些村庄经济所具有的社会主义性质，认为这些村庄的经济是“集体资本主义经济”。

二是“入社自愿、退社自由”问题。塘约村合作社现在实行的“入社自愿、退社自由”的原则，在条件成熟之后需要修改完善。“入社自愿”应该没有多大问题，走把家庭承包分散经营改变为集体统一经营、发展集体经济的新路，必须尊重农民的意愿和选择，不能强迫命令，但是也不能任何人想入社就能入社，特别是合作社壮大起来以后，想入社的人会越来越多，更不能想入就入，只能主要是本村村民和对本村集体经济发展有重大贡献的人、外村愿意以全村及其村民的全部资产加入而又有利于本村集体经济发展者，因此应该修改完善相关章程规定。问题比较大的是“退社自由”，如果想退就退，就能够随时抽走自己原来的承包地，就可能严重损害村集体的利益，因为村里的全部土地都由集体统一进行了规划、修整、安排、使用，所以我们建议塘约村深入调查研究，修改完善“退社自由”这条原则。可以考虑规定退出不能抽走自己原来的承包地，但是给予合理的经济补偿。因为,抽走自己原来的承包地会严重损害全体村民的利益,而且土地的所有权是集体的,并不是承包者私人的;如果完全不补偿,也不公平合理。也可以考虑让退出者抽走与他原来的承包地同等数量的土地,而地理位置由村集体决定,这样既能基本满足退出者的愿意,又能减少村集体的损失。

三是承包地经营权入股分红问题。由于塘约村现在实行承包地的经营权作价入股,部分纯收入要按股分配,还是带有股份合作制色彩的不完全、不成熟的集体所有制,所以要健全完善集体所有集体经营制度,还必须创造条件,逐步消除这种股份合作制的色彩。否则,不仅集体所有制无法健全完善,而且会产生许多难以解决的问题,包括:现在"确权"是给农户户主的,如果老人去世的话,股权由其子女继承,但是没有儿女怎么办,有女儿出嫁到村外又怎么办,农户家增人了怎么办,减人了又怎么办,是否要增减农户承包地的经营权作价入股的数量,而且无论增减都存在不公平不合理的问题,都会出现类似实行家庭承包经营制时存在的"集体所有制的性质决定增人要增地、减人要减地与农业稳定有效经营要求承包地长期不变"的自身无法解决的矛盾,承包地经营权入股分红表明还不可能做到统一的按劳分配,可能造成不合理的收入差距,等等,这些问题也只有消除承包地经营权入股分红,才可能迎刃而解、从根本上解决。怎样合理逐步消除承包地经营权入股分红呢?可以在集体经济做强做优做大以后,村民都不愿意离开集体了,采取老户主去世一个就取消一户的承包地经营权入股分红,所有老户主都去世了,所有的承包地经营权入股分红就都取消了。主要还可以在收入分配上做文章,逐步降低入股分红的比重。当然,这都是长期才能做到的。

四是收入分配问题。塘约村实行的是按劳分配和按其他要素所有权分配相结合的方式,注意了在收入分配上防止拉大贫富差距,但"334"的比例分配是每年利润的40%分给股东、按股权分配占大头,还不是完全意义上的社会主义公有制的分配方式,所以需要在不严重影响各方面积极性的前提下,采用逐步扩大按劳分配的比重、不断缩小按股分红比重的方式，完善分配方式，直至完全取消按其他要素所有权分配的方式，这样也就更容易消除承包地经营权入股分红、健全完善集体所有制。同样，这也是短期内不可能做到的，需要经过一个比较长的发展过程。

(4)国家的提倡鼓励支持扶植问题。由于农村由家庭承包经营制转向集体经营制是中国新的历史条件下实行邓小平提出的“第二个飞跃”、更好地发展集体经济的新的路径，作为坚持社会主义方向的国家的相关机构不能视而不见、不闻不问、听之任之，更不能只是重视支持资助各种非集体经营方式，应该提倡鼓励支持扶植走把家庭承包分散经营改变为集体统一经营、发展集体经济的新路，帮助总结经验教训，提出指导性意见，合理有序推广。中国已经进入工业反哺农业、城市支援农村的阶段，农业和农村的发展需要得到国家更多的支持，实际上国家现在每年在扶贫、支农、惠农上的资金投入数额巨大，据报道，2016 年中央财政投放到农村的预算资金 17000 亿，加上地方配套资金，可能近 30000 亿[①]，我们认为这是应该的，而且需要不断增加，但是好钢要用在刀刃上，如其锦上添花、主要用于支持种田大户、家庭农场、资本下乡办的农业企业，不如雪中送炭、重点用于帮助贫困地区和不太富裕地区农村重走集体经营道路。这些资金应该更多用于支持农村把家庭承包分散经营改变为集体统一经营，特别是在最需要帮助的启动资金方面给予及时的支援。这不仅是“雪中送炭”，而且能够起到“四两拨千斤”的作用，因为，这样更有利于发展农村集体经济、持久稳定脱贫、真正使全体农民走向共同富裕。

① 刘学文:《深化农村改革要守住“两条底线”——对话中央党校教授、博士生导师徐祥临》，载《贵州民族报》，2017 年 7 月 28 日。

疑难问题 20

共产主义是远大理想还是空想？

澄清、批驳对共产主义的“怀疑论”“否定论”，分析“共产主义空想论”的理论依据和实践依据的谬误，结合新时代新情况、新变化、新特点、新条件、新趋势进一步论证共产主义的科学性、必然性、可能性，指出共产主义不是永远不能实现的空想，而是未来能够实现的远大的美好理想和中国特色社会主义发展的远景。

2016年7月1日习近平同志《在庆祝中国共产党成立95周年大会上的讲话》中指出，“革命理想高于天。中国共产党之所以叫共产党，就是因为从成立之日起我们党就把共产主义确立为远大理想”，强调“坚持不忘初心”“理想之光不灭，信念之光不灭”，实现共产主义理想就是共产党的“初心”的集中体现。中共十九大报告也指出，“中国共产党一经成立，就把实现共产主义作为党的最高理想和最终目标”。中国共产党第十八届中央委员会第六次全体会议公报还提出：“共产主义远大理想和中国特色社会主义共同理想，是中国共产党人的精神支柱和政治灵魂，也是保持党的团结统一的思想基础。必须把坚定理想信念作为开展党内政治生活的首要任务。全党同志必须把对马克思主义的信仰、对社会主义和共产主义的信仰作为毕生追求，坚定对中国特色社会主义的道路自信、理论自信、制度自信、文化自信。”但是，改革开放以来，信仰共产主义的人好像越来越少了，似乎越来越多的人都认为共产主义遥远渺茫、难以实现，甚至连“共产主义”这个词似乎都被人们遗忘了。[①] 为什么会出现这种状况呢？主要是由于社会主义建设（特别是公有制和传统计划经济体制）的实践在全世界遭受严重挫折、认为共产主义是永远不可能实现的空想的“怀疑论”“否定论”，不仅没有消除，甚至更有市场。2015年还有学者出版专著，认为在改革开放中“中国共产党果断放弃消灭私有制”和“消灭市场”这两个“经典共产主义思想的核心目标”。[②] 这种状况对于中国坚持社会主义方向、坚定共产主义的信念是极为不利的，必须从理论上予以澄清和说明。

邓小平明确指出，“马克思主义的另一个名词就是共产主义。我们多年奋斗就是为了共产主义，我们的信念理想就是要搞共产主义。”[③]习

① 陈先达：《做坚定的马克思主义理论工作者》，载《光明日报》，2016年7月2日。

② 向松祚：《新资本论：全球金融资本主义的兴起、危机和救赎》，北京：中信出版社，2015年，第573、574页。

③ 邓小平：《邓小平文选》第三卷，北京：人民出版社，1993年，第137页。

近平还指出,“理论上不彻底,就难以服人”,[1]并且强调“敢于发声亮剑,善于解疑释惑”[2]。共产主义是马克思主义研究人类社会发展特别是资本主义生产方式矛盾运动的客观规律得出的最重要的基本结论,如果把共产主义的理想给否定了,也就从总体上把建立在劳动价值论和剩余价值论基础上的整个马克思主义政治经济学否定了。要真正坚持、创新、发展马克思主义特别是马克思主义政治经济学,必须结合世界新时代的新变化、新情况、新特点、新条件,进一步论证共产主义的必然性、可能性和科学性,有针对性地批驳“怀疑论”“否定论”。否则,不仅共产主义,甚至整个马克思主义都难以令人信服。

一、最美好的理想与怀疑否定论

什么是共产主义?共产主义首先是一种人类社会制度,共产主义社会则是实行共产主义制度的社会;共产主义也是一种理论,就是关于共产主义内涵、外延、特征、必然性、可能性、发展过程和阶段、实现条件和途径的理论;由于共产主义制度是一种迄今为止还没有出现的美好的制度设想,所以共产主义又是一种理想;由于人们认为共产主义是人类最美好的理想而且坚信其一定能够实现,因此共产主义还是一种信仰;还由于无产阶级为了解放自己和全人类,发动了为实现共产主义的社会革命运动,即国际共产主义运动,所以马克思、恩格斯还指出,“我们所称为共产主义的是那种消灭现存状况的现实的运动”。[3]

共产主义的内涵和外延,从马克思到邓小平的马克思主义经典作家已经有许多论述,归纳起来说主要是:生产力高度发达繁荣,产品极大丰富,实行社会所有制(公有制)、计划经济、各尽所能、按需分配,消除旧式

---

① 习近平:《在庆祝中国共产党成立 95 周年大会上的讲话》,载《人民日报》,2016 年 7 月 2 日。

② 习近平:《在全国党校工作会议上的讲话》,载《求是》,2016 年第 9 期。

③ 《马克思恩格斯选集》第一卷,北京:人民出版社,1995 年,第 87 页。

社会分工，完全消除工农、城乡和体力劳动与脑力劳动等“三大差别”，消灭阶级、剥削、压迫，消除贫富两极分化和不平等，实现共同富裕、人的自由全面发展、社会和谐。[①] 由此可见，共产主义是人类最美好的理想，共产主义社会是人类最美好的社会，这应该是谁也不能否认的！因为迄今为止的人类社会形态还没有哪一种具有上述特征和优越性，但是许多人对共产主义这个最美好的理想能否实现是持怀疑态度的。

“怀疑论”“否定论”认为共产主义是不可能实现的空想，其主要理论依据是：第一，共产主义要实行按需分配、实现共同富裕，但是资源的稀缺性、人的欲望无止境、经济增长的有限性决定按需分配、共同富裕不可能实现，所以按需分配和共同富裕是空想；第二，共产主义要实行计划经济，不是市场经济，但是信息局限性、利益局限性和发展的不确定性决定计划经济必然无效，只有市场经济才能优化资源配置，所以计划经济是空想；第三，共产主义要实行单一公有制，但是公有制违背人的自私利己本性，必然造成无人负责、懒惰成风和低效浪费，即使人为强制实行也不可能持久，只有私有制才能带来高效率，才是永恒的，所以公有制是空想。因此，共产主义设想虽然美好，却是遥远渺茫、永远不可能实现的空想。“怀疑论”“否定论”的主要实践依据则是：以往社会主义公有制和传统计划经济的实践遭受严重挫折、效果不理想。

马克思主义政治经济学虽然科学地论证了共产主义的必然性，但是在当代对共产主义的“怀疑论”“否定论”具有相当大市场的情况下，非常有必要结合世界新时代的新情况、新变化、新条件、新特点，进一步说明共产主义的必然性和可能性，真正让人们从道理上信服共产主义的前景。笔者认为，共产主义是远大理想而不是永远不能实现的空想。除了马克思主义政治经济学的基本原理之外，新的依据何在呢？人类社会发

---

① 在相当长的时间内，人们用“社会主义＝公有制＋计划经济＋按劳分配、共产主义＝公有制＋计划经济＋按需分配”这两个公式来简单概括社会主义、共产主义的基本经济特征，现在看来是不全面、不准确的。但是，改革开放以来，不少人认为计划经济无效，不应该是社会主义和共产主义的基本经济特征，这种观点可能不符合马克思主义政治经济学的基本原理，也值得商榷。

展新时代出现的新情况、新变化、新条件、新特点就是新的依据。

二、关于第三次、第四次工业革命和共享经济新著的启示

当今世界处于什么样的新时代，出现了哪些新情况、新变化、新条件、新特点呢？美国著名社会思想家杰里夫·里夫金2011年出版的畅销书《第三次工业革命—新经济模式如何改变世界》（以下简称《第三次工业革命》）、美国著名企业家罗宾·蔡斯2015年出版的《共享经济——重构未来商业新模式》（以下简称《共享经济》）、世界经济论坛创始人兼执行主席克劳斯·施瓦布2016年出版的《第四次工业革命》等著作，均进行了极有参考价值的比较系统的论述，对于我们进一步认识共产主义理想实现的可能性富有启发性。笔者认为，从世界经济制度和发展模式变动的新趋势来看，《第三次工业革命》《共享经济》和《第四次工业革命》的启示主要有：

1. 人类社会进入互联网与可再生能源融合的新时代

《第三次工业革命》指出，"互联网技术与可再生能源即将融合，并为第三次工业革命奠定一个坚实的基础""可再生能源的转变、分散式生产、储存（以氢的形式）、通过能源互联网实现分配和零排放的交通方式构成了新经济模式的五个支柱""第三次工业革命是大工业革命的最后篇章，它将为即将到来的合作世纪打下坚实的基础""即将到来的互联网技术与可再生能源的结合而释放的合作性权力将从根本上重构人类的关系"。[①]

2. 网络时代是合作时代、网络时代的经济是合作经济

《第三次工业革命》提出，"由市场到网络的转向带来了一个截然不同的商业模式。销售者和购买者之间的敌对关系被供应者和使用者之间的合作关系所取代，利己主义被利益共享所取代，相比公开性和整体

① ［美］杰里夫·里夫金：《第三次工业革命——新经济模式如何改变世界》，北京：中信出版社，2012年，第ⅩⅣ、ⅩⅩⅢ页。

信任，狭隘的信息私有化黯然失色”“现在，数千万的年轻人正在积极地加入互联网上分散、合作性的社交网络之中，乐于用自己的时间和才智（大部分是不索取如任何报酬）来为他人谋利益。他们这么做的原因何在呢？仅仅是为了享受与志同道合者共同致力于促进生活进步、推动社会发展、大幅提高生活水平的乐趣”。①

3. 私有制的重要性正在逐渐降低

《第三次工业革命》认为，“随着市场经济为代表的现代工业社会的到来，共有的财产观被抛诸脑后，取而代之的是私有财产观”“在分散、合作型的经济中，进入全球社交网络的权力同在国家市场上拥有私人财产的权利变得同等重要”“这样，互联网的接入权利就成为新兴的、相互连接的世界中一个强有力的新型财产观”“这一变化也反映出与全球化相互依赖相关的私有制的重要性正在逐渐降低”“新型经济模式分散、合作的本质使人们不得不对与市场经济共生的私有财产的概念重新进行定义”。②

4. 社会性、集体性和市场交换被取代的趋向挑战经典经济学

《第三次工业革命》专章论述“渐渐远去的亚当·斯密”，指出“随着18世纪末市场经济时代的萌芽和第一从工业革命的兴起，经济学这一全新的学科出现在人们面前”，但是第三次工业革命使得作为经济学之父的亚当·斯密的经典经济学面临挑战。“无论从哪个方面而言，我们对人性、人生意义及支配经济活动的原则的理解与过去200年中的看法截然不同。伴随着前两次工业革命而生并取得合法地位的古典经济学和新古典经济学的相当一部分内容肯定不适用于新兴的经济模式”“全球网络的接入成了同19世纪和20世纪私有财产权同等重要的概念”“伴随互联网成长起来的新一代人习惯于对创造力、知识、专业技能，甚

① [美]杰里夫·里夫金：《第三次工业革命——新经济模式如何改变世界》，北京：中信出版社，2012年，第118、224页。

② [美]杰里夫·里夫金：《第三次工业革命——新经济模式如何改变世界》，北京：中信出版社，2012年，第225、224页。

至产品和服务的开放性共享，以促进社会总体财富的增长，这种观点被经典经济学家嗤之以鼻。经典经济学家认为这种共享是与人性相违背的，注定会失败。在他们眼中，人生来就是利己的、竞争的、贪婪的，会利用他人的善意为自己谋利，或躺在他人的劳动成果上不劳而获，或者独享自己的成果，获得更多的收益。经典经济学家的这些担忧看起来有杞人忧天之嫌”“维基百科和脸谱网这样的网络社交空间对经典经济学人性自私、逐利的基本假设提出了严重挑战。第三次工业革命的通信模式和新能源带来了一个截然不同的对人性驱动的解释——对社会性的需要和集体性的寻求”“生产可交换的财富这一资本主义的基石在交换成本日渐低廉、最终可能免费的智能经济中逐渐变得无利可图。这一进程正处于发展之中，随着第三次工业革命基础设施的成熟在未来的数十年中速度会不断加快。随之而来的是，市场中财富的交换将会让位于合作性网络之中关系的获得，商品的生产将会被即时产品的生产和服务的提供所取代”“共享与所有权之间的关系就像 ipod 与磁带、太阳能电池与煤的关系一样。共享是清洁的、新奇的、城市化的、后现代化的，而私有则是萧条的、自私的、胆怯的、落后的”。[1]

5. 人人共享正在推动工业化社会转型为共享经济社会

《共享经济》明确指出“在过去的两个世纪里，工业经济只会使某类资本家受益”，提出了“对我们这一代成为协作的一代，构建一种共享经济的期待，而这种经济将不会再使得雇主和员工对立，也不会使生产者和消费者对立。取而代之的是，我们分享一切能分享的事物，因为这是未来唯一可走之路”“如今，依靠燃烧化石燃料、以消费为基础的工业经济即将终结，而依靠分享、开放和连接而发展起来的共享经济则会逐渐繁荣”“人人共享组织替代资本主义方式”“在当今这个资源稀缺的世界里，人人共享组织可以创造出富足”“分享资源会带来最高效率；分享知识会带来最伟大的创新”“人人共享正使我们的经济发生翻天覆地的变

① [美]杰里夫·里夫金：《第三次工业革命——新经济模式如何改变世界》，北京：中信出版社，2012 年，第 201、238、224、229 页。

化，为不断消失的工作岗位、不断加大的贫富差距以及日益严重的资源稀缺问题给出自己的答案”。①

6. 第四次工业革命颠覆现有的政治、经济和社会模式

《第四次工业革命》认为，刚刚开始的第四次工业革命，主要以数字化、信息化、智能化、自动化、无人化、高速化、规模化、协同整合化、低成本化、共享经济为标志，给人类社会带来机遇和挑战，一方面“有助于实现产品生产的彻底定制化，并催生新的运营模式”，能使消费者受益、实现低成本共享，另一方面又可能加剧不平等。克劳斯·施瓦布先生写道：“第四次工业革命的最大受益者是智力和实物资本提供者——创新者、投资人、股东，这正是工薪阶层与资本拥有者贫富差距日益悬殊的原因”“不平等现象加剧以及人们对不公正的日益担忧是个巨大的挑战”“第四次工业革命颠覆现有的政治、经济和社会模式”②。将要被第四次工业革命颠覆的占主导地位的“现有的政治、经济和社会模式”，毫无疑问应该是以票决民主制、私有化、市场化、贫富高低悬殊为主要内容的西方国家的模式。人类社会应该怎样迎战第四次工业革命？克劳斯·施瓦布先生提出，“让我们共同塑造一个为所有人共享的未来，它以人为本，赋权于民。我们还要不断提醒自己，所有这些新技术都是由人类创造、为人类服务的。让我们共同担起责任，建设一个更美好的未来，使创新与技术均以人类以及服务公共利益为中心，并确保我们能够好好利用它们，建设一个更加可持续发展的世界”“使我们超越小我”③。

这一部分之所以只是大段直接引述《第三次工业革命》《共享经济》和《第四次工业革命》的相关论述，是因为这三本书已经说得相当清楚，而且是在分析了大量实际情况的基础上得出的看法，不需要再作更多的解释。笔者认为，《第三次工业革命》《共享经济》和《第四次工业革命》比

① [美]罗宾·蔡斯：《共享经济——重构未来商业新模式》，杭州：浙江人民出版社，2015年，第254、255、2、3页。

② [德]克劳斯·施瓦布：《第四次工业革命》，北京：中信出版社，2016年，第5、10、31页。

③ [德]克劳斯·施瓦布：《第四次工业革命》，北京：中信出版社，2016年，第118页。

法国著名经济学家托马斯·皮凯蒂2013年出版的《21世纪资本论》更值得一读，因为后者只是进一步证明了西方国家不平等的加剧，并没有深挖其产生的制度根源，提出的也只是几项改良的政策措施，不可能根本解决问题。笔者相信，凡是阅读了上述三部新著的马克思主义研究者，都会更加坚定共产主义的理想信念、增强实现共产主义的信心。

虽然也有学者对“共享经济”提出了质疑，认为“共享经济”只是一种“商业模式”“许多共享经济的公司并没有让个人解脱以主宰自己的生活，而是正在为他们的投资者和高管赚大钱，为他们的软件工程师和营销人员创造良好的就业机会”“在共享经济中实际工作的人只能选择风险更大、更加朝不保夕的低薪岗位”“他们标榜科技和共享，而实际上却利用大众的共享愿景为自己圈钱，充实同样作为资本家的自己的腰包”“共享经济正在利用这些理念来创造巨额的个人财富，削弱真正的社区，鼓励更有特权的消费形式，它创造了一个比以往任何时候都更加动荡、更加不平等的未来”“市场、共享和社会公益是合不到一起的”“共享经济的慷慨本能会被货币刺激所粉碎”。[①] 的确在私有制和市场经济条件下，新技术有可能成为个人发财致富甚至加强剥削的手段，但是不能因此而否定新技术更是推动生产力发展、促进人类美好愿景——共享共富实现的工具，而且说明私有制和市场经济从长远来看不利于实现共享共富。

三、共产主义是可能实现的理想不是空想

有人认为有理想比没理想好，即使是不能实现的理想，有个理论像宗教一样也可以激励人、鼓舞人、约束人，其实不见得，甚至可能更糟糕。因为一旦人们发现这是不可能实现的空想、只是精神上的“鸦片”，就会失望，甚至愤怒，认为这是欺骗，因而适得其反，失去信任。

理想是人们向往追求或者希望达到的、有科学依据、符合社会发展

① [加]汤姆·斯利：《共享经济没有告诉你的事》，南昌：江西人民出版社，2017年，第6、5、208、11、10页。

客观规律的目标，是推动人们努力奋斗、社会不断发展进步的强大动力。空想则是人们追求的不符合实际、违背客观规律、缺乏实现条件、不可能达到的目标，虽然也可能有人为之努力奋斗，其结果只能是浪费人力和自然资源。

如果说共产主义是人类社会发展的必然趋势，以前主要是马克思主义政治经济学运用辩证唯物主义和历史唯物主义的方法、科学分析资本主义生产方式的矛盾运动、在理论上得出的符合人类社会发展客观规律的结论，表明共产主义是有科学理论依据的理想，那么从《第三次工业革命》《共享经济》《第四次工业革命》和其他近几年发表的最新相关论著揭示的当今世界发展中出现的种种新情况、新变化、新条件、新特点，则进一步在实际上表明共产主义将来有实现的可能，并不是永远实现不了的空想。

1. 私有制并不“高效永恒”，公有制才是是所有制演进的大趋势

改革开放以来国内外流行着一种“私有产权神话”，认为资产越是少数个别人私有，所有权与经营权越是合一，产权就越明晰、效率就越高，“私有化是世界潮流”。但是，世界上每天都有成千上万家私有制企业破产倒闭，表明私有制并不必然“高效永恒”。而且，市场经济中的企业制度由个人业主制→合伙制→股份制的演进趋势表明，单个企业的经营规模越来越大，所有者越来越多，产权越来越分散到更多的人，不是越来越集中到少数个人，所有权与经营权也不是越来越集中而是越来越分离。这种情况说明，并不是“个体户”的产权最明晰、制度最优越、效率最高、最适合现代经济的要求，企业的所有者不是朝着越来越少的方向变化，而是向着越来越多的方向演进，企业的所有制不是朝着少数人私有的方向变化，而是向着多数人共同所有、越来越具有公有制特征的方向演进。大规模经营、所有者众多、实行两权分离就是公有制企业的特征。这种变化趋势是否表明私有化不是世界潮流、公有化才是大趋势呢？的确发人深思![1] 社会所有制或者公有制似乎才是所有制演进的大趋势。

现代知识经济、信息网络经济、合作经济、共享经济发展的实践也表明,知识、人力的作用越来越超过物质资本的作用,知识、信息、网络具有共享的特征。知识是人类通过长期实践和研究积累的结果,虽然会有少数个别人发挥特别重要的甚至关键的作用,知识产权保护也是必要的,但总的来看,知识毕竟还是人类共同智慧的结晶,总体上应该是有合理差别的共创、共有、共享,过度的知识产权保护会导致“赢家通吃”“输家输光”,也是不合理、不公平的。现代经济中知识、信息、网络越来越共享,垄断独占越来越困难,“私有制的重要性正在逐渐降低”,[2]似乎也支持所有制演进的大趋势是公有制而不是私有制。

在人类社会发展不同的历史阶段,不同的私有制在其兴起和发展的时期,都曾经促进了社会经济的发展,无论是奴隶社会早期和中期的奴隶主私有制,还是封建社会早期和中期的地主私有制,特别是资本主义社会的资本家私有制,都曾经带来生产力的新发展,有时甚至是巨大的发展,但是在这些社会的后期或晚期,私有制无不成为生产力进一步发展的桎梏,严重阻碍社会经济的发展,原有的私有制无不逐步被新的私有制取而代之。按照马克思主义的研究,资本主义私有制最终将会被社会所有制即公有制取代。现在看来,马克思主义政治经济学关于所有制和人类社会经济制度演进的大趋势的基本原理仍然具有科学性,并没有过时,以公有制为基础的社会主义和共产主义仍然是人类社会长远的发展方向。虽然私有制在包括中国在内的全世界,在相当长的历史时期内,还拥有存在的合理性、还有生命力、也具有不能完全替代的作用,但私有制必然存在的剥削、不公平、贫富两极分化、与社会化大生产矛盾等自身无法克服的根本性缺陷决定,私有制不会是永恒的,不可能是人类

① 简新华、余江:《市场经济只能建立在私有制基础上吗?——兼评公有制与市场经济不相容论》,载《经济研究》,2016年第12期。

② [美]杰里夫·里夫金:《第三次工业革命——新经济模式如何改变世界》,北京:中信出版社,2012年,第225、224页。

社会的终极所有制形式，最终还是会走向消亡，被本质上能够消灭剥削、实现共同富裕和社会公平、更好适应社会化大生产要求的、新的更先进、成熟、完善和优越的社会所有制或公有制逐步取而代之。不能因为私有制已经存在了几千年、现在世界上绝大多数国家实行的都是私有制、传统计划经济中的公有制经济发展也不理想、以前实行公有制的大多数社会主义国家也都私有化了，中国在相当长的历史时期内在毫不动摇发展公有制经济的同时还要毫不动摇发展私有制经济，现行的公有制也存在许多缺陷和问题、还不成熟、不完善，就认为只有私有制才能实现资源的合理配置和高效利用、是唯一具有优越性的所有制形式，而公有制毫无优越性、已经失去了存在的理由，甚至本来就完全不应该搞，现在都应该私有化。[①]

有学者振振有词地说，私有制带来了发达资本主义国家经济的发达繁荣，公有制却没有带来任何一个国家的发达繁荣！的确，迄今为止还没有一个主要实行公有制的国家实现了发达繁荣，但是私有制已经实行了几千年，才在近百年的时间内带来了世界上少数国家的发达繁荣，而且对许多别的国家的侵略掠夺也是这些国家实现发达繁荣的重要因素，这些国家在走向发达繁荣的过程中还给人类社会造成了包括两次世界大战在内的巨大灾难！从 1917 年俄国十月革命算起，近现代的公有制还只有一百年的时间，相对已经存在数千年的私有制，还是一个初生的婴儿，还很不成熟、很不完善，怎么就能断言逐步走向成熟和完善的公有制永远不可能给实行公有制的国家带来发达繁荣呢！

社会所有制或者公有制正是共产主义的所有制基础，是消灭阶级、剥削、压迫，消除贫富两极分化和不平等，实现共同富裕的必要条件。私有制永远不可能消灭阶级、剥削、压迫，消除贫富两极分化和不平等，实现共同富裕。既然社会所有制或者公有制是所有制演进的大趋势，消灭阶级、剥削、压迫，消除贫富两极分化和不平等，实现共同富裕的共产主

① 简新华：《中国农地制度和经营方式创新研究——兼评中国土地私有化》，载《政治经济学评论》，2013 年第 1 期。

义的要求就有了实现的可能。

实践还证明，实行公有制，让劳动者成为生产资料的主人，以致消灭阶级、剥削、压迫，消除贫富两极分化和不平等，实现共同富裕，不仅不会造成无人负责、懒惰成风和低效浪费，甚至能够极大地调动广大劳动者的积极性、主动性、创造性，如果实现了人的自由全面发展，将会更是如此。虽然在公有制经济的分配存在平均主义倾向的情况下，会挫伤劳动者的积极性，但这不是公有制必然出现的现象，而是分配制度有缺陷造成的，通过建立合理的激励约束机制、完善分配制度，平均主义的缺陷是能够克服的。在共产主义社会，公平和效率是可以兼得的。相反，私有制企业中的雇佣劳动者从根本上来说是缺乏劳动积极性的，之所以还要拼命为私人老板干活，主要是在“饥饿鞭子”的驱使下不得不干的。私有制虽然能够产生一定效率，但是永远存在剥削、永远不可能实现社会公平和共同富裕。而且，世界上实行私有制的国家和地区有近200个，也只有少数西方国家成为发达国家，表明私有制并不必然是高效率；中国一批国有企业和农村集体经济单位经过改革、完善经营管理制度，持续高效发展，证明公有制并不一定是低效率。

2. 计划经济可能由理论变成现实，市场经济并不“万能万岁”

从马克思的《资本论》到恩格斯的《反杜林论》等经典著作的论述中可见，计划经济即国民经济自觉地有计划按比例协调发展是共产主义经济运行的基本特征和方式，是生产社会化和公有制发展的必然趋势，也是马克思主义政治经济学的基本原理之一，但是在传统计划经济体制的低效和被改革后，国内外还流行着一种计划经济空想论和市场经济“万能万岁”论，这也是共产主义“怀疑论”“否定论”的重要依据，实践证明这种观点也是“神话”。

社会化生产是实行高度分工专业化协作的生产、是要满足全社会需要的生产，如果由社会直接占有全部生产资料，事先根据社会需要在全社会范围内有计划按比例配置生产资料和劳动力，组织安排生产活动，就能减少甚至消除生产过剩、积压、闲置、浪费和短缺不足，更有效地利用生产要素，更好地满足社会需要。有效运行的计划经济将不会是资本主义市场经济那样的“过剩经济”，也不会是传统计划经济那样的“短缺经济”，而是供求基本平衡协调的经济。从理论上来说，计划经济的设想应该是社会经济运行最理想的状态。

理论设想这么美好，为什么在实践上却不太成功呢？为什么计划经济的理论设想与实际效果存在明显的不一致，使得社会主义国家都不得不进行经济市场化改革、由传统计划经济体制转向市场经济体制呢？这主要是由于迄今为止的计划经济存在信息局限性和利益局限性，现阶段还不具备计划经济有效运行的必要条件。计划经济的有效运行实际上存在两个隐含的前提条件：一是计划的制定者和执行者必须真正从实际出发，不能从主观意愿包括良好的愿望出发，这就需要及时、对称地掌握完全、充分、准确的信息；二是计划的制定者和执行者必须“出以公心”、从全社会的需要和总体利益出发，不能只考虑个人、家庭和所在团体的需要和利益。但是迄今为止的计划经济实际上存在信息局限性（即计划制定和实施者很难全面、充分、准确、及时收集、整理、对称掌握信息）和利益局限性（即计划制定和实施者很难做到只从全社会的需要和总体利益出发）。信息局限性和利益局限性的存在，而且迄今为止这两个局限性很难克服，容易引起计划决策失误，使得计划往往不符合实际、具有片面性，计划赶不上变化，难以具有科学性、准确性和有效性，造成产需脱节、供销脱节、积压与短缺并存，导致经济增长大起大落、资源配置不当、经济效益低下、不能有效地满足社会需求。实事求是地说，马克思、恩格斯在提出计划经济设想的时候，没有也不可能看到和探讨这两个局限性，更没有找到克服这两个局限性的途径，他们提出的计划经济的设想是需要完善的。这也是社会主义国家传统计划经济体制不太成功而普遍实行经济市场化改革的重要原因。[1]

那么，计划经济的信息局限性和利益局限性是否永远都无法克服、

① 简新华、余江：《市场经济只能建立在私有制基础上吗？——兼评公有制与市场经济不相容论》，载《经济研究》，2016 年第 12 期。

计划经济是否只是一种美好的空想、是否不可能有效呢？新时代的新情况、新变化、新条件、新特点表明，并非如此，计划经济甚至最终还可能取代市场经济。

网络技术、大数据、云计算、机器人、网络化、数字化、信息化、智能化、无人化等使得信息收集处理能力大幅度提高，订单生产、按需生产、以需定产、即时生产、个性化生产、定制化生产、3D打印、物联网、网上贸易的出现，有可能或者在相当程度上克服不确定性和信息局限性（脱离实际、计划赶不上变化），使得计划经济在技术上有了可能性。有学者指出："通过分析数据，可以预测需求、预测制造、解决和避免不可见性问题的风险"。[①]

与此同时，随着物质财富越来越丰裕，教育水平的不断提高，人工智能、机器人和无人化将给人们带来越来越多的可以自由支配的闲暇时间，人将越来越能自由全面地发展，工农、城乡、地区、体脑差别的不断缩小，民主监督制度越来越完善，思想境界和道德价值观的提高（越来越超越自私、狭隘、短视、片面的心胸和眼界），也在经济、制度、人的素质和观念上为克服利益局限性（防止片面性、特权、不公平）创造了条件，也使得计划经济有了可能性。这种科学技术和生产经营方式的新情况、新特点、新变化及其可能带来的新趋势，我国著名企业家马云、刘强东都敏锐地察觉到了。

既然信息局限性和利益局限性都有可能或者在相当程度上能够克服，计划经济就不是空想，就能够由理论变成现实，具有实现有效运行的可能，就能提高计划经济的科学性、准确性和有效性，将来就会是比市场经济更为有效的社会经济运行方式。

的确，市场经济通过灵敏的价格信号、追求自身利益最大化的内在动力、市场竞争的外在压力以及个人和企业的自由选择，引起资源的流动，能够自动地调节社会经济活动，刺激或抑制生产和消费，在微观经济

① ［美］李杰、倪军、王正安：《从大数据到智能制造》，上海：上海交通大学出版社，2016年，第3页。

主体经济行为的自我调整中使得供求趋向平衡，尽可能地把有限的资源配置于最有价值的使用方面；还可以发挥优胜劣汰的作用，调动各方面的积极性，促进技术的进步和经营管理的加强，降低消耗，节约劳动，增加花色品种，研发新产品、改善产品和服务的质量，提高资源的利用效率，更好地满足有购买力的消费需求。市场经济的这些优点是迄今为止市场经济是比计划经济更有效率的经济运行方式的基本原因，但是不能由此就认为市场经济是万能万岁的。因为，第一，市场经济同样存在信息不充分、不完全、不精确、不对称的信息局限性和不确定性带来的事后性、盲目性和追求个人利益最大化的自发性和利益局限性，这也是造成市场经济存在缺陷和失灵的重要原因，而且自身无法克服；第二，《第三次工业革命》《共享经济》和《第四次工业革命》等著作的研究表明，市场交换已经开始出现被取代的趋向；第三，计划经济本来就是为了克服市场失灵而提出的科学设想，迄今为止的计划经济虽然比市场经济的运行效率低，主要是因为迄今为止还不具备计划经济有效运行的必要条件，一旦基本具备如前所述的计划经济有效运行的条件，计划经济便可能由理想变成现实、走向高效率、取代市场经济。

还有学者提出，“计划经济的实质不在于计划，不在于讲计划，而在于它是一种管制经济、命令经济，是一种类似战争体制、战时管制体制的那样一种组织方式。和市场经济以人们的自主活动为基础根本不同，计划经济的实质是对个人、对个人之间的组织也就是企业的独立性、自主性的否定。这是计划经济的要害，也是它的根本缺陷。由于这个缺陷，所以产生了计划经济所固有的种种弊端。大数据技术不能改变计划经济否定人的自主性和人的自主活动这个性质，所以它不可能帮助计划经济克服固有的那些弊端”。[①] 笔者认为这种对共产主义计划经济的看法不准确、存在误解。因为，共产主义计划经济的实质不是“对个人、对个人之间的组织也就是企业的独立性、自主性的否定”，而是按照社会化大

① 张为民：《计划经济不可行性早已证明 大数据也弥补不了》，搜狐财经网，2017 年 10 月 28 日。

生产和更有效满足全社会需求的要求、克服私有制决定的社会生产处于无政府状态的缺陷、实现有计划按比例协调发展；而且是在人自由全面发展条件下人们能够自觉地按计划调节自己的活动，不会扼杀人的独立性、自主性。的确传统计划经济体制实行高度集中统一管理，某种程度上存在"管制经济、命令经济"的特征和缺陷，这正是要改革传统计划经济体制的重要原因，但是计划管理并不必然是"管制经济、命令经济"。从微观上看，所有企业内部的生产经营活动都实行计划管理，但是并不必然就是"管制经济、命令经济"，企业职工也并不一定就必然丧失独立性、自主性；从宏观上看，西方资本主义市场经济也在一定程度上实行国家干预、计划调节，能说在一定程度上也成了"管制经济、命令经济"吗？实际上，计划经济并不必然是"管制经济、命令经济"，不是不可避免地会扼杀人的独立性、自主性，通过合理的制度安排，同样能够调动人的积极主动性。

3. 共同富裕、按需分配越来越具有实现的可能性

《第三次工业革命》《共享经济》和《第四次工业革命》的论述和人类社会发展的实际情况证明，科学技术越来越先进、生产力越来越发达、生产率越来越高、财富越来越充裕、多种可再生能源和材料的发明和使用（随着太阳能、风能、潮汐能、原子能、热核聚变能、可燃冰、石墨烯、水藻变油、页岩气技术的进步和突破，石油、煤炭的稀缺性已经不再是问题）、网络信息技术的革命性突破，机器人、人工智能、无人驾驶、全自动生产，似乎完全有可能突破资源稀缺性的束缚和增长的极限，全世界现在大量存在的产能过剩也从反面证明了这一点，共同富裕、按需分配似乎有了物质技术基础，按需分配越来越有可能，共产主义也就越来越不是不可能实现的"空想"。忽视科学技术进步的无限性和人不断走向自由全面发展的趋势，以资源的稀缺性和自私贪婪是人的本性的假设作为依据得出按需分配和共同富裕不可能的结论，是非科学的、站不住脚的。存在决定意识、经济基础决定上层建筑和意识形态，自私性或者私有观念（包括西方经济学的所谓"经济人假设"）是物质稀缺性和私有制的产物，不是人类天生的本性，随着物质产品的极大丰富和公有制的建立，自私性或者私有观念将失去存在的经济基础。

以上这些情况说明，共产主义“怀疑论”“否定论”的理论依据是不成立的。至于以社会主义公有制和计划经济的实践遭受严重挫折、效果不理想为实际依据断言共产主义是空想，同样也不科学。因为，社会主义、共产主义是新的社会形态，与任何社会形态的形成和演进一样，必然会经历一个长期的艰难曲折的发展过程，在资本主义社会代替封建社会的过程中就出现过多次复辟与反复辟的曲折反复，更何况共产主义最终要消灭存在了几千年的私有制、改变存在了几千年的商品经济和几百年的市场经济，任务会更加艰巨、道路会更加曲折，存在挫折和失误是不可避免的，仅仅依据还只存在了不到100年、还很不成熟完善的社会主义经济出现了挫折和失误，是不能断言共产主义是空想的。而且，无论是苏联的社会主义经济，还是中国的社会主义经济，在最初的几十年中都是取得过巨大成就的。苏联基本实现工业化、成为仅次于美国的世界强国、为打败德国和日本法西斯做出了重大贡献，使得第二次世界大战前后全世界人民都向往社会主义。中国在一穷二白的基础上，基本上建立起比较完整的工业体系和国民经济体系，实现了“两弹一星”上天的惊人之举，初步改变了世界上最大农业国极端贫穷落后的面貌，尤其是经过“大跃进”和“文化大革命”的挫折，认真总结经验教训，实行改革开放以来，更是取得了举世公认的巨大成就，这就更证明了的“怀疑论”“否定论”的错误。

在19世纪，马克思和恩格斯把空想社会主义转变成科学社会主义，揭示了共产主义的必然趋势，曾经受到否定、反对；在当代，又有不少人认为共产主义是永远不可能实现的空想，但实际上是能够实现的远大理想，世界新时代的新情况、新变化、新条件、新特点表明共产主义越来越具有实现的可能性。马克思主义者是具有理想信念的理想主义者、乐观的未来主义者，在当代应该更加坚定共产主义的理想信念。当然，马克思主义者也是脚踏实地的现实主义者，不是只有理想没有行动的幻想家，更不是毫无科学依据的空想家和盲目的乐观主义者，这种现实主义体现在会依据实际情况和条件、按照事物发展的实际进程和客观规律、循序渐进、长期坚持不懈地艰苦奋斗、排除各种艰难险阻、一步一个脚印地走向共产主义。正如习近平同志在中央党校县委书记研修班学员座谈会上的讲话中所说的那样，“共产主义决不是‘土豆烧牛肉’那么简单，不可能唾手可得、一蹴而就，但我们不能因为实现共产主义理想是一个漫长的过程，就认为那是虚无缥缈的海市蜃楼，就不去做一个忠诚的共产党员。革命理想高于天。实现共产主义是我们共产党人的最高理想，而这个最高理想是需要一代又一代人接力奋斗的。如果大家都觉得这是看不见摸不着的东西，没有必要为之奋斗和牺牲，那共产主义就真的永远实现不了了。我们现在坚持和发展中国特色社会主义，就是向着最高理想所进行的实实在在努力”。①

四、中国改革开放没有放弃共产主义理想

有学者明确指出，“众所周知，经典共产主义思想的核心目标是消灭私有制。历史经验表明，消灭私有制必然带来经济灾难。中国共产党果断放弃消灭私有制，确定保护私有产权为国家的基本政策，这是政治思想的重大创新”，还进一步认为，“经典共产主义的第二个核心目标就是消灭市场，其实消灭私有产权就等于消灭市场。中国共产党果断摒弃了这个经典教条，将鼓励市场竞争、激发市场活力确定为基本的经济政策”。② 这种观点认为消灭私有制和市场是共产主义的核心目标，中国的改革开放实践和中国特色社会主义经济理论提出要“毫不动摇发展私有制经济”“发挥市场在资源配置中的决定性作用”，就是抛弃了或者说否定了经典共产主义思想。由于人类社会将走向共产主义是马克思主义

① 习近平：《做焦裕禄式的县委书记》，载《学习时报》，2015 年 1 月 12 日。

② 向松祚：《新资本论：全球金融资本主义的兴起、危机和救赎》，北京：中信出版社，2015 年，第 573～574 页。

政治经济学分析资本主义生产方式的矛盾运动得出的科学结论和核心思想，认为中国共产党抛弃了共产主义思想，实际上也就是说抛弃了马克思主义政治经济学、中国共产党也就不成其为共产党了。

笔者认为这种观点是不正确的，不仅否定了共产主义的理想和马克思主义政治经济学的科学性，也从根本上否定了共产党的性质和中国坚持社会主义发展方向的正确性，而且不完全符合中国改革开放以来的实际情况。的确，改革开放以来中国没有再采取措施消灭私有制，而是大力发展非公有制经济，一部分公有制经济也通过改革转变成非公有制经济，并且把传统计划经济体制转变成为社会主义市场经济体制，但是不能由此断定中国共产党完全抛弃了“消灭私有制”和“消灭市场”的“经典共产主义思想”。实际上，中国共产党只是深化和发展了对社会主义和共产主义的认识，并没有完全抛弃更没有否定共产主义远大理想，提出中国在社会主义初级阶段、甚至现代化阶段，要在毫不动摇发展公有制经济的同时毫不动摇发展私有制经济，并没有说私有制经济将永远存在，也没有从根本上放弃最终还是要消灭私有制的共产主义理想，实践上更没有要消灭公有制经济、实行完全私有化，相反还强调要做强做优做大公有制经济；中国在实现“市场化改革”、强调“发挥市场在资源配置中的决定性作用”的同时，还始终坚持要发挥政府的重要作用，并没有完全否定中国特色社会主义经济的计划性，也没有说永远不再实行计划经济，更没有完全摒弃共产主义计划经济的理想。无论是理论上还是实践上，中国都没有走极端，没有根本否定公有制、计划经济、按需分配的必然趋势。

尽管进行了改革开放并且还在全面深化改革开放，但是，迄今为止中国共产党没有抛弃共产主义理想信念和马克思主义理论基础，相反，现在还在强调要坚定共产主义的理想信念，加强学习、研究、创新、发展和运用马克思主义政治经济学。2018 年 5 月 4 日党中央在北京隆重召开纪念马克思诞辰 200 周年大会，习近平同志发表重要讲话，再次明确指出，“马克思科学揭示了人类社会最终走向共产主义的必然趋势”，强调要“坚守共产党人的理想信念，像马克思那样，为共产主义奋斗终身”。[①]

笔者还认为，按照“百花齐放、百家争鸣”的方针、允许从不同的角度进行学术探讨和不同意见存在的精神，这种论著和观点不是完全不能发表，但是决不能对其不闻不问、听之任之，必须有摆事实讲道理的商榷、反驳、批评。实际上，在批判中创新，这是马克思主义政治经济学的优良传统。真理是在辩论中确立的，有比较才有鉴别，有批评才有发展，才能防止错误的东西泛滥成灾，才能使正确的思想形成、完善、普及和指导行动。

① 习近平：《在纪念马克思诞辰 200 周年大会上的讲话》，载《人民日报》，2018 年 5 月 5 日。

主要参考文献

1. 马克思:《资本论》,北京:人民出版社,1975 年。

2.《马克思恩格斯选集》,北京:人民出版社,1995 年。

3.《列宁选集》,北京:人民出版社,1995 年。

4. 斯大林:《苏联社会主义经济问题》,北京:人民出版社,2016 年。

5. 孙中山:《三民主义》,北京:九州出版社,2012 年。

6.《毛泽东选集》,北京:人民出版社,1991 年。

7.《邓小平文选》,北京:人民出版社,1994 年。

8.《江泽民论有中国特色社会主义》,北京:中央文献出版社,2002 年。

9.《胡锦涛文选》,北京:人民出版社,2016 年。

10.《习近平谈治国理政》,北京:人民出版社,2014 年。

11.《习近平谈治国理政》第二卷,北京:人民出版社,2017 年。

12.《习近平关于社会主义经济建设论述摘编》,北京:人民出版社,2017 年。

13. 习近平:《社会主义市场经济和马克思主义经济学的发展与完善》,载《经济学动态》,1998 年第 7 期。

14. 习近平:《对发展社会主义市场经济的再认识》,载《东南学术》,2001 年第 4 期。

15. 习近平:《在哲学社会科学工作座谈会上的讲话》,载《人民日报》,2016 年 5 月 17 日。

16. 习近平:《在全国党校工作会议上的讲话》,载《求是》,2016 年第 5 期。

17. 习近平:《在庆祝中国共产党成立 95 周年大会上的讲话》,载《人民日报》,2016 年 7 月 2 日。

18. 习近平:《在主持召开经济形势专家座谈会的讲话》,载《人民日报》,2016 年 7 月 9 日。

19. 习近平:《在纪念马克思诞辰 200 周年大会上的讲话》,载《人民日报》,2018 年 5 月 5 日。

20. [古希腊]色诺芬:《经济论雅典的收入》,北京:商务印书馆,1961 年。

21. [英]亚当·斯密:《国民财富的性质和原因的研究》,北京:商务印书馆,1979 年。

22. [英]亚当·斯密:《道德情操论》,北京:商务印书馆,1999 年。

23. [英]大卫·李嘉图:《政治经济学及赋税原理》,北京:商务印书馆,1979 年。

24. [英]马歇尔:《经济学原理》,北京:商务印书馆,1981 年。

25. [英]凯恩斯:《就业利息和货币通论》,北京:商务印书馆,1963 年。

26. [奥]路德维希·冯·米塞斯:《自由与繁荣的国度》,北京:中国社会科学出版社,1994 年。

27. [奥]冯·哈耶克:《个人主义与经济秩序》,北京:北京经济学院出版社,1989 年。

28. [英]弗里德里希·奥古斯特·哈耶克:《通往奴役之路》,北京:中国社会科学出版社,1997 年。

29. [美]米尔顿·弗里德曼:《自由选择》,北京:机械工业出版社,2013 年。

30.[美]米尔顿·弗里德曼:《资本主义与自由》,北京:商务印书馆,2004年。

31.[美]罗斯托:《经济增长的阶段:非共产党宣言》,北京:中国社会科学出版社,2001年。

32.[美]约瑟夫·熊彼特:《资本主义、社会主义与民主》,北京:商务印书馆,1999年。

33.[美]萨缪尔森:《经济学》,北京:商务印书馆,1979年。

34.[美]保罗·克鲁格曼:《美国怎么了?——一个自由主义者的良知》,北京:中信出版社,2008年。

35.[美]约瑟夫·斯蒂格利茨:《社会主义向何处去——经济体制转型的理论与证据》,长春:吉林人民出版社,2011年。

36.[美]约瑟夫·斯蒂格利茨:《经济学》,北京:中国人民大学出版社,1997年。

37.[美]约瑟夫·斯蒂格利茨:《不平等的代价》,北京:机械工业出版社,2014年。

38.[印]阿马蒂亚·森:《再论不平等》,北京:中国人民大学出版社,2016年。

39.[英]罗纳德·哈里·科斯、王宁:《变革中国——市场经济的中国之路》,北京:中信出版社,2013年。

40.张五常:《中国经济制度》,北京:中信出版社,2009年。

41.[美]乔·史塔威尔:《亚洲教父——香港、东南亚的金钱和权力》,上海:复旦大学出版社,2011年。

42.[美]杰弗里·弗里登:《21世纪全球资本主义的兴衰》,上海:上海人民出版社,2009年。

43.[美]理查德·波斯纳:《资本主义的危机——〇八危机与经济萧条的降临》,北京:北京大学出版社,2009年。

44.[美]安德鲁·克莱曼:《大失败:资本主义大衰退的根本原因》,北京:中央编译出版社,2013年。

45.[日]中谷岩:《资本主义为什么会自我崩溃?新自由主义者的忏悔》,北京:社会科学文献出版社,2010年。

46.[美]伊曼纽尔·沃勒斯坦等:《资本主义还有未来吗?》,北京:社会科学文献出版社,2014年。

47.[英]张夏准:《资本主义的真相——自由市场经济学家的23个秘密》,北京:新华出版社,2011年。

48.[美]罗伯特·法兰克、菲力普·库克:《赢家通吃的社会》,海口:海南出版社,1998年。

49.[波兰]格泽高滋·科勒德克:《21世纪政治经济学:世界将向何处去》,北京:中央编译出版社,2015年。

50.[法]托马斯·皮凯蒂:《21世纪资本论》,北京:中信出版社,2014年。

51.李实、岳希明:《〈21世纪资本论〉到底发现了什么》,北京:中国财政经济出版社,2015年。

52.齐昊:《没有马克思的资本论——评托马斯·皮凯蒂在〈21世纪资本论〉》,载《政治经济学评论》,2014年第4期。

53.[波兰]奥斯卡·兰格:《社会主义经济理论》,北京:中国社会科学出版社,1981年。

54.[波兰]弗·布鲁斯:《社会主义经济运行问题》,北京:中国社会科学出版社,1984年。

55.[匈牙利]亚诺什·科尔内:《短缺经济学》,北京:经济科学出版社,1986年。

56.[匈牙利]雅诺什·科尔内:《社会主义体制——共产主义政治经济学》,北京:中央编译出版社,2007年。

57.[捷克]奥塔·锡克:《社会主义的计划和市场》,北京:中国社会科学出版社,1982年。

58.[捷克]奥塔·锡克:《一种未来的经济体制》,北京:中国社会科学出版社,1989年。

59.[保]雅可·阿罗约:《社会主义制度经济矛盾实质、表现、解决》,北京:中国社会科学出版社,1989年。

60.[英]亚历克·诺夫:《可行的社会主义经济》,北京:中国社会科学出版社,1988年。

61.[英]索尔·埃斯特林:《市场社会主义》,北京:经济日报出版社,1993年。

62.[英]G.A.科恩:《为什么不要社会主义?》,北京:人民出版社,2011年。

63.[英]乔纳森·沃尔夫:《21世纪,重读马克思》,北京:清华大学出版社,2015年。

64.[美]查尔斯·德伯:《马克思的预言:危机中的世界》,北京:人民日报出版社,2013年。

65.[美]罗伯特·海尔布隆纳:《马克思主义:支持与反对》,北京:东方出版社,2014年。

66.[英]罗伯特·阿尔布里坦:《经济转型:马克思还是对的》,北京:新华出版社,2013年。

67.[英]特里·伊格尔顿:《马克思为什么是对的》,北京:新星出版社,2011年。

68.[美]史蒂夫·科恩:《西方新自由主义经济学如何主导了中国的经济学教育?》,载《中国社会科学内部文稿》,2016年第1期。

69.郑永年:《中国模式经验与挑战》,北京:中信出版社,2016年。

70.孙冶方:《社会主义经济的若干理论问题》,北京:人民出版社,1979年。

71.孙冶方:《社会主义经济论稿》,北京:人民出版社,1985年。

72.薛暮桥:《社会主义经济理论问题》,北京:人民出版社,1979年。

73.薛暮桥:《社会主义经济制度的优越性和我国的实践》,北京:红旗出版社,1981年。

74.于光远:《政治经济学社会主义部分探索》(一、二),北京:人民出版社，1980 年。

75. 于光远：《中国社会主义初级阶段的经济》，北京：中国财政经济出版社，1988 年。

76. 许涤新：《论社会主义的生产、流通与分配——读〈资本论〉笔记》，北京：人民出版社，1978 年。

77. 许涤新：《中国社会主义经济发展中的问题》，北京：中国社会科学出版社，1982 年。

78. 卓炯：《论社会主义商品经济》，广州：广东经济出版社，1998 年。

79. 刘国光：《中国社会主义政治经济学的若干问题》，济南：济南出版社，2017 年。

80. 刘国光：《中国经济体制改革的模式研究》，广州：广东经济出版社，1998 年。

81. 刘国光：《中国经济发展战略问题研究》，上海：上海人民出版社，1984 年。

82. 刘国光：《经济学教学和研究中的一些问题》，载《经济研究》，2005 年第 10 期。

83. 吴树青、谷书堂、吴宣恭主编：《政治经济学（社会主义部分）》，北京：中国经济出版社，1993 年。

84. 卫兴华：《中国特色社会主义政治经济学研究》，济南：济南出版社，2017 年。

85. 卫兴华：《中国特色社会主义经济理论的坚持、发展与创新问题》，载《马克思主义研究》，2015 年第 10 期。

86. 卫兴华：《共享发展：追求发展与共享的统一》，载《人民日报》，2016 年 8 月 17 日。

87. 卫兴华：《有关中国特色社会主义经济理论体系的十三个理论是非问题》，载《经济纵横》，2016 年第 1 期。

88. 卫兴华：《关于中国特色社会主义政治经济学的一些新思考》，载《经济研究》，2017 年第 11 期。

89. 胡钧:《〈资本论〉的现实意义》,载《经济学动态》,2016 年第 4 期。

90. 吴易风:《马克思主义经济学与西方经济学比较研究》第 1 卷,北京:中国人民大学出版社,2014 年。

91. 周新城:《关于中国特色社会主义政治经济学的若干理论问题》,北京:经济日报出版社,2015 年。

92. 周新城:《关于社会主义市场经济的几个理论问题》,载《当代经济研究》,2016 年第 7 期。

93. 周新城:《坚定推进国有企业改革》,载《人民日报》,2016 年 5 月 26 日。

94. 周新城:《关于怎么理解马克思主义的几个重要问题》,载《红旗文稿》,2017 年 17 期。

95. 张卓元:《发展当代中国马克思主义政治经济学三题》,载《经济研究》,2016 年第 3 期。

96. 张卓元:《论争与发展:中国经济理论 50 年》,昆明:云南人民出版社,1999 年。

97. 吴宣恭:《所有制理论与社会主义政治经济学创新》,济南:济南出版社,2017 年。

98. 吴宣恭:《坚持和完善社会主义初级阶段的基本经济制度》,载《政治经济学评论》,2016 年第 7 期。

99. 吴宣恭:《运用唯物史观 提高对中国特色社会主义经济规律的认识——领会践行习近平关于加强学习历史唯物主义的重要讲话》,载《当代经济研究》,2015 年第 11 期。

100. 吴宣恭:《学好〈资本论〉推进当代中国政治经济学建设》,载《经济纵横》,2016 年第 3 期。

101. 胡培兆:《政治经济学要进入社会》,载《经济研究》,2016 年第 3 期。

102. 洪远朋:《正确认识马克思主义政治经济学》,载《马克思主义研究》,2009 年第 7 期。

103. 洪远朋:《构建马克思主义政治经济学的新思维》,载《探索与争鸣》,2010 年第 2 期。

104. 杨承训:《坚持和创新马克思主义政治经济学》,载《中州学刊》,2016 年第 2 期。

105. 杨承训:《中国特色社会主义政治经济学本质论及相辅的四个理论“方程”》,载《毛泽东邓小平理论研究》,2016 年第 3 期。

106. 王伟光:《马克思主义政治经济学是坚持和发展马克思主义的必修课》,载《经济研究》,2016 年第 3 期。

107. 裴长洪:《中国特色开放型经济理论研究纲要》,载《经济研究》,2016 年第 4 期。

108. 裴长洪:《以新时代中国特色社会主义思想为指导建设当代中国理论经济学》,载《经济研究》,2017 年第 11 期。

109. 王立胜、裴长洪:《中国特色社会主义政治经济学探索》,北京:中国社会科学出版社,2016 年。

110. 王立胜:《中国特色社会主义政治经济学的国家主体性》,济南:济南出版社,2017 年。

111. 王立胜:《中国特色社会主义政治经济学的历史逻辑》,载《政治经济学评论》,2016 年第 7 期。

112. 王立胜、郭冠清:《论中国特色社会主义政治经济学理论来源》,载《经济学动态》,2016 年第 5 期。

113. 刘伟:《今天为何需要政治经济学》,济南:济南出版社,2017 年。

114. 刘伟:《在马克思主义与中国实践结合中发展中国特色社会主义政治经济学》,载《经济研究》,2016 年第 5 期。

115. 刘伟:《现代化经济体系是发展、改革、开放的有机统一》,载《经济研究》,2017 年第 11 期。

116. 刘伟:《在新实践中构建中国特色社会主义政治经济学》,载《人民日报》,2016 年 8 月 1 日。

117. 顾海良:《开拓当代中国马克思主义政治经济学新境界》,济南:济南出版社,2017 年。

118. 顾海良:《体系与结构——中国特色社会主义政治经济学六人谈》,北京:经济科学出版社,2018 年。

119. 顾海良:《理论、现实、方法——中国特色社会主义政治经济学研究》,北京:经济科学出版社,2017 年。

120. 顾海良:《马克思经济学"术语的革命"与中国特色"经济学说的系统化"》,载《中国社会科学》,2016 年第 11 期。

121. 顾海良:《创新当代中国马克思主义政治经济学》,载《人民日报》,2016 年 1 月 19 日。

122. 顾海良:《发展中国马克思主义的"系统化的经济学说"》,载《光明日报》,2016 年 1 月 11 日。

123. 洪银兴:《中国特色社会主义政治经济学的创新发展》,济南:济南出版社,2017 年。

124. 洪银兴:《中国特色社会主义政治经济学理论体系构建》,北京:经济科学出版社,2016 年。

125. 洪银兴:《以创新的理论构建中国特色社会主义政治经济学的理论体系》,载《经济研究》,2016 年第 4 期。

126. 洪银兴:《发展当代中国马克思主义政治经济学》,载《人民日报》,2016 年 1 月 25 日。

127. 洪银兴:《准确认识供给侧结构性改革的目标和任务》,载《中国工业经济》,2016 年第 6 期。

128. 林岗:《坚持马克思主义的根本是坚持马克思的方法论原则》,载《经济研究》,2016 年第 3 期。

129. 逄锦聚:《中国特色社会主义政治经济学论纲》,济南:济南出版社,2017 年。

130. 逄锦聚:《书写中国特色社会主义政治经济学时代篇章》,载《人民日报》,2016 年 7 月 11 日。

131. 逄锦聚:《学好用好发展好中国特色社会主义政治经济学》,载《经济学动态》,2016 年第 4 期。

132. 逄锦聚:《中国特色社会主义政治经济学的民族性和世界性》,载《经济研究》,2016 年第 10 期。

133. 程恩富:《中国特色社会主义政治经济学重大原则》,济南:济南出版社,2017 年。

134. 程恩富、马艳:《高级现代政治经济学》(完整版),上海:上海财经大学出版社,2012 年。

135. 程恩富:《马克思主义政治经济学理论体系多样化创新的原则和思路》,载《中国社会科学》,2016 年第 11 期。

136. 程恩富:《要坚持中国特色社会主义政治经济学的八个重大原则》,载《经济纵横》,2016 年第 3 期。

137. 程恩富:《马克思主义政治经济学不会过时》,载《光明日报》,2016 年 6 月 30 日。

138. 李建平:《认识和掌握社会主义市场经济三个层次的规律》,载《经济研究》,2016 年第 3 期。

139. 李建平:《新自由主义市场拜物教批判——马克思〈资本论〉的当代启示》,载《当代经济研究》,2012 年第 9 期。

140. 颜鹏飞:《政治经济学"术语革命"或者话语革命——兼论"社会主义调节经济"新话语体系》,载《政治经济学评论》,2015 年第 1 期。

141. 颜鹏飞:《马克思关于政治经济学体系构建方法再研究:兼论中国特色社会主义政治经济学体系逻辑起点》,载《福建师范大学学报》,2017 年第 2 期。

142. 黄泰岩:《构建当代中国马克思主义政治经济学》,载《政治经济学评论》,2016 年第 1 期。

143. 黄泰岩:《在发展实践中推进经济理论创新》,载《经济研究》,2017 年第 1 期。

144. 刘灿:《关于中国特色社会主义政治经济学研究的几点认识》,

载《政治经济学报》第 6 卷,北京:社会科学文献出版社,2016 年。

145. 杨瑞龙:《中国特色社会主义政治经济学逻辑下政府与市场之间的关系》,载《政治经济学评论》,2016 年第 4 期。

146. 张宇:《中国特色社会主义政治经济学》,北京:中国人民大学出版社,2016 年。

147. 张宇:《中国特色社会主义政治经济学是怎样一门科学》,济南:济南出版社,2017 年。

148. 张宇:《论公有制与市场经济的有机结合》,载《经济研究》,2016 年第 6 期。

149. 张宇:《发展中国特色社会主义政治经济学》,载《人民日报》,2016 年 2 月 23 日。

150. 张宇:《构建中国经济学体系和学术话语体系》(上中下),载《经济日报》,2015 年 4 月 8 日。

151. 张占斌、周跃辉:《中国特色社会主义政治经济学》,武汉:湖北教育出版社,2016 年。

152. 韩保江:《中国特色社会主义经济问题》,北京:中华书局,2017 年。

153. 丁任重:《论当代中国马克思主义政治经济学的品质》,载《经济研究》,2016 年第 3 期。

154. 丁堡骏:《论马克思主义政治经济学对中国改革的现实指导意义》,载《马克思主义研究》,2015 年第 8 期。

155. 丁堡骏:《论〈资本论〉俄国化与中国化——兼议中国特色社会主义新时代的本质》(上、中、下),载《当代经济科学》,2018 年第 4、5、6 期。

156. 赵磊:《马克思主义政治经济学创新与发展的方法论逻辑》,载《当代经济科学》,2018 年第 3 期。

157. 周立群:《中国特色社会主义政治经济学的系统构建与创新》,载《经济研究》,2016 年第 3 期。

158. 白永秀:《创新当代中国社会主义生产目的理论及其实现途径》,载《经济研究》,2017 年第 4 期。

159. 荣兆梓:《发展混合所有制经济视角的国有经济改革新问题》,载《经济纵横》,2014 年第 9 期。

160. 荣兆梓:《生产力、公有资本与中国特色社会主义——兼评资本与公有制不相容论》,载《经济研究》,2017 年第 4 期。

161. 赵学增:《社会主义政治经济学重大原则的价值基础》,载《经济研究》,2016 年第 3 期。

162. 何干强:《论公有制在社会主义基本经济制度中的最低限度》,载《马克思主义研究》,2012 年第 10 期。

163. 何干强:《当代中国社会主义经济》,北京:企业管理出版社,2014 年。

164. 顾钰民:《论社会主义市场经济和基本经济制度的重要理论发展》,载《福建论坛》,2014 年第 11 期。

165. 杨春学:《深化所有制改革,完善社会主义初级阶段基本经济制度》,载《天津社会科学》,2015 年第 11 期。

166. 裴小革:《论创新驱动——马克思主义政治经济学的分析视角》,载《经济研究》,2016 年第 6 期。

167. 胡家勇:《试论社会主义市场经济理论的创新和发展》,载《经济研究》,2016 年第 7 期。

168. 蒋永穆:《马克思经济学共享发展思想:缘起、关键、途径与愿景》,载《当代经济研究》,2017 年第 4 期。

169. 邱海平:《中国特色社会主义政治经济学的重大现实价值》,载《改革》,2016 年第 3 期。

170. 邱海平:《马克思主义政治经济学对于供给侧结构性改革的现实指导意义》,载《红旗文稿》,2016 年第 2 期。

171. 何自力:《中国特色社会主义政治经济学的生命力与主导地位》,载《改革》,2016 年第 3 期。

172. 何自力:《中国特色社会主义政治经济学创新与供给侧结构性改革》,载《政治经济学评论》,2016 年第 2 期。

173. 任保平:《立足中国发展实践创新政治经济学》,载《人民日报》,2016 年 2 月 28 日。

174. 周文:《时代呼唤中国经济学话语体系》,载《经济研究》,2016 年第 3 期。

175. 谢富胜:《马克思的劳动过程理论与创新》,载《当代马克思主义政治经济学十五讲》,北京:中国人民大学出版社,2016 年。

176. 刘凤义:《中国特色社会主义政治经济学原则与供给侧结构性改革指向》,载《政治经济学评论》,2016 年第 3 期。

177. 世界银行、国务院发展中心联合课题组:《2030 年的中国》,北京:中国财政经济出版社,2013 年。

178. 吴敬琏:《大中型企业改革:建立现代企业制度》,天津:天津人民出版社,1993 年。

179. 吴敬琏:《当代中国经济改革教程》,上海:上海远东出版社,2010 年。

180. 吴敬琏:《中国增长模式抉择》,上海:上海远东出版社,2006 年。

181. 吴敬琏:《重启改革议程——中国经济改革二十讲》,北京:三联书店,2013 年。

182. 林毅夫、蔡昉、李周:《中国的奇迹:发展战略与经济改革》,上海:上海人民出版社,1994 年。

183. 林毅夫、蔡昉、李周:《充分信息与国有企业改革》,上海:上海人民出版社,1997 年。

184. 林毅夫:《新结构经济学》,北京:北京大学出版社,2012 年。

185. 林毅夫:《读懂中国经济》,北京:北京大学出版社,2012 年。

186. 林毅夫:《繁荣与求索:发展中经济如何崛起》,北京:北京大学出版社,2012 年。

187. 林毅夫：《中国经济学理论发展与创新的思考》，载《经济研究》，2017年第5期。

188. 钱颖一：《现代经济学与中国经济》，北京：中信出版集团，2017年。

189. 钱颖一：《现代经济学与中国经济改革》，北京：中国人民大学出版社，2003年。

190. 张维迎、林毅夫：《政府的边界——张维迎、林毅夫聚焦中国经济改革核心问题》，北京：民主与建设出版社，2017年。

191. 张维迎：《企业理论与中国企业改革》，北京：北京大学出版社，1999年。

192. 张维迎：《市场的逻辑》，上海：上海人民出版社，2010年。

193. 张维迎：《经济学原理》，西安：西北大学出版社，2015年。

194. 田国强、陈旭东：《中国改革历史、逻辑和未来——振兴中华变革论》，北京：中信出版集团，2016年。

195. 田国强：《现代经济学的基本分析框架与研究方法》，载《经济研究》，2005年第2期。

196. 田国强：《我对中国特色社会主义政治经济学的理解》，澎湃新闻网，2018年1月16日。

197. 周其仁：《产权与制度变迁》，北京：北京大学出版社，2004年。

198. 周其仁：《中国做对了什么》，北京：北京大学出版社，2010年。

199. 周其仁：《改革的逻辑》，北京：中信出版社，2013年。

200. 茅于轼：《中国人的焦虑从哪里来》，北京：群言出版社，2013年。

201. 厉以宁：《中国经济双重转型之路》，北京：中国人民大学出版社，2013年。

202. 蔡昉：《读懂中国经济：大国拐点与转型路径》，北京：中信出版集团，2018年。

203. 文一：《伟大的中国工业革命："发展经济学"一般原理批判纲

要》，北京：清华大学出版社，2016 年。

204. 胡鞍钢、鄢龙：《中国国情与发展》，北京：中国人民大学出版社，2016 年。

205. 习近平：《谋求持久发展　共筑亚太梦想——在亚太经合组织工商领导人峰会开幕式上的演讲》，载《经济日报》，2014 年 11 月 10 日。

206. 新华社：《中央经济工作会议在北京举行》，载《经济日报》，2014 年 12 月 12 日。

207. 王敬文：《习近平新常态表述 新在哪里常在何处》，中国经济网，2014 年 8 月 10 日。

208. 厉以宁等：《读懂中国改革. 3：新常态下的变革与决策》，北京：中信出版社，2015 年。

209. 李扬、张晓晶：《论新常态》，北京：人民出版社，2015 年。

210. 中国社会科学院经济学部：《解读中国经济新常态——速度、结构与动力》，北京：社会科学文献出版社，2015 年。

211. 胡舒立主编：《新常态改变中国》，北京：民主与建设出版社，2014 年。

212. 胡舒立主编：《中国 2015：看清新常态》，北京：民主与建设出版社，2015 年。

213. 中共中央党校经济学教研部曹立：《中国经济新常态》，北京：新华出版社，2014 年。

214. 国家行政学院经济学教研部：《中国经济新常态》，北京：人民出版社，2015 年。

215. 辜胜阻：《经济新常态面临六大机遇》，载《经济日报》，2015 年 2 月 5 日。

216. 常修泽：《中国改革发展的四个问题之我见》，凤凰大学问第 195 期，2015 年 3 月 9 日。

217. 史蒂芬·罗奇：《中国的新常态和美国的旧习惯》，联合早报网，2015 年 4 月 6 日。

218.郎咸平:《中国经济的旧制度与新常态》,北京:东方出版社,2015年。

219.贾康,苏京春:《新供给经济学》,太原:山西经济出版社,2015年。

220.吴敬琏等:《供给侧改革:经济转型重塑中国布局》,北京:中国文史出版社,2016年。

221.林毅夫等:《供给侧结构性改革》,北京:民主与建设出版社,2016年。

222.刘世锦:《供给侧改革需打通要素流动通道》,载《经济日报》,2016年1月11日。

223.李佐军:《结构性改革:改什么、怎么改》,载《经济日报》,2015年11月23日。

224.丁任重:《高度重视供给侧结构性改革》,载《经济日报》,2015年11月19日。

225.姚洋:《稳定2016年经济增长须提高有效需求》,载《环球时报》,2015年12月16日。

226.权威人士:《七问供给侧结构性改革——权威人士谈当前经济形势怎么看怎么干》,载《经济日报》,2016年1月5日。

227.新华社:《习近平在中共中央政治局第三次集体学习时强调 深刻认识建设现代化经济体系重要性 推动我国经济发展焕发新活力迈上新台阶》,载《人民日报》,2018年1月31日。

228.胡鞍钢、张新:《现代化经济体系:发展的战略目标》,载《经济日报》,2017年10月27日。

229.宁吉喆:《建设现代化经济体系,实现新时代高质量发展》,载《经济日报》,2017年11月30日。

230.刘志彪:《现代化经济体系的要素是什么》,载《北京日报》,2017年11月30日。

231.李佐军:《适应新时代需要建设现代化经济体系》,中国经济新闻网,2017 年 11 月 13 日。

232. 韩保江:《多维度把握建设现代化经济体系的目标要求和实现路径》,载《经济日报》,2017 年 10 月 27 日。

233. 杨小凯:《论土地私有化问题》,新浪博客,2006 年 8 月 7 日。

234. 杨小凯:《中国土地所有权私有化的意义》,学者社区网站,2007 年 7 月 20 日。

235. 文贯中:《解决三农问题不能回避农地私有化》,中国经济学教育科研网,2006 年 5 月 22 日。

236. 文贯中:《土地私有化才符合经济规律》,载《经济观察报》,2008 年 6 月 21 日。

237. 文贯中:《中国应实行土地私有化》,载《亚布力观点》,2008 年 11 月 6 日。

238. 文贯中:《吾民无地:城市化、土地制度、与户籍制度的内在逻辑》,北京:东方出版社,2014 年。

239. 文贯中:《现行土地制度已成中国现代转型的桎梏》,载《东方早报》,2012 年 1 月 18 日。

240. 陈志武:《财富的逻辑 1:为什么中国人勤劳而不富有》,西安:西北大学出版社,2015 年。

241. 陈志武:《农村土地私有化后结果不会比现在糟》,载《财经时报》,2005 年 10 月 8 日。

242. 陈志武:《让土地真正私有化》,载《中国企业家》,2012 年 5 月 10 日。

243. 周其仁:《城乡中国》(上、下),北京:中信出版社,2013 年。

244. 周其仁:《农地产权与征地制度——中国城市化面临的重大选择》,载《经济学季刊》,2004 年第 4 期。

245. 茅于轼:《恢复农民对土地财产的所有权》,载《建设市场报》,2009 年 2 月 16 日。

246. 秦晖:《“优化配置”?“土地福利”?——关于农村土地制度的

思考》,载《新财经》,2001 年第 9 期。

247. 秦晖:《关于农村土地制度的思考》,载《经济观察报》,2004 年 11 月 13 日。

248. 秦晖:《农民地权六论》,载《社会科学论坛》,2007 年第 9 期。

249. 秦晖:《十字路口的中国土地制度改革》,载《南方都市报》,2008 年 10 月 7—8 日。

250. 秦晖:《十字路口的中国二元土地制度》,载《读品》,2010 年 8 月 22 日。

251. 秦晖:《中国土地制度改革的若干问题》,传知行,2010 年 12 月 19 日。

252. 秦晖:《中国从来没有集体化过,只有被集体化的历史》, http://www.chinaelections.org, 2008 年 10 月 9 日。

253. 秦晖:《什么是"集体所有制"?》,光明网,2008 年 02 月 28 日。

254. 蔡继明:《论中国土地制度改革》,载《山东农业大学学报》(社会科学版),2005 年第 3 期。

255. 蔡继明、邝梅:《论中国土地制度改革》,北京:中国财政经济出版社,2009 年。

256. 陈锡文:《中国不会实行土地私有化》,载《人民日报海外版》, 2007 年 1 月 31 日。

257. 温铁军:《"土地私有化"不是中国农村的未来方向》,载《环球企业家》,2008 年第 13 期。

258. 温铁军:《我国为什么不能实行农村土地私有化》,载《红旗文稿》,2009 年第 2 期。

259. 李昌平:《土地私有化不是灵丹妙药》,载《东方早报》,2010 年 3 月 1 日。

260. 贺雪峰:《地权的逻辑——中国农村土地制度向何处去》,北京:中国政法大学出版社,2010 年。

261. 贺雪峰:《地权的逻辑Ⅱ——地权变革的真相与谬误》,北京:东方出版社，2013年。

262.贺雪峰:《城市化的中国道路》，北京:东方出版社，2014年。

263.华生:《城市化转型与土地陷阱》，北京:东方出版社，2013年。

264.邵传林:《农村土地私有化是解决“三农问题”的灵丹妙药吗?》，载《经济学动态》，2009年第9期。

265.李再杨:《土地制度变迁的比较研究》，载《当代经济科学》，1999年第5期。

266.卢映西:《评农村土地私有化》，价值中国网，2008年10月15日。

267.经济茶座:《温铁军秦晖谈中国农村土地私有制》，中国经济学教育科研网，2004年1月18日。

268.史翼:《“冰棍论”变种——秦晖土地私有化理论的批判》，马克思主义评论网，2010年12月20日。

269.《中共中央关于制定国民经济和社会发展第十一个五年规划的建议》，载《人民日报》，2005年10月19日。

270.《中共中央、国务院关于推进社会主义新农村建设的若干意见》，载《人民日报》，2006年2月22日。

271.韩俊:《社会主义新农村该怎么建》，载《经济日报》，2005年12月7日。

272.樊亢、宋则行:《外国经济史》，北京:人民出版社，1983年。

273.文礼朋:《19世纪末20世纪初西方国家农业资本主义的失败》，载《发展经济学论坛》，2006年第1期。

274.马克思、恩格斯、列宁、斯大林:《论共产主义社会》，北京:人民出版社，1958年。

275.马克思、恩格斯:《共产党宣言》，载《马克思恩格斯选集》第一卷，北京:人民出版社，1972年。

276.马克思:《资本论》，北京:人民出版社，1974年。

277.马克思:《哥达纲领批判》，载《马克思恩格斯选集》第三卷，北京：人民出版社，1972 年。

278. 恩格斯：《共产主义原理》，载《马克思恩格斯选集》第一卷，北京：人民出版社，1972 年。

279. 恩格斯：《社会主义从空想到科学的发展》，载《马克思恩格斯选集》第三卷，北京：人民出版社，1972 年。

280. 列宁：《国家与革命》，载《列宁选集》第三卷，北京：人民出版社，1995 年。

281. [美]杰里夫・里夫金：《第三次工业革命——新经济模式如何改变世界》，北京：中信出版社，2012 年。

282. [德]克劳斯・施瓦布：《第四次工业革命》，北京：中信出版社，2016 年。

283. [英]彼得・马什：《新工业革命》，北京：中信出版社，2013 年。

284. [美]罗宾・蔡斯：《共享经济——重构未来商业新模式》，杭州：浙江人民出版社，2015 年。

285. [加]汤姆・斯利：《共享经济没有告诉你的事》，南昌：江西人民出版社，2017 年。

286. [美]李杰、倪军、王正安：《从大数据到智能制造》，上海：上海交通大学出版社，2016 年。

287. 陈先达：《做坚定的马克思主义理论工作者》，载《光明日报》，2016 年 7 月 2 日。

288. 张为民：《计划经济不可行性早已证明 大数据也弥补不了》，搜狐财经网，2017 年 10 月 28 日。

289. 向松祚：《新资本论：全球金融资本主义的兴起、危机和救赎》，北京：中信出版社，2015 年。

本书作者主要相关研究成果

（社会主义经济理论、中国经济发展和改革）

1. 简新华：《中国经济发展探索》，武汉：武汉大学出版社，2007 年 10 月。

2. 简新华：《中国经济改革探索》，武汉：武汉大学出版社，2007 年 10 月。

3. 简新华：《中国经济结构调整和发展方式转变》，济南：山东人民出版社，2009 年。

4. 简新华、余江：《中国工业化与新型工业化道路》，济南：山东人民出版社，2009 年。

5. 简新华、何志扬、黄锟：《中国城镇化与特色城镇化道路》，济南：山东人民出版社，2009 年。

6. 简新华、黄锟《中国工业化和城市化过程中的农民工问题研究》，北京：人民出版社，2008 年。

7. 辜胜阻、简新华：《市场经济学教程》，武汉：湖北人民出版社，1995 年。

8. 简新华：《马克思主义经济学创新和发展的若干问题》，载《马克思主义研究》，2014 年第 2 期。

9. 简新华、余江：《马克思主义经济学视角下的供求关系分析》，载《马克思主义研究》，2016 年第 4 期。

10. 简新华：《究竟应该构建什么和如何构建中国经济学?》，载《马克思主义研究》，2018 年第 3 期。

11. 简新华：《发展和运用中国特色社会主义政治经济学引领经济新常态》，载《经济研究》，2016 年第 3 期。

12. 简新华：《中国特色社会主义经济理论的重大成果和新时代的创新和发展》，载《经济研究》，2017 年第 12 期。

13. 简新华：《社会主义经济理论的新发展》，载《经济评论》，1998 年第 5 期。

14. 简新华：《社会主义经济理论的十大发展》，载《光明日报》，1999 年 3 月 26 日。

15. 简新华：《社会主义经济理论新世纪发展的展望》，载社会科学文献出版社，2000 年出版的《政治经济学研究报告》(1999 年)。

16. 简新华：《马克思主义经济学面临的挑战与创新》，载《中国经济问题》，2006 年第 3 期。

17. 简新华：《简评中国经济学领域的几个争论》，载《中国经济问题》，2008 年第 1 期。

18. 简新华：《必须重构政治经济学的理论体系》，载《财经科学》，1993 年第 4 期。

19. 简新华：《中国现阶段需要什么理论经济学》，载《经济学动态》1998 年第 2 期。

20. 简新华：《改革以来社会主义经济理论大发展的内容和特点》，载《江海学刊》，1999 年第 2 期；

21. 简新华：《正确认识和处理经济学中国化与国际化及思想性与技术性关系》，载《贵州社会科学》，2014 年第 1 期。

22. 简新华：《凯恩斯的〈通论〉》不可能取代马克思的〈资本论〉》，载《南京财经大学学报》，2017 年第 3 期。

23. 简新华、余江：《发展和运用中国特色社会主义政治经济学的若干问题》，载《中国高校社会科学》，2016 年第 6 期。

24. 简新华：《论中国经济学理论的发展与创新——兼与林毅夫教授

商榷》,载《当代经济研究》,2017 年第 12 期。

25. 简新华:《试论中国特色社会主义政治经济学的形成及发展》,载《河北学刊》,2017 年第 5 期。

26. 简新华:《中国特色社会主义政治经济学内容体系思考》,载经济科学出版社,2018 年出版的《体系与结构——中国特色社会主义政治经济学六人谈》。

27. 简新华:《什么是"中国模式"?》,载《马克思主义文摘》,2007 年第 10 期。

28. 简新华、曾宪明:《科学发展观的形成、贡献和落实》,载《经济学动态》,2005 年第 1 期。

29. 简新华:《创建中国特色发展经济学》,载《生产力研究》,2008 年第 18 期。

30. 简新华:《发展经济学的最新发展:中国特色发展经济学》,载《政治经济学评论》,2011 年第 1 期。

31. 简新华:《中国经济发展理论的重大创新和进展》,载《经济纵横》,2012 年第 12 期。

32. 简新华:《发展观的演进与新发展理念》,载《当代经济研究》,2017 年第 9 期。

33. 简新华、许辉:《后发优势、劣势与跨越式发展》,载《经济学家》,2002 年第 6 期。

34. 简新华、刘喜爱:《增长方式转变若干关系辨析》,载《财经科学》,1997 年第 1 期。

35. 简新华、李延东:《中国经济发展方式根本转变的目标模式、困难和途径》,载《学术月刊》,2010 年第 8 期;《新华文摘》,2010 年第 22 期全文转载。

36. 简新华、叶林:《改革开放前后中国经济发展方式的转变和优化趋势》,载《经济学家》,2011 年第 1 期。

37. 简新华:《论以转变经济发展方式为主线》,载《当代财经》,2011

年第 11 期。

38. 简新华、张浩:《论中国外贸增长方式的转变》,载《中国工业经济》,2007 年第 8 期。

39. 简新华、殷保胜:《中国自主创新的动力和实现机制》,载《江海学刊》,2008 年第 1 期。

40. 简新华、叶林:《改革开放以来中国产业结构演进和优化的实证分析》,载《当代财经》,2011 年第 1 期。

41. 简新华、于波:《可持续发展与产业结构优化》,载《中国人口资源与环境》,2001 年第 1 期。

42. 简新华、许辉:《产业结构调整与扩大内需》,载《首都经济贸易大学学报》,2003 年第 1 期。

43. 简新华、朱君丽:《论产业结构调整中的企业发展战略选择》,载《东南学术》,2005 年第 1 期。

44. 简新华、江玲:《新世纪中国会成为世界工厂吗?》,载《学习与实践》,2002 年第 5 期。

45. 简新华:《论以信息化带动工业化》,载《首都经济贸易大学学报》,2002 年第 1 期。

46. 简新华、余江:《论中国的重新重工业化》,载《中国经济问题》,2005 年第 5 期;《新华文摘》2006 年第 1 期转载。

47. 简新华、余江:《重新重工业化不等于粗放增长和走旧型工业化道路——对吴敬琏研究员相关论述的质疑》,载《学术月刊》,2006 年第 5 期。

48. 简新华、杨冕:《从"四化同步"到"五化协调"》,载《武汉大学学报》,2013 年第 6 期。

49. 简新华、向琳:《新型工业化道路的特点和优越性》,载《管理世界》,2003 年第 7 期。

50. 简新华:《走中国特色的城镇化道路》,载《光明日报》,2003 年 8 月 5 日。

51. 简新华、黄锟:《中国城镇化水平和速度的实证分析与前景预测》,载《经济研究》,2010 年第 3 期。

52. 简新华、罗钜钧、黄锟:《中国城镇化的质量问题和健康发展》,载《当代财经》,2013 年第 9 期。

53. 简新华:《新型城镇化与旧型城镇化之比较》,载《管理学刊》,2014 年第 6 期。

54. 简新华、曾卫;《中国城市化道路之争的辨正——评贺雪峰、文贯中、张曙光的相关论著》,载《学术月刊》,2016 年第 11 期。

55. 简新华、何志扬:《中国工业反哺农业的实现机制和路径选择》,载《南京大学学报》,2006 年第 5 期;《新华文摘》2007 年第 2 期全文转载。

56. 简新华:《中国工业化和城镇化的特殊性分析》,载《经济纵横》,2011 年第 7 期。

57. 简新华、张国胜:《论中国"农民非农化"与"农地非农化"的协调》,载《求是学刊》,2007 年第 6 期。

58. 简新华、陈志祥:《增加有效供给,保证经济增长》,载《求是》,2000 年第 22 期。

59. 简新华、余江:《中国经济走势的马克思主义经济学分析与供求分析》,载中国社会科学出版社,2016 年 9 月出版的《45 位著名学者纵论政治经济学》。

60. 简新华:《中国经济为何起伏波动,怎样应对》,载《人民论坛》,2016 年 8 月中。

61. 简新华:《稳增长须供求两端共同发力》,载《人民论坛》,2017 年 4 月上期。

62. 简新华:《振兴实体经济必须发展服务业》,载《经济要参》(国务院发展研究中心),2017 年第 14 期。

63. 简新华:《新时代现代化经济体系建设几个关键问题》,载《学术前沿》,2018 年第 1 期(下)。

64. 简新华:《中国经济发展的回顾和展望——纪念新中国建国 60 周年》,载《经济与管理研究》,2009 年第 8 期。

65. 简新华、叶林:《论中国的“两型社会”建设》,载《学术月刊》,2009 年第 3 期;《新华文摘》2009 年第 14 期全文转载。

66. 简新华:《中国改革的目标模式探索》,载《当代财经》,2012 年第 12 期。

67. 简新华:《社会主义经济体制改革的难关》,载《当代经济科学》,1989 年第 4 期。

68. 简新华:《社会主义初级阶段的私营经济新探》,载《理论月刊》,1999 年第 3 期。

69. 简新华:《改革以来社会主义所有制结构理论的发展》,载《学术月刊》,2000 年第 3 期。

70. 简新华《委托代理风险与国有企业改革》,载《经济研究》,1998 年第 9 期。

71. 简新华:《代理成本与公司治理结构》,外文出版社,出版 1999 年 6 月版的《中国公司治理结构》。

72. 简新华、石华巍:《独立董事的“独立性悖论”和有效行权的制度设计》,载《中国工业经济》,2006 年第 3 期。

73. 简新华:《论攻坚阶段的国有企业改革——国有企业深化改革必须正确认识的几个基本问题》,载《学术研究》,2012 年第 10 期。

74. 简新华、余江:《市场经济只能建立在私有制基础上吗?——兼评公有制与市场经济不相容论》,载《经济研究》,2016 年第 12 期。

75. 简新华:《必须正确认识和合理推进国有企业的混合所有制改革——不能过分强调混合所有制改革的作用”》,载《财经科学》,2017 年第 12 期。

76. 简新华:《商品经济的收入分配机制与社会收入分配不公》,载《中南财经大学学报》,1990 年第 6 期。

77. 简新华:《试解劳动力商品与按劳分配的理论难题》,载《经济学动态》,1998 年第 10 期。

78. 简新华:《社会主义劳动力商品理论在改革时期的发展》,载《中国经济问题》,1999 年第 6 期。

79. 简新华:《社会主义按生产要素分配理论的形成与发展》,载《财经科学》,2000 年第 4 期。

80. 简新华:《节制资本,缩小贫富差距》,载《当代经济研究》,2015 年第 5 期。

81. 简新华:《跨越"中等收入陷阱"关键在缩小贫富差距》,载《经济要参》(国务院发展研究中心主办)2017 年第 28 期。

82. 简新华:《论社会主义市场经济的效率与公平》,载《经济评论》,1997 年第 3 期。

83. 简新华:《论市场经济与共同富裕的关系》,载《市场经济研究》,1996 年第 2 期。

84. 简新华:《坚持和发展劳动价值论必须正确认识的若干问题》,载《学术月刊》,2002 年第 3 期。

85. 简新华:《论社会主义资本理论的几个难题》,载《当代经济研究》,2003 年第 4 期。

86. 简新华:《论发展社会主义市场经济必须澄清的 10 种疑惑》,载《经济评论》,1993 年第 2 期。

87. 简新华:《社会主义市场经济的运行特征和合理有效机制探索》,载《毛泽东邓小平理论研究》,2017 年第 8 期。

88. 简新华:《和谐社会与劳资关系和阶级斗争》,载《海派经济学》,上海财经大学出版社,2008 年。

89. 简新华、曾一昕:《社会主义新农村的内涵和建设途径》,载《福建论坛》,2006 年第 11 期;《马克思主义文摘》2007 年第 3 期转载。

90. 简新华:《社会主义新农村的经济制度和生产经营方式》,载《理论动态》,2006 年 12 月 10 日。

91. 简新华:《中国农地制度和经营方式研究——兼评中国土地私有

化》,载《政治经济学评论》,2013 年第 1 期。

92. 简新华:《中国农村改革和发展的争议性问题》,载《学术月刊》,2015 年第 7 期;《新华文摘》网络版 2016 年第 01 期权威转载。

93. 简新华、李楠:《中国农业实现“第二个飞跃”的路径新探——贵州省塘约村新型集体经营方式的调查思考》,载《社会科学战线》,2017 年第 12 期。

94. 简新华、郭洋志:《中国经济发展新常态的几种误读》,载《社会主义经济理论与实践》,2015 年第 9 期。

95. 简新华:《正确解读“供给侧结构性改革”》,载《马克思主义文摘》,2016 年第 5 期。

96. 简新华、余江:《运用马克思主义政治经济学认识供给侧改革》,载《经济日报》,2016 年 1 月 11 日。

97. 简新华:《当前世界金融和经济危机的经济学反思与启示》,载《中国经济问题》,2009 年第 4 期。

98. 简新华、于海森:《世界金融和经济危机的根源新特征、影响与应对》,载《中国工业经济》,2009 年第 6 期。

99. 简新华:《新时代是中国为人类作出更大贡献的时代》,载《经济学家》,2017 年第 12 期。

100. 简新华:《全面准确理解邓小平理论推动三大战略转变》,载《邓小平研究》,2016 年第 1 期。

101. 简新华:《中国经济改革是在什么经济学指导下取得巨大成就的?——纪念中国改革开放 40 周年》,载《经济与管理研究》,2018 年第 10 期。

102. 简新华:《中国经济改革是搞资本主义吗——纪念中国经济改革 40 周年》,载《广东财经大学学报》,2018 年第 10 期。

103. 简新华:《从经济发展的新趋势看:共产主义是远大理论不是空想》,载《当代经济研究》,2018 年第 10 期。

104. Jianxinhua:“Increasing Pressure : Impacts of Migration on

Cities ",*China Population Today* No. 5—6 1996。

105. JianXinhua、YuJiang: " Development of Heavy Industry Requires New Strategies",*China Economist*NO. 3 July 2006。

106. JianXinhua、ZhangHao: "Urgency Required in Changing the Growth Mode of China's Foreign Trade",*China Economist*May. 2008。

107. JianXinhua、HuangKun:" An Empirical Analysis and Forecast of the Level and Speed of Urbanization in China", *Studies on Socialism with Chinese Characteristics* Vol. 2No. 2December2011。

108. JianXinhua: "Exploration of the Target Mode for china's Reform", *Journal of Contemporary Finance and Economics English Version* Ocotober 2013。

109. YuJiang、JianXinhua: "Political Economic Analysis of China's Economic Trends: Reasons and Solutians for Succssive Declined Growth for5 Years", *World Review of Political Economy* Volume 8 Number 4 Winter 2017。